KB266368

新사내(공동) 근로복지기금 해설

(저자 소개)

정 대 섭 전문위원

한양대학교 법학사, 법학석사, 법학박사
경희대학교 첨단기술비즈니스학과 경영학박사 수료
한국과학기술원(KAIST) 금융전문대학원 경영학석사
✉ ewelfarelab@naver.com

주요 경력

한양대학교 법학연구소 연구원
과학기술사업화진흥원 전문위원
금융위원회 금융정책과 전문관
금융감독위원회 자본시장통합법T/F 전문관

주요 저서

『근로복지기본법 주석』, 로앤비 온주, 공저, 2021.
『사내근로복지기금제도 개선방안 연구』, 법무부, 선진상사법률연구, 2026.
『우리사주 우선배정제도 개선에 관한 정책적 제언』, 법무부, 선진상사법률연구, 2025.

유 정 훈 변호사

제47회 사법시험 합격 및 사법연수원 수료
성균관대학교 법학사, 법학석사 수료
고려대학교 경영전문대학원 경영학석사(EMBA)
스위스경영대학원(SSM) 경영학박사(DBA)
✉ ewelfarelab@naver.com

주요 경력

고용노동부 근로복지기본법 개정 T/F
고용노동부 근로복지기본계획수립 T/F

주요 저서

『근로복지기본법 주석』, 로앤비 온주, 공저, 2021.
『자본시장과 금융투자업에 관한 법률 주석』, 로앤비 온주, 공저, 2015.

新사내(공동) 근로복지기금 해설

정대섭 · 유정훈 공저

이론에서 실무까지 한 권으로 끝

최신 개정 법령사항 등 반영

'부록 : 근로복지기본법 · 령 · 칙 3단 비교표 및 관련 실무양식 일체' 수록

1. 근로복지기본법 · 시행령 · 시행규칙

2. 사내 · 공동근로복지기금 업무처리지침

3. 공동근로복지기금 지원사업 운영규정

4. 사내 · 공동근로복지기금 운용 가이드라인

5. 사내근로복지기금법인을 통한 우리사주 주식구입 지원 지침

6. 사내근로복지기금법인의 명칭 등 관리요령

7. 사내근로복지기금법인 잔여재산의 근로복지진흥기금에의 귀속절차

8. 사내근로복지기금 정관

9. 공동근로복지기금 정관

10. 사내 · 공동근로복지기금법인 사업계획 및 예산서

좋은땅

사내근로복지기금제도는 1983년 도입 이후 40여 년간 기업과 근로자의 상생을 위한 중요한 근로복지제도로서 그 기능을 다해 왔습니다. 한편, 2016년 도입된 공동근로복지기금제도는 사회 공동체와 기업, 그리고 근로자 간의 협력과 연대의 가치를 제도적으로 구현하는 소중한 성과를 만들어 가고 있습니다. 그러나 사내·공동근로복지기금제도를 그 도입 취지에 부합하게 제대로 활용하기 위해서는 제도의 법률적 구조는 물론 회계, 세무, 실무 운영에 이르기까지 제도 전반에 대한 다면적 이해와 전문성이 필요합니다. 그렇기 때문에 실무 현장에서는 이를 종합적으로 이해하고 활용할 수 있는 체계적인 해설서의 필요성이 꾸준히 제기되어 왔습니다.

본서는 사내·공동근로복지기금의 역사적 전개와 입법 취지, 국내외 비교 사례를 비롯하여 법리 해석, 회계와 세무, 그리고 실제 운영상 참조가 되는 사례 등 제도 전반에 대한 다양한 내용들을 포괄적으로 기술하고 있습니다. 저자들은 단순히 법 조문 해설이나 이론적 논의에 그치지 않고, 현장에서 기금 운영을 담당하는 실무자들이 즉시 활용할 수 있는 지침을 담아내려 노력하였습니다. 본서가 기업의 인사·노무·총무 담당자는 물론, 경영 컨설턴트, 연구자, 나아가 정책 입안자들에게도 실질적이고 구체적인 도움이 되기를 기대합니다.

본서의 집필 과정이 쉽지는 않았습니다. 제도의 역사와 현황을 꼼꼼히 정리하고, 제도 운영과 관련하여 축적된 다양한 사례들을 분석하여 그 속에 내재되어 있는 법리들을 발굴하고 체계화하였으며, 복잡한 회계·세무 문제를 이해하기 쉽게 전달하기 위해서는 다양한 관점에서의 많은 연구와 토론이 필요했습니다. 또한 저희 저자들은 그간의 연구와 실무 경험을 바탕으로, 제도의 이론적 본질과 실무적인 고민을 균형 있게 담아내고자 최선을 다하였습니다. 특히 근로복지기본법 개정, 근로복지기본계획 수립 등 정책 현장에서의 경험과 근로복지제도 전반에 관한 법률·경영학적 연구 성과는 본서 집필의 기초가 되었습니다.

본서가 출간되기까지 많은 격려를 보내 주신 이정식 장관님과 노용진 교수님, 바쁜 와중에도 정성껏 감수해 주신 김광태 노무사님을 비롯하여 물심양면으로 도움을 주신 많은 분들께 이 글을 빌려 깊은 감사를 드립니다. 사내·공동근로복지기금이 우리 사회에서 더욱 활성화되어 근로자의 삶의 질을 높이고 기업의 지속 가능한 발전을 견인하는 근로복지제도로서 확고히 자리매김하는 데 본서가 미력이나마 기여할 수 있기를 진심으로 바랍니다.

2026년 4월

공동 저자 정대섭·유정훈

근로자의 삶의 질을 향상과 기업의 경쟁력 강화를 위해 기업근로복지제도는 매우 중요한 의미가 있습니다. 사내근로복지기금과 공동근로복지기금은 우리나라 기업근로복지제도의 한 축을 담당하고 있는 제도로서 그 중요성이 나날이 증가하고 있습니다.

최근 정부도 안정적 노사관계 정착과 근로자의 복리후생 증진을 위해 사내·공동근로복지기금의 저변 확대와 제도 활성화를 위해 노력하고 있습니다. 특히 단독으로 사내근로복지기금을 설립하여 운영하는 것이 어려운 중소기업 근로자의 복지증진을 위해 공동근로복지기금의 설립을 지원함으로써 산업 전반에 상생의 문화를 정착시켜 나가고 있습니다.

정대섭 박사와 유정훈 변호사는 오랫동안 근로복지제도를 연구하고 실무를 담당해 왔으며, 고용노동부와도 긴밀한 협력관계의 지속을 통해 제도 발전을 견인해 온 전문가들입니다. 국내 최고의 근로복지제도 전문가들이 힘을 합쳐 사내·공동근로복지기금에 대한 해설서를 출간했다는 것만으로도 큰 의미를 지니며 기대를 불러일으킵니다.

이 책은 사내·근로복지기금과 관련하여 근로복지기본법령에 대한 심도 있는 해설뿐만 아니라 그 이론적 배경, 해외제도 현황, 실제 사례, 실무적 노하우, 제반 서식 등 다양한 내용들을 균형 있게 다루고 있습니다. 그렇기 때문에 근로복지제도와 관련한 연구자, 전문 컨설턴트, 기업의 경영자 및 실무 담당자 등 관계자 모두의 기대를 충족시키기에 충분합니다. 이 책을 통해 저자들의 오랜 노력의 결과를 독자들은 손쉽게 전수받을 수 있으리라 확신합니다. 이 책을 통해 상생의 기업문화 정착과 근로자의 복지증진이 한층 더 향상되기를 바라며, 독자 여러분께 적극 추천드립니다.

2026년 4월

제9대 고용노동부 장관 이정식

독자 여러분의 무궁한 발전을 기원합니다.

사내근로복지기금제도와 공동근로복지기금제도는 근로자 복리후생 증진과 기업 경쟁력 제고라는 두 가지 핵심 목표를 실현하는 중요한 제도입니다. 지난 40년간 사내근로복지기금과 공동근로복지기금은 꾸준한 성장과 발전을 거듭해 왔습니다. 특히 상생의 노사 관계 구축에 대한 사회적 요구가 높아지는 지금 그 중요성과 필요성이 더욱 커지고 있습니다.

이러한 시점에 사내·공동근로복지기금에 관한 매우 의미 있는 서적이 출간된 것은 큰 기쁨입니다. 특히 이 책은 제도의 역사에서부터 해외사례, 법리, 회계, 세무, 실무 운영까지 방대한 내용을 체계적으로 정리하고 있어 독보적인 가치를 지니고 있습니다. 단순한 이론적 지식을 전달하는 것을 넘어, 실무에 바로 활용할 수 있는 다양한 노하우를 담아냄으로써 업무 담당자뿐만 아니라 관련 분야 전문가들에게도 많은 도움이 될 것으로 기대됩니다.

이 책의 저자인 정대섭 박사와 유정훈 변호사는 국내에 흔치 않은 근로복지제도의 최고 전문가들입니다. 두 분의 탁월한 전문성이 결합 된 이 책은 독자에게 깊은 신뢰를 줍니다. 본서의 출간을 계기로 두 분께서 앞으로도 사내·공동근로복지기금제도의 저변 확대와 발전에 더욱 힘써 주시길 부탁드립니다. 이를 통해 우리 근로자들이 더욱 행복하고, 기업들이 한층 더 성장하기를 기대합니다.

"新사내(공동)근로복지기금 해설: 이론에서 실무까지 한 권으로 끝"의 출간을 다시 한번 진심으로 축하하며, 이 책이 기업과 근로자, 그리고 모든 관련자에게 실질적인 도움이 될 것을 확신하며 적극 추천합니다.

2026년 4월
서울과학기술대학교 경영학과 교수 노용진

제1장 사내근로복지기금제도의 이해

제2장　사내근로복지기금의 설립

제3장　사내근로복지기금의 운영

제4장 사내근로복지기금의 해산 및 합병, 분할·분할합병

제5장 공동근로복지기금제도의 이해

제6장 사내근로복지기금법인의 회계

4. 기금법인 결산 ··· 182

제7장 사내근로복지기금의 세제 혜택

1. 출연기업에 대한 혜택 ··· 195

2. 근로자에 대한 혜택 ··· 209

3. 기금법인에 대한 혜택 ··· 219

제8장 사내근로복지기금에 대한 감독

부록

사내근로복지기금 제도의 이해

(1) 사내근로복지기금제도의 의의

'사내근로복지기금제도'란 임금 기타 근로조건에 부가하여 근로자의 실질소득을 증대시키고 근로의욕과 노사공동체 의식을 고취시키기 위하여 사업주 이익의 일부를 출연하여 근로자의 복지증진 사업에 사용함으로써 근로자의 복리후생을 보장하는 기업근로복지제도를 말합니다.[1]

근로복지제도는 크게 국가 등이 주체가 되어 근로자 복지사업을 시행하는 공공근로복지제도와 기업이 주체가 되는 기업근로복지제도로 구분할 수 있습니다. 구체적으로 기업근로복지제도란 임금 및 근로시간 등 기본적인 근로조건 이외에 근로자의 근로의욕을 증진하고 복리후생 등 그들의 삶의 질을 향상시키기 위해 기업이 시행하는 각종 제도들을 의미합니다.[2] 근로복지기본법은 근로복지에 대한 기본법으로서 공공근로복지 및 기업근로복지에 대한 다양한 제도들을 규정하고 있습니다. 근로복지기본법이 규정하고 있는 기업근로복지제도 중 가장 대표적인 것이 바로 사내근로복지기금제도입니다.

'사내근로복지기금'이란 근로자의 복지증진을 위한 복리후생 사업을 수행하기 위해 사업주가 출연하여 조성된 기금을 의미합니다. '사내근로복지기금법인'이란 사내근로복지기금을 관리·운영하고 근로자 복리후생 사업을 수행하기 위해 사업주와 별개로 설립된 법인을 말합니다. 근로복지기본법에 따라 사내근로복지기금제도를 운영하기 위해서는 반드시 사내근로복지기금법인을 설립해야 하며 사내근로복지기금법인을 설립하기 위해서는 사업주의 출연에 의한 사내근로복지기금 조성이 전제되어야 합니다.

---

[1] 고용노동부, 「선진기업복지제도 업무매뉴얼」, 2011, 267면.
[2] 근로복지기본법 제3조 제1항.

사내근로복지기금은 사업주의 이익을 근로자와 공유하는 제도로서 노사 간 상생협력을 도모하고 사업주의 사회적 책임을 실현하는 중요한 수단 중 하나입니다. 사내근로복지기금을 통해 근로자들은 주택자금, 생활안정자금, 장학금, 의료비, 경조사비 등 생활에 필요한 자금지원과 문화·체육활동 참여 등 다양한 복지혜택을 누릴 수 있으므로 복리후생 증진에 도움이 됩니다.

(2) 사내근로복지기금의 법적 성격

1) 사업주로부터 독립된 별도 법인

사내근로복지기금은 근로복지기본법에 근거하여 설립된 기금으로 사업주와 별개인 비영리법인의 형태를 가지고 있습니다. 사내근로복지기금의 설립에서 운영에 이르기까지 전반적인 부분에서 사내근로복지기금은 사업주와 밀접한 관련이 있지만 법률적으로는 엄격히 사업주로부터 분리된 별도의 법인격을 가지고 있습니다. 특히, 사내근로복지기금은 성질상 민법상 재단법인과 비슷한 점이 많기 때문에 사내근로복지기금과 관련하여 근로복지기본법에 규정된 내용을 제외하고는 민법상 재단법인에 관한 규정을 준용하도록 하고 있습니다.[3] 사내근로복지기금은 독립법인으로서 법인운영에 필요한 사내근로복지기금협의회, 이사, 감사 등 관련기관 등을 갖추고 자체적으로 근로자 복리후생 증진 사업을 수행할 수 있습니다.

2) 법정외 기업복지제도

'법정외 기업복지제도'란 법정 기업복지제도[4]에 대비되는 개념으로서 법정 기업복지제도가 아니지만 기업이 자발적 또는 근로자와의 협의를 통해 제공하는 다양한 복리후생제도를

---

3) 근로복지기본법 제80조.
4) '법정 기업복지제도'란 퇴직금, 각종 휴가, 시간외 근무수당, 최저 임금, 4대 보험 등 근로기준법 및 기타 노농 관련 법령에 따라 기업이 반드시 준수해야 하는 복지제도를 의미합니다.

의미합니다. 사내근로복지기금은 그 설립이 법률에 의해 강제되는 것이 아니며, 사업주의 결단 또는 노사 합의를 통해 법정 기업복지제도에 추가하여 그 설치 여부를 자유롭게 결정할 수 있습니다. 그런 의미에서 사내근로복지기금제도는 법정외 기업복지제도의 일종으로 보는 것이 타당합니다.

3) 근로자 성과배분제도

사내근로복지기금은 근로자 복지제도이면서 동시에 근로자 성과배분제도의 일종이라고 할 수 있습니다.[5] 사내근로복지기금은 근로자 복리후생 증진을 위한 여러 가지 사업들을 수행하기 위해 설립된 기금이므로 당연히 근로자 복지를 위한 제도라고 할 수 있습니다. 한편, 사내근로복지기금의 재원은 근로자들이 갹출하는 것이 아니라 사업주가 해당연도 성과의 일부를 출연하는 것이므로 근로자에 대한 성과배분제도라고도 할 수 있습니다.

(3) 사내근로복지기금의 특징

1) 설립의 임의성

사내근로복지기금은 사업주의 자율적 판단과 금품 출연에 의해 설립되고 운영됩니다. 노사협의회가 설치되어 있는 경우 등에는 노사 합의를 거쳐야 사내근로복지기금을 설립할 수 있지만 원칙적으로 사내근로복지기금의 설립은 강제사항이 아니며 사업주의 선택사항입니다.

2) 운영의 영속성

사내근로복지기금의 설립이 의무는 아니지만 한번 설립한 사내근로복지기금은 임의로 해

---

5) 문무기, "사내근로복지기금 초기업화를 위한 소고", 법학논고, 제27집(2007. 12), 경북대 법학연구원, 2007, 168면.

산할 수 없습니다. 즉, 사내근로복지기금은 당해 사업의 폐지, 기금법인의 합병 및 분할·분할 합병 등 근로복지기본법에서 허용하는 제한된 경우에만 해산할 수 있습니다.[6] 따라서, 민법상 법인의 해산사유인 존립기간의 만료, 법인의 설립목적 달성 또는 달성의 불능 등 정관에 정한 해산사유의 발생, 설립허가의 취소 등을 사유로 해산하는 것이 불가능합니다.[7] 그렇기 때문에 사내근로복지기금은 그 운영의 영속성이 있다고 할 수 있습니다.

3) 운영의 공동성

사내근로복지기금은 사업주와 근로자가 공동으로 운영에 참여합니다. 사내근로복지기금의 최고의사결정기관인 복지기금협의회뿐만 아니라 이사, 감사 등 기관의 구성도 노사 동수로 구성하여야 합니다. 이러한 특징으로 인해 사내근로복지기금은 협력적 노사관계 구축에 긍정적인 효과가 있으며 사업을 둘러싼 환경 변화에도 불구하고 안정적으로 근로자 복지사업을 수행할 수 있습니다. 또한 근로자 대표가 사내근로복지기금의 운영에 참여함으로써 근로자들의 복지요구를 실제 복지사업에 반영할 수 있으므로 사업의 효과를 극대화할 수 있는 장점도 있습니다.

4) 기금의 점증성

사내근로복지기금은 원칙적으로 그 출연받은 기본재산을 적립하여야 하며, 기금을 운영하여 얻은 수익금으로 복지사업을 실시해야만 합니다.[8] 근로복지기본법은 일정한 요건하에 기본재산의 일부를 복지사업에 사용할 수 있도록 허용하기도 하지만, 이 경우에도 당해연도의 출연받은 기본재산 중 일정액은 반드시 적립하여 기금으로 관리하여야 합니다.[9] 그렇기 때문에 사내근로복지기금은 점증하는 특성을 가지고 있습니다.

---

6) 근로복지기본법 제70조.
7) 민법 제77조.
8) 근로복지기본법 제62조 제1항.
9) 근로복지기본법 제62조 제2항.

5) 기금의 유동성

사내근로복지기금은 그 원금이 보장되는 안전자산 위주로 운용하여야 하며 원금손실 가능성이 높은 위험자산에 직접 투자하는 것은 금지됩니다. 이는 기금 증식을 위해 위험자산에 무리하게 투자했다가 손실을 입을 경우 기금 고갈 등으로 인해 근로자 복지증진 사업을 수행하는 것이 불가능해질 수 있는 문제를 방지하기 위한 목적입니다. 따라서 기금은 필요한 경우 즉시 현금화가 가능하도록 예금, 채권, 펀드 등 유동성이 높은 금융상품 위주로 운용하여야 합니다.[10]

(4) 사내근로복지기금의 연혁

1970년대 말 박정희 대통령 사망과 제2차 석유파동 등의 영향으로 우리 경제는 큰 어려움을 겪게 되었습니다. 정부는 이러한 위기에 대응하기 위해 1980년부터 다양한 경제정책들을 제시하였는데, 1982년 비로소 그 정책들의 효과가 나타나면서 물가가 안정되고 국제수지의 적자 규모가 축소되는 등 거시경제가 안정되기 시작하였습니다. 이에 정부는 경제위기에 대한 방어적 정책에서 벗어나 기업의 생산성을 높이면서 대외경쟁력을 끌어올릴 수 있는 성장대책을 고민하게 되었습니다. 그 결과 1982년 6월 28일 투자 촉진을 통한 경제 활성화 대책(일명 6.28 조치)을 발표하였습니다.[11] 사내근로복지기금제도는 6.28 조치 중 하나로 국내에 처음 도입이 검토되었습니다.[12] 즉, 근로자의 근로의욕을 고취하고 노동 생산성을 증대시킴으로써 경기를 활성화시키기 위한 목적으로 사내근로복지기금제도의 도입이 검토된 것입니다. 이후 정부는 사내근로복지기금 도입을 위한 실무검토를 바탕으로 1983년 5월 6일 노동부의 지침으로 「근로의욕 향상을 위한 사내근로복지기금 설치·운영 준칙」(소위 '준

---

10)   근로복지기본법 제63조.

11)   국가기록원(https://www.archives.go.kr/next/newsearch/listSubjectDescription.do?id=007239&sitePage=1-2-1).

12)   6.28 조치의 주요 내용은 ① 은행과 제2금융권의 금리 인하, ② 법인세율을 33~38%에서 20%로 인하, 배당세 완화, 특별소비세 탄력세율 확대적용, ③ 우량 중소기업에 대한 금융지원 확대, ④ 은행 민영화 추진 및 주거래은행의 기업대출에 대한 심사분석 기능 강화, ⑤ 여신과 금융의 신축적 운용 등입니다.

칙기금')을 제정하였습니다.[13] 사내근로복지기금제도에 대한 규정상 근거를 마련한 것입니다. 이어 1984년 3월 2일에는 노동부훈령 제154호「사내근로복지기금 설치·운영 지도규정」을 제정하여 기업들에게 사내근로복지기금의 설치를 권장하였습니다.

사내근로복지기금제도의 활성화에는 근로자 복지 증진을 통한 생산성 향상뿐만 아니라 노사관계의 안정도 중요한 배경이 되었습니다. 특히 1987년 대규모의 노동 쟁의 이후 노사관계의 새로운 패러다임이 요구되면서, 기업 이익의 공정한 분배 메커니즘으로서 사내근로복지기금의 중요성이 더욱 부각되었습니다. 1991년 8월 10일「사내근로복지기금법」이 제정되고 동법 시행령 및 시행규칙이 같은 해 12월 31일 제정됨에 따라 노동부 지침과 훈령에 근거하여 운영되던 사내근로복지기금제도의 법률적 근거가 드디어 마련되었습니다. 사내근로복지기금법령은 1992년 1월 1일부터 시행되었으며, 이후 다수의 개정을 통해 사내근로복지기금제도의 활성화를 지속적으로 추진하였습니다.

2010년 6월 8일「사내근로복지기금법」을「근로자복지기본법」으로 통합하고「근로자복지기본법」의 명칭을「근로복지기본법」으로 변경하는 근로복지기본법 전부 개정이 단행되었습니다. 그로 인해「사내근로복지기금법」은 폐지되고「근로복지기본법」이 명실상부한 근로복지제도의 기본법으로서의 지위를 확고히 하게 되었습니다.

한편, 2015년 7월 20일 근로복지기본법 개정을 통해 공동근로복지기금제도가 도입되었습니다. 사내근로복지기금제도가 상대적으로 복지수준이 높은 대기업을 중심으로 운영되고 있어 대기업과 중소기업간 복지격차가 심화되고 있어 둘 이상의 기업이 공동으로 중소기업 등 근로자의 복지사업을 수행할 수 있도록 공동근로복지기금제도를 도입하였습니다. 동 개정법률은 2016년 1월 21일부터 시행되어 공동근로복지기금제도의 법적 근거를 제공하고 있습니다. 사내근로복지기금제도 및 공동근로복지기금제도의 연혁과 관련하여 자세한 내용

---

13) 근로의욕 향상을 위한 사내근로복지기금 설치·운영 준칙은 기업의 이윤 일부를 복지로 전환하게 함으로써 근로자의 노동의욕과 노사공동체의식을 제고하여 제2의 임금으로서의 기업복리후생을 확충하고 내실화를 도모하는 것을 사내근로복지기금제도의 도입 목적으로 적시하고 있습니다. 이를 위해 당해 연도 재무제표상 당기순이익의 5%를 기준으로 노사가 협의하여 정한 금액을 기금으로 출연하여 근로자의 재산형성 지원, 근로자 생활원조, 금융공제, 기타 노사협의회가 정하는 용도로 기금사업을 수행할 수 있도록 하였습니다.

은 아래 표를 참고해 주십시오.

〈 사내 · 공동근로복지기금제도 주요 연혁 〉

구 분	제도 개선	주요 내용
1982. 06. 28.	경기활성화 대책 수립	• 사내근로복지기금제도 도입 검토
1983. 05. 06.	근로의욕 향상을 위한 사내근로복지기금 설치 · 운영 준칙 제정	• 사내근로복지기금제도 도입
1984. 03. 02.	사내근로복지기금 설치 · 운영지도 규정 제정	• 노동부훈령 제154호
1991. 08. 10.	사내근로복지기금법 제정	• 사내근로복지기금제도 법제화
1992. 01. 01.	사내근로복지기금법 시행	-
1995. 01. 05.	사내근로복지기금법 개정	• 용도사업의 기금 사용한도 시행령 위임
1995. 05. 04.	사내근로복지기금법시행령 개정	• 기금 원금의 사용범위 확대(협의회 의결 필요) • 기금의 부동산(복지시설) 소유 허용 확대 • 기금자산 총액 변경 시 변경등기 생략 • 기금 이전, 분사무소 설치, 변경등기 시 등기부등본 노동부 제출
1999. 03. 03.	사내근로복지기금법시행령 개정	• 설립인가 신청서류 완화(준비위원 이력서 생략) • 정관변경 인가 시 처리 기한 단축(10일→7일)
2001. 03. 28.	사내근로복지기금법 개정	• 사내근로복지기금협의회 근로자위원 선정 방식 변경 • 사업폐지로 기금해산 시 잔여재산의 근로자 배분 허용 • 기금 합병 및 분한 근거 신설 • 근로자 대부사업을 용도사업으로 전환(원금사용 허용) • 기금 잔여재산 처리 규정 위반 벌칙 강화
2001. 03. 31.	사내근로복지기금법시행령 개정	• 용도사업 사용한도 확대(당해연도 출연금 50% 이내) • 미처리 잔여재산의 귀속절차 신설 • 근로자 대부사업을 용도사업에 편입 • 과태료 부과기준 신설
2002. 12. 26.	사내근로복지기금법시행령 개정	• 선택적복지제도 운영 시 원금 사용한도 확대(80% 내) • 기금운영방법으로 증권투자회사 및 부동산투자회사 발행주식 매입 허용
2007. 04. 27.	사내근로복지기금법 개정	• 사내근로복지기금협의회 의사록 보관규정 신설(10년) • 이사의 대표권 행사방법 정관 규정 의무화 • 사내근로복지기금협의회 위원 및 이사임기 확대(3년)
2007. 11. 13.	사내근로복지기금법시행령 개정	• 설립인가 신청서류 간소화 • 기금 설립 및 변경 등기시항 간소화

2007. 12. 21.	사내근로복지기금법 개정	• 모성보호 및 일과 가정생활 양립을 위한 필요비용 지원 허용
2009. 01. 07.	사내근로복지기금법 개정	• 양벌규정에 관한 헌재 위헌결정 취지를 반영하여 사용자 등이 주의의무를 다한 경우 처벌 면제
2009. 03. 31.	사내근로복지기금법시행령 개정	• 기금 사용한도 한시적 상향 • 기금 원금사용 일부 허용
2009. 10. 09.	사내근로복지기금법 개정	• 시정명령 위반 벌칙을 벌금에서 과태료로 전환 • 일부 법규 위반 과태료 부과금액 상향
2010. 06. 08.	근로복지기본법 전부 개정	• 근로자복지기본법으로 사내근로복지기금법 흡수 후 법률 명칭을 근로복지기본법으로 변경 • 수혜대상에 수급업체 근로자 등 포함 • 기금운용방법에 회사 유상증자 참여 허용
2012. 02. 01.	근로복지기본법 개정	• 수급업체, 파견근로자를 대상으로 사업추진 시 기본재산 사용한도 확대
2014. 01. 28.	근로복지기본법 개정	• 중소기업의 기금 사용한도 확대
2015. 07. 20.	근로복지기본법 개정	• 공동근로복지기금제도 도입
2016. 01. 21.	공동근로복지기금제도 시행	
2019. 12. 31.	근로복지기본법시행령 개정	• 근로복지공단이 공동근로복지기금법인의 사업에 지원할 수 있는 금액 상향
2020. 12. 08.	근로복지기본법 개정	• 사내근로복지기금법인의 사업범위에 공동근로복지기금 지원 관련 사항 추가 • 사내근로복지기금법인 해산사유에 공동근로복지기금 조성 또는 중간 참여 추가 • 설립되어 운영중인 공동근로복지기금법인에 설립 당시 미참여 사업주의 중간참여 근거 마련 • 공동근로복지기금법인 참여사업주의 탈퇴근거 및 탈퇴 시 재산처리방법 마련
2021. 06. 01.	근로복지기본법시행령 개정	• 공동근로복지기금법인의 기본재산 사용범위 규정 신설 • 공동근로복지기금법인의 탈퇴 사유에 도급인 및 수급인 관계 종료 추가
2023. 09. 27.	근로복지기본법시행령 개정	• 협력업체 근로자의 복리후생 증진사업 수행시 목적사업에 사용할 수 있는 기금 한도 확대

(1) 근로자 복지후생 증진

사내근로복지기금은 근로자의 복리후생 증진에 핵심적인 역할을 담당합니다. 기업이 창출한 이익의 일부를 근로자 복지에 환원하는 것은 근로자들의 경제적 안정과 삶의 질 향상에 직접적으로 기여합니다. 구체적으로, 사내근로복지기금은 주택자금 지원을 통해 근로자들의 주거 안정을 돕고 생활안정자금 대부를 통해 갑작스러운 경제적 어려움 해소에 도움을 줄 수 있습니다. 또한 장학금 지급을 통해 근로자 자녀의 교육 기회를 확대하고 의료비 지원을 통해 건강한 삶을 영위할 수 있도록 지원합니다.

특히 사내근로복지기금은 근로자들의 다양한 복지 욕구에 맞춤식으로 대응할 수 있는 장점이 있습니다. 사내근로복지기금협의회를 통해 근로자들의 의견을 수렴하여 복지사업을 설계함으로써 근로자들이 실질적으로 필요로 하는 복지혜택을 제공할 수 있습니다. 이는 국가나 지방자치단체 등이 제공하는 일률적인 복지제도와 차별화되는 사내근로복지기금만의 장점입니다. 또한 사내근로복지기금은 근로자들의 생애주기에 따른 복지 욕구 변화에 유연하게 대응할 수 있습니다. 젊은 근로자들에게는 주택자금이나 결혼비용을, 중년 근로자들에게는 자녀 교육비나 의료비를, 고령 근로자들에게는 노후 준비를 위한 지원을 제공하는 등 생애주기별 맞춤형 복지서비스가 가능합니다. 특히 선택적 복지제도를 사내근로복지기금의 사업 중 하나로 운영할 경우에는 그 효과가 더욱 극대화될 수 있습니다.

이러한 근로자 복리후생 증진은 근로자들의 직무 만족도와 조직 몰입도를 높여 기업의 생산성 향상과 인재 유치·유지에 긍정적인 영향을 미칩니다. 특히 요즘처럼 우수한 인재를 확보하기 위한 경쟁이 치열한 환경에서는 차별화된 복리후생제도가 우수 인재를 유치하는 데 매우 중요한 요소로 작용할 수 있습니다.

(2) 노사관계 개선

사내근로복지기금은 노사관계를 개선하고 안정화시키는 역할을 할 수 있습니다. 기업이 창출한 이익을 사내근로복지기금이라는 공정한 분배 시스템을 통해 근로자와 공유하는 것은 노사 간에 신뢰를 회복하고 협력적 노사관계를 형성하는 데 도움이 됩니다. 특히, 사내근로복지기금의 운영에 사업주 대표와 근로자 대표가 함께 참여하여 협력함으로써 노사 간 소통의 장을 마련할 수 있는 기회를 확보할 수 있습니다. 이러한 노사관계 개선은 노사분쟁을 감소시킬 뿐만 아니라 안정적인 기업 경영의 토대를 제공함으로써 성장의 촉매제가 될 수 있습니다.

(3) 기업의 사회적 책임 실현

사내근로복지기금은 기업의 사회적 책임(Corporate Social Responsibility, CSR) 실현과 밀접한 관련이 있습니다. 기업의 사회적 책임이란 기업이 단순히 경제적 이익을 창출하는 것에 머무르지 않고 법규 준수 및 윤리적 경영은 물론 사회와 환경 등 공동체 전체에 긍정적인 영향을 미치기 위해 추진하는 일련의 경영활동들을 의미합니다. 오늘날 기업의 사회적 책임은 단순한 선택이 아니라 지속가능한 기업으로 성장하고 공동체로부터 신뢰를 얻기 위한 필수조건으로 자리 잡아 가고 있습니다. 이런 이유에서 사내근로복지기금은 기업의 사회적 책임을 실천하는 데 중요한 수단으로 활용될 수 있습니다.

사내근로복지기금은 기업의 사회적 책임 활동 중 내부활동의 좋은 예시가 될 수 있습니다. 기업의 사회적 책임의 내부활동은 기업 내부의 이해관계자, 특히 근로자들을 대상으로 하는 책임활동으로서 근로자 복지증진, 공정한 보상, 안전한 근로환경 조성 등이 이에 해당합니다. 기업이 창출한 이익의 일부를 근로자 복지에 환원함으로써 이익의 공정한 분배를 실현하는 것은 기업의 사회적 책임의 핵심 가치 중 하나입니다. 사내근로복지기금을 통해 이러한 가치를 제도적으로 구현할 수 있습니다. 기업의 지속 가능한 성장은 기업의 사회적 책임 측면에서 매우 중요한 내용입니다. 사내근로복지기금을 통한 근로자 복지 증진은 인적 자원의 지속 가능한 관리와 직결되며, 근로자들의 만족도와 충성도 제고는 장기적으로 기업 경쟁력 강화에 기여할 수 있습니다. 다양한 이해관계자들과의 소통도 매우 중요한 요소입니다. 그런 측면에서 사내근로복지기금의 운영에 노사 대표가 함께 참여하는 것은 이해관계자와의 소통의 좋은 사례라고 할 수 있습니다. 마지막으로 사내근로복지기금은 근로자들의 삶의 질 향상을 통해 사회적 가치를 창출할 수 있습니다. 특히 최근에 확산되고 있는 일가정 양립 지원, 모성보호, 육아지원 등은 사회적으로 중요한 가치를 반영한 복지사업으로 기업이 사회적으로 의미 있는 가치를 창출하는 데 기여합니다.

(4) 공공근로복지제도의 보완

사내근로복지기금제도는 우리사주제도와 더불어 우리나라의 대표적인 기업근로복지제도 중 하나입니다. 기업근로복지제도란 임금이나 근무조건 외에 근로자의 경제·사회 활동의 참여기회 확대, 근로의욕의 증진 및 삶의 질 향상을 위해 기업이 수행하는 다양한 활동들을 의미합니다.[14] 기업근로복지제도는 정부나 지방자치단체 등이 주체가 되어 근로복지제도를 운영하는 공공근로복지제도에 대비되는 개념입니다. 공공근로복지제도는 전체 근로자들을 대상으로 복지의 최소한을 보장하기 위해 일률적인 복지 프로그램을 적용하는 것이므로 개별 근로자들의 상황에 맞는 맞춤식 서비스를 제공하는 것이 쉽지 않습니다. 그러나 기업근로복지제도는 개별 사업장의 상황에 맞는 맞춤형 복지서비스를 해당 근로자들에게 제공할 수 있으므로 보다 효과적일 수 있습니다. 따라서 기업근로복지제도의 활성화는 공공근로복지제도의 부족을 보완하는 대안이 될 수 있습니다. 사내근로복지기금제도도 기업근로복지제도의 한 종류이기 때문에 이와 같은 효과를 기대할 수 있습니다.

---

14) 근로복지기본법 제3조 제1항.

3. 사내근로복지기금의 현황

(1) 사내근로복지기금 현황

구 사내근로복지기금법에 따라 사내근로복지기금제도가 법제화된 후 제도가 처음 시행된 1992년도에는 총 293개의 사내근로복지기금이 설립되었고 기금법인의 기본재산은 약 4,325억 원으로, 사내근로복지기금 당 평균 기본재산은 약 14.8억 원이었으며 사내근로복지기금의 수혜대상 근로자수는 약 457천 명이었습니다. 이후 30년간 설립된 사내근로복지기금의 개수, 사내근로복지기금의 기본재산 규모, 수혜대상 근로자의 수 등 모든 측면에서 사내근로복지기금은 견조한 성장세를 보였습니다. 2009년도에는 글로벌 금융위기의 영향으로 기업들의 실적이 악화됨에 따라 사내근로복지기금의 기본재산이 일시적으로 감소하였으나 이후 회복세를 나타내고 있습니다. 특히 2022년도에는 2021년 대비 설립 기금수가 611개 증가하며 약 33.6%의 가파른 증가율을 나타냈는데, 이는 2021년 사업주가 사내근로복지기금에 출연한 금품을 전액 손비로 인정하는 법인세법시행령 개정이 큰 영향을 미친 것으로 해석됩니다. 2022년 말 기준으로 설립된 사내근로복지기금의 수는 총 2,427개이며 이 사내근로복지기금들이 보유한 기본재산의 총액은 87,336억 원으로 사내근로복지기금당 평균 기본재산은 약 36억 원이고 그 수혜대상 근로자수는 1,763천 명입니다. 제도 도입 첫해인 1992년도와 비교할 때 2022년 말 현재 설립 기금의 수는 약 8.3배, 기본재산 규모는 약 20.2배, 수혜대상 근로자수는 약 3.9배 각각 증가하였습니다.

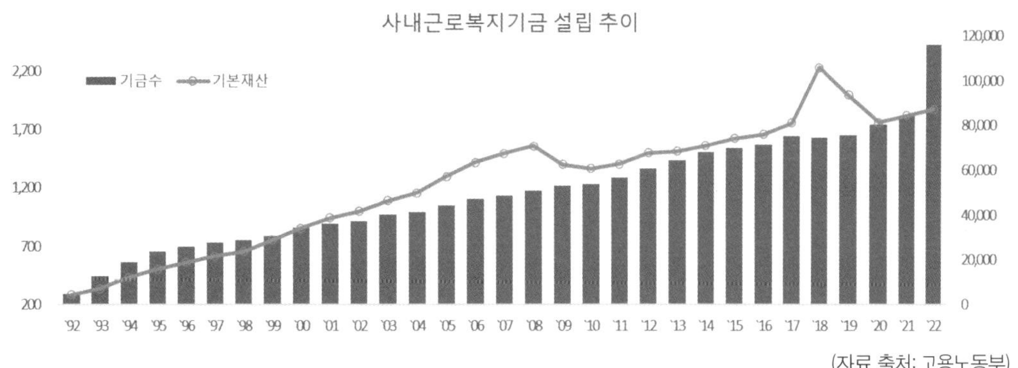

(자료 출처: 고용노동부)

〈사내근로복지기금 설립 추이〉

(단위: 개소, 억원, 천명)

구분	기금수	기본재산	수혜대상 근로자수	구분	기금수	기본재산	수혜대상 근로자수
1992년	293	4,325	457	2008년	1,177	70,810	1,256
1993년	444	7,097		2009년	1,220	62,609	1,286
1994년	568	12,149		2010년	1,235	60,759	1,390
1995년	655	15,974		2011년	1,292	62,812	1,469
1996년	700	19,014	1,007	2012년	1,368	67,713	1,545
1997년	735	21,770		2013년	1,434	68,361	1,613
1998년	755	23,740	900	2014년	1,506	71,034	1,676
1999년	790	28,965		2015년	1,543	74,371	1,633
2000년	862	34,284	1,094	2016년	1,573	76,042	1,539
2001년	897	38,794		2017년	1,645	81,171	2,073
2002년	916	41,724	985	2018년	1,632	106,032	1,532
2003년	972	46,501		2019년	1,651	93,708	1,668
2004년	992	50,017	991	2020년	1,748	81,407	1,552
2005년	1,047	57,177	1,043	2021년	1,816	84,526	1,575
2006년	1,106	63,581	1,123	2022년	2,427	87,336	1,763
2007년	1,135	67,517	1,173				

(자료 출처: 고용노동부)

(2) 공동근로복지기금 현황

2015년 7월 20일 근로복지기본법 개정으로 도입된 공동근로복지기금제도는 2016년 1월 21일부터 시행에 들어갔습니다. 제도 시행 첫해인 2016년에는 13개의 공동근로복지기금이 설립되었으며 그 기본재산은 약 1,577억 원, 수혜대상 근로자수는 약 56천 명이었습니다. 한편, 공동근로복지기금의 경우에도 제도 시행 이후 현재까지 지속적으로 성장하는 추이를 나타내고 있습니다. 2022년 말 기준으로 설립된 공동근로복지기금의 수는 487개로 2016년 대비 약 37.5배 성장하였으며, 기본재산 규모는 2,978억 원으로 약 1.9배, 수혜대상 근로자수는 184천 명으로 약 3.3배 각각 성장하였습니다.

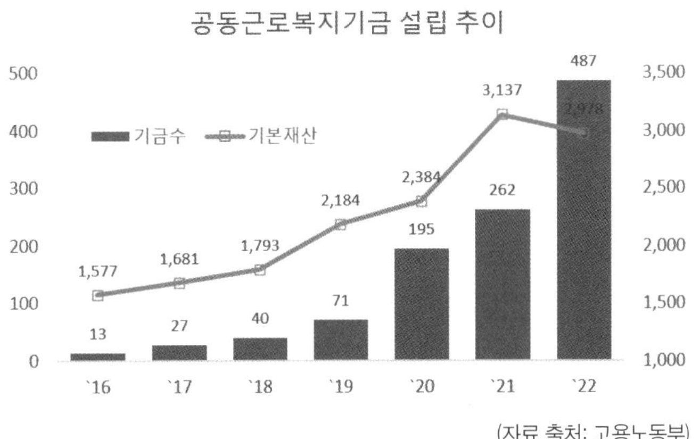

(자료 출처: 고용노동부)

〈 공동근로복지기금 설립 추이 〉

(단위: 개소, 억원, 천명)

구분	기금수	기본재산	수혜대상 근로자수
2016년	13	1,577	56
2017년	27	1,681	59
2018년	40	1,793	70
2019년	71	2,184	35
2020년	195	2,384	131
2021년	262	3,137	131
2022년	487	2,978	184

(자료 출처: 고용노동부)

(3) 기업 규모별 운영 현황

기업 규모별 사내근로복지기금 설립 현황을 살펴보면, 2022년 기준으로 전체 사업장 2,099,955개 중 2,914개 사업장이 사내근로복지기금 및 공동근로복지기금을 설립하여 그 설립률은 0.1%에 불과합니다. 그러나 그 세부내용을 살펴보면 기업 규모별로 큰 차이가 있습니다. 근로자 수 50명 미만인 사업장은 0.1%(1,167개), 50~99명인 사업장은 1.5%(395개), 100~299명인 사업장은 4.4%(604개), 300~499명인 사업장은 10.1%(202개), 500~999명인 사업장은 18.7%(223개), 1,000명 이상인 사업장은 46.2%(323개)의 설립률을 나타내고 있습니다. 이는 중소기업일수록 사내·공동근로복지기금의 설립률이 낮은 반면, 대기업일수록 사내·공동근로복지기금 설립 비율이 높음을 보여 줍니다.

사내·공동근로복지기금의 규모 측면에서도 기업 규모별 차이가 뚜렷하게 나타나고 있습니다. 근로자가 1,000명 이상인 대기업의 경우에는 사내·공동근로복지기금의 평균 기금액이 약 198.1억 원인 반면, 99인 이하 소기업은 2.5억 원, 100~299명인 중소기업은 12.3억 원, 300~499명인 기업은 29.9억 원, 500~999인 기업은 40.3억 원으로 나타났습니다. 이처럼 사내·공동근로복지기금 통계를 통해서도 대기업과 중소기업 간 근로자에 대한 복지 격차가 상당히 크다는 것을 알 수 있습니다.

〈기업 규모별 운영 현황(2022년 기준)〉

(단위: 개소, %, 억원)

구분		누계	50명 미만	50~99명	100~299명	300~499명	500~999명	1,000명 이상
기금 법인수	소계(a)	2,914	1,167	395	604	202	223	323
		(100%)	(40.0%)	(13.6%)	(20.7%)	(6.9%)	(7.7%)	(11.1%)
	사내	2,427	870	311	548	188	214	296
		(100%)	(35.8%)	(12.8%)	(22.6%)	(7.7%)	(8.8%)	(12.2%)
	공동	487	297	84	56	14	9	27
		(100%)	(61.0%)	(17.2%)	(11.5%)	(2.9%)	(1.8%)	(5.5%)
전체 사업장 수*(b)		2,099,955	2,055,486	26,831	13,743	2,005	1,191	699
설립률(a/b)		0.1%	0.1%	1.5%	4.4%	10.1%	18.7%	46.2%
기본재산(c)		90,314	2,108	1,792	7,419	6,038	8,981	63,976
평균 기본재산(c/a)		31	1.8	4.5	12.3	29.9	40.3	198.1

* 전체 사업장 수: 「22년 사업체노동실태현황」 10인 이상 사업체수 기준

(자료 출처: 고용노동부)

4. 외국의 사내근로복지기금제도

우리나라의 사내근로복지기금제도와 유사한 제도를 외국의 제도 중에서 찾는 것은 쉬운 일이 아닙니다.[15] 모든 제도는 각 나라가 처한 특수한 상황을 반영한 결과이기 때문에 각국의 상황을 정확히 이해하지 않은 상태에서 섣부르게 그 유사 여부를 판단하는 것은 바람직하지 않습니다. 근로복지에 대한 논의는 자본주의의 발전과정에서 불가피하게 발생하는 노동의 문제를 해결하기 위해 시작되었습니다. 세계 각국은 각자의 상황에 맞게 공공복지 또는 기업복지를 중심으로 근로복지를 개선하기 위한 노력을 계속 경주해 오고 있습니다. 유럽의 많은 국가들은 국가가 중심이 되어 강력한 사회보장제도를 전개하는 방식의 공공복지를 강조하고 있는 반면, 미국 등은 노동문제에 대한 국가의 개입을 최소화하고 기업이 근로자와 협상을 통해 복지문제를 해결하도록 하는 기업복지 중심의 정책을 전개해 나가고 있습니다. 그런 측면에서, 대만이 시행하고 있는 근로자복지기금(職工福利金)제도는 다른 나라의 제도들에 비해 우리 사내근로복지기금제도와의 유사성을 많이 발견할 수 있는 제도입니다. 이하에서는 대만의 근로자복지기금(職工福利金)제도의 세부내용을 자세히 살펴보고 미국과 영국, 일본의 기업복지제도에 대해 간략히 알아보도록 하겠습니다.

(1) 대만

1) 근로자복지기금(職工福利金)의 설립

대만은 1943년 1월 16일 근로자복지기금법(職工福利金條例)을 제정하여 같은 달 26일부터 근로자복지기금제도를 운영하고 있습니다. 대만 근로자복지기금제도의 특징은 노사가 자율적으로 사내근로복지기금을 설립하는 우리나라와는 달리 근로자복지기금의 설립이 강

---

15) 고용노동부, 「선진기업복지제도 업무매뉴얼」, 2011, 255면.

제화되어 있는 것입니다. 즉, 모든 공공부문 및 민간부문의 공장, 광산, 기타 기업들은 근로자복지기금을 설립하여 근로자 복지사업을 실시해야만 합니다.[16] 그리고 이들은 근로자복지기금에 의무적으로 출연해야 합니다.[17] 구체적으로 기금을 설립할 때에는 자본총액의 1~5%를 의무 출연해야 하며, 매월 영업이익의 0.05~0.15%를 출연해야 하고 폐기물을 매각하는 경우에는 그 금액의 20~40%를 기금에 출연해야 합니다. 그뿐만 아니라 근로자들도 일정부분 출연의무를 부담하는데, 회사는 매월 각 근로자의 급여에서 0.5%를 공제하여 기금에 출연해야 합니다. 우리 사내근로복지기금의 경우에는 사업주와는 별개인 사내근로복지기금법인을 설립해야 하는 것과 달리 대만의 경우에는 근로자복지기금의 법적 성격에 대해 아무런 규정이 없습니다. 대만의 경우에는 근로자복지기금을 반드시 법인으로 설립할 필요는 없는 것으로 사료됩니다. 다만, 근로자복지기금은 일정한 사항을 감독기관인 노동부에 보고하여야 하므로 감독기관은 그 보고를 통해 근로자복지기금의 현황을 파악하고 이를 감독한다고 이해할 수 있습니다.[18] 즉, 근로자복지기금은 기금의 규정(정관), 근로자복지위원회의 위원 및 사무직원 명단, 사무소 소재지, 설립일 등을 감독기관에 보고하여야 하며, 그 내용이 변경된 경우에도 즉시 이를 보고하여야 합니다.

2) 근로자복지위원회(職工福利委員會)

근로자복지기금의 관리와 운영은 법률에 따라 설립된 노동조합과 기업이 공동으로 구성한 근로자복지위원회(職工福利委員會)가 담당합니다.[19] 본격적인 업무에 앞서 근로자복지위원회는 다음 사항들을 명시한 규정을 제정해야 합니다. 즉, i) 근로자복지기금의 명칭, ii) 사무소 소재지, iii) 내부 조직 및 사무처리에 관한 규정, iv) 위원의 인원수 및 임기, iv) 위원의 선임, 해임, 사임 및 소환 등에 관한 사항, ⅴ) 회의 규정, vi) 근로자복지기금의 관리 및 집행에 관한 규정, vii) 복지시설에 관한 규정입니다.

---

16) 職工福利金條例 第一條 第一項.
17) 職工福利金條例 第二條 第一項.
18) 職工福利委員會組織準則 第十一條.
19) 職工福利金條例 第五條 第一項.

　한편, 근로자복지위원회는 7명 이상 21명 이하의 위원으로 구성되는데, 만약 사업장의 근로자가 1,000명 이상인 경우에는 위원의 수를 31명까지 늘릴 수 있습니다.[20] 근로자복지위원회를 구성하는 방법에서 특이한 점은 우리 사내근로복지기금협의회의 경우 노사가 동수로 구성하는 것에 비해, 대만의 경우에는 노동조합을 대표하는 위원이 전체 위원의 3분의 2 이상이 되어야만 한다는 것입니다.[21] 만약 노동조합이 없는 경우에는 전체 근로자의 선거로 근로자를 대표할 위원을 선출할 수 있습니다.[22] 근로자복지위원회는 위원회의 업무를 총괄할 1명의 위원장을 선출하여야 하며 필요한 경우에는 부위원장을 1명 선임할 수 있습니다.[23] 위원의 임기는 4년을 초과할 수 없으며,[24] 위원은 모두 무보수로 활동합니다.[25] 근로자복지위원회는 3개월마다 1회 정기회의를 개최해야 하며 필요한 경우 임시회의도 개최할 수 있습니다. 회의는 위원장이 소집하지만, 임시회의는 전체 위원의 3분의 1 이상이 연서로 요청하는 경우에는 7일 이내에 소집해야 합니다.[26]

　근로자복지위원회의 주요 업무는 다음과 같습니다. 첫째, 복지사업의 심의, 촉진 및 감독, 둘째, 복지기금의 계획, 관리 및 집행, 셋째, 복지사업 예산의 배분, 감사, 수입 및 지출 보고, 넷째, 그 밖의 복지 관련 사항의 처리 등입니다. 근로자복지위원회의 원활한 기금관리업무 수행을 위해 회사는 다음의 서류를 근로자복지위원회에 송부하여야 합니다. 첫째, 월별 근로자 급여 계산표, 둘째, 월별 임금 보고서, 셋째, 월별 영업수입 또는 규정 수수료 및 기타 수입에 관한 보고서, 넷째, 이사회에 제출한 업무보고서, 다섯째, 감사에게 제출한 재무상황 보고서입니다.

3) 근로자복지기금의 사업

　근로자복지기금은 근로자들의 필요와 예산에 따라 다음의 시설 및 사업을 운영하는 용도

---

20)　職工福利委員會組織準則 第三條.
21)　職工福利金條例 第五條 第二項.
22)　職工福利委員會組織準則 第四條 第一項 第二號.
23)　職工福利委員會組織準則 第六條 第一項.
24)　職工福利委員會組織準則 第六條 第二項.
25)　職工福利委員會組織準則 第六條 第五項.
26)　職工福利委員會組織準則 第十條.

로 사용할 수 있을 뿐 다른 용도로 사용할 수 없습니다.[27] i) 식당, ii) 숙소 또는 주택, iii) 이
발소, iv) 어린이집, 유치원, 방과 후 돌봄센터, 직장 내 상호보육 서비스센터, 지역 공동육아
나눔터 등 보육시설, v) 가정 내 보육 서비스, vi) 세탁실, vii) 도서실, viii) 휴게실, ix) 생활용
품 공급, x) 그 밖에 복지 관련 사업을 운영할 수 있습니다. 이러한 시설과 사업의 수혜대상
은 해당 기업의 직원 및 그 가족에 한정되며, 필요한 예산은 자급자족을 원칙으로 하되 부족
액은 근로자복지기금에서 지원할 수 있습니다.[28] 한편, 근로자복지기금은 공영은행 또는 민
영은행에 예치해야 하는데, 특별한 사정이 있어 노동부의 승인을 받은 경우에는 예외가 인
정됩니다.[29]

4) 근로자복지기금에 대한 감독

　　회사 및 노동조합은 매 회계연도 말에 각자 근로자복지기금의 수입 및 지출 명세표를 작
성하여 공시하고 이를 노동부에 보고하여야 합니다. 노동부는 필요한 경우 그 장부를 검사
할 수 있습니다.[30] 근로자복지위원회는 매 회계연도 종료 1개월 전까지 다음 연도 사업계획
과 예산을 작성하여 근로자복지위원회의 결의를 거쳐 노동부에 보고하여야 하며, 당해 회계
연도 종료 후 3개월 이내에 그 실적 및 결산을 노동부에 보고하여야 합니다.[31] 한편, 노동부
는 근로자복지기금과 관련된 업무 전반에 대한 감독권한도 행사할 수 있습니다. 기업이 근
로자복지기금을 설립하여 복지사업을 실시할 경우, 노동부는 감독관을 파견하여 이를 검사
할 수 있습니다.[32] 관련 법령을 위반한 경우에는 형벌을 부과할 수도 있습니다.[33]

---

27)　職工福利金條例 第七條, 職工福利委員會組織準則 第十三之一條 第一項.
28)　職工福利委員會組織準則 第十三之一條 第二項.
29)　職工福利金條例施行細則 第七條.
30)　職工福利金條例 第六條.
31)　職工福利委員會組織準則 第十三條.
32)　職工福利金條例施行細則 第十三條.
33)　職工福利金條例 第十一條, 第十二條, 第十三條.

(2) 미국

  미국의 기업복지제도는 전통적으로 민간 중심의 자본주의 시장경제체계를 기반으로 발전한 특징이 있습니다. 따라서 국가가 국민 전체에게 일률적으로 실시하는 공공근로복지는 비교적 약한 편이지만, 기업이 자체적으로 실시하는 기업복지제도는 발달해 있습니다. 미국에서 고용주가 의무적으로 근로자에게 제공해야 하는 법정복지제도에는 사회보장연금(Old-Age, Survivors, Disability Insurance), 실업보험(Unemployment Insurance), 산재보험(Worker's Compensation), 의료보험(Medicare, Medicaid) 등이 있습니다. 그러나 대부분의 미국 회사들은 각자 회사의 상황에 맞게 자발적인 복리후생 프로그램(Employee Benefit Program)을 마련하여 근로자의 복지증진을 위해 활용하고 있습니다. 퇴직연금(Pension Plan), 건강보험(Health Insurance), 생명보험(Life Insurance Plan), 우리사주제도(Employee Stock Ownership Plan), 선택적 복지제도(Cafeteria Plan), 근로자지원프로그램(Employee Assistance Program) 등의 다양한 복리후생 프로그램들이 여기에 포함됩니다. 기업은 우수한 근로자를 확보하기 위한 수단으로 복리후생 프로그램을 활용하는 경우가 많기 때문에 기업의 규모, 업종, 노조유무 등에 따라 기업 간의 복리후생 프로그램은 엄청난 차이를 보이고 있습니다.

  미국 기업복지제도의 운영주체는 원칙적으로 각 기업입니다. 기업이 직접 근로자들에게 보험이나 복지혜택을 제공하는 것이 일반적이며, 경우에 따라서는 보험사나 연금운용사 등 전문성 있는 제3자와의 계약을 통해 복지제도를 관리하기도 합니다. 노동조합이 있는 기업의 경우에는 복지프로그램이 노사교섭의 중요한 의제가 되기 때문에 노사합의를 통해 복리후생 프로그램을 설계하고 운영합니다. 복리후생 프로그램의 재원은 일반적으로 기업이 부담하지만 건강보험의 경우에는 종업원도 급여공제의 형태로 일부를 분담하기도 합니다. 기업이 근로자에게 복지혜택을 제공하는 경우에는 관련 세법 규정에 따라 그 비용이 경비로 처리됩니다.

(3) 영국

 영국의 경우에도 우리나라와 같이 근로자의 복지증진 사업을 시행하기 위해 별도의 기금을 조성하여 운영하는 제도가 마련되어 있지 않습니다. 영국은 전통적으로 국가가 주도하는 보편적 복지제도인 공공근로복지제도가 근로복지제도의 근간을 이루고 있으며 이를 보완하기 위해 개별 기업들이 각자의 상황에 맞게 기업근로복지제도를 운영하고 있습니다.

 영국의 근로복지제도는 1942년에 발간된 베버리지 보고서(Beveridge Report)를 기반으로 발전하였습니다. 동 보고서는 "요람에서 무덤까지(Cradle to the Grave)"라는 이상을 실현하기 위해 사회보장제도의 원칙을 제시하고 사회적 혁신을 통한 포괄적이고 통합적인 사회보장체계의 구축을 강조하였습니다. 특히, 사회적 악의 근원으로 여겨지는 경제적 빈곤의 해결(Want), 보편적 의료 접근성 보장(Disease), 교육기회의 확대(Ignorance), 주거환경 개선(Squalor), 실업 감소(Idleness) 등 5가지 문제의 해결에 초점을 맞추었습니다. 현재 영국의 사회보장제도는 국가의료제도(National Health Service), 사회서비스(Personal Social Service), 사회보장급여(Social Security Benefits)의 3가지 제도를 중심으로 구성되어 있습니다.

 한편, 영국의 기업복지제도는 국가주도의 공공복지제도의 보완책으로서 개별 기업이 자발적으로 운영하고 있습니다. 다른 나라들과 마찬가지로 영국의 경우에도 우수한 인재를 유치하기 위한 방안의 하나로 기업복지제도를 활용하는 기업들이 많기 때문에 근로자들이 선호하는 회사일수록 다양하고 좋은 복리후생 프로그램을 운영하는 경우가 많습니다. 기업복지제도에 소요되는 재원은 대부분 기업이 부담하지만 경우에 따라서는 근로자들이 일정 부분 부담하기도 합니다. 기업이 지출하는 복리후생 지원 비용은 세법상 비용으로 인정되어 세제 혜택을 누릴 수 있습니다.[34]

---

34) Corporation Tax Act 2009, Section 1290: Employee benefit contributions.

(4) 일본

　일본의 근로복지제도는 국가 주도의 공공근로복지제도, 기업 주도의 기업근로복지제도, 근로자 주도의 근로복지제도로 구분할 수 있습니다. 국가 주도의 공공근로복지제도는 일본 사회보장제도의 핵심 역할을 담당하며 근로복지제도에서도 주류를 차지하고 있습니다. 대표적인 공공근로복지제도에는 고용보험, 근로자 재해보상보험, 건강보험, 연금 등이 있습니다. 이러한 공공근로복지제도는 법정복지제도이므로 참여가 강제되는 특징이 있습니다. 기업이 자발적으로 실시하는 기업복지제도는 기업의 상황에 맞게 사업주의 판단 또는 노사합의를 통해 다양한 복지사업을 시행하고 있습니다. 그러나 일본의 기업복지제도의 경우에도 우리의 사내근로복지기금처럼 별도의 기금을 조성하여 사업을 시행하는 것이 아니라 회사가 내부적으로 사업을 실시하는 형식으로 운영되고 있습니다. 특히 일본 기업들은 기업복지제도의 운영을 위해 보험회사의 단체보험을 활용하는 경우가 많이 있습니다. 보험회사들은 기업의 니즈에 맞게 재직 중 생활보장, 의료비 지원, 정년후 노후보장, 주택마련 지원 등 다양한 근로복지제도 관련 상품을 개발하여 기업에 제공하고 있습니다. 근로자 주도의 근로복지제도는 주로 노동조합 등이 그 조직을 이용하여 근로자 복지사업을 시행하는 것입니다. 근로자의 자발적 참여에 의해 운영되는 방식으로 근로자들의 복지 니즈를 잘 반영하여 제도를 설계할 수 있기 때문에 참여 근로자의 만족도를 제고할 수 있는 반면, 사업에 필요한 재원을 참여자들이 분담해야 하는 부담이 있습니다. 일본의 경우에도 근로자의 복지증진을 위해 사용하는 비용에 대하여 세제혜택을 부여하여 이를 장려하고 있습니다. 즉, 기업이 근로자를 위해 사용한 복리후생비는 법인세법상 필요경비로서 손금에 산입되어 법인세 혜택을 누릴 수 있습니다. 근로자의 경우에도 수혜금액 중 일정 요건을 충족한 금액에 대해서는 근로소득세를 비과세 합니다.

5. 다른 기업근로복지제도

'근로복지제도'란 임금이나 근무조건 외에 근로자의 경제·사회활동의 참여기회 확대, 근로의욕의 증진 및 삶의 질 향상을 위해 수행하는 다양한 활동을 의미합니다.[35] 근로복지기본법은 근로복지제도에 대한 기본법으로서 국가나 지방자치단체 등이 주체가 되는 공공근로복지뿐만 아니라 기업이 주체가 되는 기업근로복지에 대한 다양한 제도들을 규정하고 있습니다. 기업근로복지제도 중 근로복지기본법이 도입하고 있는 대표적인 제도에는 사내·공동근로복지기금 이외에 우리사주제도, 선택적 복지제도, 근로자지원프로그램이 있습니다. 이들은 모두 사내근로복지기금제도와 직간접적으로 관련이 있는 제도들이기 때문에 각 제도에 대한 이해는 사내근로복지기금제도의 이해에도 도움이 될 수 있습니다. 이하에서는 이 제도들에 대해 간략히 소개하도록 하겠습니다.

(1) 우리사주제도(Employee Stock Ownership Plan: ESOP)

1) 의의

'우리사주제도'란 근로복지기본법 제32조에 따라 주식회사의 근로자가 우리사주조합을 통해 자기 회사의 주식을 취득하여 보유함으로써 근로자의 경제적, 사회적 지위를 향상하고 노사협력을 증진하는 기업복지제도를 의미합니다.[36] 즉, 우리사주제도는 근로자들이 우리사주조합을 결성한 후 그 조합을 통해 자기회사의 주식을 취득하여 보유하는 제도라고 이해할 수 있습니다. 과거 우리사주제도는 근로자복지기본법에 규정이 되어 있었으며, 사내근로복지기금제도는 사내근로복지기금법에 각각 규정되어 있었습니다. 그러나 2010년 6월 8일 근로자복지기본법과 사내근로복지기금법이 근로복지기본법으로 통합됨에 따라 우리사주

---

35) 근로복지기본법 제3조 제1항.
36) 정대섭, "우리사주 우선배정제도 개선에 관한 정책적 제언", 선진상사법률연구, 통권 제111호(2025. 7), 법무부, 2025. 62면.

제도와 사내근로복지기금제도는 우리나라 근로복지제도의 양대 축을 이루게 되었습니다.

2) 기대효과

회사는 우리사주제도를 통해 큰 비용을 들이지 않으면서도 근로자의 복리후생을 증진시키고 생산성을 향상시킬 수 있습니다. 근로자의 우리사주 보유는 주주로서의 주인의식을 갖게 만들고 애사심을 고취함으로써 생산성을 향상시키는 동기를 제공합니다. 근로자의 생산성 향상으로 기업의 가치가 높아질 수 있으며 이는 주가 상승으로 이어져 주식을 보유한 근로자들의 투자수익 실현에 도움이 될 수 있습니다. 그뿐만 아니라 우리사주제도는 협력적 노사관계 형성에도 도움이 될 수 있으며, 특별히 경영권 위협이 발생할 경우에는 우리사주조합이 우호지분의 역할을 수행할 수도 있습니다.

근로자는 우리사주제도를 통해 재산형성의 기회를 얻을 수 있습니다. 근로자가 단순한 임금노동자가 아니라 주주가 됨으로써 회사가 성장함에 따른 결과를 함께 향유할 수 있습니다. 즉, 임금이나 성과급 이외에 주주로서 배당이익을 누릴 수 있으며 주가가 상승할 경우 보유주식을 매각함으로써 자본이익을 얻을 수도 있습니다. 한편, 주주인 근로자는 의결권 행사 등을 통해 회사의 경영에도 영향력을 행사할 수 있습니다.

3) 우리사주 취득

우리사주제도를 운영하기 위해서는 반드시 우리사주조합을 결성해야 합니다. 근로자들은 근로복지기본법령에서 정한 절차에 따라 우리사주조합을 결성한 후 주무부처인 고용노동부에 우리사주조합의 결성을 신고하여야 합니다.[37] 우리사주조합은 근로자들의 주식 취득 및 관리에 대한 제반업무를 담당하는데, 실제로는 우리사주조합의 조합장 및 이사들이 해당 업무를 수행합니다.

---

37) 근로복지기본법 제33조, 동법 시행령 제8조, 동법 시행규칙 제9조.

우리사주를 취득하는 방법에는 여러 가지가 있습니다. 가장 대표적인 것이 유상증자 시 우선배정을 받는 방법입니다. 우선배정이란 회사가 유상증자를 하는 경우 그 신규 발행주식의 20% 범위 내에서 우리사주를 취득할 수 있는 권리를 부여받아 이를 통해 취득하는 방법입니다.[38] 회사의 정관규정에 따라 기존 주주의 신주인수권을 배제하고 우리사주조합원이 제3자 배정을 받아 취득하는 것도 가능합니다. 한편, 증권의 발행시장이 아니라 유통시장에서 우리사주를 취득하는 것도 가능합니다. 상장법인의 경우에는 유가증권시장(KOSPI) 및 코스닥시장(KOSDAQ)에서 우리사주를 취득할 수 있으며, 장외에서 회사 및 최대주주가 보유한 지분을 매입하는 것도 가능합니다. 비상장법인의 경우에는 장내 매입이 불가능하므로 장외에서 주주 간 거래를 통해 우리사주를 취득할 수 있습니다. 스톡옵션과 유사한 우리사주매수선택권을 통해 주식을 취득하는 것도 가능합니다.[39] 근로자의 부담으로 우리사주를 취득하는 방법 외에 회사나 대주주가 무상으로 출연하는 주식이나 금전을 통해 우리사주를 취득할 수도 있습니다.

4) 우리사주 예탁

근로자가 취득한 우리사주는 전담 수탁기관에 일정 기간 이상 예탁해야 하므로 그 기간 동안에는 해당 주식의 매매가 불가능합니다.[40] 우리사주의 의무예탁기간은 그 취득재원에 따라 차이가 있습니다. 즉, 근로자의 출연으로 취득한 우리사주는 1년간 의무예탁해야 하지만, 회사나 대주주 등의 출연으로 근로자가 무상으로 취득한 우리사주는 4~8년으로 보다 장기간 의무예탁해야 합니다. 그러나 의무예탁기간 중이라도 우리사주조합의 해산, 조합원의 사망, 조합원의 퇴직, 주식매수청구권의 행사, 상장폐지 확정 등의 경우에는 우리사주를 인출하여 처분할 수 있습니다.[41]

---

38)　근로복지기본법 제38조.
39)　'우리사주매수선택권'이란 회사가 근로자에게 부여한 일정 기간 이내에 미리 정한 가격으로 회사의 신주를 인수하거나 회사가 보유한 자기주식을 매수할 수 있는 권리를 의미합니다. 근로자는 우리사주매수선택권에서 정한 조건이 충족되는 경우 그 권리를 행사하여 주식을 취득할 수 있습니다(근로복지기본법 제39조).
40)　근로복지기본법 제43조.
41)　근로복지기본법 제44조.

5) 세제혜택

세법은 근로자 복지증진 및 우리사주제도 활성화를 위해 근로자, 회사 등에게 다양한 세제혜택을 부여하고 있습니다. 즉, 우리사주조합원이 우리사주를 취득하기 위해 출연한 금전은 당해연도에 400만 원까지 근로소득 공제가 가능합니다.[42] 소액주주인 조합원이 예탁 중인 주식에 배당소득이 발생한 경우 이를 비과세합니다.[43] 조합원이 시가보다 저가로 주식을 취득한 경우에도 그 차액에 대하여 증여세를 과세하지 않습니다.[44] 조합원이 1년 이상 보유한 주식을 퇴직을 사유로 인출하여 우리사주조합에 양도하는 경우에는 그 양도소득세를 비과세합니다.[45]

한편, 회사에 대해서는 회사가 우리사주조합에 출연한 자사주 및 금품 전액을 손비로 인정합니다.[46] 회사가 우리사주조합의 운영비를 지원하는 경우 이는 전액 복리후생비로 손비처리가 가능합니다.[47] 한편, 조합원의 주식 취득자금을 저리 또는 무이자로 지원한 경우에는 그 인정이자를 익금에 산입하지 않습니다.[48]

(2) 선택적 복지제도(Cafeteria Plan)

1) 의의

근로자가 여러 가지 복지항목 중에서 자신의 선호와 필요에 따라 자율적으로 선택하여 복지혜택을 받을 수 있는 제도를 선택적 복지제도라고 합니다.[49] 실무에서는 '선택적 복지제

---

42) 조세특례제한법 제88조의4 제1항.
43) 조세특례제한법 제88조의4 제9항.
44) 상속세 및 증여세법 제46조.
45) 조세특례제한법 제88조의4 제14항.
46) 법인세법시행령 제19조 제16호.
47) 법인세법시행령 제45조.
48) 법인세법시행규칙 제44조.
49) 근로복지기본법 제81조 제1항.

도'보다 '복지포인트'라는 용어가 더 많이 사용되고 있습니다. 기존의 복지제도는 회사가 예산 범위 내에서 일방적으로 복지항목을 결정하여 제공하는 방식이었다면, 선택적 복지제도는 복지예산을 근로자 개인에게 분배하고 근로자가 자신의 예산범위 내에서 본인의 필요와 욕구에 맞는 복지항목을 선택할 수 있도록 하는 것입니다. 근로자들이 마치 카페에서 자기가 좋아하는 메뉴를 선택하여 고를 수 있는 것처럼 다양한 복지항목 중에서 자신에게 필요한 항목만을 선택하여 향유할 수 있다는 의미에서 카페테리아 플랜(Cafeteria Plan)으로도 불립니다. 선택적복지제도는 1974년 미국의 ETS(Education Testing Service)와 TRW System Group에서 최초로 시행되었으며, 우리나라에서는 1997년 한국IBM이 처음 도입하였습니다.[50]

2) 기대효과

선택적 복지제도를 도입할 경우, 근로자들이 자신의 필요와 욕구에 부합하는 복리후생제도를 설계하고 선택함으로써 회사의 복지제도 전반에 대한 만족도가 상승할 뿐만 아니라 애사심과 주인의식이 제고될 수 있습니다. 한편, 기업 입장에서는 복지비용의 예상 지출액을 미리 예측할 수 있어 복지예산의 합리적인 관리가 가능하게 되는 장점이 있습니다.[51] 또한 근로자의 욕구에 부합하는 맞춤식 복리후생 제공을 통해 복지사업의 효과를 극대화할 수 있습니다.

3) 제도 설계 및 운영

사업주는 선택적 복지제도를 설계할 경우, 근로자의 사망, 장해, 질병 등에 관한 기본적 생활보장 항목과 여가, 문화, 체육활동 등을 지원할 수 있는 개인별 추가 선택항목을 균형 있게 반영하여 근로자 개인별 선호가 조화와 균형을 이루도록 노력해야 합니다.[52] 선택적 복지제도를 운영하는 사업주는 선택적 복지 구성항목, 복지혜택 부여기준 등이 포함된 선택적

---

50) 고용노동부, 「선진기업복지제도 업무매뉴얼」, 2011, 128면.
51) 고용노동부, 위의 책, 135면.
52) 근로복지기본법 제82조 제1항.

복지제도 운영기준을 마련하고 이를 소속 근로자에게 알려주어야 합니다.[53] 또한 근로자가 선택적 복지제도의 복지항목을 선택하고 사용하는 데 불편이 없도록 전산관리서비스를 직접 제공하거나 제3자에게 위탁하여 제공될 수 있도록 노력하여야 합니다.[54]

4) 사내근로복지기금을 통한 선택적 복지제도 운영 필요성

선택적 복지제도는 회사가 직접 운영할 수도 있지만, 회사가 아닌 사내근로복지기금을 통해 운영할 경우에는 세제혜택 등을 통해 추가적인 부담 없이 제도를 시행할 수 있는 장점이 있습니다.[55] 회사가 직접 선택적 복지제도를 운영하는 것과 관련하여 최근 중요한 판례가 생성되어 그 내용을 설명함으로써 사내근로복지기금을 통한 선택적 복지제도 운영의 효과도 함께 설명하도록 하겠습니다.

2019년 8월 대법원은 전원합의체 판결을 통해 회사가 선택적 복지제도를 시행하면서 단체협약, 취업규칙 등에 근거하여 근로자들에게 계속적·정기적으로 배정한 복지포인트가 근로기준법에서 정한 임금 및 통상임금에 해당하지 않는다고 판시하였습니다.[56] 즉, "사업자가 근로자에게 지급하는 금품이 임금에 해당하려면 먼저 그 금품이 근로의 대상으로 지급된 것이어야 하므로 비록 금품이 계속적·정기적으로 지급된 것이라 하더라도 그것이 근로의 대상으로 지급된 것으로 볼 수 없다면 임금에 해당한다고 할 수 없다. 여기서 어떤 금품이 근로의 대상으로 지급된 것이냐를 판단함에 있어서는 금품지급 의무의 발생이 근로제공과 직접적으로 관련되거나 그것과 밀접하게 관련된 것으로 볼 수 있어야 한다. 사용자가 선택적 복지제도를 시행하면서 직원 전용 온라인 쇼핑사이트에서 물품을 구매하는 방식 등으로 사용할 수 있는 복지포인트를 단체협약, 취업규칙 등에 근거하여 근로자들에게 계속적·정기적으로 배정한 경우라 하더라도, 이러한 복지포인트는 근로기준법에서 말하는 임금에 해당하지 않고, 그 결과 통상임금에도 해당하지 않는다."라고 판단하였습니다.

---

53) 근로복지기본법시행령 제29조 제2항.
54) 근로복지기본법 제82조 제2항.
55) 근로복지기본법 제82조 제3항.
56) 대법원 2019.8.22. 선고 2016다48785 전원합의체 판결.

　대법원이 복지포인트의 근로기준법상 임금성을 부인함에 따라 그동안 이를 임금으로 간주하여 소득세를 원천징수하여 납부했던 회사는 복지포인트가 소득세법상 근로소득에 해당하지 않으므로 이를 반환하라는 경정청구를 관할 세무서장들을 대상으로 신청하였으나 해당 세무서장들이 이를 거부함에 따라 소송에서 다투게 되었습니다. 이에 대해 2024년 12월 대법원은 근로자가 회사의 선택적 복지제도 시행에 따라 배정받아 사용한 복지포인트는 소득세법상 근로소득에 해당한다고 판시하였습니다.[57] 즉, "①해당 복지포인트는 회사가 소속 임직원들에게 정기적으로 배정하여 사용하도록 한 것으로서 직접적인 근로의 대가는 아니더라도 적어도 위 임직원들이 회사에 제공한 근로와 일정한 상관관계 내지 경제적 합리성에 기한 대가관계가 인정되는 급여에는 해당하는 점, ②해당 복지포인트는 건강관리, 자기계발 등으로 사용 용도가 제한되어 있고 일정 기간 내 사용하지 않는 경우 이월되지 않고 소멸하며 양도가 불가능하기는 하나 그렇더라도 정해진 사용기간과 용도 내에서는 위 복지포인트를 사용하여 필요한 재화나 용역을 자유롭게 구매할 수 있으므로 임직원들이 해당 복지포인트를 사용함으로써 상당한 경제적 이익을 얻었다고 볼 수 있다는 점, ③선택적 복지제도의 법적 근거가 되는 근로복지기본법 제3조 제1항은 근로복지의 개념에서 '임금·근로시간 등 기본적인 근로조건'을 근로복지기본법의 규율 대상에서 제외한다는 취지이지 기본적인 근로조건이 아닌 후생 등 기타의 근로조건까지 모두 근로복지의 개념에서 제외한다는 취지가 아니므로 근로복지기본법 제3조 제1항을 근거로 근로복지와 근로조건을 양립 불가능한 개념으로 볼 수는 없는 점을 종합하면, 해당 복지포인트는 구 소득세법 제20조 제1항의 근로소득에 해당한다."라고 판단하였습니다.

　선택적 복지제도와 관련한 위 두 개의 대법원 판결은 적지 않은 파장을 불러일으키고 있습니다. 회사가 근로자에게 직접 지급한 복지포인트는 근로기준법상 임금 및 통상임금에 해당하지 않기 때문에 회사는 근로자의 퇴직금 지급 시 이를 반영할 필요가 없습니다. 그러나 복지포인트가 소득세법상 근로소득에는 해당하기 때문에 복지포인트 지급 시 그에 대한 소득세를 원천징수 하여 납부해야 합니다. 결국 근로자는 근로기준법상 임금 등에 대한 권리는 주장할 수 없으면서 소득세법상 납세의무는 준수해야 하는 결론에 도달하게 됩니다. 그

---

57)　대법원 2024. 12. 24. 선고 2024두34122 판결.

렇다고 해서 회사도 유리하기만 한 것은 아닙니다. 당초 지급한 복지포인트에 대해 소득세를 징수해야 하기 때문에 회사가 실제 지급한 복지비용에 비해 근로자는 훨씬 적은 금액을 수령한 것으로 인식하기 때문에 복지사업의 비효율성이 증가하게 되기 때문입니다. 한편, 공무원에게 지급되는 복지포인트는 소득세법상 근로소득으로 간주하고 있지 않기 때문에 일반 기업의 근로자에게 복지포인트를 과세하는 것은 조세형평에 어긋난다는 의견도 있습니다.

회사가 선택적 복지제도를 시행하면서 근로자에게 직접 지급한 복지포인트의 과세 문제에 대한 논란은 관련 학계에서도 뜨거운 논제로 부상하여 많은 전문가들이 이에 대한 논의를 지속하고 있습니다. 그러나 이에 대한 해결 방안은 의외로 간단합니다. 즉, 회사가 직접 운영하고 있는 선택적 복지제도를 사내근로복지기금을 통해 추진하는 것입니다. 뒤의 세제 혜택 관련 장에서 설명할 바와 같이, 사내근로복지기금이 근로자에게 지급하는 보조금 등은 근로소득으로 보지 않으므로 근로소득세가 비과세 되며 사회통념상 인정되는 일정한 금품인 경우에는 증여세도 비과세됩니다. 만약 증여세의 과세 대상이 되는 경우라도 증여세의 과세표준이 50만 원 미만인 경우에는 증여세가 면제되며, 과세표준이 1억 원 이하인 경우에는 10%의 세율로 분리과세 되므로 근로자와 회사 모두에게 유리하기 때문입니다. 이런 이유 때문에 많은 회사들이 직접 운영하고 있던 기존의 선택적 복지제도를 사내근로복지기금을 활용하는 방법으로 전환하는 것을 추진하고 있습니다.

(3) 근로자지원프로그램(Employee Assistance Program: EAP)

'근로자지원프로그램'이란 근로자의 업무수행 또는 일상생활에서 발생하는 스트레스, 개인의 고충 등 업무 저해요인의 해결을 지원하여 근로자를 보호하고 생산성 향상을 위한 전문가 상담 등 일련의 서비스를 제공하는 프로그램을 의미합니다.[58] 세계EAP협회에서는 근로자지원프로그램을 생산성에 문제가 제기되는 직무조직을 돕고 건강 문제, 부부·가족생

---

58) 근로복지기본법 제83조 제1항.

활 문제, 법·재정 문제, 알코올·약물 문제, 정서 문제, 스트레스 등 업무 성과 전반에 영
향을 미칠 수 있는 근로자 문제를 해결하기 위해 개발된 사업장 기반의 프로그램으로 규정
하고 있습니다.[59] 근로자지원프로그램은 20세기 초 미국에서 직장 알코올 중독프로그램
(Occupational Alcoholism Programs)으로 시작되었으며 1970년대부터 더욱 조직화되며 발
전하였습니다. 우리나라의 경우에는 1999년 듀폰 코리아가 도입한 이후 유한킴벌리, P&G,
한국IBM 등이 도입하며 확산되었습니다.[60] 한편, 근로자지원프로그램은 2010년 6월 근로자
복지기본법 개정을 통해 법제화되어 오늘에 이르고 있습니다.

근로자지원프로그램은 근로자 누구에게나 발생할 수 있는 생활 속의 다양한 문제들을 조
기에 발견하고 이를 완화할 수 있도록 도와줌으로써 결근이나 비효율적 근무 등 생산성 향
상에 부정적인 영향을 미치는 요소들을 관리하는 데 도움을 줄 수 있습니다. 한편, 근로자지
원프로그램은 경제적 효과 외에도 근로자의 정신적·신체적 건강의 향상에도 영향을 미치
는데, 근로자지원프로그램을 도입함으로써 근로자의 건강은 물론 조직의 생산성 향상에도
기여하고 있음을 나타내는 연구들이 다수 보고되고 있습니다.

근로자지원프로그램을 도입하기 위해서는 가장 먼저 기업 상황에 대한 분석이 필요합니
다. 사업장 내의 문제들을 분석하여 그에 맞게 프로그램의 전략과 구조를 디자인 하는 것이
중요합니다. 다음은 전략을 결정하는 것입니다. 근로자지원프로그램의 전략은 예방과 개입
으로 구분할 수 있는데, 근로자들의 문제행동으로 인한 비용 지출을 방지하기 위해 예방 전
략이 필요하며, 문제 발생 시 그 비용을 통제하기 위해 적절한 개입 전략이 필요합니다. 근
로자지원프로그램을 운영하는 과정에서 특히 주의해야 할 것은 참여 근로자의 비밀을 보장
하는 것입니다. 즉, 사업주와 근로자지원프로그램 참여자는 근로자지원프로그램을 시행하
는 과정에서 참여 근로자가 공개할 대상이나 내용에 대해 동의한 경우를 제외하고는 근로자
의 비밀이 침해받지 않도록 익명성을 보장하여야 합니다.[61]

---

59)　고용노동부, 「선진기업복지제도 업무매뉴얼」, 2011, 157면.
60)　고용노동부, 위의 책, 157~158면.
61)　근로복지기본법 제83조 제2항.

제2장

사내근로복지기금의 설립

(1) 설립 주체

사내근로복지기금제도란 사업주로 하여금 사업 이익의 일부를 재원으로 사내근로복지기금을 설치하여 효율적으로 관리·운용하게 함으로써 근로자의 생활 안정을 도모하고 복지를 증진하는 제도입니다.[62] 따라서 사업주는 설립준비위원회를 구성하여 사내근로복지기금을 설립할 수 있습니다.[63]

사내근로복지기금의 설립 주체인 '사업주'란 '근로자를 사용하여 사업을 수행하는 자'를 말합니다.[64] 즉, 사업의 경영 주체를 사업주라고 합니다. 법인기업의 경우에는 해당 법인 그 자체가 사업주이며, 개인기업의 경우에는 경영자 개인이 사업주가 됩니다. 사업주는 근로자를 사용하는 경영 주체에 한정되므로, 근로자를 전혀 사용하지 않는 1인 사업장이나 동거 중인 친족만을 사용하는 경우에는 사업주로 보지 않는 것이 일반적입니다. 따라서 법인사업자의 경우에는 해당 법인이, 개인사업자의 경우에는 사업자인 개인이 사업주로서 사내근로복지기금을 설립할 수 있습니다.

한편, 노동 관계 법령들은 사업주와 별도로 '사용자' 개념을 정의하고 있습니다. '사용자'란 사업주 또는 사업 경영 담당자, 그 밖에 근로자에 관한 사항에 대하여 사업주를 위하여 행위하는 자를 의미합니다.[65] 즉, 사용자는 사업주를 포괄하는 개념으로 사업주뿐만 아니라 사업주를 위해 일하는 모든 자까지 포함하는 개념이므로 사업주와 구별하여 이해할 필요가 있습니다.

---

[62]　근로복지기본법 제50조.

[63]　근로복지기본법 제52조 제2항.

[64]　근로복지기본법 제5조 제1항.

[65]　근로복지기본법 제2조 제2호; 근로기준법 제2조 제2호; 노동조합 및 노동관계조정법 제2조 제2호.

〈사내근로복지기금 법률 상식〉
"근로자"인지 여부는 어떻게 판단하나요?

근로기준법 제2조 제1항 제1호에 따르면 "근로자란 직업의 종류와 관계없이 임금을 목적으로 사업 또는 사업장에 근로를 제공하는 자"를 말하며, 근로복지기본법, 노동조합 및 노동관계조정법, 고용보험법, 산업재해보상보험법 등 노동 관계 법령에서는 이를 기본적 개념으로 활용합니다.

근로자에 해당하는지를 판단하기 위해서 대법원은 계약의 형식보다 근로제공관계의 실질이 근로제공자가 사업 또는 사업장에 임금을 목적으로 종속적인 관계에서 사용자에게 근로를 제공하였는지에 따라 판단해야 한다고 하고 있습니다. 여기에서 종속적인 관계인지 여부는 ①업무 내용을 사용자가 정하고 취업규칙 또는 복무규정 등의 적용을 받으며 업무수행과정에서 사용자가 지휘·감독을 하는지, ②사용자가 근무시간과 근무장소를 지정하고 근로제공자가 이에 구속을 받는지, ③근로제공자가 스스로 비품·원자재나 작업도구 등을 소유하거나 제3자를 고용하여 업무를 대행하게 하는 등 독립하여 자신의 계산으로 사업을 영위할 수 있는지, ④근로제공을 통한 이윤의 창출과 손실의 초래 등 위험을 스스로 안고 있는지, ⑤보수의 성격이 근로 자체의 대가적 성격인지, ⑥기본급이나 고정급이 정해졌고 근로소득세를 원천징수하였는지, 그리고 ⑦근로제공관계의 계속성과 사용자에 대한 전속성의 유무와 정도, 사회보장제도에 관한 법령에서 근로자로서 지위를 인정받는지 등의 경제적·사회적 여러 조건을 종합해서 판단해야 한다고 판시하였습니다. (대법원 2022.8.19. 선고 2020다296819 판결)

(2) 설립 가능 사업주

근로복지기본법은 사업주가 사내근로복지기금을 설립할 수 있다는 것을 규정하고 있을 뿐 사내근로복지기금을 설립할 수 있는 사업주와 설립할 수 없는 사업주를 구체적으로 언급하지는 않고 있습니다. 따라서 사내근로복지기금의 설립과 관련하여 의문이 있을 수 있는데 몇 가지 사례를 살펴보도록 하겠습니다.

사내근로복지기금을 설립할 수 있는 대표적인 사업주는 상법에 근거한 영리법인입니다.

상법상 영리법인에는 합명회사, 합자회사, 유한회사, 주식회사, 유한책임회사의 5가지 종류가 있습니다. 이들 회사의 경우 기업의 규모나 업종과 관련 없이 누구든지 희망에 따라 사내근로복지기금을 설립할 수 있습니다. 대기업은 물론이고 중소기업, 벤처기업, 상장회사 및 비상장회사의 구분 없이 모든 회사는 사내근로복지기금을 설립할 수 있습니다.

비영리법인인 사단법인 또는 재단법인이 사내근로복지기금을 설립할 수 있는지 의문이 들 수 있습니다. 비영리법인이란 영리법인에 대응되는 개념으로, 학술, 종교, 자선, 사교 등 공익 또는 비영리적 목적을 위해 설립된 법인을 의미합니다. 비영리법인의 설립은 민법 또는 특별법에 따라 설립할 수 있습니다. 민법에 근거하여 설립된 비영리법인은 사단법인과 재단법인입니다. 상법에 따라 설립된 영리법인인 회사들이 사내근로복지기금을 설립할 수 있는 것과 마찬가지로 민법에 근거하여 설립된 비영리법인인 사단법인과 재단법인도 당연히 사내근로복지기금을 설립할 수 있습니다.[66]

고등교육을 담당하고 있는 국공립 대학 및 사립대학[67], 정부투자·출연기관 및 정부 산하기관[68], 중앙행정기관[69], 국내법에 따라 설립된 외국계 회사[70], 당해연도에 설립된 회사[71]의 사업주도 사내근로복지기금을 설립할 수 있습니다. 그러나 외국법인의 국내 지사 및 사무소 등 국내법에 따라 법인격을 부여받지 못한 경우나 개인사업자로서 근로자를 고용하지 않고 혼자 사업을 영위하는 1인 사업자의 경우에는 사내근로복지기금을 설립할 수 없다고 보아야 할 것입니다.

---

66)　고용노동부 유권해석(퇴직연금복지과-3524, 2021.8.4.; 노사협력복지팀-2559, 2007. 9. 14.; 복지 682330141, 2002.5.8.).
67)　고용노동부 유권해석(임금 68207-378, 1995.11.25.).
68)　고용노동부 유권해석(복지 68233-141, 2005.5.8.).
69)　고용노동부 유권해석(임금복지과-813, 2010.8.31.).
70)　고용노동부 유권해석(복지 68233-40, 2001.3.21.).
71)　고용노동부 유권해석(임금복지과-2010, 2009.9.21.).

(3) 설립 요건

사내근로복지기금의 설립은 법률상 강제되지 않으므로 사내근로복지기금의 설립을 희망하는 사업주는 자발적 의사에 따라 사내근로복지기금을 설립할 수 있습니다. 다만, 노사협의회가 설치되어 있는 사업장의 경우에는 사내근로복지기금의 설치에 대하여 노사협의회의 의결을 거쳐야만 합니다.[72] 상시 근로자 30인 미만으로 노사협의회를 설치할 의무가 없는 사업장의 경우에는 사업주의 단독 결정만으로 사내근로복지기금을 설립할 수 있습니다.

사내근로복지기금을 설립하기 위해서는 사업주가 사내근로복지기금에 금전 또는 재산을 출연할 수 있는 능력을 갖추고 있어야 합니다. 사내근로복지기금을 설립하기 위해 반드시 직전 사업연도에 순이익이 있어야 하는 것은 아니지만, 사내근로복지기금은 사업주가 출연한 기금으로 운영되므로 사업주는 최소한의 출연능력은 갖추고 있어야 합니다. 따라서 사업주가 사내근로복지기금을 설립하기 위해서는 건전한 재무상태를 바탕으로 사내근로복지기금에 지속적으로 출연할 수 있는 상황일 것이 적극 권장됩니다.

---

72)　근로자참여 및 협력증진에 관한 법률 제21조 제3호.

(4) 설립 절차

　사내근로복지기금을 설립하기 위한 대략적인 절차와 일정은 아래 표와 같습니다. 사내근로복지기금을 설립하는 데 소요되는 실제 기간은 사업장의 상황, 노사관계 및 협의 상황, 관할 노동관서·등기소·세무서 등 행정관서의 업무처리 기간 등에 따라 달라질 수 있습니다. 따라서 최소한 2달 이상의 충분한 시간을 갖고 사내근로복지기금의 설립을 준비하는 것이 바람직합니다. 한편, 각 단계별로 필요한 서류와 절차 등에 대한 Check List를 미리 작성하여 관리하면 실수로 인해 설립 일정이 지체되는 것을 막을 수 있으므로 그 활용이 적극 권장됩니다.

〈사내근로복지기금 설립 일정표(60일 Plan)〉

일정	내용	비고
D-57	기금 설립 검토 및 협의	
D-43	기금 설립 합의	노사협의회 의결 사업주 결정
D-42	설립준비위원회 구성	노사 각각 동수로 구성
D-41	설립 준비업무 수행	정관 작성 사업계획서 및 예산서 등 필요 서류 작성 이사 및 감사 선임 협의
D-27	설립준비위원회 개최	정관 확정 사업계획서 및 예산서 의결 이사 및 감사 선임
D-26	설립인가 신청	고용노동부 지방노동관서에 신청
D-6	설립인가증 수령	신청 후 20일 이내에 인가여부 결정
D-5	기금법인 설립등기 신청	설립인가증 수령 후 3주 이내에 주된 사무소 소재지 상업등기소에 신청
D	기금법인 설립등기 완료	통상 5일 소요
D+1	사업자등록 신청	설립등기 후 20일 이내에 관할 세무서에 신청
D+3	사업자등록 완료	통상 2일 소요
	예금계좌 개설	
	출연금 납입 및 사업 개시	

(5) 다른 복지제도와의 관계

　사용자는 사내근로복지기금법인을 설립한다는 이유로 기금법인을 설치할 당시에 이미 운영하고 있던 근로복지제도 또는 근로복지시설의 운영을 중단하거나 이를 감축할 수 없습니다. 또한, 사용자가 기금법인의 설치 당시 이미 기금법인의 사업을 자체적으로 시행하고 있었던 경우에는 다른 법률에 따라 설치 및 운영할 의무가 있는 것을 제외하고 사내근로복지기금협의회의 협의 또는 결정에 의하여 기금법인에 이를 통합하여 운영할 수 있습니다.[73]

---

73)　근로복지기본법 제68조.

사내근로복지기금은 사업주가 설립할 수 있지만 근로자의 복리후생과 밀접한 관련이 있으므로 그 설립을 추진하기에 앞서 노사 간에 협의를 거치는 것이 바람직합니다. 노사 간 협의는 사내근로복지기금 설립의 성패를 좌우할 수 있는 중요한 과정이므로 노사 상호 간의 신뢰와 협력을 바탕으로 이루어져야 합니다.

(1) 노사 합의

근로복지기본법은 사내근로복지기금의 설립과 관련하여 근로자와의 협의 필요성에 대해 별도 규정을 두고 있지 않지만, 근로자참여 및 협력증진에 관한 법률은 사내근로복지기금의 설치를 노사협의회의 의결 사항 중 하나로 규정함으로써 노사 합의를 거치도록 규정하고 있습니다.[74] '노사협의회'란 근로자와 사용자가 참여와 협력을 통해 근로자의 복지증진과 기업의 건전한 발전을 도모하기 위해 노사 동수로 구성한 협의기구를 말합니다.[75] 따라서 노사협의회를 의무적으로 설치해야 하는 상시 근로자 30명 이상을 사용하는 사업장의 경우에는 노사협의회를 개최하여 사내근로복지기금의 설치에 대한 사항을 의결하여야 합니다.[76] 노사협의회에서 의결해야 하는 사항은 사내근로복지기금의 설치 여부에 대한 내용으로 한정되며, 사내근로복지기금의 운영 등에 대한 구체적인 사항은 노사협의회의 의결 사항에 포함되지는 않습니다.

---

74) 근로자참여 및 협력증진에 관한 법률 제21조 제3호.

75) 근로자참여 및 협력증진에 관한 법률 제3조 제1호.

76) 근로자참여 및 협력증진에 관한 법률 제21조에도 불구하고 회사가 노사협의회에서 의결해야 할 사항을 의결하지 아니한 채 일방적으로 사업을 추진하는 경우, 그 법적 효력에 관한 구체적인 규정이 없으므로 이를 무효라고 하거나 처벌하는 것은 어렵습니다. 다만, 동 법의 제정취지에 비추어 볼 때, 동 법은 노사 쌍방이 참여와 협력을 통해 노사 공동의 이익을 증진시키는 것이 목적이므로 노사 간 성실한 협의를 통해 해결하는 것이 바람직합니다(고용노동부 유권해석, 노사68107-401, 1998. 12. 26.).

〈사내근로복지기금 법률 상식〉
"노사협의회"와 "노동조합"의 차이는 무엇인가요?

구분	노사협의회	노동조합
근거	근로자참여법	노동조합법
목적	생산성 향상, 근로복지 등 노사 공동이익	임금, 근로시간 등 근로조건 개선 유지 등
대표성	전체 근로자를 대표	조합원을 대표
당사자	근로자위원, 사용자위원	노동조합 대표자, 사용자(사용자 단체)
방식	쟁의행위 부담 없이 협의	교섭 결렬 시 쟁의행위 가능

사내근로복지기금의 설립을 위한 노사 간의 합의는 다음과 같은 절차와 방법으로 진행하는 것이 바람직합니다. 우선, 노사 어느 쪽이든 사내근로복지기금의 설립을 제안하는 쪽에서는 상대방에게 사내근로복지기금의 필요성과 기대효과를 심도 있게 검토하여 명확히 설명하는 것이 중요합니다. 둘째, 기금 설립 제안 후 노사 대표자 간에 기금 설립의 세부 내용에 대한 사전협의를 거쳐야 합니다. 서로의 입장을 경청하여 그 상호 간의 차이를 좁히고 공동의 이해를 도출하는 것이 중요합니다. 셋째, 사전협의를 통해 기본 합의가 이루어진 경우에는 이를 노사협의회 안건으로 상정하거나 단체교섭의 의제로 공식화하는 것이 필요합니다. 이러한 과정을 통해 기금 설립에 관한 구체적인 사항들이 논의되고 결정될 수 있습니다. 마지막으로, 노사협의회나 단체교섭을 통해 합의된 내용을 바탕으로 사내근로복지기금 설립에 관한 합의서를 작성할 수 있습니다. 합의서에는 기금의 설립 목적, 출연 규모 및 방식, 운영 원칙, 설립 일정 등이 포함되는 것이 바람직합니다.

(2) 사업주의 결정

한편, 노사협의회가 설치되어 있지 않은 사업장의 경우에는 사업주의 독자적인 결정으로 사내근로복지기금을 설치할 수 있습니다. 이 경우 노사협의는 의무 사항이 아니지만 사내근로복지기금의 설치는 근로자의 복리후생 증진을 통해 노사 공동의 이익을 증진하기 위한 목적이므로 노사 간의 성실한 협의를 통해 해당 사업장의 상황과 근로자의 요구를 반영한 실효적인 사내근로복지기금 설치 및 운영 방안을 수립하는 것이 바람직합니다. 특히, 노동조합이 있는 경우에는 노동조합과의 사전협의가 적극 권장됩니다.

(3) 의사결정 시 고려사항

사내근로복지기금은 그 설립 과정뿐만 아니라 설립 이후의 운영에 관해서도 근로복지기본법을 준수하여야 합니다. 근로복지기본법은 사내근로복지기금이 근로자의 생활안정과 복지증진에 이바지함과 동시에 지속 가능하게 운영될 수 있도록 하기 위하여 사내근로복지기금의 운영 등에 관한 상당한 규제 사항을 두고 있기 때문입니다. 특히, 사내근로복지기금의 기본재산 사용 및 운용, 목적사업의 수행 등과 관련하여 일정한 제한 사항을 규정하고 있으므로 이에 대해 면밀히 검토한 후 사내근로복지기금을 설립하는 것이 바람직합니다. 실무상 특별히 고려해야 할 사항들은 아래와 같습니다.

1) 기본재산 사용한도

먼저, 사내근로복지기금법인이 사내근로복지기금사업에 사용할 수 있는 기본재산에는 일정한 한도가 있습니다. 뒤에서 더욱 자세히 설명하겠지만, 사내근로복지기금이 사업비로 사용할 수 있는 최대 금액은 원칙적으로 당해연도 출연금의 80%로 제한됩니다.[77] 물론 사업비로 사용할 수 없어 기본재산으로 적립된 재원을 대부 용도로 활용할 수는 있지만,[78] 기본재산의 사용에는 일정한 제한이 따르므로 이에 대한 검토가 필요합니다.

2) 기본재산 운용방법

사내근로복지기금의 운용은 최근 법령의 개정으로 그 방법이 다소 확대되기는 하였지만

---

77) 근로복지기본법 제62조 제2항 및 동법 시행령 제46조 제4항.
78) 근로복지기본법 제62조 제3항.

안전하고 투명하게 운용되어야 하는 것이 원칙입니다. 현재 근로복지기본법에서 허용하고 있는 기금의 운용방법은 예금, 금전신탁, 국공채, 금융채, 펀드 등으로 한정되어 있으므로 이러한 제한 사항 등을 정확히 인지할 필요가 있습니다.[79]

3) 기금법인 사업범위

사내근로복지기금은 근로자의 복리후생 증진 및 재산형성 지원을 위한 다양한 사업을 수행할 수 있지만 사업주가 희망하는 모든 사업을 제한 없이 수행할 수 있는 것은 아닙니다. 따라서 특정한 사업을 염두하고 사내근로복지기금의 설립을 추진하는 경우에는 해당 사업이 근로복지기본법상 허용되는 사업인지에 대한 검토가 필요합니다. 일반적으로 사내근로복지기금법인은 주택구입자금 보조, 우리사주 구입 지원 등 근로자 재산형성 지원사업, 장학금 등 근로자 생활원조 사업, 모성보호 및 일과 가정생활 양립을 위한 지원사업 등을 수행할 수 있습니다.

〈 사내근로복지기금 법률 상식 〉
사업범위를 벗어난 사내근로복지기금 사업수행의 법률적 효력은 무엇인가요?

사내근로복지기금은 법률에 따라 고용노동부장관의 인가를 받아 설립되는 비영리법인입니다. 기금법인에 대하여는 근로복지기본법이 우선 적용되며, 그 이외 사항에 대하여는 민법의 재단법인에 관한 규정이 준용됩니다. 민법 제34조에 따르면 비영리법인은 관련 법령을 쫓아 정관에 명시된 목적 범위 내에서만 권리능력이 인정되며 권리·의무의 주체가 될 수 있습니다. 즉, 정관에 규정된 목적 범위를 벗어난 사업 활동은 원칙적으로 허용되지 않으며, 그러한 법률행위의 효력을 무효입니다.

기금법인의 정관에서 규정할 수 있는 목적 범위는 근로복지기본법 제62조에 따라 허용되는 사업으로 한정되어야 하며, 따라서 기금법인의 사업범위는 기금법인의 정관에 명시된 목적 범위에 해당되어야 합니다. 나아가 비영리법인이 정관에 명시되지 않은 사업을 수행하거나 영리 활동을 주 목적으로 삼을 경우 법인 설립허가가 취소될 수 있습니다.(민법 제38조) 결국 기금법인의 사업수행은 근로복지기본법 상 허용되는 사업으로 기금법인의 정관의 목적 범위에 명시되거나 관련성이 인정되는 범위에 한하여야 하고 이를 벗어난 경우 법률상 무효에 해당합니다.

---

[79] 근로복지기본법 제63조.

사내근로복지기금을 설립하기로 노사 간 합의를 하거나 사업주가 결정을 한 경우, 사업주는 사내근로복지기금법인(이하 "기금법인") 설립 업무를 담당할 기금법인설립준비위원회(이하 "준비위원회")를 구성하여야 합니다.[80] 준비위원회는 기금법인의 설립을 위한 제반 사항을 결정하는 최고의사결정기관으로서 기금법인의 기본 구조를 설계하는 중요한 역할을 담당합니다. 한편, 준비위원회는 기금법인이 성립될 때까지 기금법인 설립사무를 담당하고 기금법인이 성립된 이후에는 사내근로복지기금협의회(이하 "복지기금협의회")로 전환되어 기금법인의 최고의사결정기관으로서의 역할을 계속 수행합니다.[81] 이런 이유에서 준비위원회의 구성 방법은 복지기금협의회의 구성 방법을 준용하도록 하고 있습니다.[82]

(1) 일반 원칙

준비위원회는 사용자를 대표하는 사용자위원과 근로자를 대표하는 근로자위원으로 구성됩니다. 사용자위원과 근로자위원은 각각 2명에서 10명 이하의 같은 인원수로 구성해야 합니다.[83] 따라서 준비위원회의 총 위원수는 최소 4명(사용자위원 2명, 근로자위원 2명)에서 최대 20명(사용자위원 10명, 근로자위원 10명) 사이에서 결정될 수 있습니다. 사업주는 해당 사업조직의 형태, 사업장수, 근로자수 등 각자의 상황에 적합한 준비위원회 위원수를 결정할 수 있습니다.

---

80) 근로복지기본법 제52조 제2항.
81) 근로복지기본법 제52조 제9호.
82) 근로복지기본법 제55조 제3항.
83) 근로복지기본법 제52조 제3항, 제55조 제1항.

(2) 사용자위원

사용자위원은 해당 사업의 대표자와 그 대표자가 위촉하는 자로 구성됩니다.[84] '사업의 대표자'는 대외적으로 사업장을 대표하여 대내적으로 근로자에 대한 근로조건의 결정권을 가지고 채용, 지휘감독, 임금지급 등에 대한 최종적인 의사결정을 하는 사용자를 의미합니다.[85] 통상적으로 회사의 대표이사는 사업의 대표자라고 볼 수 있을 것입니다. 이러한 사업의 대표자는 당연직 위원으로 반드시 준비위원회의 사용자위원으로 참여하여야 합니다.[86] 한편, 사업의 대표자가 위촉하는 사용자위원은 일반적으로 사내근로복지기금과 업무 관련성이 높은 인사, 노무, 총무, 재무 등 관련 부서의 책임자인 경우가 많습니다.

(3) 근로자위원

근로자위원은 전체 근로자가 직접·비밀·무기명 투표에 의해 선출한 자로 구성하는 것이 원칙입니다.[87] 근로자위원은 될 수 있는 자는 반드시 재직 근로자이어야 하므로, 부당해고에 대한 구제신청을 진행 중인 근로자 및 사업 청산 과정에서 퇴직한 근로자 등은 근로자위원이 될 수 없습니다.[88]

1) 노동조합이 선출

근로자의 과반수로 조직된 노동조합이 있는 경우에는 노동조합의 대표자와 그 노동조합이 선출한 자를 근로자위원으로 선출할 수 있습니다.[89] 이 경우, 노동조합의 대표자인 노조위원장은 당연직 위원으로 반드시 준비위원회의 근로자위원으로 참여하여야 합니다. 한편,

---

84) 근로복지기본법 제52조 제3항, 제55조 제3항.
85) 고용노동부 유권해석(퇴직연금복지과-3806, 2021. 8. 26.).
86) 고용노동부 유권해석(퇴직연금복지과-85, 2008. 4. 4.).
87) 근로복지기본법 제55조 제2항, 동법 시행령 제39조 제1항 본문.
88) 고용노동부, 「사내 및 공동근로복지기금 실무 매뉴얼」, 2022, 33면.
89) 근로복지기본법시행령 제39조 제1항 제1호.

'노동조합이 선출한 자'라 함은 노동조합이라는 단체의 의사결정 절차와 방법에 따라 선출한 자를 의미합니다. 따라서 해당 노동조합 규약의 정함에 따라 조합원총회 또는 대의원회 등에서 선출된 자가 근로자위원이 될 수 있습니다.[90] 실무적으로 노동조합이 선출한 근로자위원은 노동조합의 간부인 경우가 많습니다.

2) 선거인에 의한 선출

한편, 사업의 특성상 부득이하다고 인정되는 경우에는 선거인에 의한 간접 투표가 허용됩니다. 간접 투표를 허용할 수밖에 없을 만큼 부득이하다고 인정되는 경우란 사무직, 기술직, 기능직 등의 사업장이 별도로 구분되어 있거나 작업 부서별로 특성이 크게 다른 경우 등을 말합니다. 이 경우에는 작업 부서별로 근로자 수에 비례하여 근로자위원을 선출할 선거인을 선출한 후 그 선거인 과반수의 직접·비밀·무기명 투표로 근로자위원을 선출하는 것이 가능합니다.[91]

3) 노사협의회 위원이 겸직

근로자참여 및 협력증진에 관한 법률에 따른 노사협의회가 설치되어 있는 사업의 경우에는 해당 노사협의회 위원이 준비위원회의 위원이 될 수 있습니다.[92] 노사협의회 위원의 구성방법은 그 위원의 수를 제외하고 나머지 요건들은 모두 사내근로복지기금협의회 위원의 구성과 동일하므로 노사협의회 위원이 준비위원회 위원도 겸직할 수 있도록 허용하고 있습니다. 노사협의회 위원이 준비위원회 위원을 겸직함으로써 노사 양측 모두 업무의 부담을 경감시킬 수 있을 뿐만 아니라 업무 전문성을 증진시킬 수 있는 장점이 있습니다.

---

90) 고용노동부 유권해석(임금 68207-35, 1993. 1. 27.).
91) 근로복지기본법시행령 제39조 제1항 제2호.
92) 근로복지기본법 제55조 제4항

(4) 의장, 간사 등

준비위원회의 의장(위원장)은 위원 중에서 호선으로 선출합니다.[93] 노사 간의 합의에 따라 사용자위원 또는 근로자위원 중에서 의장을 선출하는 것이 일반적입니다. 의장은 준비위원회를 대표하고 기금법인 설립사무를 총괄하는 역할을 담당합니다.[94] 준비위원회는 회의록 작성 등의 업무를 담당할 간사를 사용자측과 근로자측에서 각 1명씩 선출하여야 합니다. 사용자위원측 간사는 사용자위원 중에서, 근로자측 간사는 근로자위원 중에서 각각 호선으로 선출합니다.[95] 사용자측 간사의 경우에는 일반적으로 인사, 노무, 총무 부서의 담당자가 맡는 경향이 있습니다.

준비위원회를 구성하는 데 필수요건은 아니지만 외부 전문가를 자문위원 등으로 위촉하여 전문적인 조언을 구하는 것도 가능합니다. 기금법인의 설립과 관련한 단체법적 이슈 및 세무, 회계 등 다양한 이슈에 대해 전문가의 도움을 받음으로써 기금법인 설립을 안정적으로 추진할 수 있는 장점이 있습니다. 특히, 정관 및 내규 등의 작성, 기관의 구성, 사업 및 예산계획 수립, 세제 혜택 검토 등의 분야는 경험 많은 전문가의 조언이 유용할 수 있습니다.

---

93)　근로복지기본법시행령 제41조 제1항.
94)　근로복지기본법시행령 제41조 제2항.
95)　근로복지기본법시행령 제41조 제3항.

준비위원회는 기금법인 설립에 관한 사무와 설립 당시의 이사 및 감사의 선임에 관한 사무를 담당합니다.[96] 기금법인 설립에 관한 사무란 기금법인의 정관, 사업계획서 및 예산서, 사내근로복지기금을 조성하기 위한 출연금액의 결정 및 기금 출연안 마련 등을 말합니다. 이사는 기금법인의 사무를 집행하고 감사는 이사의 업무집행을 감시하는 기능을 수행하는 기관입니다. 기금법인의 사무를 실질적으로 집행할 이사 및 감사를 선임하는 것도 준비위원회의 중요한 사무 중 하나입니다. 준비위원회는 기금법인 설립을 위한 모든 준비가 완료된 경우 고용노동부장관에게 설립인가를 신청하여야 하며, 기금법인 설립이 인가된 경우에는 기금법인의 설립등기를 하여야 합니다. 설립등기를 완료함으로써 기금법인이 설립된 이후 준비위원회는 기금법인에 대한 사무를 이사에게 인계하며 그 역할을 마무리하게 됩니다.

(1) 정관 작성

정관은 사내근로복지기금법인의 내부 관계를 규율하는 최상위 자치법규입니다. 기금법인의 정관은 기금법인 운영 전반에 영향을 미치는 중요한 문서이므로 관련 법령의 요건을 충족해야 하며 해당 사업의 특성과 근로자의 니즈를 균형 있게 반영할 수 있도록 신중하게 작성해야 합니다. 관련 법령의 강행법규를 위반한 정관 규정은 그 효력이 인정되지 않으므로 특히 주의하여야 합니다. 특히, 정관의 내용이 사내근로복지기금제도의 목적에 부합하지 않거나 근로조건을 하락시키는 경우 등에는 기금법인 설립이 인가되지 않을 수 있습니다.[97] 따라서 정관을 작성할 때에는 관련 법률 전문가의 자문을 받으실 것을 적극 권장드립니다.

---

96) 근로복지기본법 제52조 제2항.
97) 근로복지기본법 제52조 제6항.

1) 필수 기재사항

사내근로복지기금법인의 정관에는 다음의 내용이 반드시 포함되어야 합니다.[98] 이러한
정관의 필수 기재사항이 누락된 경우에는 정관으로서의 효력이 인정되지 않아 기금법인 설
립 인가의 거절 사유가 될 수 있으므로 유의하여야 합니다.

> **〈사내근로복지기금법인 정관의 필수 기재사항〉**
>
> ① 목적
>
> ② 명칭
>
> ③ 주된 사무소와 분사무소의 소재지
>
> ④ 사내근로복지기금의 조성, 관리방법, 출연시기 및 회계에 관한 사항
>
> ⑤ 복지기금협의회, 이사 및 감사에 관한 사항
>
> ⑥ 이사의 대표권 행사방법에 관한 사항
>
> ⑦ 기금법인의 사업 및 수혜대상에 관한 사항
>
> ⑧ 선택적 복지제도를 운영하는 경우에는 그에 관한 사항
>
> ⑨ 정관의 변경에 관한 사항
>
> ⑩ 기금법인의 사업과 다른 복지사업의 통합운영에 관한 사항
>
> ⑪ 기금법인의 업무수행상 필요한 부동산 소유에 관한 사항
>
> ⑫ 회의에 관한 사항
>
> ⑬ 기금법인의 관리, 운영사항의 공개방법에 관한 사항
>
> ⑭ 기금법인의 해산에 관한 사항

① 목적

정관에는 기금법인의 설립 목적을 명확히 기술해야 합니다. 목적 조항은 기금법인의 존
재 이유와 방향성을 제시하는 것이므로 중요한 의미가 있습니다. 사내근로복지기금제도
는 근로자의 생활안정과 복지증진을 위한 제도이므로 기금법인의 정관에도 그 목적이 근

---

98) 　근로복지기본법시행령 제31조 제1항.

로자의 생활안정과 복지증진임을 규정하여야 합니다. 일반적으로 "근로자의 복지증진을 통한 삶의 질 향상과 노사공동체 의식 함양"과 같은 내용이 활용됩니다.

② 명칭

기금법인의 공식 명칭을 명시해야 합니다. 사내근로복지기금법인은 그 모체가 되는 사업과 별도의 법인격이 부여된 법인입니다. 따라서 기금법인의 명칭은 해당 사업과 관계없이 "○○사내근로복지기금"으로 정하면 됩니다.[99] 법인의 명칭은 법인의 설립 목적 등이 나타날 수 있도록 정하는 것이 바람직하며 근로복지기본법령에 따른 각종 기금법인의 권리보호 등을 위해서도 사내근로복지기금의 명칭에 "사내근로복지기금"을 포함시키는 것이 바람직합니다.[100]

③ 주된 사무소와 분사무소의 소재지

기금법인의 소재지를 명시해야 합니다. 소재지는 사업의 본사 또는 주요 사업장 주소를 기재하는 경우가 많습니다. 사업의 사업장이 하나인 경우에는 해당 사업장 소재지에 기금법인을 설립하면 되므로 해당 사업장의 소재지를 기재하면 됩니다. 만일, 사업장이 복수인 경우에는 주된 사무소와 그렇지 않은 사무소를 구분하여 주된 사무소에 기금법인을 설립하고 그렇지 않은 사무소에는 기금법인의 분사무소를 설치하여 통합 운용할 수 있습니다. 이 경우 주된 사무소 소재지는 기금법인이 설립되어 있는 사업장 소재지를, 분사무소 소재지에는 분사무소 소재지를 기재하면 됩니다.

④ 사내근로복지기금의 조성, 관리 방법, 출연 시기 및 회계에 관한 사항

사내근로복지기금의 재원이 되는 기본재산의 조성 방법 등에 관해 규정하여야 합니다. 즉, 직전 사업연도의 세전 순이익의 5%를 기준으로 복지기금협의회가 협의·결정하는 금액을 사내근로복지기금의 재원으로 출연할 수 있다는 내용, 출연 시기, 출연 방법, 관리 방법, 회계 등에 관한 필요한 내용을 기재해야 합니다.

---

99) 사내근로복지기금법인의 명칭 등 관리요령(임금복지과-6, 2011. 1. 3.).
100) 고용노동부 유권해석(퇴직연금복지과-2384, 2021. 5. 24.).

⑤ 복지기금협의회, 이사 및 감사에 관한 사항

기금법인의 기관인 복지기금협의회와 이사 및 감사의 구성 및 운영에 대한 내용을 규정해야 합니다. 복지기금협의회의 구성, 위원의 자격, 임기, 선임방법, 회의소집 및 의결방법 등을 기재합니다. 이사 및 감사와 관련해서는 이사·감사의 수, 임기, 선임 방법, 자격 요건, 권한과 책임 등을 기재합니다. 한편, 노사협의회 위원을 복지기금협의회 위원으로 임명할 경우에는 그에 관한 사항을 규정해야 합니다.

⑥ 이사의 대표권 행사 방법에 관한 사항

기금법인 이사의 대표권과 그 행사 방법에 대한 내용을 기재합니다.

⑦ 기금법인의 사업 및 수혜 대상에 관한 사항

기금법인은 근로복지기본법 제62조에 규정된 바와 같이 주택구입자금 보조, 우리사주 구입지원, 장학금 등 생활원조 등 다양한 사업을 수행할 수 있습니다. 관련 법률에서 허용하고 있는 사업 중 기금법인이 실제로 수행하고자 하는 사업의 범위를 사업의 특성 및 근로자들의 니즈를 반영하여 규정하면 됩니다. 한편, 기금의 수혜대상을 근로자 본인이 아닌 배우자 등 가족으로 확대하고자 하는 경우에는 그에 관한 내용도 정관에 기재하여야 합니다.

⑧ 선택적 복지제도를 운영하는 경우에는 그에 관한 사항

선택적 복지제도란 근로자가 여러 가지 복지항목 중에서 자신의 선호와 필요에 따라 자율적으로 선택하여 복지혜택을 받을 수 있는 제도를 의미합니다. 사내근로복지기금을 통해 선택적 복지제도를 운영하고자 하는 경우에는 그에 관한 사항을 반드시 정관에 규정하여야 합니다.

⑨ 정관의 변경에 관한 사항

기금법인이 정관을 변경하기 위해서는 복지기금협의회의 의결을 거쳐 고용노동부장관의 인가를 받아야 합니다. 정관은 기금법인의 운영에 매우 중요한 자치법규이므로 그 변경에 대해 관련 법령은 엄격하게 규제하고 있습니다. 따라서 정관의 변경은 신중한 의사결정이 요구되며 그 방법과 절차를 정관에 규정하여야 합니다.

⑩ 기금법인의 사업과 다른 복지사업의 통합운영에 관한 사항

기금법인을 설립하기 전에 이미 운영하고 있던 복지사업을 기금법인의 사업으로 통합운영하고자 하는 경우에는 그에 대한 사항을 규정하여야 합니다.

⑪ 기금법인의 업무 수행상 필요한 부동산 소유에 관한 사항

기금법인은 업무 수행을 위하여 필요한 경우를 제외하고는 부동산을 소유할 수 없습니다. 업무 수행상 필요에 따라 부동산을 소유하고자 하는 경우 그 내용을 정관에 규정하여야 합니다.

⑫ 회의에 관한 사항

회의의 소집, 정기회의 또는 임시회의에 대한 사항, 의결 방법, 정족수, 제척사유, 회의록 작성 및 보관 등에 관한 사항을 기재합니다.

⑬ 기금법인의 관리, 운영사항의 공개 방법에 관한 사항

기금법인은 그 관리 및 운영에 관한 사항을 공개하여 항상 근로자가 열람할 수 있게 하여야 합니다.[101] 따라서 그 공개 및 열람의 방법 등을 정관에 기재하여야 합니다.

⑭ 기금법인의 해산에 관한 사항

기금법인은 법령에서 허용하는 사유가 발생한 경우에 한해 해산할 수 있습니다. 기금법인 해산에 관한 사항도 정관에 기재하여야 합니다.

2) 임의 기재사항

위에서 살펴본 정관의 필수 기재사항 외에 기금법인의 운영을 위해 필요한 중요한 사항들

---

101) 근로복지기본법 제66조.

을 정관에 규정하는 것도 가능합니다. 이러한 임의 기재사항은 해당 사업의 특성 및 근로자들의 니즈를 반영하여 탄력적으로 적용할 수 있을 것입니다. 다만, 임의적 기재사항이 법령에 위반하거나 선량한 풍속 기타 사회질서에 반하는 등 사회 관념상 현저히 타당성을 잃은 경우에는 무효로 보아야 할 것입니다.[102] 또한 정관에 규정된 사항을 변경하고자 하는 경우에는 정관 변경 절차를 통해 고용노동부장관의 인가를 다시 받아야 하는 이슈가 있을 수 있으므로 신중한 판단이 요구됩니다.

(2) 임원 선임

사내근로복지기금법인의 이사와 감사는 기금법인의 운영을 담당하는 중요한 역할을 수행합니다. 이사는 기금법인의 업무를 집행하는 역할을 담당하며, 감사는 기금법인의 업무와 회계를 감사하는 역할을 담당합니다. 따라서 이사와 감사의 선임은 기금법인의 성공적인 운영을 위해 매우 중요한 과정입니다.

이사와 감사 선임 절차는 일반적으로 다음과 같습니다. 첫째, 후보자를 추천합니다. 준비위원회는 인물의 자격, 경력, 전문성 등을 고려하여 이사와 감사 후보자를 추천합니다. 둘째, 후보자를 검증합니다. 준비위원회는 추천된 이사 및 감사 후보자의 자질을 검증해야 합니다. 필요한 경우에는 후보자와의 면담 등을 통해 기금법인 운영에 대한 의지와 비전을 확인할 수도 있습니다. 셋째, 최종 후보자를 선정합니다. 준비위원회는 검증 결과를 바탕으로 최종 후보자를 선정하여 준비위원회 회의에 이사 및 감사 선임에 관한 안건을 부의합니다. 넷째, 준비위원회 결의를 통해 이사와 감사를 선임합니다. 준비위원회 회의에서 각 후보자의 이력과 전문성을 소개하고 위원들의 동의를 얻는 과정을 거쳐 이사와 감사를 확정합니다.

---

102)　대판 2009. 10. 15., 2008다85345, 대판 1992. 11. 24., 91다29026.

(3) 출연금액 결정

사내근로복지기금은 기본적으로 사업주가 출연하는 출연금을 재원으로 조성됩니다. 따라서 출연금액의 결정은 기금법인의 재정적 기반을 형성하는 중요한 과정입니다. 출연금액은 기금법인이 수행할 수 있는 사업의 범위와 규모를 결정짓는 중요한 요인이 될 수 있으므로 신중하게 결정하는 것이 바람직합니다.

출연금액은 다음과 같은 절차를 통해 결정할 수 있습니다. 첫째, 출연금액을 결정하기 위한 기준을 설정해야 합니다. 실무상 과세전 순이익의 일정 비율로 출연금액을 정하는 경우가 많지만, 고정 금액으로 정하는 경우도 있습니다. 또한 사업의 상황에 따라 탄력적으로 출연금액을 결정하는 방식을 적용하는 것도 가능합니다. 둘째, 기금법인 설립 시 사업주가 출연할 최초 출연금액을 결정합니다. 최초 출연금액은 기금법인이 설립 직후부터 계획된 사업을 수행할 수 있는 정도의 규모이어야 합니다. 일반적으로 사업 규모와 재무 상황, 근로자 수 등을 고려하여 결정합니다. 셋째, 정기출연 여부 및 그 금액을 결정합니다. 최초 출연 이후 정기적으로 출연을 할 것인지 여부와 정기출연을 할 경우 그 주기와 금액을 어떻게 할 것인지를 결정하는 것이 필요합니다. 정기출연은 기금의 지속적인 성장과 안정적 사업수행을 위해 중요합니다. 넷째, 특별 출연 조건을 설정할 수 있습니다. 사업의 실적이 매우 좋거나 창립 기념일 등 특별한 계기가 있을 때 추가로 출연하는 특별 출연의 조건과 금액을 설정할 수 있습니다. 다섯째, 출연방식을 결정해야 합니다. 현금으로 출연할 것인지, 부동산 또는 유가증권 등 현물로 출연할 것인지를 결정하는 것이 필요합니다. 현금 출연이 가장 일반적인 출연 방법이지만, 기업의 상황에 따라 현물 출연 방법으로 기금을 출연할 수도 있습니다.

(4) 사업계획서 및 예산서 작성

사업계획서와 예산서는 기금법인이 수행할 사업의 내용과 재원의 배분 계획을 기술한 중요한 문서입니다. 사업계획서와 예산서를 통해 기금법인의 운영방향을 제시하며 이는 기금법인 사업수행에 실질적인 기준이 될 수 있으므로 철저한 검토를 거쳐 작성하여야 합니다. 사업계획서에는 예산총칙, 목적사업계획서, 추정재무상태표, 추정손익계산서, 기금운용계획서 등의 내용이 포함되어야 합니다.[103]

사업계획서 및 예산서의 작성 과정은 다음과 같습니다. 우선, 근로자들이 실제로 필요로 하는 복지사업이 무엇인지 그 수요를 조사합니다. 설문조사, 인터뷰, 간담회 등 다양한 방법을 통해 근로자들의 의견을 수렴하고 우선순위를 파악하는 것이 중요합니다. 둘째, 조사 결과를 바탕으로 기금법인이 수행할 구체적인 사업을 선정합니다. 근로복지기본법에서 허용하고 있는 기금법인의 사업 중에서 근로자들의 니즈와 사업의 특성에 맞는 사업을 선택하는 것이 바람직합니다. 셋째, 선정된 각 사업을 수행하기 위한 세부 계획을 수립합니다. 사업의 목적, 대상, 지원 내용, 지원 조건, 신청 및 선정 절차 등을 마련해야 합니다. 넷째, 각 사업에 배분할 예산을 결정합니다. 사업의 중요도, 시급성, 수혜 대상의 범위 등을 고려하여 적정한 예산을 배분해야 합니다. 또한 예상하지 못한 상황에 대비하기 위해 예비비를 설정하는 것도 중요합니다. 다섯째, 각 사업의 시행 시기, 신청 기간 등 구체적인 일정 계획을 수립합니다. 이를 통해 근로자들에게 필요한 정보를 제공하고, 기금법인의 업무를 체계적으로 관리할 수 있습니다. 여섯째, 이상의 내용을 종합하여 사업계획서와 예산서를 작성합니다. 사업계획서에는 기금법인의 운영 방향, 사업 목표, 세부 사업 내용, 기대효과 등이 포함되어야 하며, 예산서에는 수입과 지출 계획이 항목별로 상세히 기재되어야 합니다.

---

103) 사내·공동근로복지기금 업무처리지침 제20조 제1항.

준비위원회는 기금법인 설립 및 이사·감사의 선임에 관한 업무의 실무 검토 및 협의를 위해 준비위원회를 개최할 수 있으며, 검토 및 협의가 완료된 사항의 확정을 위해 준비위원회 회의를 개최할 수 있습니다. 근로복지기본법은 준비위원회의 구성방법에 관해서만 규정을 하고 있을 뿐, 준비위원회의 회의 개최 및 운영 등에 대해서는 구체적인 규정을 두고 있지 않습니다. 그러나 준비위원회의 구성 방법에 관해 복지기금협의회에 대한 방법을 준용하도록 하고 있는 점[104], 준비위원회를 기금법인 설립과 동시에 최초로 구성되는 복지기금협의회로 간주하는 점[105] 등을 감안할 때 준비위원회의 회의 개최 및 운영에 대하여 복지기금협의회에 관한 규정을 준용하는 것으로 해석하는 것이 타당합니다.

(1) 회의 절차

복지기금협의회와 마찬가지로 준비위원회 회의는 다음과 같은 절차와 방법으로 진행할 수 있습니다.

1) 회의 소집

준비위원회의 회의는 의장(위원장)이 소집합니다.[106] 근로자위원 또는 사용자위원이 회의에 부의할 사항을 문서로 명시하여 회의 소집을 요구하는 경우, 의장은 지체 없이 회의를 소집하여야 합니다.[107] 회의를 소집하고자 하는 경우, 의장은 회의 개최 7일 전까지 회의의 일

---

104)　근로복지기본법 제52조 제3항.
105)　근로복지기본법 제52조 제9항.
106)　근로복지기본법시행령 제42조 제1항.
107)　근로복지기본법시행령 제42조 제2항.

시, 장소 및 의안 등을 각 위원에게 통지하여야 합니다.[108]

2) 회의 준비

간사는 준비위원회 회의에 필요한 자료를 준비하고 회의실을 예약하는 등 실무적인 준비 업무를 담당합니다. 회사의 상황에 따라 준비위원회를 지원하는 부서나 조직이 있는 경우에는 해당 부서에서 회의 준비업무를 담당할 수도 있을 것입니다. 특히 정관, 사업계획서, 예산서 등 기금법인 설립 인가신청에 필수적인 중요 문서의 초안을 사전에 준비하여 위원들에게 배포하는 것이 중요합니다.

3) 회의 진행

준비위원회의 회의는 사용자위원과 근로자위원의 각 과반수의 출석으로 개회합니다.[109] 의장(위원장)은 개의 요건의 충족 여부를 확인한 후 개회를 선언하고 부의된 안건을 논의 또는 의결하는 방식으로 회의를 진행합니다. 의장은 각 안건에 대하여 위원들이 충분히 논의할 수 있는 환경을 조성하도록 노력하여야 하며, 필요한 경우에는 업무 담당자 또는 외부 전문가의 의견을 청취하도록 할 수도 있습니다.

---

108)　근로복지기본법시행령 제42조 제3항.
109)　근로복지기본법시행령 제43조.

부의된 안건에 대한 의사결정은 합의를 통해 처리하는 것이 바람직합니다. 그러나 합의가 어려운 경우에는 위원들의 투표를 통해 의결할 수 있습니다. 안건은 출석한 위원의 2/3 이상의 찬성으로 의결할 수 있습니다. [110]

4) 회의 결과

준비위원회 회의가 종료된 경우, 간사는 회의 내용과 결정 사항 등을 상세히 기록한 회의록을 작성합니다. 작성된 회의록은 출석위원 전원의 서명 또는 날인을 받아 10년간 보관하여야 합니다. [111]

(2) 주요 안건

준비위원회는 기금법인의 설립에 관한 사항과 임원의 선임에 관한 사항 등에 관한 다양한 의안들을 논의할 수 있습니다. 그러나 기금법인 설립의 내용을 확정하기 위한 준비위원회에서는 고용노동부에 기금법인설립 인가신청을 하기 위한 제반 서류들을 의결을 통해 확정하는 것이 바람직합니다. 즉, 기금법인의 정관, 이사 및 감사의 선임, 출연금액의 결정, 사업계획서 및 예산서는 반드시 준비위원회의 의결을 통해 확정할 필요가 있습니다.

---

110) 근로복지기본법시행령 제43조.
111) 근로복지기본법 제57조.

6. 설립인가 신청

사내근로복지기금법인의 설립을 위해서는 고용노동부장관의 인가를 받아야 합니다. 설립인가신청은 기금법인의 법적 지위를 획득하기 위한 중요한 절차이므로 관련 법규와 지침에 따라 업무를 진행해야 합니다.

(1) 신청 시 필요서류

준비위원회가 기금법인의 설립을 인가받기 위해서는 다음의 서류를 구비하여 고용노동부장관에게 제출하여야 합니다.[112] 한편, 고용노동부장관은 기금법인의 설립인가 권한을 지방고용노동관서의 장에게 위임하고 있습니다.[113] 따라서 실무상 기금법인 설립인가신청서는 기금법인의 주된 사무소 소재지를 관할하는 지방고용노동관서장에게 제출하여야 합니다.[114]

> **〈 사내근로복지기금 설립인가 신청 시 필요서류 〉**
>
> ① 기금법인 설립인가 신청서
>
> ② 정관
>
> ③ 준비위원회 위원의 재직증명서나 그 밖에 신분을 증명하는 서류
>
> ④ 사내근로복지기금 출연확인서 또는 재산목록
>
> ⑤ 사업계획서 및 예산서

---

112) 근로복지기본법 제52조 제5항.
113) 근로복지기본법시행령 제65조 제1항 제3호.
114) 사내·공동근로복지기금 업무처리지침 제4조.

1) 정관

　제정 정관에는 말미에 참여위원 전원의 서명 또는 기명날인이 있어야 합니다.[115] 또한 법령에 위배되는 사항이 없어야 함은 물론입니다. 만약 정관이 관계 법령에 위배되는 경우에는 지방노동관서장은 그 시정을 명령할 수 있으므로 주의하여야 합니다.[116] 한편, 지방노동관서장은 정관을 심사할 때 필수 기재 사항의 포함 여부, 기금의 출연 방법, 재산 및 사업에 관한 사항, 기금법인 해산 시 잔여재산의 귀속에 관한 사항 등을 특히 유의하여 심사하여야 하므로 이와 관련된 사항을 미리 확인하는 것이 중요합니다.[117]

2) 출연확인서 및 재산목록

　사내근로복지기금 출연확인서란 해당 사업주 등이 사내근로복지기금에 재산을 출연하기로 한 것을 확인하는 서류를 말합니다. 재산목록은 이미 기금에 출연하여 금융회사 등에 예탁되어 기금의 재산으로 증명될 수 있는 것의 목록을 의미합니다.[118]

3) 사업계획서 및 예산서

　사업계획서 및 예산서는 기금법인의 최초 연도 사업을 위한 계획과 그와 관련된 예산에 관한 내용을 기재한 서류로서 기금의 조성·사업운용·관리 등의 운영 방법이 법령에 위배되지 않아야 합니다.[119]

---

115)　사내·공동근로복지기금 업무처리지침 제8조 제2항.
116)　사내·공동근로복지기금 업무처리지침 제5조 제3항.
117)　사내·공동근로복지기금 업무처리지침 제9조.
118)　사내·공동근로복지기금 업무처리지침 제5조 제3항.
119)　사내·공동근로복지기금 업무처리지침 제5조 제4항.

(2) 설립인가증 수령

준비위원회가 기금법인 설립인가를 관할 지방고용노동관서장에게 신청한 경우, 지방고용
노동관서장은 제출된 신청서와 첨부 서류를 검토하여 법적 요건 충족 여부를 확인하고 필요
한 경우에는 보완 요청이나 현장 실사를 진행할 수도 있습니다. 만약, 정관에 필수 기재사항
이 누락되거나 정관이 법령에 위반된 경우, 설립 인가신청 시 제출해야 할 서류를 제출하지
않거나 거짓으로 제출하는 등의 경우에는 지방고용노동관서장이 기금법인 설립을 인가하
지 않을 수 있으므로 주의하여야 합니다.[120]

지방고용노동관서장은 기금법인의 설립 인가신청을 접수한 날로부터 20일 이내에 설립인
가 여부를 결정하고, 그 결과를 신청인에게 통지하여야 합니다.[121] 한편, 지방고용노동관서
장이 기금법인의 설립을 인가한 경우에는 기금법인 설립인가증이 발급됩니다. 기금법인 설
립인가증은 기금법인의 법적 지위를 증명하는 문서로서 이 서류가 있어야만 기금법인 설립
등기를 할 수 있습니다.

---

120) 근로복지기본법 제52조 제6항.
121) 근로복지기본법시행령 제30조 제3항; 사내·공동근로복지기금 업무처리지침 제6조 제1항.

(1) 설립등기의 의의

기금법인은 설립등기를 함으로써 성립하므로 기금법인의 성립일은 설립등기일이라고 할 수 있습니다. 기금법인은 설립등기를 완료해야만 법인으로서의 권리 능력(법인격)을 획득할 수 있습니다. 설립등기가 완료되기 전에는 법인격이 인정되지 않으므로 권리와 의무의 주체가 될 수 없습니다. 기금법인이 법인격을 취득한다는 것은 기금법인이 법인의 명의로 계약을 체결하고 재산을 소유하는 등 다양한 법률행위의 주체가 될 수 있게 되는 것을 의미합니다. 즉, 기금법인은 설립등기를 한 때에 비로소 사업주와 분리된 별도의 독립적 주체로서 독자적으로 법률행위를 할 수 있습니다. 한편, 기금법인은 설립등기를 통해 각종 등기사항을 등기부에 기재함으로써 제3자가 이를 신뢰하고 거래할 수 있는 근거를 제공하고 거래의 안정과 법률관계의 명확성을 확보할 수도 있습니다.

(2) 설립등기 신청

준비위원회는 지방고용노동관서장으로부터 설립 인가를 받은 경우, 그 설립인가증을 수령한 날로부터 3주 이내에 기금법인 설립등기를 하여야 합니다.[122] 설립등기의 신청은 기금법인의 주된 사무소 소재지를 관할하는 등기소에 하여야 합니다. 설립등기의 신청은 준비위원회의 대표자인 의장이 하여야 합니다.[123] 만약 준비위원회 의장이 직접 등기 신청을 할 수 없는 경우에는 대리인이 위임받아 처리할 수 있습니다. 안전한 기금법인 설립등기 업무의 완료를 위해 실무 진행 시 등기업무 전문가로부터 자문을 받으실 것을 추천드립니다.

---

122) 근로복지기본법 제52조 제7항.
123) 상업등기법 제23조 제1항.

1) 설립등기사항

기금법인이 설립등기 시 등기하여야 할 내용들은 다음과 같습니다.[124]

i) 목적

ii) 명칭

iii) 주된 사무소와 분사무소의 소재지

iv) 출연받은 재산 및 기본재산의 총액

v) 이사의 성명과 주소

vi) 대표권에 관한 사항

2) 설립등기 시 필요 서류

기금법인의 설립등기를 신청하기 위해서는 일반적으로 다음의 서류를 등기소에 제출하여야 합니다. 그러나 실무상 소관 등기소마다 요구하는 서류가 다소 상이할 수 있으므로 설립등기 신청을 하기 전 관할등기소에 해당 사항을 다시 확인하는 것이 바람직합니다.

〈사내근로복지기금 설립등기 시 필요서류〉

① 설립등기신청서

② 정관

③ 준비위원회 의사록

④ 이사의 취임승낙서

⑤ 이사의 인감증명서

⑥ 이사의 주민등록표등(초)본

⑦ 설립인가증

---

124)　근로복지기본법시행령 제32조 제2항.

⑧ 자산총액증명서(재산목록)

⑨ 법인인감신고서

⑩ 등록면허세 영수필확인서

⑪ 등기신청수수료 영수증

⑫ 위임장(대리인이 신청하는 경우)

① 설립등기신청서

설립등기신청서에 기금법인의 명칭, 목적, 주된 사무소의 소재지, 이사의 성명 및 주소, 자산의 총액, 설립 연월일 등을 정확히 기재하여 제출해야 합니다.

② 정관

준비위원회에서 의결된 기금법인의 정관을 제출합니다. 해당 정관은 고용노동부장관의 인가를 받은 정관이어야 합니다. 다만, 상법상 주식회사 등과 달리 공증을 받아야 한다는 규정이 없으므로 공증인의 인증을 받을 필요는 없습니다.

③ 준비위원회 의사록

법인 등기 시에는 통상 이사 자격 증명서를 첨부하여야 합니다. 다만, 사내근로복지기금법인의 최초 이사는 정관에 의해 선임되므로 최초 정관 의결에 대한 준비위원회 의사록을 첨부함으로써 이사 자격 증명서를 대체할 수 있습니다.

④ 이사의 취임승낙서

이사로 취임하는 것은 기금법인의 업무집행에 대하여 법적 책임과 의무를 부담하는 것을 의미합니다. 따라서 이사가 그 직을 수락한다는 진정한 의사를 확인하기 위해 인감도장이 날인되거나 본인이 서명한 취임승낙서를 제출하여야 합니다.

⑤ 이사의 인감증명서

취임승낙서의 의사 확인을 위해 인감증명법에 의한 인감증명서, 본인서명사실확인서 또는 전자본인서명확인서의 발급증을 첨부하여야 합니다. 해당 서류들은 발행일로부터 3개월 이내의 서류이어야 합니다.

⑥ 이사의 주민등록표등(초)본

취임하는 이사는 주민등록번호 및 주소를 증명하는 서면으로 주민등록표등(초)본을 제출하여야 합니다.

⑦ 설립인가증

기금법인은 고용노동부장관으로부터 설립 인가를 받아야 하므로 설립등기 신청 시 해당 설립인가증을 첨부하여야 합니다. 설립인가증 원본을 제출한 경우 설립인가증 사본에 대하여 등기관이 원본 대조필을 한 후 원본을 반환받을 수 있습니다.

⑧ 자산총액증명서(재산목록)

기금법인의 정관은 자산에 관한 규정을 두고 있고 등기부에는 자산의 총액을 등기하여야 하므로 재산목록을 제출하여야 합니다.

⑨ 법인인감신고서

설립등기 신청 시 준비위원회의 의장(위원장)은 기금법인이 사용할 인감에 대한 법인인감신고서를 제출하여야 합니다. 대표자는 신고할 법인인감이 날인된 법인인감신고서와 함께 인감대지를 제출하여야 합니다.

⑩ 등록면허세 영수필확인서

주사무소 소재지 관할 시 · 군 · 구청장으로부터 등록면허세납부서를 발부받아 납부한 후 등록면허세 영수필확인서를 첨부하여야 합니다.

⑪ 등기신청수수료 영수증

설립등기 신청 시 등기 신청 수수료를 납부하고 그 영수증을 신청서에 첨부하여야 합니다.

⑫ **위임장**

준비위원회 대표자 이외의 대리인에 의해 등기 신청을 하는 경우에는 그 권한을 증명하는 서면으로 위임장을 첨부해야 합니다. 위임장에는 위임인, 수임인, 위임 내용을 기재하고 대표자가 서명 또는 날인하여야 합니다.

3) 설립등기의 신청 기한

설립등기는 기금법인의 법적 지위를 획득하는 중요한 절차이므로 관련 법규에 따라 정확하게 진행해야 합니다. 특히 설립인가증을 받은 날로부터 3주 이내에 설립등기를 완료해야 하므로, 신속하게 준비하는 것이 바람직합니다.[125] 해당 기간 내에 설립등기를 하지 않은 경우, 고용노동부장관은 10일간의 기간을 부여하여 설립등기를 촉구하고 준비위원회가 계속하여 이에 응하지 않을 때에는 설립인가 자체를 취소하므로 주의가 필요합니다. 한편, 설립등기는 통상 신청일로부터 5영업일 이내에 처리됩니다. 설립등기가 완료되면 기금법인 등기사항증명서의 열람 및 발급이 가능해지고 기금법인의 인감증명서도 발급할 수 있습니다.

(3) 기금법인 업무의 인수인계

1) 설립등기의 효과

기금법인은 설립등기가 완료되는 때에 법인격을 취득하게 됩니다. 따라서 스스로 독립된 권리 의무의 주체로서 법률행위를 영위할 수 있습니다. 기금법인의 성립에 따라 준비위원회의 기금법인 설립 등과 관련된 임무는 종료되므로 기금법인의 운영에 대한 사무는 기금법인의 이사에게 지체 없이 인계되어야 합니다.[126] 또한, 준비위원회는 기금법인의 성립과 동시에 기금법인에서 최초로 구성된 사내근로복지기금협의회로 간주되어 최고의사결정기관으

---

125) 근로복지기본법 제52조 제7항.
126) 근로복지기본법 제52조 제10항.

로서의 역할을 수행하게 됩니다.[127]

2) 사무 인수인계 절차

준비위원회가 기금법인 이사에게 기금법인의 사무를 인계할 때에는 다음의 과정을 거치는 것이 바람직합니다. 첫째, 준비위원회와 이사가 서로 협의하여 사무 인수인계에 대한 계획을 수립합니다. 그 계획에는 인수인계의 일정, 대상업무, 참여자, 방법 등이 포함되어야 합니다. 둘째, 준비위원회가 보유하고 있는 문서와 자료를 기금법인 이사에게 인계합니다. 주요 인수인계 대상 문서 및 자료에는 정관 및 관련 규정, 설립인가증, 법인등기부등본, 이사와 감사의 선임 관련 서류, 복지기금협의회 관련 서류, 사업계획서 및 예산서, 준비위원회 회의록, 노사합의 관련 문서 등이 있습니다. 셋째, 준비위원회가 관리하고 있던 모든 재산을 기금법인에게 인계합니다. 넷째, 법인 인감 및 기타 인장을 기금법인 이사에게 인계합니다. 인장은 법적으로 매우 중요한 도구이므로 그 인수인계에 대한 내용을 명확히 문서화하는 것이 바람직합니다. 다섯째, 준비위원회에서 진행해 온 업무의 내용, 진행 상황, 특이사항 등을 기금법인 이사에게 상세히 설명하고 필요한 교육을 실시하는 것이 필요합니다. 여섯째, 인수인계한 내용을 기록한 사무인수인계서를 작성하여 인계자인 준비위원회 대표와 인수자인 이사가 서명 또는 날인합니다. 사무인수인계서는 업무의 인수인계와 책임의 소지를 명확히 하고자 하는 문서로서 향후 발생할 수 있는 분쟁이나 혼란을 방지하는 데 의미가 있습니다. 일곱째, 인수인계가 완료되면 그 결과를 복지기금협의회에 보고한 후 기금법인의 업무를 개시합니다.

---

127)　근로복지기본법 제52조 제9항.

8. 사업자등록 신청 및 예금계좌 개설

(1) 사업자등록의 의의

사내근로복지기금은 원칙적으로 비영리법인이지만 일정한 수익사업도 영위할 수 있습니다. 만약, 사내근로복지기금법인이 대부사업을 시행하거나 이자 및 배당소득이 발생하는 투자활동을 영위하는 경우에는 반드시 사업자등록을 해야 합니다. 신규로 사업을 시작하는 사내근로복지기금법인은 사업 개시일로부터 20일 이내에 납세지 관할 세무서장에게 사업자등록을 신청하여야 합니다.[128] 여기에서 사내근로복지기금법인의 사업 개시일이란 기금법인의 설립등기일을 의미합니다.[129] 사업자등록은 기금법인이 경제활동을 수행하기 위한 필수 절차의 하나로서 세금 납부, 금융 거래, 계약 체결 등 다양한 경제활동의 기반이 되는 중요한 절차입니다. 그러나 기금법인이 이러한 수익사업을 영위하지 않는 경우에는 사업자등록이 의무사항이 아니므로 사업자등록을 대신하여 고유번호를 발급받음으로써 세적관리 및 기금법인 명의의 금융기관 계좌개설 등의 업무를 편리하게 처리할 수 있습니다. 한편, 수익사업을 영위하지 않아 고유번호증을 발급받은 법인이 새롭게 수익사업을 시작하게 되는 경우에는 그 수익사업 개시일로부터 2개월 이내에 관할 세무서장에게 그 내용을 신고하고 사업자등록을 신청하여야 합니다.[130] 이 경우 기존에 발급받은 고유번호증은 반납하여야 합니다.[131]

(2) 사업자등록 신청 시 필요서류

사내근로복지기금이 사업자등록을 신청할 때 필요한 서류는 다음과 같습니다. 필요 서류

---

128) 법인세법 제111조; 부가가치세법 제8조.
129) 법인세법시행령 제4조 제1항 제1호.
130) 법인세법 제110조.
131) 국세청 질의회신(법인세과-36, 2012. 1. 11.).

는 관할 세무서에 따라 차이가 있을 수 있으니 신청 전에 반드시 관할 세무서에 다시 확인해 볼 필요가 있습니다.

  i) 사업자등록 신청서

  ii) 기금법인의 정관

  iii) 법인등기사항증명서

  iv) 임대차계약서

  v) 기금법인 설립인가증

  vi) 법인인감증명서 및 인감도장

  vii) 대표자 신분증

  viii) 대리인 신청시(위임장 및 대리인 신분증)

(3) 사업자등록 신청 방법

사내근로복지기금법인의 사업자등록 신청은 관할 세무서를 방문하여 신청이 가능합니다. 만약 국세청 온라인 사이트인 홈택스(https://www.hometax.go.kr)에 가입되어 있고 공인인증서가 있는 경우에는 세무서를 방문하지 않고 인터넷을 통해 사업자등록 신청 및 구비서류의 전자 제출이 가능합니다. 사업자등록증은 신청일로부터 일반적으로 2일 이내에 교부됩니다. 한편, 홈택스를 이용할 경우에는 세무서 방문 없이 사업자등록증을 교부받을 수 있으므로 편리합니다.

(4) 기금법인 예금계좌 개설

사업자등록을 완료한 후에는 사내근로복지기금을 관리하기 위한 예금계좌를 개설해야 합니다. 예금계좌는 기금법인의 재산을 안전하게 보관하고 출연금을 수령하며 사내근로복지기금 사업의 지출을 관리하는 등 모든 금융 거래의 기초가 되므로 매우 중요합니다.

1) 예금계좌 개설 절차

예금계좌를 개설하기 위해서는 우선, 계좌를 개설할 금융기관을 선정해야 합니다. 금융기관을 선정할 때에는 해당 기관의 안정성, 접근성, 금리, 수수료, 부가서비스 등을 종합적으로 고려할 필요가 있습니다. 일반적으로는 시중은행에 예금계좌를 개설하는 것이 일반적이지만, 증권사나 저축은행, 새마을금고 등 제2금융권 금융기관에 예금계좌를 개설하는 것도 가능합니다. 둘째, 예금계좌 개설에 필요한 서류를 준비해야 합니다. 사내근로복지기금법인이 금융기관에 계좌를 개설할 경우에는 일반적으로 법인등기부등본, 사업자등록증 또는 고유번호증, 법인인감증명서 및 인감도장, 정관, 대표자 신분증 등을 요구합니다. 금융기관별로 요구하는 서류가 상이할 수 있으니 사전이 미리 확인하여 준비하는 것이 필요합니다. 셋째, 준비된 서류를 지참하고 선정된 금융기관을 방문하여 예금계좌의 개설을 신청합니다. 금융기관의 서류 확인과 심사가 완료되면 계좌개설이 완료됩니다. 이 과정에서 계좌개설의 목적, 자금출처, 사용계획 등을 추가로 확인하는 경우가 있으니 미리 준비하는 것도 바람직합니다.

2) 예금계좌 개설 시 주의사항

예금계좌 개설 시 유의해야 할 사항은 살펴보겠습니다. 첫째, 기금법인의 재산성격에 맞는 계좌 종류를 선택하는 것이 중요합니다. 기금법인의 재산은 기금원금 등을 관리하는 기금관리회계와 사업비용을 관리하는 목적사업회계로 구분하여 회계처리를 해야 하므로 예금계좌 또한 각 회계 단위별로 구분하여 개설하는 것이 바람직합니다. 따라서 기금관리회계용 계좌는 정기예금이나 신탁 등 거치식 계좌로, 목적사업회계용 계좌는 보통예금이나 MMDA 등 수시입출식 계좌로 개설하는 것이 일반적입니다. 둘째, 계좌명의에 사내근로복지기금법인의 명칭을 명확히 표시하는 것이 바람직합니다. 기금법인 대표자의 개인명의나 약식명칭 등을 계좌명의로 사용할 경우 예상 못 한 법률분쟁이 발생할 수 있으므로 주의가 필요합니다. 셋째, 효율적인 자금관리를 위해 인터넷뱅킹을 신청하는 것도 고려할 수 있습니다. 그러나 금융사고 예방을 위해 보안방법, 이체한도, 사용자 권한 등을 신중하게 설정하는 것이 중요합니다. 마지막으로 법인인감을 철저히 관리해야 합니다. 법인인감은 계좌개설 및 운영에 반드시 필요하며 금융사고의 예방을 위해서도 철저한 관리가 요구됩니다. 따라서 예금통장과 법인인감의 관리자를 분리하는 등의 내부통제장치를 마련하는 것이 바람직합니다.

9. 출연금 납입 및 사업개시

(1) 출연금 납입

출연금은 기금법인을 운영하는 기초재원이 되는 중요한 자산이므로 정해진 절차에 따라 정확하게 납입되어야 합니다. 사업주는 사내근로복지기금법인의 설립 절차가 완료된 경우 약속한 출연금을 기금법인에 납입해야 합니다. 기금법인 설립 신청 시 고용노동부에 제출한 '기금출연확인서'에 기재된 금액을 지정된 날짜에 기금법인 명의 예금계좌에 납입하면 됩니다. 사업주의 출연금 납입이 이행된 경우, 기금법인은 출연확인서를 사업주에게 발행하여 손금 또는 비용으로 처리할 수 있도록 지원해야 합니다. 한편, 기금법인은 납입된 출연금을 회계기준에 맞게 적절하게 회계처리 해야 합니다. 즉, 기금법인은 기금관리회계와 목적사업회계로 구분하여 회계처리를 해야 하므로 납입된 출연금을 정관의 정함에 따라 적절히 배분하여야 합니다.

(2) 기금법인의 사업 개시

출연금이 납입되면 사내근로복지기금법인은 비로소 본격적으로 사업을 시작할 수 있습니다. 기금법인이 수행할 수 있는 사업의 범위에 대해서는 다음 장에서 다룰 예정이므로 그에 대한 자세한 설명은 생략하겠습니다. 다만, 사업개시는 기금법인이 설립목적에 따라 실질적인 활동을 시작하는 것으로, 설립 준비단계에서 수립한 사업계획에 대한 구체적인 실행방안을 마련하여 추진할 필요가 있습니다. 또한 사업내용을 근로자들에게 적극적으로 홍보하고 의견을 수렴하는 것도 바람직합니다. 이를 위해 설명회를 개최하거나 인트라넷, 이메일 등의 수단을 활용하는 방안도 고려될 수 있을 것입니다.

제3장

사내근로복지기금의 운영

(1) 사내근로복지기금협의회

사내근로복지기금협의회(이하 "복지기금협의회")는 근로자의 복지증진을 위한 기금법인의 최고 의사결정 기관으로 법령에 위배되지 않는 범위에서 기금법인의 운영에 필요한 사항을 정할 수 있습니다.[132] 복지기금협의회의 구성과 운영에 관한 사항은 근로복지기본법의 규정에 따라 엄격히 규율되고 있습니다. 복지기금협의회는 상법상 주식회사의 주주총회와 유사한 지위를 가지고 있으며 기금법인이 반드시 설치하여야 하는 법정 상설 필요기관입니다.

1) 복지기금협의회의 구성

사내근로복지기금을 설립하기 위해 구성된 준비위원회는 기금법인의 설립이 완료됨과 동시에 최초로 구성되는 복지기금협의회로 그 역할이 자동 전환됩니다.[133] 복지기금협의회는 사용자와 근로자를 대표하는 같은 수의 위원으로 구성됩니다. 위원의 숫자는 사용자위원과 근로자위원이 각각 2명 이상 10명 이하로 구성하여야 합니다.[134] 즉, 복지기금협의회는 최소 4명에서 최대 20명 이내의 위원으로 구성할 수 있습니다. 따라서 기금법인은 해당 사업의 특성을 고려하여 근로자의 복지증진과 노사협력에 도움이 될 수 있는 적정한 위원 숫자를 정할 필요가 있습니다. 한편, 근로자 참여 및 협력증진에 관한 법률에 따라 노사협의회가 구성되어 있는 사업의 경우에는 그 노사협의회 위원을 복지기금협의회의 위원으로 선임할 수도 있습니다.[135]

---

132) 사내·공동근로복지기금 업무처리지침 제12조.
133) 근로복지기본법 제52조 제9항.
134) 근로복지기본법 제55조 제1항.
135) 근로복지기본법 제55조 제4항.

① 사용자위원

사용자를 대표하는 위원은 해당 사업의 대표자와 그 대표자가 위촉하는 사람으로 구성됩니다. '사업의 대표자'란 대외적으로 사업장을 대표하며 대내적으로는 근로자에 대한 근로조건의 결정권을 가지고 채용, 지휘 감독, 임금 지급 등에 대한 최종적인 의사결정을 하는 사용자를 의미합니다. 일반적으로 회사의 대표이사는 사업의 대표자라고 볼 수 있으므로 복지기금협의회의 당연직 사용자위원이 되어야 합니다.[136] 한편 대표자가 위촉하는 사용자위원은 근로자들로부터 신망을 얻고 있으며 인사·노무·재무 등에 이해와 경험이 풍부한 사람을 위촉하는 것이 바람직합니다. 사용자위원은 사업의 현황에 대한 정확한 인식을 바탕으로 생산성 향상, 근무환경 개선 및 근로자 고충 처리 등에 대해 회사 차원의 해결 방안을 제시할 수 있어야 하기 때문입니다. 이러한 이유로 인사, 노무, 총무 관련 부서의 부서장이나 임원을 사용자위원으로 위촉하는 경우가 많이 있습니다.

② 근로자위원

근로자를 대표하는 위원은 근로자의 직접·비밀·무기명 투표로 선출해야 합니다. 근로자위원을 선출하기 위한 투표의 정족수에 대해서는 근로복지기본법에 별도 규정을 두고 있지는 않지만, 그 대표성을 고려할 때 전체 근로자의 과반수가 투표에 참여해야 할 것으로 생각됩니다. 근로자위원은 반드시 재직 중인 근로자이어야 하므로 해고된 근로자, 부당해고에 대한 구제를 신청 중인 근로자, 사업체의 청산 과정에서 퇴직한 근로자 등은 근로자위원이 될 수 없습니다.[137]

근로자의 과반수로 조직된 노동조합이 있는 경우에는 노동조합의 대표자와 그 노동조합이 선출한 사람을 근로자위원으로 선출할 수 있습니다. 사업의 대표자가 당연직 사용자위원이 되어야 하는 것과 마찬가지로 노동조합의 대표자는 당연직 근로자위원이 되어야 합니다. 한편, 사업의 특성상 부득이하다고 인정되는 경우에는 작업 부서별로 근로자 수에 비례하여 근로자위원을 선출할 선거인을 선출하고 선거인 과반수의 직접·비밀·무기명 투표로 근로

---

136) 고용노동부 유권해석(퇴직연금복지과-3806, 2021. 8. 26.).
137) 고용노동부, 「사내 및 공동근로복지기금 실무 매뉴얼」, 2022, 33면.

자위원을 선출할 수 있습니다.[138] 근로자위원의 선출 절차, 후보자의 등록 및 자격의 구체적인 내용은 복지기금협의회에서 결정할 수 있습니다.[139]

2) 위원의 임기

복지기금협의회 위원의 임기는 근로복지기본법에 별도의 규정이 없으므로 사업의 상황에 맞게 정관에 자유롭게 규정할 수 있습니다. 정관에 연임을 규정하는 경우에는 위원의 연임도 가능합니다. 위원의 임기는 실무상 2년 또는 3년으로 정하는 경우가 많습니다. 한편, 복지기금협의회의 위원에 결원이 생겼을 때에는 결원이 발생한 날로부터 30일 이내에 보궐위원을 위촉하거나 선출하여야 합니다. 보궐위원의 임기에 대해서도 근로복지기본법상 명문의 규정은 없습니다. 보궐위원의 임기를 새롭게 기산할 경우 위원마다 임기가 상이하게 되어 위원 선임에 부담이 가중될 수 있으므로 보궐위원의 임기는 전임자의 잔여임기로 하는 것이 바람직하며 해석의 논란 방지를 위해 정관에 규정을 마련하는 것을 추천합니다. 한편, 근로자의 과반수로 조직된 노동조합이 없는 사업의 경우, 근로자위원 중 결원이 발생했을 때에는 직전 근로자위원 선출 시 입후보자의 득표 순위에 따라 차석자를 근로자위원으로 선출하는 것이 가능합니다.[140]

3) 위원의 신분

복지기금협의회 위원은 비상근, 무보수로 선임합니다. 복지기금협의회 위원이 기금법인의 업무수행을 위해 사용한 시간은 근로시간으로 봅니다. 따라서 사용자는 복지기금협의회 위원에 대해 기금법인에 관한 직무수행을 이유로 불이익한 처우를 하면 안 됩니다.[141] 복지기금협의회 위원이 무보수로 일한다고 해도 실비변상적 금품의 지급까지 금지하는 것은 아닙니다. 즉, 복지기금협의회 위원에게 업무 수행상 필요하다고 인정되는 범위 안에서 기금

---

138)   근로복지기본법시행령 제39조2 제1항 제2호.
139)   근로복지기본법시행령 제39조2 제2항.
140)   근로복지기본법시행령 제40조.
141)   근로복지기본법 제60조.

법인의 정관 등이 정하는 바에 따라 여비나 교통비 등 실비변상적 금품을 지급하는 것은 가
능합니다. [142]

4) 의장 및 간사

복지기금협의회에는 의장과 간사를 반드시 선임해야 합니다. 의장은 복지기금협의회를
대표하며 복지기금협의회의 사무를 총괄하는 역할을 담당합니다. 구체적으로 복지기금협
의회의 회의를 소집·주재하고 복지기금협의회에서 의결된 사항의 집행을 감독하고 기금법
인의 전반적인 운영을 총괄합니다. 의장은 복지기금협의회 위원 중에서 호선으로 선출하여
야 합니다. 실무적으로 사업의 대표자나 노동조합의 대표자 중에서 의장을 맡는 경우가 많
지만, 사업의 상황에 따라 달라질 수 있습니다.

간사는 복지기금협의회의 회의를 기록하는 등의 사무를 담당합니다. 즉, 의장을 보좌해서
복지기금협의회의 회의를 준비하고 회의록을 작성하며 의결 사항의 집행을 지원하는 등 복
지기금협의회의 실무를 담당하며 근로자들의 의견을 수렴하고 이를 복지기금협의회에 전
달하는 등의 역할을 담당합니다. 간사는 사용자위원과 근로자위원 중에서 각각 1명을 호선
으로 선출하여야 합니다. 그 외에 의장과 간사의 선임, 임기, 결원 보충 등과 관련한 구체적
인 내용들은 정관의 규정에 따라 사업의 상황에 맞게 자유롭게 결정할 수 있습니다.

5) 복지기금협의회의 권한과 책임

① 복지기금협의회의 권한

복지기금협의회는 사내근로복지기금법인의 최고의사결정기관으로서 아래 사항들을 심
의, 의결할 권한을 가집니다.

i) 사내근로복지기금 조성을 위한 출연금액의 결정

---

142) 고용노동부 유권해석(퇴직연금복지과-5028, 2021. 11. 17.).

ii) 이사 및 감사의 선임과 해임

iii) 사업계획서 및 감사보고서의 승인

iv) 정관의 변경

v) 회사 내의 다른 근로복지제도와의 통합 운영 여부 결정

vi) 기금법인의 합병 및 분할·분할합병

② 복지기금협의회의 책임

복지기금협의회 위원은 그 직무수행과 관련하여 알게 된 비밀을 누설해서는 안 됩니다. 또한, 사내근로복지기금사업과 관련하여 겸직 또는 자기거래를 할 수 없습니다.[143] 복지기금협의회 위원에 대하여 자기거래를 제한하는 이유는 복지기금협의회 위원이 기금법인과 이해충돌이 있는 거래를 직접 하거나 형식적으로는 기금법인과 제3자 간의 거래로 보이지만 복지기금협의회 위원에게 그 이익이 귀속됨으로써 이해충돌을 초래할 수 있는 거래를 제한하기 위함입니다.[144]

6) 복지기금협의회의 소집 및 의결 방법

① 회의 소집

복지기금협의회의 회의는 정기회의와 임시회의로 구분할 수 있습니다. 정기회의란 분기 또는 반기 등을 주기로 하여 정해진 때에 개최하는 회의를 의미합니다. 임시회의란 정기회의와 달리 회의 개최 시기가 정해져 있지 않고 필요하다고 인정되는 때에 개최되는 회의를 말합니다. 따라서 정기회의는 정관의 규정에 따라 정해진 시기에 회의를 개최하며, 임시회의는 근로복지기본법 또는 기금법인의 정관 규정에 따라 요건이 충족되는 경우 회의를 개최합니다.

복지기금협의회의 회의는 의장이 소집합니다. 근로자위원 측 또는 사용자위원 측에서 회의에 부치는 사항을 문서로 명시하여 회의의 소집을 요구하는 경우, 의장은 지체 없이 복지

---

143) 근로복지기본법 제78조.
144) 고용노동부 유권해석(퇴직연금복지과-2398, 2017.6.8.).

기금협의회를 소집하여야 합니다. 의장이 복지기금협의회의 회의를 소집하는 경우에는 회의 개최 7일 전까지 회의 일시, 장소, 의제 등을 각 위원에게 통보하여야 합니다.[145] 회의 소집 통지를 회의 개최 7일 전까지 하도록 규정한 것은 복지기금협의회 위원들이 회의의 내용을 충분히 숙지하고 회의에 참석할 수 있는 시간을 보장하고자 하는 것이므로 위원 전원의 동의가 있는 경우 등에는 해당 기간을 단축할 수 있다고 해석하는 것이 타당합니다.

② 회의 개최

복지기금협의회의 회의는 특정 장소에 위원들이 직접 출석하여 안건을 논의하는 방식으로 개최하는 것이 바람직합니다. 이러한 현장 회의가 불가능한 경우, 화상회의 등의 방법으로 복지기금협의회를 개최할 수 있는지가 의문일 수 있습니다. 그런데, 근로복지기본법 및 기금법인에 대하여 준용하도록 하고 있는 민법상 재단법인에 관한 규정은 복지기금협의회의 회의 개최 및 위원의 출석 방식 등에 대한 구체적인 규정을 명시하고 있지 않습니다. 따라서 기금법인의 주요 의사결정 사항의 신속한 처리 필요성 등을 고려할 때, 기금법인 정관에 회의 개최 방법을 현장 회의로 한정하고 있거나 복지기금협의회 위원의 직접 출석 의무를 규정하고 있지 않는다면, 화상회의 등의 방식으로 회의를 개최하는 것도 가능할 것입니다.[146] 한편, 복지기금협의회의 회의는 원칙적으로 공개하여야 합니다. 그러나 복지기금협의회가 비공개하기로 의결하는 경우에는 공개하지 않을 수 있습니다.[147]

③ 의결방법

복지기금협의회의 회의는 사용자위원과 근로자위원의 각 과반수 출석으로 개의하고 출석위원 3분의 2 이상의 찬성으로 의결합니다.[148] 즉, 복지기금협의회의 개의정족수는 사용자위원과 근로자위원의 각 과반수 출석이며, 의결정족수는 출석의원 3 분의 2 이상의 찬성입니다. 한편, 복지기금협의회 위원이 그 위원으로서의 업무를 제3자에게 위임할 수 있는지에 대해 의문이 있을 수 있습니다. 근로복지기본법에는 이에 대한 명문규정이 없으나 민법 제

---

145)　근로복지기본법시행령 제42조.
146)　고용노동부 유권해석(퇴직연금복지과-4839, 2021. 11. 9.).
147)　근로복지기본법시행령 제44조.
148)　근로복지기본법시행령 제43조.

62조는 이사는 정관 또는 총회의 결의로 금지하지 아니한 사항에 한하여 타인으로 하여금 특정한 행위를 대리하게 하는 것을 허용하고 있으므로, 정관에 복지기금협의회 위원의 위임에 대한 제한이 있는 경우가 아니라면 특정한 행위를 지정하게 대리권을 위임할 수 있을 것으로 판단됩니다. 다만, 이 경우 복지기금협의회 안건에 대한 구체적인 의사결정을 하여 수임인에게 복지기금협의회 참석 및 의결을 대리하게 하여야 할 것입니다.[149]

④ 회의록 작성

기금법인은 복지기금협의회의 회의가 종료된 경우에는 회의록을 작성하여 출석위원 전원의 서명 또는 날인을 받아야 합니다. 그리고 이 회의록은 작성일로부터 10년간 보관하여야 합니다. 회의록은 종이문서의 형태뿐만 아니라 전자문서의 형태로 작성하여 보관하는 것도 가능합니다. 회의록을 작성할 때에는 회의의 개최일시 및 장소, 출석위원, 협의내용 및 결정사항, 그 밖의 토의사항을 반드시 포함하여야 합니다.[150]

(2) 이사

이사는 기금법인 정관의 정함에 따라 기금법인을 대표하는 업무집행기관입니다. 이사는

---

149)　고용노동부 유권해석(퇴직연금복지과-1593, 2019.4.4.).
150)　근로복지기본법 제57조.

복지기금협의회와 마찬가지로 근로복지기본법에 따라 반드시 설치해야 하는 법정 상설 필요기관입니다. 이사에 대한 세부 내용을 아래에서 자세히 살펴보겠습니다.

1) 선임 방법

기금법인은 사용자와 근로자를 대표하는 같은 수의 각 3명 이내의 이사를 선임하여야 합니다.[151] 즉, 이사회의 인원은 최소 2명(사용자측 1명, 근로자측 1명)에서 최대 6명으로 구성될 수 있습니다. 이사의 선임과 해임은 앞에서 살펴본 바와 같이 복지기금협의회의 결의사항입니다. 사내근로복지기금을 설립하는 경우에는 준비위원회가 이사의 선임 및 해임 권한을 보유합니다. 이사를 선임하거나 해임한 경우에는 그에 관한 복지기금협의회 의결일로부터 3주 이내에 관할 등기소에 등기하여야 합니다. 한편, 복지기금협의회의 위원은 기금법인 이사를 겸직할 수 있습니다.[152]

〈사내근로복지기금 법률 상식〉

기금법인 근로자측 이사가 임원으로 승진한 경우 이사 자격을 유지하나요?

근로복지기본법령상 기금법인의 이사는 각각 근로자와 사용자를 대표한다는 것 외에 이사의 자격에 대해서 별도로 정하고 있지 않습니다. 다만 회사의 임원은 회사의 수임인으로서의 지위에서 회사의 업무를 집행하는 기관이므로 근로자를 대표하는 기금법인의 이사가 회사의 임원이 된 경우라면 해당 기금법인의 이사는 근로자를 대표하는 이사의 자격을 유지할 수 없다고 보아야 할 것입니다. (퇴직연금복지과-17-5, 2020.4.13.)

2) 임기

과거 근로복지기본법은 기금법인 이사의 임기에 대한 규정을 두고 있었습니다. 즉, 기금법인 이사의 임기는 3년으로 하며, 이사가 궐위되어 선임된 후임 이사의 임기는 전임자의 남

---

151) 근로복지기본법 제58조 제1항.
152) 사내·공동근로복지기금 업무처리지침 제14조.

은 임기로 하도록 하였습니다. 그러나 2015년 7월 20일 근로복지기본법 개정을 통해 동 규정을 삭제함으로써 현재는 이사의 임기에 대한 아무런 규정을 두고 있지 않습니다. 기금법인 이사의 임기에 대하여 노사가 사업의 상황을 고려하여 결정할 수 있도록 함으로써 기금법인 운영의 자율성을 보장하기 위한 목적이었습니다. 따라서, 기금법인 이사의 임기는 복지기금협의회에서 협의·결정한 기간을 정관에 명시하거나 구체적인 선임 및 해임 사유를 정관에 명시하여 자유롭게 결정할 수 있습니다.[153]

3) 신분

기금법인 이사는 비상근, 무보수로 선임합니다. 이사가 업무수행을 위해 사용한 시간은 근로 시간으로 간주합니다. 따라서 사용자는 기금법인 이사에 대해 기금법인에 관한 직무수행을 이유로 불이익한 처우를 해서는 안 됩니다.[154] 기금법인 이사가 무보수로 일한다고 해도 실비변상적 금품의 지급까지 금지하는 것은 아닙니다. 복지기금협의회 위원의 경우와 마찬가지 이유입니다. 즉, 기금법인 이사에게 업무 수행상 필요하다고 인정되는 범위 안에서 기금법인의 정관 등이 정하는 바에 따라 여비나 교통비 등 실비변상적 금품을 지급하는 것은 가능합니다.[155]

---

153) 고용노동부 유권해석(퇴직연금복지과-4237, 15.12.2.).
154) 근로복지기본법 제60조.
155) 고용노동부 유권해석(퇴직연금복지과-5028, 2021.11.17.).

4) 권한과 책임

① 권한

기금법인 이사는 정관의 정함에 따라 기금법인을 대표하며, 다음 사항에 대한 사무를 집행할 권한을 가집니다.[156] 한편, 기금법인의 사무집행은 이사의 과반수로써 결정합니다.[157]

i) 기금법인의 관리 및 운영에 관한 사항

ii) 예산의 편성 및 결사에 대한 사항

iii) 사업보고서의 작성에 대한 사항

iv) 정관으로 정하는 사항

v) 그 밖에 이사가 집행하도록 복지기금협의회가 협의·결정하는 사항

〈사내근로복지기금 법률 상식〉
사내기금이 보유한 주식의 의결권 행사 및 처리방법은 무엇인가요?

기금이 그 회사 주식을 출연받아 보유하게 된 경우 해당 주식에 대한 의결권을 행사할 수 있으며, 그 의결권의 행사는 정관이 정하는 바에 따라 이사의 과반수로써 의결권의 행사여부 및 행사방법을 결정하여야 할 것입니다(퇴직연금복지과-832, 2020.2.26.).

② 책임

기금법인 이사는 근로복지기본법령을 준수하여 기금법인의 사무를 집행하여야 하며, 그 직무수행과 관련하여 알게 된 비밀을 누설해서는 안 됩니다. 또한, 사내근로복지기금사업과 관련하여 겸직 또는 자기거래를 할 수 없습니다.[158] 기금법인 이사의 자기거래를 제한하는 이유는 이사가 기금법인과 이해충돌이 있는 거래를 직접 하거나 형식적으로는 기금법인과 제3자 간의 거래로 보이지만 기금법인 이사에게 그 이익이 귀속됨으로써 이해충돌을 초

---

156) 근로복지기본법 제58조 제2항.
157) 근로복지기본법 제58조 제3항.
158) 근로복지기본법 제78조.

래할 수 있는 거래를 제한하고자 함입니다. [159]

기금법인 이사가 위의 사항들을 준수하지 않은 경우에는 법적제재를 받을 수 있습니다. 즉, 기금법인 이사가 기금법인의 사업범위 또는 기금의 운영방법을 위반하여 기금법인을 운영, 업무수행에 불필요한 부동산을 소유, 직무수행과 관련하여 알게 된 비밀을 누설, 기금법인의 사업과 관련하여 겸직 또는 자기거래를 하는 경우에는 1년 이하의 징역 또는 1천만 원 이하의 벌금에 처합니다. [160]

(3) 감사

기금법인의 감사는 기금법인의 사무 및 회계에 관한 사항을 감사하는 역할을 담당하는 기관입니다. 감사도 복지기금협의회, 이사와 마찬가지로 근로복지기본법에 따라 반드시 설치해야 하는 법정 상설 필요기관입니다.

---

159)   고용노동부 유권해석(퇴직연금복지과-2398, 2017.6.8.).
160)   근로복지기본법 제97조.

1) 선임 방법

기금법인은 사용자와 근로자를 대표하는 각 1명의 감사를 선임하여야 합니다.[161] 즉, 기금법인의 감사는 2명(사용자측 1명, 근로자측 1명)입니다. 감사의 선임과 해임은 복지기금협의회의 결의사항입니다. 사내근로복지기금 설립 시에는 준비위원회가 감사의 선임 및 해임 권한을 보유합니다. 감사를 선임하거나 해임한 경우에는 그에 관한 복지기금협의회 의결일로부터 3주 이내에 관할 등기소에 등기하여야 합니다. 한편, 기금법인의 감사는 복지기금협의회의 위원이 겸직할 수 없습니다.[162] 감사는 기금법인의 회계나 사무를 감사하는 기관이므로 독립성을 유지해야 하기 때문에 다른 기관과의 겸직은 금지됩니다.[163]

2) 임기

근로복지기본법은 감사의 임기에 대해 아무런 규정을 두고 있지 않습니다. 따라서, 기금법인 이사의 경우와 마찬가지로 감사의 임기는 복지기금협의회에서 협의·결정한 기간을 정관에 명시하거나 구체적인 선임 및 해임 사유를 정관에 명시하여 자유롭게 결정할 수 있습니다.[164] 따라서, 감사의 임기는 2년 또는 3년으로 정하는 경우가 많으며, 정관에 규정이 있는 경우에는 연임도 가능합니다.

〈사내근로복지기금 법률 상식〉
감사의 임기를 "퇴직 시"로 정하는 것이 가능한가요?

감사의 임기를 "퇴직 시"로 정하는 것은 타인이 감사로 선임될 수 있는 권리를 지나치게 제한하는 것으로 사회통념상 허용되지 않을 것입니다. (퇴직연금복지과-70, 2019.1.4.)

---

161) 근로복지기본법 제58조 제1항.
162) 사내·공동근로복지기금 업무처리지침 제14조.
163) 고용노동부 유권해석(퇴직연금복지과-4943, 2018.12.11.).
164) 고용노동부 유권해석(퇴직연금복지과-4237, 2015.12.2.).

3) 신분

기금법인 감사는 복지기금협의회 위원, 이사와 마찬가지로 비상근, 무보수로 선임합니다. 감사가 업무수행을 위해 사용한 시간은 근로 시간으로 간주합니다. 따라서 사용자는 기금법인 감사에 대해 기금법인에 관한 직무수행을 이유로 불이익한 처우를 해서는 안 됩니다.[165] 기금법인 감사가 무보수로 일한다고 해도 실비변상적 금품의 지급까지 금지하는 것은 아닙니다. 따라서, 기금법인 감사에게 업무 수행상 필요하다고 인정되는 범위 안에서 기금법인의 정관 등이 정하는 바에 따라 여비나 교통비 등 실비변상적 금품을 지급하는 것은 가능합니다.[166]

4) 권한과 책임

① 권한

감사는 기금법인의 업무집행기관인 이사의 업무를 감사하는 권한을 가지고 다음 업무를 수행합니다.[167] 한편, 감사는 매 회계연도 시작일부터 2개월 이내에 전년도 기금법인의 사무 및 회계에 관한 사항을 정기감사하여야 하며, 복지기금협의회의 요구가 있는 경우에는 수시 감사를 할 수 있습니다.

i) 사무 및 회계에 관한 감사
ii) 감사결과 부정·부당한 사항을 발견한 경우 기금법인의 이사에게 그 시정을 요구하고 복지기금협의회 및 감독관청에 보고
iii) 복지기금협의회 및 감독관청에 보고를 위하여 필요한 경우 복지기금협의회의 소집 요구
iv) 복지기금협의회에 출석하여 의견 진술

---

165) 근로복지기본법 제60조.
166) 고용노동부 유권해석(퇴직연금복지과-5028, 2021. 11. 17.).
167) 근로복지기본법 제58조 제4항; 사내·공동기금 업무처리지침 제13조 제2항.

② 책임

  기금법인 감사는 그 직무수행과 관련하여 알게 된 비밀을 누설해서는 안 됩니다. 또한, 사내근로복지기금사업과 관련하여 겸직 또는 자기거래를 할 수 없습니다.[168] 기금법인 감사의 자기거래를 제한하는 이유는 감사가 기금법인과 이해충돌이 있는 거래를 직접 하거나 형식적으로는 기금법인과 제3자 간의 거래로 보이지만 기금법인 감사에게 그 이익이 귀속됨으로써 이해충돌을 초래할 수 있는 거래를 제한하기 위한 것입니다.[169] 한편, 기금법인 감사가 직무수행과 관련하여 알게 된 비밀을 누설하거나 기금법인의 사업과 관련하여 겸직 또는 자기거래를 하는 경우에는 1년 이하의 징역 또는 1천만 원 이하의 벌금에 처해질 수 있으니 주의하여야 합니다.[170]

---

168) 근로복지기본법 제78조.
169) 퇴직연금복지과-2398, 2017.6.8.
170) 근로복지기본법 제97조.

사내근로복지기금제도는 사업주가 사업 이익의 일부를 출연하여 기금을 조성하고 이를 활용하여 근로자의 복지를 증진시키는 제도입니다. 그렇기 때문에 사내근로복지기금의 조성은 사내근로복지기금제도에서 매우 중요합니다. 기금은 주로 사업주의 출연으로 조성되지만 사업주 이외의 제3자도 사내근로복지기금법인에 기금을 출연할 수 있습니다. 기금의 조성방법에 대해 자세히 살펴보겠습니다.

(1) 출연금액의 결정

사내근로복지기금 조성을 위한 출연금액의 결정은 복지기금협의회의 의결사항 중 하나입니다.[171] 기금의 조성은 기금법인의 운영에서 매우 중요한 사항이기 때문에 노사를 각각 대표하는 위원들로 구성된 기금법인의 최고의사결정기관인 복지기금협의회에서 결정하도록 하고 있습니다. 복지기금협의회는 정관의 정함에 따라 출연금액뿐만 아니라 출연 방식, 출연 시기, 출연 재산 등도 의결할 수 있다고 할 수 있습니다. 그러나 복지기금협의회의 의결과 관계없이 사업주가 임의로 출연하는 것도 가능합니다.

근로복지기본법 제61조 제1항은 사업주는 직전 사업연도의 법인세 또는 소득세 차감 전 순이익의 100분의 5를 기준으로 복지기금협의회가 협의·의결하는 금액을 사내근로복지기금의 재원으로 출연할 수 있다고 규정하고 있습니다. 여기에서 '법인세 또는 소득세 차감 전 순이익'은 법인의 경우에는 기업회계기준상 결산재무제표에 나타난 세전순이익을, 법인이 아닌 경우에는 소득세법에 의한 확정신고 등 결산을 위한 관계 서류에 나타난 세전순이익을 각각 의미합니다.[172] 그리고 특별한 사정이 없는 한 법인의 경우 그 개별 재무제표를 기준으

---

171) 근로복지기본법 제56조 제1항 제1호.
172) 사내·공동근로복지기금 업무처리지침 제15조 제1항.

로 산정하는 것이 타당합니다.[173] 한편, '100분의 5'는 일반적인 예시 기준일 뿐이므로 사업주의 출연금은 법인세 또는 소득세 차감전 순이익의 100분의 5보다 많을 수도 있고 적을 수도 있습니다.

출연금의 기준을 제시한 근로복지기본법 제61조 제1항은 임의규정이므로 사업주가 반드시 준수해야 하는 것은 아닙니다. 따라서 사업주는 사업의 경영 상황 및 근로자의 복지에 대한 니즈 등을 감안하여 복지기금협의회에서 협의하여 결정된 금액을 출연하면 됩니다.[174] 사업이 어려워 적자나 손실이 발생한 경우에도 사업주가 반드시 기금을 출연해야 하는 것은 아니므로 이러한 경우에는 그 현황을 노사가 진지하게 공유하고 복지기금협의회에서 적절한 운영 방안을 결정하면 될 것입니다.

---

173)　고용노동부 유권해석(퇴직연금복지과-1511, 2020.4.2.).
174)　고용노동부 유권해석(퇴직연금복지과-3517, 2021.8.4.).

(2) 출연 방식

사내근로복지기금은 사업주의 또는 사업주 외의 제3자의 출연으로 조성할 수 있습니다. 기금을 출연함에 있어 그 방식은 정액출연, 정률출연, 혼합출연, 특별출연이 있을 수 있습니다.

정액출연은 매년 또는 일정한 주기에 정해진 금액을 기금으로 출연하는 방식을 말합니다. 예를 들어, 매년 5억을 기금으로 출연하는 방식입니다. 이 방식은 기금법인의 예산계획 수립을 용이하게 하는 장점이 있으나 수시로 변하는 사업의 상황을 적절히 반영하지 못할 우려가 있습니다.

정률출연은 사업의 매출액, 영업이익, 당기순이익 등의 일정 비율을 출연하는 방식입니다. 예를 들면, 세전 당기순이익의 5%를 출연하는 경우입니다. 정률출연방식은 사업의 성과에 따라 출연금액이 변동하게 되므로 사업과 기금법인의 운영을 연계시켜 노사 간 상생협력을 촉진하는 데 도움이 될 수 있습니다.

혼합출연은 정액출연과 정률출연을 혼합하는 방식입니다. 예를 들어, 원칙적으로 매년 1억 원을 출연하고 세전 당기순이익이 발생하는 경우 그 금액의 3%를 추가로 출연하는 방식입니다. 이 방식은 최저 기금출연액이 보장되므로 기금법인 사업의 영속성과 안정성을 도모함과 동시에 사업의 성과도 어느 정도 반영할 수 있는 장점이 있습니다.

특별출연은 회사의 창립기념일, 특별한 경영성과가 발생한 때 등의 특별한 계기가 있는 경우 기금을 출연하는 방식입니다. 이 방식을 기금출연의 기본 방법으로 활용하는 것은 곤란하지만 다른 방식에 대한 보충적 방법으로 활용할 경우 그 효과가 극대화될 수 있습니다.

(3) 출연 시기

복지기금협의회의 결정에 따라 사업주가 사내근로복지기금에 출연할 때에는 복지기금협의회의 결정이 있는 날로부터 30일 이내에 출연 시기를 정하여 복지기금협의회에 통보하여야 합니다. 한편, 복지기금협의회의 결정과 무관하게 사업주 또는 사업주 외의 자가 사내근로복지기금에 임의로 출연하는 경우에는 그 출연을 하기 전에 복지기금협의회에 해당 내용을 통보하여야 합니다.[175] 이는 기금법인 운영과 관련한 중요 사항인 기금출연을 복지기금협의회가 미리 파악하여 그 사업에 반영할 수 있도록 하기 위한 목적입니다.

출연금의 출연시기는 일시에 하거나 분할하여 할 수 있습니다.[176] 이를 보다 세분화하면 정기출연, 비정기출연, 분할출연으로 구분할 수 있습니다. 정기출연이란 매년 또는 일정 주기에 정기적으로 기금을 출연하는 방식입니다. 기금법인이 안정적으로 재원을 확보하고 사업계획을 수립하는 데 도움이 되는 방식입니다. 비정기출연이란 정해진 기금출연 주기의 정함이 없이 경영실적이 좋거나 특별한 계기가 있는 경우에 기금을 출연하는 방식입니다. 사업현황을 반영하여 유연한 대처가 가능하다는 장점이 있으나 기금법인의 안정적 사업에는 불리할 수 있는 방식입니다. 분할출연은 출연금액이 클 경우 한 번에 전액을 출연하는 것이 부담될 수 있으므로 이를 수차례에 걸쳐 분할하여 출연하는 방식입니다. 사업의 현금흐름 관리 및 기금법인의 안정적 재원확보에 유리한 방식이라고 할 수 있습니다.

---

175) 　근로복지기본법시행령 제45조 제1항.
176) 　사내·공동근로복지기금 업무처리지침 제16조.

(4) 출연 가능 재산

　사업주 또는 사업주 이외의 자가 기금법인에 출연할 수 있는 재산에는 현금, 유가증권, 기금법인 업무수행에 필요한 부동산, 정관에서 정한 재산이 있습니다.[177] 사실상 사업주 등은 재산상 가치가 있는 어떠한 재산이라도 기금법인에 출연하는 것이 가능합니다. 다만, 기금법인의 부동산 소유는 원칙적으로 금지되므로 사업주 등이 기금법인에 부동산을 출연하는 경우에는 주의가 필요합니다. 이는 기금법인의 부동산 소유를 허용할 경우 기금운영 자산이 고정화됨으로 인해 기금법인의 목적사업 수행이 곤란해지는 문제가 있을 수 있으며, 부동산 소유에 따른 운영 및 관리비용 증가로 기본재산이 부실화될 우려도 있기 때문입니다. 그러나 기금법인의 업무수행상 필요한 경우에 한해서는 부동산을 소유할 수 있도록 예외를 인정하고 있습니다. 즉, 기금법인은 사무실과 그 부속시설, 근로복지시설[178]을 제외하고는 부동산을 소유할 수 없으며, 사업주 등이 출연한 부동산 중 소유가 허용된 부동산 이외의 부동산은 출연받은 날로부터 1년 이내에 환가하여 사내근로복지기금의 운영방법으로 전환하여야 합니다.[179] 한편, 기금법인은 자금을 차입할 수 없으므로[180] 저당권, 질권 등 자금차입으로 인해 채무에 담보권이 설정되어 있는 재산은 출연이 불가능하다고 보아야 할 것입니다.

---

177)　근로복지기본법 제61조 제2항 및 동법시행령 제45조 제2항.
178)　근로자를 위한 기숙사, 사내구판장, 보육시설(영유아보육법 제14조 제1항에 따라 사업주가 설치·운영할 의무가 있는 직장보유시설은 제외), 근로자를 위한 휴양 콘도미니엄, 근로자의 여가·체육 및 문화활동을 위한 복지회관, 소득세법시행규칙 제15조의2제1항에 따른 사택(근로복지기본법시행규칙 제26조).
179)　근로복지기본법 제67조 및 동법시행령 제51조.
180)　근로복지기본법 제64조.

다만, 「민법」이 수증자가 증여를 받는 동시에 일정한 의무를 부담하는 것을 조건으로 하는 부담부증여를 허용하고 있고, 수증자의 부담인 급부가 적법성·가능성·확정성을 갖춘 경우에는 유효하다고 볼 수 있으므로(대법원 1979.11.13. 선고 79다1433판결) 출연자가 적법하고 실현 가능하며 확정적인 일정한 조건을 붙여 기금에 출연하는 것은 가능합니다(퇴직연금복지과-4704, 2020.10.19.).

〈 사내근로복지기금 법률 상식 〉
사내근로복지기금에서 출여받은 주식을 장기보유할 수 있나요?

사내근로복지기금법인이 모회사 및 제3자(대주주, 오너)로부터 자사주 및 계열사 주식을 출연받아 보유 중이며, 배당수익으로 기금법인의 사업에 사용하고자 하는데 자사주 및 계열사 주식을 장기간 보유 가능한지와 관련하여 「근로복지기본법」 전부개정(2010년 6월 8일, 법률 제10361호)을 통해 사내근로복지기금이 그 회사 주식을 출연 받아 보유하게 된 경우에 기본재산의 100분의 20 범위에서 복지기금협의회가 정하는 금액의 한도 내에서 그 보유주식 수에 따라 그 회사 주식의 유상증자에 참여할 수 있도록 한 바 있습니다. 이는 자사주를 출연 받은 사내근로복지기금이 유상증가에 참여하지 않을 경우 손실이 불가피한 자본시장의 특성을 고려하여 주식 보유기간 동안 원금 손실을 방지하기 위한 조치로 도입된 것입니다.

그러나, 사내근로복지기금은 「근로복지기본법」 제61조제2항에 따라 사업주 또는 사업주 외의 자로부터 주식을 출연 받을 수 있고, 부동산과 달리 「근로복지기본법」이 명시적으로 주식 보유를 금지하지 않고 있으며, 유상증자 참여를 위해서는 주식 보유가 전제되어야 한다는 점을 종합적으로 감안하면, 기금의 안정성과 유동성이 확보되는 한도 내에서 복지기금협의회가 주식의 배당수익, 주식 가치의 등락 등을 종합적으로 고려하여 주식의 지속적인 보유 또는 매각을 결정할 수 있을 것입니다(퇴직연금복지과-3425, 2019.8.7.).

(1) 일반 원칙

사내근로복지기금은 기금법인의 사업이 지속적으로 시행될 수 있도록 안전성을 확보할 수 있는 방법으로 운용하여야 합니다. 그뿐만 아니라 생활 원조 등 긴급한 자금 지원이 필요한 경우 신속하게 현금화를 할 수 있는 유동성이 높은 자산으로 운용되어야 합니다. 기금운용의 의사결정은 투명하게 이루어져야 하며 그 결과는 적절히 공개되어야 함은 물론입니다. 이는 기금법인 운영에 대한 신뢰를 확보하고 책임을 담보하기 위한 필수조건입니다. 자산운용에 대한 전문성을 확보하는 것도 중요합니다. 자산운용은 전문적인 지식과 경험이 필요한 분야입니다. 내부의 역량이 부족한 경우에는 외부 전문가의 자문을 적극적으로 활용하는 것이 바람직합니다. 마지막으로 자산운용의 균형감을 유지할 필요가 있습니다. 법적 요건을 준수하면서 안전성, 수익성, 유동성을 균형 있게 고려하여 자산을 운용하는 것이 바람직합니다.

(2) 기금 운용방법

사내근로복지기금은 다음의 방법으로 운용하여야 하며 그 외의 방법으로는 운용할 수 없습니다.[181]

> **〈사내근로복지기금 운용방법〉**
>
> ① 금융회사 등에의 예입 및 금전신탁
> ② 투자신탁 등의 수익증권 매입

---

181)　근로복지기본법 제63조 및 동법시행령 제47조.

③ 국가, 지방자치단체 또는 금융회사 등이 직접 발행하거나 채무이행을 보증하는 유가증권의 매입

④ 사내근로복지기금이 그 회사 주식을 출연받아 보유하게 된 경우에 기본재산의 100분의 20 범위에서 복지기금협의회가 정하는 금액의 한도 내에서 그 보유주식 수에 따라 그 회사 주식의 유상증자에 참여

⑤ 자본시장법에 따른 투자회사가 발행하는 주식의 매입

⑥ 부동산투자회사법에 따른 부동산투자회사가 발행하는 주식의 매입

1) 예금 및 금전신탁

기금은 금융회사에 예입하거나 금전신탁으로 운용할 수 있습니다. 금융회사에의 예입은 대표적인 원금보장 상품인 예금, 예수금 등에 가입하는 것을 의미합니다. 예금은 가장 안전한 운용 방법 중 하나이지만 상대적으로 수익률이 낮은 측면이 있습니다. 예금은 수시입출식과 거치식으로 구분할 수 있으며 어느 종류로든 기금을 운용할 수 있습니다. 금전신탁은 금융회사에 자금의 운용을 위탁하는 금융상품으로 금융회사로 금전의 소유권이 이전되며 금융회사의 재량에 의해 운용된다는 점에서 차이가 있습니다. 실무상 예금과 금전신탁은 구분의 실익이 크지 않지만, 원칙적으로 금전신탁은 금융회사가 원금을 보장하지 않는 점이 예금과 차이가 있습니다. 예금과 금전신탁에 가입할 수 있는 금융회사에는 은행, 지방은행, 증권회사, 보험회사, 농·축·수협, 저축은행, 신용협동조합, 새마을금고 등이 있으며, 국내 금융회사뿐만 아니라 국내법에 따라 인가받아 금융업을 영위하는 외국 금융회사의 경우에도 이에 포함됩니다.[182]

2) 투자신탁의 수익증권

집합투자업자인 자산운용회사 등이 신탁업자인 은행 등에 신탁한 재산을 은행 등으로 하여금 자산운용사 등의 지시에 따라 투자 또는 운용하게 하는 신탁 형태의 집합투자기구를 투자신탁이라고 합니다.[183] 투자신탁은 일반적으로 펀드(Fund)라는 명칭으로 불립니다. 따라서 투자신탁의 수익증권을 매입한다는 것은 펀드에 투자하는 것을 의미합니다. 펀드는 투

---

182) 고용노동부 유권해석(퇴직연금복지과-2921, 2017.7.7.)

183) 자본시장과 금융투자업에 관한 법률 제9조 제18항 제1호.

자지역, 투자자 수, 투자대상 등에 따라 세부적으로 구분할 수 있는데, 자세한 내용은 아래 표를 참고해 주십시오. 펀드는 금전신탁과 마찬가지로 집합투자업자가 투자자의 자금을 신탁받아 운용하는 것이므로 투자원금이 보장되지 않습니다. 따라서 펀드에 투자하고자 하는 경우 원금보장 상품에 투자하는 경우에 비해 강화된 의사결정 절차와 내부통제를 거치는 것이 필요합니다.

〈펀드의 종류〉

기준	종류		내용
투자지역에 따른 구분	국내		국내자산에 투자하는 펀드
	해외		해외자산에 투자하는 펀드
투자자수에 따른 구분	공모		불특정 다수(50인 이상)를 대상으로 투자자를 모집하여 운용하는 펀드
	사모		50인 미만의 투자자 등을 대상으로 투자자를 모집하여 운용하는 펀드
투자대상에 따른 구분	주식형		자산의 60% 이상을 주식에 투자하는 펀드
	채권형		주식에 투자하지 않고 자산의 60% 이상을 채권에 투자하는 펀드
	혼합형	주식	자산의 50% 이상 60% 미만을 주식에 투자하는 펀드
		채권	자산의 50% 미만을 주식에 투자하는 펀드
	부동산		부동산에 투자하는 펀드, 대부분 환매가 제한되는 장기투자용도
	특별자산		원자재, 지적재산권 등 증권, 부동산 이외의 자산에 투자하는 펀드
	혼합자산		증권, 부동산, 특별자산 등 투자대상을 제한 없이 투자하는 펀드
	MMF		기업어음(CP), 양도성예금증서(CD), 콜(call) 등 단기금융상품에 투자하는 펀드

3) 국채, 지방채, 금융채, 회사채 등

국가나 지방자치단체, 금융회사 또는 일반 회사가 발행한 채권에 투자하는 것이 가능합니다. 국채는 세입이 부족할 경우 이를 보충하거나 공공 목적사업 수행을 위한 자금을 확보하기 위해 국가가 발행하는 채권입니다. 국채는 국가부도 등을 제외하고는 원금이 보장된다는 점에서 신용도가 매우 높고 안정적이지만 회사채 등에 비해 수익률은 낮은 편입니다. 지방채는 지역개발, 주민복지 등 행정 목적 달성을 위해 지방자치단체가 발행하는 채권입니다. 지방채는 회사채에 비해 안정적이지만 국채에 비해 신용도와 안정성이 다소 낮은 측면이 있습니다. 금융채는 금융회사가 발행한 채권이며 회사채는 일반 회사가 발행한 채권입니다. 일반적으로 채권은 예금보다 높은 수익률을 기대할 수 있으며 만기까지 보유할 경우 원금과 이자가 보장된다는 측면에서 장점이 있습니다. 다만, 금리변동에 따른 가격변동 위험이 있으며 회사채의 경우에는 발행기업의 부도 위험 등을 투자 시 고려할 필요가 있습니다.

4) 소속 회사 유상증자 참여

사내근로복지기금이 소속 회사로부터 그 회사의 주식을 출연받아 보유하고 있는 경우, 그 회사가 유상증자를 할 경우에는 기본재산의 20% 범위에서 복지기금협의회가 정한 금액을 그 보유주식 수에 따라 그 회사의 유상증자에 참여할 수 있습니다. 원칙적으로 사내근로복지기금은 주식에 투자할 수 없습니다.[184] 그러나 출연받아 보유 중인 소속 회사 주식의 유상증자에 참여를 허용하는 것은 자사주를 출연받은 사내근로복지기금이 유상증자에 참여하지 못할 경우 주주권 침해가 불가피하기 때문에 사내근로복지기금의 손실을 방지하기 위해 목적입니다.[185]

5) 투자회사 발행주식

투자회사란 상법에 따른 주식회사의 형태를 가지고 있는 집합투자기구를 말합니다.[186] 투자회사는 흔히 뮤추얼펀드(Mutual Fund)로 불립니다. 뮤추얼펀드는 일반 펀드와 다르게 투자회사의 지분을 취득하는 것이므로 투자자는 투자회사의 주주로서 의결권 행사 등을 통해 일정 부분 펀드의 운영 및 의사결정에 참여할 수 있는 것이 특징입니다. 그러나 뮤추얼펀드의 경우에도 원금이 보장되지 않으므로 투자 의사결정 시 신중한 검토가 요구됩니다.

---

184) 고용노동부 유권해석(퇴직연금복지과-869, 2019. 2. 21. ; 퇴직연금복지과-2615, 2019. 6. 7.).
185) 고용노동부 유권해석(퇴직연금복지과-3425, 2019. 8. 7.).
186) 자본시장법 제9조 제18항 제2호.

6) 부동산투자회사 발행주식

부동산투자회사란 부동산투자회사법에 따라 다수의 투자자로부터 자금을 모아 부동산 및 부동산 관련 자산에 투자하고 그 운용수익을 투자자에게 배당하는 부동산 간접투자기구로서 회사 형태의 투자기구를 의미합니다.[187] 부동산투자회사는 일반적으로 리츠(REITs, Real Estate Investment Trusts)로 불립니다. 리츠는 구조적으로 뮤추얼펀드와 동일하지만 투자대상이 부동산과 부동산 관련 자산이라는 부분에서 차이가 있습니다. 따라서 리츠에 투자할 경우에도 원금보장 상품에 비해 강화된 의사결정 및 내부통제 절차가 요구됩니다.

(3) 의사결정 프로세스

사내근로복지기금을 운용하는 경우에는 그 운용 상품의 위험도에 따라 투자의사결정 절차를 차등화하여야 할 뿐만 아니라 일정 규모 이상의 투자의 경우에는 외부 전문가의 자문을 받아야 합니다. 이는 무리하게 위험한 자산에 투자하여 손실이 발생할 경우 복지사업 중단 및 축소 등 안정적인 사내근로복지기금제도의 운영에 지장이 초래될 수 있으므로 이를 규율하여 기금의 투명하고 안정적인 운영을 도모하기 위한 목적입니다.

원금이 보장되는 상품의 경우에는 기금법인 이사회의 결의만으로 기금운용이 가능하지만 원금이 손실될 가능성이 있는 상품에 투자하는 경우에는 반드시 복지기금협의회의 의결을 거쳐야만 합니다. 한편, 투자신탁의 수익증권 매입, 투자회사 및 부동산투자회사 발행 주식의 매입과 같은 원금 손실 가능성이 농후한 금융상품에 투자하는 경우로서 사내근로복지기금 규모의 20% 이상 또는 10억 원 이상을 투자하는 경우에는 복지기금협의회의 의결에 앞서 반드시 외부 전문가의 자문을 받아야 합니다. 이 경우 '사내근로복지기금의 규모'는 기금의 자산총액을 기준으로 계산합니다. 한편, '외부 전문가'란 자본시장법 제8조 제5항에 따른 투자자문업자 또는 투자자문업자에 속한 자로서 해당 투자분야의 경력이 3년 이상인 자를

---

187)　부동산투자회사법 제2조 제1호.

의미합니다. 따라서 외부 전문가의 자문이 필요한 경우를 대비하여 자문위원회를 구성하거나 자산운용 및 자문회사와 자문계약을 체결하는 것도 바람직합니다.

〈운용 상품별 의사결정 구조〉

구분	운용 방법	운용 상품		의사결정기구	외부전문가 자문
예금성 상품	① 금융회사 등에의 예입 및 금전신탁	예금		기금법인 이사회	-
		금전신탁		복지기금협의회	-
투자성 상품	② 투자신탁 등의 수익증권 매입	수익증권		복지기금협의회	투자 규모가 기금의 20% 이상이거나 10억 원 이상인 경우 외부전문가 자문 필요
	③ 국가, 지방자치단체 또는 금융회사 등이 직접 발행하거나 채무이행을 보증하는 유가증권의 매입	국채, 지방채		기금법인 이사회	-
		금융채 등 사채	채권신용등급 A+ 이상	기금법인 이사회	-
			채권신용등급 A 이하	복지기금협의회	-
	④「자본시장과 금융투자업에 관한 법률」에 따른 투자회사가 발행하는 주식의 매입			복지기금협의회	투자 규모가 기금의 20% 이상이거나 10억 원 이상인 경우 외부전문가 자문 필요
	⑤「부동산투자회사법」에 따른 부동산투자회사가 발행하는 주식의 매입			복지기금협의회	투자 규모가 기금의 20% 이상이거나 10억 원 이상인 경우 외부전문가 자문 필요

(4) 내부통제 프로세스

사내근로복지기금은 안전성, 수익성, 유동성을 종합적으로 고려하여 신중하게 운용되어야 합니다. 이를 위해서는 운용 상품별로 적절한 의사결정 프로세스를 구축하는 것과 더불어 운용업무 전반에 대한 내부통제 프로세스를 마련하는 것이 중요합니다.

1) 기금운용 기본계획 수립

복지기금협의회는 기금운용에 관한 기본계획을 수립해야 합니다. 기금운용 기본계획에는
자산 배분전략, 위험 관리방안, 운용상품 선정기준, 성과평가 방법 등이 포함되어야 합니다.

2) 규정 제·개정

기금운용 기본계획에 따라 이를 구체적으로 실행하기 위한 기금운용규정 등을 제·개정
하는 것이 바람직합니다. 해당 규정에는 운용상품별 투자한도, 투자승인절차, 보고체계, 위
험관리방안 등이 포함되어야 합니다.

3) 의사결정체계 구축

운용 상품별로 적절한 의사결정 프로세스를 구축해야 합니다. 앞에서 살펴본 바와 같이
상품별 위험도를 감안하여 의사결정 주체를 다변화하고 필요한 경우에는 외부 전문가의 자
문을 받는 것이 바람직합니다.

4) 전문가 자문체계 구축

위험도가 높거나 전문성이 요구되는 금융상품에 투자하기 위해 전문가의 자문을 받을 수
있는 업무 프로세스를 구축하는 것이 필요합니다. 금융상품과 투자에 대한 전문성을 갖춘
내부 직원 및 외부 전문가를 위원으로 위촉하여 자산운용 자문위원회를 설치하거나 자산운
용사 등과의 자문계약을 체결하여 전문적인 분석 서비스를 받는 것도 바람직합니다.

5) 보고 및 감독체계 구축

기금의 운용현황과 성과를 정기적으로 보고하고 이를 감독할 수 있는 체계를 구축해야 합

니다. 예를 들면, 다음과 같은 보고 및 감독체계를 활용할 수도 있을 것입니다.

보고주기	보고자	보고권자
수시	기금운용 담당 이사	이사회 의장
월간	기금운용 담당 이사	이사회 의장
분기	이사회 의장	이사회
반기/연간	이사회	복지기금협의회

6) 성과평가체계 구축

기금의 운용성과를 정기적으로 평가하고 필요한 경우에는 그 운용전략을 개선할 수 있는 점검체계를 구축하는 것이 필요합니다. 기금운용 성과평가는 운용수익률, 위험조정수익률, 벤치마크 대비 수익률, 예산집행률 등 다양한 지표를 활용할 수 있습니다. 내외부 전문가들이 참여하는 기금 운용성과 평가위원회를 설치하여 객관적이고 전문적인 성과평가를 진행하는 것도 바람직합니다. 한편, 기금운용 성과는 이사회, 복지기금협의회에 보고하여 공유함은 물론, 홈페이지 및 게시판 공지 등을 통해 전체 임직원들에게 투명하게 공개하는 것도 기금운용의 신뢰를 제고하고 투명성을 강화하기 위한 좋은 방안이 될 수 있습니다.

(5) 기타 기금운용상 준수사항

사내근로복지기금은 근로복지기본법령에서 허용하는 기금법인의 사업에 사용하거나 적법한 운용방법에 따라 운용하여야 하며 그 외의 다른 용도로 사용해서는 안 됩니다. 즉, 기금을 해당 사업의 영업재산과 운영자금으로 전용하거나 대출할 수 없으며, 기금법인 명의로 해당 사업의 주식을 취득하거나 그 사업에 출자하는 것도 금지됩니다.[188] 한편, 기금법인은 자금을 차입할 수 없으므로 특히 주의하여야 합니다.[189] 그뿐만 아니라 기금법인은 업무 수

---

188) 사내·공동근로복지기금 업무처리지침 제18조.
189) 근로복지기본법 제64조 제2항.

행상 필요한 경우를 제외하고는 부동산을 소유할 수 없습니다.[190] 따라서 기금법인의 운영 및 관리에 필요한 사무실과 그 부속시설, 근로복지시설, 기부되었거나 출연된 부동산[191]을 제외한 부동산을 소유할 수 없으므로 주의하여야 합니다.

---

190) 근로복지기본법 제67조.
191) 기금법인의 업무 수행상 필요한 사무실과 그 부속시설, 근로복지시설을 제외한 나머지 부동산은 기부받은 날 또는 출연 받은 날로부터 1년 이내에 이를 처분하여 기금의 운용방법에 맞게 운용하여야 한다(근로복지기본법시행령 제51조).

4. 기금법인의 사업

(1) 기본 원칙

사용자는 사내근로복지기금의 설립 및 출연을 이유로 근로관계 당사자 간에 정해진 근로조건을 저하시킬 수 없습니다.[192] 또한, 기금법인은 사용자가 임금 및 그 밖의 법령에 따라 근로자에게 지급할 의무가 있는 것은 기금법인의 사업으로 영위할 수 없습니다.[193] 기금법인은 근로복지기본법령에 규정된 사업과 법령에 위반되지 않는 사업으로서 정관에 규정된 사업을 자유롭게 시행할 수 있습니다.

사용자는 기금법인의 설치를 이유로 기금법인 설치 당시에 운영하고 있는 근로복지제도 또는 근로복지시설의 운영을 중단하거나 이를 감축하여서는 안 됩니다. 다만, 사용자는 기금법인 설치 당시에 기금법인의 사업을 시행하고 있을 때에는 근로복지제도의 체계적·효율적 관리를 위해 다른 법률에 따라 설치·운영할 의무가 있는 것을 제외하고는 복지기금협의회의 협의·결정에 의하여 기금법인에 통합하여 운영할 수 있습니다.[194]

한편, 기금법인의 사업은 근로자 전체에게 혜택을 줄 수 있도록 운영하되, 저소득 근로자가 우대될 수 있도록 하여야 합니다.[195] 따라서, 근속기간 등 합리적인 기준에 따라 수혜의 차등을 둘 수는 있으나[196] 특정 근로자를 사업의 수혜대상에서 배제하는 것은 특단의 사정이 없는 한 사회 통념상 합리성을 결여한 것으로 허용되지 않습니다.[197]

---

192) 근로복지기본법 제51조.
193) 근로복지기본법 제62조 제1항 제7호.
194) 근로복지기본법 제68조; 사내·공동근로복지기금 업무처리지침 제23조.
195) 근로복지기본법시행령 제46조.
196) 고용노동부 유권해석(퇴직연금복지과-4033, 2021. 9. 10.).
197) 고용노동부 유권해석(퇴직연금복지과-5502, 2020. 12. 1.).

(2) 사업의 재원

　기금법인이 사용할 수 있는 재원의 특성과 활용방안을 이해하는 것은 기금법인의 효율적인 사업수행을 위해 중요합니다. 기금법인이 복지사업을 수행하는 데 활용할 수 있는 재원은 크게 수익금과 기본재산으로 구분됩니다.

1) 수익금

　수익금은 기금법인이 사업에 자유롭게 사용할 수 있는 재원으로서 복지사업 수행에 직접 활용이 가능한 재원입니다. 즉, 수익금이란 기금법인이 기금의 운용이나 수익사업을 통해 발생시킨 수익을 의미합니다. 기금법인이 사내근로복지기금사업에 사용할 수 있는 재원은 원칙적으로 수익금입니다. 수익금은 기본재산과는 달리 사업상 사용에 특별한 제한이 없으며, 당해 연도에 모두 사용하지 못한 수익금은 이월하여 다음 연도에 사용할 수 있습니다.

2) 기본재산

　기본재산은 기금법인의 설립목적을 달성하기 위해 영구적으로 유지해야 하는 재산으로서 복지사업의 안정적인 재원을 확보하기 위한 기반이 되는 재원입니다. 즉, 기본재산이란 복지기금협의회의 결정에 따라 사업주가 출연한 재산, 사업주 또는 사업주 이외의 자가 임의로 출연한 재산, 기금법인 결산 과정에서 발생한 잉여금 중 복지기금협의회에서 기본재산으로 편입할 것으로 의결한 재산을 모두 합한 것으로 기금법인에 적립된 기금의 원금을 말합니다.[198]

① 원칙적 사용 금지

　기본재산은 처분할 수 없는 항구적인 재산이므로, 기본재산은 원칙적으로 사업에 사용할 수 없으며 그 운용수익만을 기금법인 사업에 사용할 수 있습니다. 이와 같이 기본재산의 사

---

198)　근로복지기본법 제62조 제2항 전단.

용을 제한하는 것은 기본재산의 훼손 없이 근로자를 위한 복지사업을 안정적이고 지속적으로 시행하기 위한 목적입니다.[199] 그러나 법령이 정한 요건을 충족하는 경우에는 기본재산의 일부를 사내근로복지기금 사업에 사용하는 것이 허용됩니다. 사업환경의 악화로 사업주의 기금출연이 쉽지 않고 기금 운용수익의 감소로 기존 사업이 축소 또는 중단되는 상황이 발생하는 문제를 해소하고 원·하청 기업 간의 상생협력 강화 및 대기업과 중소기업 간의 복지 격차를 완화하기 위해 일정한 경우에는 기금법인의 기본재산 사용이 예외적으로 허용됩니다.[200] 한편, 근로복지기본법상 기본재산 사용이 허용되는 경우, 실제 기본재산을 사업에 사용하기 위해 이와 관련한 정관의 규정이 있어야 하는지에 대해서는 명문규정이 없습니다. 그러나 기금법인 재산에 중요한 변동을 야기하는 사항이므로 정관에 기본재산 사용에 대한 규정을 마련하는 것이 바람직하다고 생각됩니다. 기금법인의 기본재산을 예외적으로 사용할 수 있는 경우는 구체적으로 다음과 같습니다.

② 당해 회계연도 출연금의 50%까지 사용

사업주 등이 해당 회계연도에 사내근로복지기금에 출연한 금액이 있으면 그 출연금액에 복지기금협의회에서 정하는 비율(당해 회계연도 출연금의 50% 이내)을 곱한 금액을 사내근로복지기금사업에 사용할 수 있습니다.[201] 즉, 기금법인이 당해 회계연도 출연금의 50%까지 사업에 사용하기 위해서는 i) 당해 회계연도에 사업주 등의 출연이 있을 것, ii) 복지기금협의회의 의결이 있을 것, iii) 근로복지기본법 제62조 제1항의 사업에 사용할 것의 3가지 요건을 모두 충족해야 합니다.

③ 당해 회계연도 출연금의 80%까지 사용

기금법인이 근로복지기본법 제62조 제2항 각호의 어느 하나에 해당하는 사업을 시행하는 경우에는 당해 회계연도 출연금의 80%까지 해당 사업에 사용할 수 있습니다.[202] 즉, 사업주 등이 해당 회계연도에 사내근로복지기금에 출연한 금액이 있고 근로복지기본법 제62조 제2

---

199) 고용노동부 유권해석(퇴직연금복지과-2222, 2019. 5. 14.).
200) 고용노동부, 「사내·공동근로복지기금 실무 매뉴얼」, 2022, 48면.
201) 근로복지기본법시행령 제46조 제4항 제1호 후단.
202) 근로복지기본법시행령 제46조 제4항 제1호 후단.

항 각호에서 규정한 선택적 복지제도 운영, 협력업체 근로자의 복리후생 증진에 사용, 중소기업의 경우에는 그 출연금액에 복지기금협의회에서 정하는 비율(당해 회계연도 출연금의 80% 이내)을 곱한 금액을 기금사업에 사용할 수 있습니다.

선택적 복지제도란 근로자가 여러 가지 복지항목 중에서 자신의 선호와 필요에 따라 자율적으로 선택하여 복지혜택을 받는 제도를 의미합니다.[203] 일반적으로 실무에서 '복지포인트'라는 이름으로 시행되고 있는 제도가 바로 선택적 복지제도입니다. 근로복지기본법은 선택적 복지제도의 도입 및 운영에 대해 규정하고 있을 뿐만 아니라 선택적 복지제도를 사내근로복지기금의 사업의 하나로 활용할 수 있도록 하고 있으므로 이에 대한 추가 혜택을 제공하는 것입니다.

기금사업 금액을 해당 사업의 협력업체 근로자의 복리후생 증진에 사용하는 경우라 함은 해당 회계연도 출연금의 10% 초과 20% 이하인 금액으로서 복지기금협의회가 정하는 금액을 해당 사업으로부터 직접 도급받는 업체의 소속 근로자 및 해당 사업에의 파견근로자(이하 '협력업체 근로자')의 복리후생 증진에 사용하는 것을 의미합니다.[204] 이 경우, 근로복지시설의 구입·설치 금액과 협력업체 근로자에게 대부하는 금액은 사용금액의 계산에서 제외됩니다. 이는 대기업과 중소기업 간의 복지격차를 완화함으로써 상생의 노동시장을 구축하기 위해 협력업체 근로자의 복리후생 증진을 위해 노력하는 사업의 경우에 기본재산 사용한도에 있어 혜택을 부여한 것입니다.

마지막으로, 중소기업의 경우에는 사내근로복지기금에의 출연 여력이 대기업에 비해 부족하므로 당해 연도 출연금액을 해당 연도의 복지사업에 사용할 수 있도록 함으로써 중소기업 근로자의 복리후생을 증진하기 위함입니다.

④ 당해 회계연도 출연금의 90%까지 사용

사업주 등이 해당 회계연도에 사내근로복지기금에 출연한 금액이 있고, 사업주 등이 출연

---

203) 근로복지기본법 제81조 제1항.
204) 근로복지기본법시행규칙 제26조의2 제1항 제1호.

한 해당 회계연도 출연금의 20%를 초과하는 금액으로서 복지기금협의회가 정한 금액을 초과하여 협력업체 근로자의 복리후생 증진에 사용한 경우에는 당해 연도 출연액의 90%까지 기금사업에 사용할 수 있습니다. 사용금액을 계산할 때에는 근로복지시설의 구입 및 설치 관련 비용과 협력업체 근로자에 대한 대부금액은 제외하고 계산하여야 합니다. [205]

⑤ 기본재산이 해당 사업 자본금의 50%를 초과하는 경우

기금법인 기본재산의 총액이 해당 사업 자본금의 50%를 초과하는 경우에는 그 초과액의 범위 내에서 복지기금협의회가 정하는 금액을 기금법인의 사업에 사용할 수 있습니다. [206] 이 경우 자본금이란 당해 사업체의 자기자본(납입자본금), 즉 출자자의 지분을 의미합니다. 따라서 주식회사의 경우에는 발행주식의 액면총액을 의미하며, [207] 조합, 합명회사, 합자회사의 경우에는 출자금을 의미합니다. 한편, 개인사업자와 같이 자본금이 없는 사업의 경우에는 이 규정을 적용할 수 없으며 자본금이 있는 사업의 경우에만 동 규정이 적용됩니다. [208]

⑥ 협력업체 근로자를 위한 지원사업에 사용하는 경우

직전 회계연도를 기준으로 기본재산 총액을 해당 기금법인이 설립된 사업의 소속 근로자 수로 나눈 금액이 200만 원 이상인 경우로서, 협력업체 근로자 1인당 수혜금액이 해당 사업 소속 근로자의 1인당 수혜금액의 25% 이상이 되는 금액으로서 복지기금협의회가 정하는 금액 이상을 협력업체 근로자의 복리후생 증진에 사용하는 경우에는 직전 회계연도 기준 기본재산 총액의 30% 이하의 범위에서 협력업체 근로자의 복리후생 증진에 사용되는 금액별로 고용노동부령으로 정하는 범위에서 복지기금협의회가 5년마다 정하는 금액을 사내근로복지기금 사업에 사용할 수 있습니다. [209] '협력업체 근로자의 복리후생 증진에 사용되는 금액별로 고용노동부령으로 정하는 범위'란 다음 표와 같습니다.

---

205)　근로복지기본법시행규칙 제26조의2 제2항.
206)　근로복지기본법시행령 제46조 제4항 제2호.
207)　고용노동부 유권해석(근로복지과-322, 2011.3.24.).
208)　근로복지기본법시행령 제46조 제4항 후단; 고용노동부 유권해석(퇴직연금복지과-4659, 2020.10.16.).
209)　근로복지기본법시행령 제46조 제4항 제3호.

구분	사용 가능 금액
협력업체 근로자 1인당 수혜금액이 소속 근로자 1인당 수혜금액의 25% 이상 35% 미만으로 복지기금협의회가 정하는 경우	직전 회계연도 기본재산 총액의 20% 이하
협력업체 근로자 1인당 수혜금액이 소속근로자 1인당 수혜금액의 35% 이상 50% 미만으로 복지기금협의회가 정하는 경우	직전 회계연도 기본재산 총액의 25% 이하
협력업체 근로자 1인당 수혜금액이 소속 근로자 1인당 수혜금액의 50% 이상으로 복지기금협의회가 정하는 경우	기본재산 총액의 30% 이하

⑦ 공동근로복지기금 지원사업에 사용하는 경우

기금법인은 기본재산 총액의 범위에서 복지기금협의회가 정하는 금액을 공동근로복지기금 지원 사업에 사용할 수 있습니다. 이 경우 기금법인은 공동근로복지기금 지원금액의 50% 범위에서 복지기금협의회가 정하는 금액을 공동근로복지기금 지원사업이 아닌 다른 사내근로복지기금 사업에 추가로 사용할 수 있습니다.[210] 대기업과 중소기업간, 원청기업과 하청기업 간의 상생협력을 증진하고 복리후생의 격차를 해소하기 위해 도입된 공동근로복지기금의 활성화를 위해 혜택을 제공한 것입니다.

(3) 사업의 종류

1) 수익금을 활용한 사업

근로복지기본법 제62조 제1항은 기금법인이 그 수익금으로 시행할 수 있는 사업들을 규정하고 있습니다. 그 구체적인 내용은 아래 표와 같으며 근로자의 복지증진을 위한 다양한 영역들을 포괄하고 있습니다. 각 사업 유형별로 자세한 내용을 각각 살펴보겠습니다.

---

210)　근로복지기본법시행령 제46조 제7항.

〈사내근로복지기금 사업의 종류〉

사업 구분	사업 내용
근로자 재산형성 지원	• 근로자 주택구입자금 지원·대부 • 근로자 주택임차자금 지원·대부 • 우리사주 구입비 지원·대부
근로자 생활원조	• 생활안정자금 대부 • 장학금 지원·대부 • 재난구호금 지원
모성보호 및 일과 가정생활 양립 비용 지원	• 보육료 지원 • 근로자지원프로그램(EAP) 지원
근로복지시설에 대한 출자·출연 또는 동 시설의 구입·설치 및 운영	• 기숙사 사내구판장, 보육시설, 콘도 등 운영 및 지원 • 사내휴게실, 자판기, 구내식당 운영 및 지원 • 사택 운영
근로자의 체육 및 문화활동 지원	• 연극, 영화, 공연, 스포츠 관람료 등 지원 • 문화상품권, 스포츠 및 레저장비 구입비 등 지원 • 헬스, 수영, 테니스 등 체육시설 이용료 등 지원 • 사내동호회 운영비 지원
근로자의 날 행사 지원	• 근로자의 날 행사 운영비 지원 • 근로자의 날 기념품 지원
기금법인 운영경비 지급	• 기금법인 사무 관리비 등
선택적 복지제도 운영	• 복지포인트
협력업체 근로자 지원	• 해당 사업으로부터 직접 도급받는 업체의 소속 근로자 및 해당 사업에의 파견근로자의 복리후생 증진 지원
공동근로복지기금 지원	• 공동근로복지기금에 대한 자금 지원
기타 근로자의 재산형성 지원 및 생활원조를 위한 사업으로서 정관에서 정하는 사업	• 직장인 단체보험 가입지원 • 경조비 지원 • 근로자 본인 및 자녀 학원비 지원 • 창립기념일 기념품, 명절 등 선물 지급

① 근로자 재산형성 지원

근로자 재산형성 지원사업은 근로자들의 장기적인 재산형성을 돕는 사업으로 주택자금
및 우리사주 구입 지원이 대표적인 사업입니다.[211] 주택자금 지원사업은 근로자가 주택을
구입 또는 임차하고자 하는 경우 그에 필요한 자금을 지원 또는 대출해 주는 사업입니다.

---

211) 근로복지기본법 제62조 제1항 제1호.

근로자의 주택취득자금 지원은 가급적 직장주택조합과 연계하여 운영하는 것이 바람직하며 무주택 근로자로서 국민주택규모 이하를 취득하려는 근로자에게 우선 지원하여야 합니다.[212] 전 직원에게 일률적으로 '주택구입' 또는 '임대자금' 명목으로 금품을 지급하는 것은 허용되지 않으므로 그 수혜자격 및 지원한도 등에 대한 객관적 기준을 정관에 정하고 엄격하게 사전심사 및 사후관리를 통해 실수요자에게 도움이 될 수 있는 방안을 만드는 것이 중요합니다.[213]

우리사주 구입 지원사업은 우리사주조합을 통해 근로자인 우리사주조합원의 우리사주 구입 자금을 지원하거나 대출해 주는 사업입니다. 따라서 사업에 우리사주조합이 설치되어 있는 경우에만 사내근로복지기금을 통한 우리사주 구입 지원이 가능합니다. 한편, 우리사주조합을 통하지 않고 근로자 개인으로 하여금 직접 자기회사 주식을 매입하도록 지원하는 것은 불가능하며, 우리사주조합의 운영비를 지원하는 것도 허용되지 않습니다.[214]

② 근로자 생활원조

근로자 생활원조사업은 근로자들의 일상생활에서 발생하는 경제적 부담을 경감시켜 주는 사업으로, 장학금 지급, 생활안정자금대출, 재난구호금 지급 등의 사업이 이에 포함됩니다.[215] 장학금 지급사업은 근로자 본인이나 자녀의 교육 기회 확대를 지원하기 위해 장학금을 지원하는 사업입니다. 장학금 지급사업을 시행할 때에는 그 지원대상, 지원금액, 지원기간, 선발기준 등에 대한 구체적인 기준을 정관 또는 규정 등으로 명확히 하는 것이 바람직합니다. 근로자 및 그 가족이 아닌 불우이웃 등에 대한 장학금 지급은 사내근로복지기금이 사업으로 시행할 수 있는 것이 아니므로 주의하여야 합니다.

생활안정자금대출 사업은 혼례비, 출산비, 의료비, 장례비, 재해 등 근로자들의 생활 속에서 발생할 수 있는 일시적인 자금 수요를 지원하여 생활의 안정을 도모하는 사업입니다. 전

---

212) 사내·공동근로복지기금 업무처리지침 제17조 제4항.
213) 고용노동부, 「사내 및 공동근로복지기금 실무 매뉴얼」, 2022, 45면.
214) 사내근로복지기금법인을 통한 우리사주 주식구입 지원 지침 제2조 제1항 제1호 및 제2호.
215) 근로복지기본법 제62조 제1항 제2호.

직원을 대상으로 일률적으로 생활안정자금을 대출하는 것은 허용되지 않으므로 부양 가족수, 세대주 및 저소득 여부 등 소정의 자격요건과 지원한도, 상환조건 등에 대한 근거를 마련하여 공정한 심사를 통해 대출을 실행하는 것이 바람직합니다.

재난구호금 지급사업은 천재지변이나 돌발사고 등을 당한 근로자가 재난에서 벗어나 정상적인 생활을 회복할 수 있도록 필요한 자금을 지원하는 사업입니다. 수해피해를 입은 근로자에게 구호금을 지급하거나 코로나19 등 재난을 극복하기 위한 지원금을 지급하는 것 등이 대표적인 예입니다. 그러나 관련 법령이나 단체협약 등에서 회사가 근로자에게 지급할 의무가 있는 재난구호금의 경우에는 기금의 사업으로 지급할 수 없으니 주의해야 합니다.

③ 모성보호 및 일과 가정생활 양립 비용 지원

사내근로복지기금은 모성을 보호하고 일과 가정생활이 양립할 수 있도록 하기 위해 보육료 지원 및 근로자지원프로그램(EAP, Employee Assistance Program)의 비용을 지원하는 사업을 시행할 수 있습니다.[216] 맞벌이가 보편화된 상황에서 보육료 지원은 육아에 대한 경제적 부담을 완화할 뿐만 아니라 일과 가정생활의 양립을 지원하는 좋은 대안이 될 수 있을 것입니다. 한편, 근로자지원프로그램이란 근로자의 업무수행 또는 일상생활에서 발생하는 스트레스, 개인의 고충 등 업무 저해 요인의 해결을 지원하여 근로자를 보호하고 생산성을 향상하기 위해 전문가 상담 등 일련의 서비스를 제공하는 것을 말합니다.[217] 근로복지기본법은 사업주로 하여금 근로자지원프로그램의 시행을 위해 노력하도록 권고하고 있으므로 사내근로복지기금의 사업으로 이를 시행하는 것도 바람직한 방법이라고 할 수 있습니다.

④ 근로복지시설 운영

기금법인은 사내근로복지기금의 사업으로 근로복지시설을 운영할 수 있습니다.[218] 근로복지시설에는 근로자를 위한 기숙사, 사내구판장, 보육시설, 근로자를 위한 휴양 콘도미니엄, 근로자의 여가·체육 및 문화활동을 위한 복지회관, 사택 등이 포함됩니다. 다만, 영유아

---

216) 근로복지기본법 제62조 제1항 제3호.
217) 근로복지기본법 제83조 제1항.
218) 근로복지기본법 제62조 제1항 제5호.

보육법에 따라 사업주가 설치·운영할 의무가 있는 직장보육시설은 근로복지시설에서 제외됩니다.[219] 기금법인은 이러한 근로복지시설에 대해 출자 또는 출연을 하거나 동 시설의 구입·설치 및 운영을 사업으로 시행할 수 있습니다. 그러나 일반인을 대상으로 하는 사내구판장, 자판기, 구내식당의 운영지원 등은 허용되지 않으므로 주의가 필요합니다. 한편, 기금법인이 운영하는 근로복지시설은 이용 근로자 수를 고려하여 적정한 규모의 것이어야 합니다.[220] 근로복지시설의 규모가 적정한지 여부에 대한 판단은 법인세법시행규칙 제26조에 따라 업무와 관련성이 없는 부동산으로 인정되면 적정규모를 초과한 것으로 간주되므로 관련 내용을 숙지하는 것이 중요합니다.[221]

⑤ 근로자의 체육 및 문화활동 지원

기금법인은 근로자의 건강증진과 여가생활 향상을 위해 다양한 체육 및 문화활동을 지원하는 사업을 시행할 수 있습니다.[222] 구체적으로 체육활동 지원을 위해 헬스, 수영, 테니스 등 체육시설 이용료를 지원하거나 스포츠 관람료 및 스포츠·레저 장비의 구입비를 지원하는 사업을 시행할 수 있습니다. 문화활동 지원을 위해서는 연극, 영화, 공연 등의 관람료를 지원하거나 문화상품권을 지원하는 등의 사업을 시행할 수 있습니다. 체육대회나 마라톤 대회 같은 체육행사 또는 전시회 등의 문화행사를 직접 개최하는 것도 가능합니다. 그리고 사내동호회에 운영비를 지원하여 동호회 차원에서 체육 및 문화활동을 영위하도록 하는 것도 좋은 방법이 될 수 있습니다. 그러나 전 직원에게 일률적으로 '체력단련비' 또는 '복리후생비' 등의 명목으로 소정의 금품을 지급하는 것은 허용되지 않으니 주의해야 합니다.

⑥ 근로자의 날 행사 지원 및 기금법인 운영경비 지급

기금법인은 근로자의 날 행사에 대한 운영비 및 기념품 지원을 기금법인의 사업으로 시행할 수 있습니다.[223] 한편, 기금법인의 운영을 위해 소요되는 경비 역시 기금법인의 수익금으

---

219) 근로복지기본법시행규칙 제26조.
220) 근로복지기본법시행규칙 제26조 제2항.
221) 사내·공동근로복지기금 업무처리지침 제17조 제7항.
222) 근로복지기본법시행령 제46조 제2항 제1호.
223) 근로복지기본법시행령 제46조 제2항 제2호.

로 지급하는 것이 가능합니다.[224]

⑦ 선택적 복지제도 운영

선택적 복지제도(Cafeteria Plan)란 근로자가 여러 가지 복지항목 중에서 자신의 선호와 필요에 따라 자율적으로 선택하여 복지혜택을 받는 제도를 말합니다.[225] 선택적 복지제도는 일반적으로 복지포인트 제도로 더 잘 알려져 있습니다. 선택적 복지제도는 사업의 특성에 맞게 건강관리, 자기계발, 여가활동, 가족 지원 등 근로자들이 원하는 다양한 복지서비스를 제도에 반영하여 설계할 수 있는 장점이 있습니다.

근로복지기본법은 근로자들의 다양한 복지 수요에 사업주가 적극적으로 대응하기 위해 선택적 복지제도의 시행을 권장하고 있습니다. 이런 취지에서 선택적 복지제도를 사내근로복지기금의 사업으로 활용할 수 있도록 하였으며[226] 기금법인도 선택적복지제도를 운영할 수 있도록 허용하고 있습니다.[227] 또한, 선택적복지제도를 사업으로 시행하는 기금법인의 경우 당해 회계연도 출연금액의 80%까지 기금사업에 사용할 수 있도록 혜택을 부여하고 있습니다.[228] 따라서 선택적 복지제도는 사업주가 자체적으로 운영할 수도 있지만 사내근로복지기금의 사업으로 시행할 경우 더 큰 효과를 기대할 수 있을 것입니다. 기금법인이 선택적 복지제도를 사업으로 시행하기 위해서는 정관에 그에 관한 규정을 마련할 필요가 있습니다.[229]

⑧ 협력업체 근로자 및 공동근로복지기금 지원

기금법인은 해당 사업으로부터 직접 도급받는 업체의 소속 근로자 및 해당 사업에의 파견 근로자 등 협력업체 근로자의 복리후생 증진을 지원하는 사업을 할 수 있으며, 공동근로복지기금에 대한 자금 지원도 기금의 사업으로 시행할 수 있습니다.[230] 대기업과 중소기업 간, 원청기업과 하청기업 간의 복리후생의 격차가 큰 상황에서 상생협력을 통해 중소기업 및 하

---

224)　근로복지기본법 제62조 제1항 제4호.
225)　근로복지기본법 제81조 제1항.
226)　근로복지기본법 제82조 제3항.
227)　근로복지기본법시행령 제46조 제3항.
228)　근로복지기본법 제62조 제2항 제1호 및 동법시행령 제46조 제4항 제1호 가목.
229)　근로복지기금법시행령 제46조 제3항.
230)　근로복지기본법 제62조 제1항 제6호 및 제6호의2.

청기업 근로자의 복리후생 증진에 노력하는 기금법인의 경우 기본재산 중 일정금액을 기금 사업에 사용할 수 있는 혜택을 부여하고 있으므로 시행을 고려해 볼 수 있을 것입니다.

⑨ 기타 정관에서 정하는 사업

기금법인은 근로복지기본법령에서 허용하고 있는 사업 외에 근로자의 재산형성 지원 및 생활원조를 위한 사업으로서 정관에서 정하는 사업을 시행할 수 있습니다.[231] 근로복지기본법은 사용자가 임금 및 그 밖의 법령에 따라 근로자에게 지급할 의무가 있는 것은 기금법인의 사업으로 시행할 수 없도록 하고 있으므로 동 규정에 위반되는 정관은 무효가 되며 기금법인은 정관규정에도 불구하고 해당 사업을 시행할 수 없으므로 주의해야 합니다. 사업주가 근로자에게 지급해야 하는 의무가 있는 임금을 사실상 대체하거나 보전하는 성격의 금품인지 여부에 대한 판단기준은 근로복지기본법령상 규정되어 있지 않습니다. 따라서 임금 대체적·보전적 성격의 판단은 근로제공의 대가인지 여부, 여행, 건강검진, 문화활동, 체육활동 등 실제 사용 용도에 따라 지급되는지 여부, 주택구입자금, 장학금, 재난구호금, 경조사비 등 소정의 요건에 따라 지급되는지의 여부 등을 종합적으로 고려하여 판단하여야 할 것입니다. 성과보상의 성격을 지니고 있으며 실제 사용 용도와 관계없이 전 근로자에게 일률적으로 일정금품을 현금의 형태로 지급하는 것이라면 임금 대체적·보전적 성격의 금품으로 볼 수 있으므로, 이러한 사업은 정관에 정해 시행하는 것이 허용되지 않습니다.[232]

2) 기본재산을 활용한 사업

기금법인은 근로자의 생활안정 및 재산형성 지원을 위해 필요하다고 인정되는 경우 근로자에게 필요한 자금을 기본재산 중에서 대부할 수 있습니다.[233] 즉, 기금법인은 기본재산을 기금운용의 방법으로 금융상품에 투자하는 것 외에 대부사업에 활용할 수 있습니다. 기금법인이 기본재산을 활용하여 수행할 수 있는 대부사업에는 근로자 주택구입 및 임차자금 대부, 우리사주 주식 구입자금 대부, 근로자 생활안정자금 대부, 그 외에 이에 준하는 것으로

---

231) 근로복지기본법시행령 제46조 제2항 제3호.
232) 고용노동부 유권해석(퇴직연금복지과-341, 2021. 1. 19.).
233) 근로복지기본법 제62조 제3항.

서 정관으로 정하는 대부가 있을 수 있습니다.[234] 기금법인이 기본재산으로 근로자 대부사업을 할 경우에는 복지기금협의회에서 대부조건 등을 사전에 협의·결정하여야 하며, 기금의 안정성을 해치지 않는 적정한 범위에서 대부하여야 합니다.[235]

〈사내근로복지기금 법률 상식〉

사망한 근로자의 사내근로복지기금 대부금 상환방법은 무엇인가요?

기금법인 사업의 수혜대상은 근로복지기본법 제2조에 의한 근로자이므로 사망을 포함하여 퇴직을 하는 경우에는 원칙적으로 수혜대상에서 제외되므로 대부금 전액을 일시 상환하여야 하나, 기금법인은 근로자의 생활안정 및 재산형성 지원을 위한 복지사업을 사업장의 사정에 맞게 정관으로 정하여 시행할 수 있으므로 정관 또는 대부규칙 등에 근로자의 사망 또는 퇴직 시 일시상환에 대한 예외규정이 있다면 그에 따를 수 있을 것입니다(임금복지과-1226, 2009.7.23.).

〈사내근로복지기금 법률 상식〉

사업장의 대부사업을 기금법인의 대부사업으로 전환할 수 있나요?

사내근로복지기금법인(이하 '기금법인')은 「근로복지기본법」(이하 '법') 제62조 제3항 및 같은 법 시행령 제46조 제7항(현행 제46조 제8항)에 따라 근로자가 주택을 신축·구입하거나 임차하는 경우 근로자에게 필요한 자금을 기본재산 중에서 대부할 수 있으며, 법 제68조에 따라 사용자는 기금법인 설치 당시에 기금법인의 사업을 시행하고 있을 때에는 다른 법률에 따라 설치·운영할 의무가 있는 것을 제외하고는 복지기금협의회의 협의·결정에 의하여 기금법인에 통합하여 운영할 수 있습니다.

이 경우 사업장에서 운영 중인 주택자금 대부사업을 사업장의 영업재산과 분리된 별개의 법인인 기금법인의 대부사업으로 이관하는 사항 및 이에 대한 절차는 현행 근로복지기본법령에 규정되어 있지 않는바, 이는 채권의 양도 등과 관련된 법률, 사업장과 근로자 간 체결한 대부약정서(금전소비대차계약), 사업장의 대부사업과 관련된 규정 등에서 정한 방법에 따라야 할 것입니다(퇴직연금복지과-1322, 2021.3.22.).

---

234) 근로복지기본법시행령 제46조 제5항.
235) 사내·공동근로복지기금 업무처리지침 제17조 제8항.

(4) 사업의 수혜대상

1) 당해 사업의 근로자

기금법인이 수행하는 기금사업의 수혜대상은 당해 사업의 근로자입니다. 기금법인은 사업을 수행할 때에 근로자 전체에게 혜택을 줄 수 있도록 하여야 하며 저소득 근로자가 우대될 수 있도록 하여야 합니다.[236] 근로자란 직업의 종류와 관계없이 임금을 목적으로 사업이나 사업장에 근로를 제공하는 자를 의미[237]하므로 정규직 근로자뿐만 아니라 비정규직 근로

---

236) 근로복지기본법시행령 제46조 제1항.
237) 근로복지기본법 제2조 제1호.

자도 기금사업의 수혜대상이 됨은 당연합니다. [238]

한편, 회사의 임원이 사내근로복지기금 사업의 수혜대상이 될 수 있는지에 대해 의문이 들 수 있습니다. 임원의 경우에도 사실상 임금을 목적으로 근로를 제공하고 있다면 근로복지기본법상 근로자로 볼 수 있는지에 대한 문제입니다. 생각건대, 업무집행권 또는 대표권을 가지고 회사로부터 일정한 사무처리를 위임받아 처리하는 임원의 경우에는 타인의 감독 하에 근로를 제공하는 자가 아니라고 할 수 있으므로 근로자로 보지 않는 것이 일반적입니다. 다만, 이사 등의 직함을 가지고 있다고 하더라도 회사 경영에 일반적인 책임을 지지 않고 사용종속 관계 아래에서 근로를 제공하고 있다면 근로자를 볼 수 있는 여지도 있으므로, 회사의 임원이 기금의 수혜대상이 되는 근로자 인지 여부는 그 업무 형태 및 업무수행 체계상의 종속성 등 구체적인 사실관계를 살펴보고 판단해야 할 것입니다. [239]

2) 수혜대상의 확대

근로복지기본법상 기금법인은 해당 사업으로부터 직접 도급 받는 업체의 소속 근로자 및 해당 사업에의 파견근로자의 복리후생 증진을 위한 사업을 시행할 수 있으므로 이들 협력업체 근로자도 기금사업의 수혜대상이 될 수 있습니다. 이 경우 도급의 범위는 사내근로복지기금이 설치되어 있는 회사의 주된 사업에 한정되는 것은 아니며, 직접 도급계약에 해당하는지 여부는 "하도급거래 공정화에 관한 법률" 등 기타 관계 법령 등에 따라 판단해야 합니다. [240]

기금법인의 정관에서 그 수혜대상을 근로자 본인과 그 가족으로 규정하는 경우에는 그 근로자의 가족도 기금사업의 수혜대상이 될 수 있습니다. 이는 근로자 복지의 의미를 근로자로 한정하여 해석하는 것보다 근로자와 그 가족 모두의 복지를 포함하는 광의로 해석하는 것이 가족공동체의 의미에 비추어 바람직하기 때문입니다. [241] 따라서 예를 들어, 재직 근로

---

238) 고용노동부 유권해석(복지(68233-197, 2000. 9. 23.).
239) 고용노동부 유권해석(복지 68233-56, 2000. 6. 1.).
240) 고용노동부 유권해석(퇴직연금복지과-3271, 2018. 8. 14.).
241) 고용노동부 유권해석(복지 68233-43, 2000. 5. 24.).

자가 업무상 재해로 사망한 경우, 그 유자녀에 대해 기금법인이 장학금을 지급하는 것에 대하여 사회통념상 인정되는 범위의 장학금 지급은 정관이 정하는 바에 따라 가능하다 하겠습니다.[242]

3) 수혜대상의 제한

근로자 중 특정 부류의 근로자를 기금사업의 수혜대상에서 완전히 배제하거나 특정 근로자만을 대상으로 사업을 시행하는 등 기금사업의 수혜대상을 제한하는 것은 허용되지 않습니다. 그러나 전체 근로자를 대상으로 사업을 시행하되, 근속연수 등 합리적인 기준에 근거하여 수혜조건 등에 차등을 두는 것은 법령이나 사회상규에 어긋나지 않는 범위 내에서 가능합니다. 이 경우에는 그 차등의 근거 및 구체적인 내용을 정관에 규정한 후 시행할 필요가 있습니다.[243]

---

242) 고용노동부 유권해석(복지 68233-301, 2000. 12. 14.).
243) 고용노동부 유권해석(복지 68233-210, 2000. 10. 4.).

사내근로복지기금의 해산 및 합병, 분할 · 분할합병

(1) 해산 사유

계속적이고 반복적인 영리 활동을 영위하기 위해 회사를 설립하는 것과 마찬가지로 사내근로복지기금법인도 소속 근로자의 생활안정과 복지증진 사업을 영속적으로 수행하기 위해 설립합니다. 그러나 특정한 상황이 발생할 경우에는 기금법인의 해산이 불가피한 경우가 있을 수 있습니다. 다시 말해, 해당 사업주의 사업폐지, 기금법인의 합병 및 분할·분할합병, 해당 사업주가 공동근로복지기금 조성에의 참여 또는 중간 참여의 경우에는 기금법인이 해산할 수 있습니다.[244)]

그러나 근로복지기본법은 근로자 복지증진 사업의 안정적 수행을 보장하기 위해 기금법인의 해산 사유를 엄격히 제한하고 있으므로 법령에서 허용하고 있는 사유 이외에 사업주의 경영상 어려움, 정관의 규정 및 복지기금협의회의 결의 등으로 기금법인을 해산하는 것은 불가능합니다. 근로복지기본법 제80조에 따라 기금법인에 관하여 근로복지기본법에 규정된 것을 제외하고는 민법 중 재단법인에 관한 규정이 준용됩니다. 그러나 근로복지기본법 제70조는 기금법인의 해산 사유에 대해 규정하고 있기 때문에 민법상 재단법인 해산 조항은 기금법인에 대해 적용되지 않으며 근로복지기본법 동조의 해산사유가 특별법적 효력으로 적용된다고 할 것입니다. 따라서 기금법인 정관에 "기금의 사업목적 달성이 불가능한 경우, 소속 직원의 3분의 2 이상의 찬성이나 노사협의회의 만장일치에 의한 결정이 있을 때, 복지기금협의회가 결의하는 경우"에 기금법인이 해산할 수 있다고 규정하고 있더라도 동 규정은 법률에 위반되어 무효이므로 동 규정에 따른 기금법인 해산은 불가능합니다.[245)]

---

244) 근로복지기본법 제70조.
245) 고용노동부 유권해석(복지 68233-152, 2003.6.25.).

1) 해당 사업의 폐지

기금법인은 해당 사업이 폐지된 경우 해산합니다.[246] 사업이 폐지된 경우에는 기금법인의 존립 기반인 사업이 더 이상 존재하지 않기 때문에 기금법인의 존립 목적을 상실했기 때문입니다. '사업의 폐지'란 사업주가 해당 사업에 대하여 영업을 계속 영위할 의사를 가지지 않고, 청산절차를 통하여 일체의 자산을 처분한 뒤 그 사업의 실체를 없애는 것을 의미합니다. 그러나 객관적으로 사업의 정상적인 영업활동이 종료된 상태에서 오로지 청산의 목적으로 사업이 존속하는 경우도 사실상 사업의 폐지에 해당하는 것으로 해석합니다. 따라서, 기금법인은 구체적으로 청산절차가 완료된 때, 오로지 청산의 목적으로만 사업이 존속하는 경우, 상법 제227조 및 517조에 따른 존립기간의 만료 기타 정관으로 정한 사유의 발생 시 및 주주총회 결의의 경우에는 해산등기 시, 파산의 경우에는 파산선고 시, 법원의 명령 또는 판결의 경우에는 명령 및 판결 시에 기금법인을 해산할 수 있습니다.[247]

2) 기금법인의 합병

기금법인은 해당 사업이 합병, 흡수, 양도되는 등의 사유가 발생하는 경우에는 해산할 수 있습니다.[248] 예를 들어, 해당 사업(A)이 다른 사업(B)과 합병하여 새로운 사업(C)을 신설하는 경우, 해당 사업(A)이 다른 사업(B)에 흡수 또는 양도되어 해당 사업(A)은 폐지되고 다른 사업(B)만 존속하게 되는 경우에는 기금법인의 존립기반인 해당 사업(A)이 더 이상 존속하지 않기 때문에 그 기금법인도 당연히 해산합니다.

3) 기금법인의 분할 · 분할합병

기금법인은 해당 사업이 분할 또는 분할합병하는 경우에는 해산할 수 있습니다.[249] 예를 들

---

246) 근로복지기본법 제70조 제1호.
247) 고용노동부 유권해석(임금복지과-6, 2011. 1. 3.).
248) 근로복지기본법 제70조 제2호.
249) 근로복지기본법 제70조 제3호.

어, 해당 사업(A)이 영위하고 있던 업무를 각각 업무 甲과 업무 乙의 2개 업무로 분리하여 각각 업무 甲을 영위할 새로운 사업(B)과 업무 乙을 영위할 새로운 사업(C)으로 사업을 분할하고자 하는 경우에는 해당 기금법인은 해산합니다. 그리고 앞의 예에서 분리된 업무를 기반으로 각각 새로운 사업을 신설하는 것이 아니라 업무 甲으로 새로운 사업(B)만 신설하고, 업무 乙은 분할 후 다른 사업(C)에 양도하여 다른 사업(C)에 합병시킬 수도 있는데, 이 경우에도 해당 기금법인은 해산합니다. 두 경우 모두 기금법인의 존립기반이 되었던 최초의 사업이 폐지되었기 때문에 기금법인도 더 이상 존재할 이유가 없어졌으므로 해산하는 것입니다.

4) 해당 사업주의 공동근로복지기금 조성 참여 또는 중간 참여

공동근로복지기금이란 둘 이상의 사업주가 공동으로 이익금의 일부를 출연하여 공동기금을 조성하고 이를 재원으로 공동으로 소속 근로자의 생활 안정과 복지증진을 위한 사업을 시행하는 것을 의미합니다.[250] 사업주는 처음 공동기금을 설립하는 단계부터 공동기금 조성에 참여할 수도 있고 공동기금이 설립된 이후에 중간 참여 형식으로 참여하는 것도 가능합니다.[251]

사내근로복지기금을 설립하여 운영하고 있는 사업주가 다른 사업주와 공동으로 공동기금을 새롭게 조성하고자 하는 경우 또는 다른 사업주들이 이미 설립한 공동기금에 중간참여 형식으로 참여하고자 하는 경우, 이미 설립되어 있는 사내근로복지기금법인은 해산할 수 있습니다. 다만, 기존 기금법인을 유지한 상태에서 공동기금을 추가적으로 운영하고자 하는 경우에는 기존 기금법인을 해산하지 않고 존속시킬 수 있습니다.[252]

(2) 해산 절차

기금법인의 해산은 민법상 법인의 해산절차와 관련된 규정을 준용합니다. 즉, 복지기금협

---

250)   근로복지기본법 제86조의2 제1항.
251)   근로복지기본법 제86조의7 제1항.
252)   근로복지기본법 제86조의7 단서.

의회의 해산결의, 청산인 선임, 잔여재산 처리계획 수립, 해산등기, 고용노동부 해산신고 등의 절차를 거쳐 기금법인은 해산할 수 있습니다.[253] 청산인은 기금법인의 해산업무를 담당하여 진행하며 해산이 완료된 경우에는 해산통지서와 그 첨부서류(해산을 증명하는 서류, 정관, 재산목록, 재산의 처분방법 및 처분계획서)를 지방고용노동관서의 장에게 제출하여야 합니다.[254]

해산절차를 진행하는 경우에는 다음의 사항을 주의하여야 합니다. 첫째, 기금법인의 해산 등과 관련한 근로복지기본법, 민법, 상법 등의 관련 법규를 준수하여야 합니다. 특히, 채권자 보호절차와 잔여재산의 처리 등은 해산업무에서 매우 중요한 업무이므로 관련 규정을 엄격히 준수하여야 합니다. 둘째, 업무처리의 투명성을 확보해야 합니다. 복지기금협의회, 근로자, 채권자 등 이해관계자들에게 관련 내용을 충분히 설명하고 공유하는 것이 중요합니다. 셋째, 해산으로 인해 근로자들의 복지혜택이 갑자기 중단되지 않도록 방안을 마련하는 것이 필요합니다. 특히 대부사업 등의 경우 갑작스러운 대출금 회수는 여러 가지 문제를 야기할 수 있으므로 이에 대한 신중한 접근이 필요합니다. 넷째, 모든 과정은 기록하여 체계적으로 관리하고 보존해야 합니다. 그렇게 함으로써 향후 발생할지 모르는 분쟁에 대비할 수 있습니다. 마지막으로 기금법인 해산업무는 법률, 회계, 세무적인 전문지식을 필요로 하는 업무입니다. 따라서 필요한 경우 전문가의 자문을 받아 진행하는 것을 추천드립니다.

(3) 잔여재산의 처리

1) 사업주의 미지급 금품 지급

사업 폐지로 인해 해산한 기금법인의 재산은 사업주가 해당 사업을 경영할 때에 근로자에게 미지급한 임금, 퇴직금, 그 밖에 근로자에게 지급할 의무가 있는 금품을 지급하는 데에

---

253) 고용노동부, 「사내 및 공동근로복지기금 실무 매뉴얼」, 2022, 67면.
254) 근로복지기본법시행규칙 제28조.

우선 사용하여야 합니다. [255] 이 경우, 기금법인이 그 재산에서 사업주가 근로자에게 미지급한 금품을 지급하기 위해서는 사업주가 미지급 금품을 청산할 능력이 없음을 증명하여야 합니다. [256]

근로자에게 미지급 금품을 지급하는 경우 기금법인의 재산이 부족할 경우에는 복지기금협의회가 그 지급률과 지급방법을 정할 수 있습니다. [257] 실무적으로 사업주가 근로자에게 지급할 의무가 있는 금품 중 미지급금의 존재 여부는 일반적으로 근로자의 금품 수령 여부 확인이나 임금대장을 통해 확인할 수 있으므로 기금법인의 잔여재산 처리 시 이를 반드시 확인할 필요가 있습니다. [258]

2) 근로자 생활안정자금 지원

사업주가 미지급한 금품을 지급하고도 잔여재산이 있는 경우에는 그 잔여재산의 50%를 초과하지 않는 범위에서 정관이 정하는 바에 따라 소속 근로자의 생활안정자금을 지원할 수 있습니다. [259] 이 경우, 생활안정자금을 지원할 수 있는 소속 근로자란 기금법인의 해산 시점인 해산등기 또는 파산선고 시에 소속한 근로자를 의미합니다. [260]

3) 정관에서 지정한 자 등에게 귀속

근로자의 생활안정자금을 지원하고도 잔여재산이 있는 경우, 그 잔여재산은 정관에서 지정한 자에게 귀속합니다. "정관에서 지정한 자"란 기금법인의 고유목적사업 및 이와 유사한 사업, 즉 근로자의 복리후생을 위한 사업을 영위할 수 있는 개인 또는 단체로서 정관으로 지정한 자를 의미합니다. [261] 따라서 근로복지사업을 수행하는 비영리법인, 공익단체뿐 아니라

---

255) 근로복지기본법 제71조 제1항.
256) 근로복지기본법시행령 제53조 제1항.
257) 근로복지기본법시행령 제53조 제2항.
258) 고용노동부 유권해석(복지 68203-258, 2003. 10. 22.).
259) 근로복지기본법 제71조 제1항.
260) 고용노동부 유권해석(임금복지과-6, 2011. 1. 3.).
261) 사내 · 공동근로복지기금 업무처리지침 제9조 제2항.

다른 기금법인으로 정하는 것은 가능하지만, 회사 등 영리 및 이익창출을 목적으로 하는 자는 잔여재산의 귀속 주체가 될 수 없습니다.[262] 한편, 정관에 잔여재산이 귀속한 특정인 또는 특정 법인명을 구체적으로 명기하지 않고 "잔여재산은 협의회의 결정에 의하여 그 처분방법을 결정하며, 당해 근로자의 복리후생을 위한 사업을 영위할 수 있는 자 또는 법인에 출연할 수 있다"라고 규정하고 있다면, 복지기금협의회의 결정에 따라 이와 같은 사업을 영위하는 개인 또는 단체에 잔여재산을 귀속시킬 수 있습니다.[263]

〈 사내근로복지기금 법률 상식 〉

「근로복지기본법」 제71조제2항의 '정관에서 지정한 자'는

기업 법인이나 노동조합, 노사협의회, 사업자대표, 개인이 될 수 있나요?

'정관에서 지정한 자'란 기금법인의 고유목적사업 및 이와 유사한 사업을 영위할 수 있는 개인 또는 단체로서 정관으로 지정한 자를 말하는 것으로, 기금법인의 사업 또는 이와 유사한 사업을 영위할 수 있다면 자연인은 물론 법인, 법인 아닌 사단이나 재단, 그 밖의 인적 단체도 이에 해당할 수 있습니다. 다만, 기금법인의 사업 또는 이와 유사한 사업(근로자를 위한 복지사업)을 영위하거나 영위할 의사가 없는 개인이나 단체를 지정할 수는 없으며, 귀속받은 재산이 영업재산이나 경영자금으로 전용될 우려가 있는 영리법인(기업)이나 사유재산으로 편입될 우려가 있는 개인을 지정하는 것은 바람직하지 않을 것입니다(퇴직연금복지과-360, 2021.1.19.).

만약, 정관에서 지정한 자가 없는 경우에는 근로복지진흥기금으로 귀속됩니다. 이 경우 그 기금법인의 청산인은 청산 종결 후 3주 이내에 고용노동부장관에게 잔여재산의 목록을 제출하고 지체 없이 그 잔여재산을 근로복지진흥기금으로 인도하여야 합니다.

한편, 해당 사업주의 공동근로복지기금의 조성 참여 또는 중간 참여를 이유로 기금법인이 해산하는 경우에는 그 기금법인 재산은 해당 사업주가 참여한 공동근로복지기금법인에 귀속됩니다.[264] 해당 사업주의 공동근로복지기금 조성 참여 또는 중간 참여는 기금법인의 선

---

262)　고용노동부 유권해석(임금복지과-474, 10.4.5,; 퇴직연금복지과-4471, 2017.11.3.; 퇴직연금복지과-2308, 2019.5.20.).

263)　고용노동부 유권해석(노사협력복지과-1243, 2004.6.10., 퇴직연금복지과-1453, 2021.3.29.).

264)　근로복지기본법 제71조 제3항.

택에 따라 기금법인이 해산할 수도 있고 그렇지 않고 존속할 수도 있음은 앞에서 설명했습니다. 그런데 기금법인이 해산을 선택한 경우에는 기존 기금법인의 재산을 공동기금으로 이전시켜 근로자 복지증진 사업을 영속적으로 수행할 수 있도록 하기 위한 것입니다.

2. 사내근로복지기금의 합병

(1) 합병 사유

사내근로복지기금의 합병이란 두 개 이상의 기금법인이 하나로 통합되는 것을 의미합니다. 기금법인은 해당 사업의 합병, 흡수, 양도 등에 따라 합병할 수 있습니다.[265] 기금법인의 합병은 새로운 기금법인을 설립하는 신설합병과 기존 기금법인이 존속하는 흡수합병으로 구분할 수 있습니다. 그 구체적인 내용은 다음과 같습니다.

1) 신설합병

기금법인이 설립되어 있는 각각 사업 A와 사업 B가 합병하여 사업 C를 신설하는 경우, 해당 사업 A와 사업 B의 기금법인은 합병할 수 있습니다. 이 경우, 사업 A와 사업 B는 각각 해산하고 새로운 사업 C가 신설되는 것이므로, 기금법인의 경우에도 기금법인 A와 기금법인 B가 해산하고 기금법인 C를 신설하는 방법으로 합병할 수 있습니다. 사업의 인수 및 합병(M&A) 중 사업의 인수는 단순히 주주의 변경에 불과하고 기금법인의 조직에 아무런 법적 영향을 미치지 아니하므로 기금법인의 합병 사유에 해당하지 않습니다.[266]

2) 흡수합병

① 기금법인이 설립되어 있는 사업 간의 합병

기금법인이 설립되어 있는 사업 A가 마찬가지로 기금법인이 설립되어 있는 사업 B에 합병되는 경우에 각 기금법인은 합병할 수 있습니다. 즉, 흡수되는 사업 A의 기금법인 A는 합병을 사유로 해산하고, 사업 A를 흡수하여 합병하는 사업 B의 기금법인 B에 합병됩니다.

---

265) 근로복지기본법 제72조 제1항.
266) 사업합병에 따른 사내근로복지기금법인 업무처리요령(임금복지과-6, 2011. 1. 3.).

사업 A와 사업 B가 합병된 후에도 2개의 노조가 여전히 존속하고 각각 사업장을 달리하고 있으며 독립채산제의 형태로 사업을 각각 운영하고 있는 경우, 기존의 기금법인 A와 B를 합병하지 않고 각각 운영할 수 있는지에 대한 의문이 있을 수 있습니다. 원칙적으로 두 개의 사업이 합병할 경우에는 각 사업에서 설치·운영 중인 기금법인도 합병하여 하나의 기금을 운용해야 합니다. 다만, 사업 합병 후 사업장을 달리하고 사업장별로 인사, 노무, 경리, 회계 등을 명확하게 독립적인 형태로 운영하고 있다면 각각 별도의 기금법인을 설립하여 운영하는 것도 가능할 수 있을 것입니다.[267]

② 기금법인 미설립 사업이 기금법인 설립 사업으로의 합병

기금법인이 설립되어 있지 않은 사업 A가 기금법인이 설립되어 있는 사업 B에 합병되는 경우에는 종전 기금법인 B가 동일하게 유지됩니다. 이 경우는 사업 B가 그 사업 범위를 사업 A까지 확대하는 것으로, 사업 A 근로자의 고용을 승계하는 등의 업무 변화는 있을 수 있지만 근본적으로 사업 B의 법률적 정체성에는 변화가 일어나지 않습니다. 따라서 사업 B의 기금법인 B는 종전과 동일하게 유지·운영됩니다. 다만, 사업 A 근로자에 대한 고용 승계 등으로 기금법인 B 근로자 복지증진 사업의 수혜 대상 및 그 혜택의 범위 등에는 변화가 있을 수 있습니다.

③ 기금법인 설립 사업이 기금법인 미설립 사업으로 합병

기금법인이 설립되어 있는 사업 A가 기금법인이 설립되어 있지 않은 사업 B에 합병되는 경우에는 두 가지 방법으로 합병이 가능합니다.[268] 첫째, 사업 A의 기금법인 A가 사업 B의 기금법인 B로 그 명칭을 변경하여 계속 존속하며 사업 A와 사업 B의 근로자들을 아우르는 방법입니다. 둘째, 기금법인 A는 합병을 사유로 해산하고 사업 B는 아직 기금법인이 없으므로 기금법인 B를 신설하여 사업 A와 사업 B의 근로자들을 모두 아우르는 방법입니다. 실무상 기금법인 B를 신설하는 것보다 이미 설립되어 있는 기금법인 A의 명칭을 변경하여 계속 활용하는 것이 더욱 용이해 보이지만, 두 가지 방법 중 어느 것을 선택할지는 기금법인 신설

---

267)　사업합병에 따른 사내근로복지기금법인 업무처리요령(임금복지과-6, 2011. 1. 3.); 고용노동부 유권해석(임금복지과-2945, 2009. 11. 24.).
268)　고용노동부, 「사내 및 공동근로복지기금 실무 매뉴얼」, 2022, 73면.

의 경우와 마찬가지로 양 노사 간 협의가 필요한 사항입니다.

(2) 합병절차

1) 신설합병

기금법인의 합병은 기금법인의 해산 사유에는 해당하나 합병 전 기금법인의 재산과 수행하던 사업 등은 그래도 합병된 기금법인으로 승계되기 때문에 사업의 폐지로 기금법인을 해산하는 경우와 같이 기금법인의 청산절차를 밟을 필요는 없습니다. 다만, 재단법인의 목적 기타 사항의 변경과 관련된 민법 제46조의 규정을 준용하여 기금법인 간 합병이 허용됩니다.[269] 따라서 기금법인 A와 기금법인 B는 각각 기금법인 C와 합병계약서를 작성한 후 각각 복지기금협의회의 의결을 거쳐 기금법인을 합병할 수 있습니다. 즉, 기금법인 A와 B는 각각 복지기금협의회의 의결을 거쳐 해산등기를 완료[270]한 후 그 내용을 지방노동관서의 장에게 신고하여야 하며, 신설되는 기금법인 C는 그 설립작업을 완료한 후 설립등기를 해야 합니다.[271]

2) 흡수합병

① 기금법인이 설립되어 있는 사업 간의 합병

기금법인 A는 사업의 폐지로 인해 해산하는 것이 아니므로 청산절차를 거치지 않고 복지기금협의회의 합병결의를 통해 기금법인 B에 합병할 수 있습니다. 기금법인 B도 기금법인 A를 합병하는 것이므로 그 합병에 대하여 복지기금협의회의 결의를 거쳐야 합니다. 이 경우 기금법인 A는 합병을 통해 소멸하게 되므로 해산등기를 한 후 지방노동관서의 장에게 신고하여야 합니다. 존속하는 기금법인 B는 합병에 따라 변경될 필요성이 있다고 판단되는 제반

---

269) 사업합병에 따른 사내근로복지기금법인 업무처리요령(임금복지과-6, 2011. 1. 3.).
270) 근로복지기본법 제73조 제2항.
271) 근로복지기본법 제73조 제1항.

사항을 정비한 후 정관 변경사항은 관할 지방고용노동관서로부터 변경 인가를 받아야 하며 변경등기 사항은 변경등기를 완료해야 합니다.

② 기금법인 미설립 사업이 기금법인 설립 사업으로의 합병

기금법인이 설립되어 있지 않은 사업 A의 경우에는 기금법인 합병과 관련해서 아무것도 할 것이 없습니다. 한편, 기금법인 B는 존속하면서 그 사업의 수혜대상 및 혜택 등에 대하여 변동이 발생하므로 이에 대해 복지기금협의회의 의결을 거쳐야 합니다. 즉 기금법인 B는 합병에 따라 변경될 필요성이 있다고 판단되는 제반 사항을 정비한 후 정관 변경사항은 관할 지방노동관서로부터 변경 인가를 받아야 하며, 변경등기 사항은 변경등기를 완료하여야 합니다.

③ 기금법인 설립 사업이 기금법인 미설립 사업으로 합병

이 경우에는 두 가지 방법 중 선택이 가능하다고 앞에서 설명했습니다. 만약, 기금법인 A가 명칭을 기금법인 B로 변경하여 계속 존속하는 경우, 기금법인 A는 복지기금협의회에서 명칭을 기금법인 B로 변경하는 것을 의결한 후 정관변경 인가 및 변경등기를 완료하면 됩니다. 한편, 기금법인 A가 해산하고 기금법인 B를 신설하는 경우에는 기금법인 A는 복지기금협의회의 해산결의를 거쳐 해산등기 완료 후 이를 지방노동관서의 장에게 신고하여야 하고, 신설하는 기금법인 B는 준비위원회를 구성하여 기금법인 설립절차를 완료한 후 등기하여야 합니다.

(3) 합병계약서

기금법인이 합병을 하는 경우에는 다음의 내용이 포함된 합병계약서를 작성하여 복지기금협의회의 의결을 거쳐야 합니다.[272] 즉, 기금법인 합병계약서에는 첫째, 합병 전 각 기금법인의 재산과 합병 후 기금법인의 재산의 변동, 둘째, 합병 대상인 각 기금법인의 근로자에

---

272) 근로복지기본법 제72조 제2항.

대한 합병 후 지원 수준, 셋째, 합병의 추진 일정, 넷째, 그 밖에 합병에 관한 중요 사항 등이 포함되어야 합니다.

앞에서 설명한 바와 같이, 기금법인의 수혜대상 및 그 혜택은 원칙적으로 기금법인협의회가 자율적으로 정할 수 있습니다. 그러나 합리적인 기준이 없이 특정 근로자를 배제하거나 차별하는 것은 허용되지 않습니다. 기금법인의 합병은 다른 사업이 하나의 사업으로 합쳐지는 과정인 만큼 다른 환경에서 근무하던 근로자들의 복리 수준을 하나로 통일시키는 것은 쉬운 일이 아닐 수 있습니다. 이런 이유에서 근로복지기본법은 이에 대한 절충안을 제시하고 있습니다. 즉, 합병 대상인 각 기금법인의 근로자에 대한 합병 후 지원 수준은 합병 전 각 기금법인의 근로자별 평균 기금잔액, 합병 후 사업주의 출연예정액 등을 고려하여 합병 후 3년을 초과하지 아니하는 범위에서 합병 전 각 기금법인의 근로자별로 달리 정할 수 있도록 허용하고 있습니다.[273]

(4) 합병의 효과

기금법인 합병의 효력은 그 등기를 함으로써 발생합니다. 이는 앞에서 설명한 기금법인의 성립은 그 설립등기를 완료한 때 효력이 발생하는 것과 동일한 원리입니다. 따라서 기금법인의 합병은 합병으로 인하여 설립되는 기금법인의 설립등기 또는 존속하는 기금법인의 변경등기를 함으로써 그 효력이 발생합니다.[274] 근로복지기본법은 합병으로 인하여 소멸하는 기금법인에 대해서는 언급하고 있지 않지만, 기금법인의 합병으로 소멸하는 기금법인은 그 해산등기를 한 때에 해산의 효력이 발생한다고 보아야 할 것입니다. 한편, 합병으로 인하여 설립되거나 존속하는 기금법인이 그 합병으로 인하여 소멸되는 기금법인의 권리와 의무를 승계하는 것은 당연합니다.[275]

---

273)　근로복지기본법 제72조 제3항.
274)　근로복지기본법 제74조 제1항.
275)　근로복지기본법 제74조 제2항.

(1) 분할 · 분할합병 사유

사내근로복지기금의 분할·분할합병이란 하나의 기금법인이 둘 이상의 기금법인으로 나뉘는 것을 의미합니다. 기금법인은 해당 사업의 분할 또는 분할합병 등에 따라 분할 또는 분할합병할 수 있습니다.[276] 하나의 사업 甲을 복수의 사업 A와 사업 B로 분리하는 경우, 사업 甲의 일부를 분리하여 새로운 사업 A를 설립하거나 그 분리된 사업 A를 다른 사업 乙과 합병하는 경우 등의 경우에는 그 기금법인을 분할 또는 분할합병할 수 있습니다.

(2) 분할 · 분할합병 절차

기금법인을 분할하고자 하는 기금법인은 그 기금법인 재산의 배분, 분할의 추진 일정, 그 밖에 분할에 관한 중요한 사항 등을 포함하고 있는 분할계획서를 작성하여 복지기금협의회의 의결을 거쳐야 합니다.[277]

기금법인을 분할합병하고자 하는 기금법인은 그 기금법인 재산의 배분 및 합병에 따른 기금법인 재산의 변동, 분할합병 대상인 각 기금법인의 근로자에 대한 합병 후 지원 수준, 분할합병의 추진 일정, 그 밖에 분할합병에 관한 중요 사항 등이 포함된 분할합병계약서를 작성하여 복지기금협의회의 의결을 거쳐야 합니다.[278]

기금법인이 분할·분할합병을 통해 새로운 기금법인을 설립하는 경우에는 그 분할 또는

---

276) 근로복지기본법 제75조 제1항.
277) 근로복지기본법 제75조 제1항.
278) 근로복지기본법 제75조 제3항.

분할합병으로 인해 설립되는 사업의 사업주가 준비위원회를 구성하여 기금법인 설립 절차를 진행해야 합니다.[279] 한편, 기금법인의 분할·분할합병을 통해 계속 존속하는 기금법인은 정관변경 인가 및 변경등기를 해야 하고, 소멸하는 기금법인은 별도의 청산절차를 거치지 않고 해산등기 후 지방노동관서에 해산 신고를 해야 합니다.[280]

기금법인의 분할 또는 분할합병으로 인해 기금법인의 재산 배분은 원칙적으로 근로자 수를 기준으로 배분하여야 합니다. 그러나 분할 전 사업별 사내근로복지기금 조성의 기여도 등을 고려하여 배분할 수도 있습니다.[281] 한편, 분할합병 대상인 각 기금법인의 근로자에 대한 합병 후 지원 수준의 결정에 관해서는 기금법인 합병 시 그 지원 수준에 관한 근로복지기본법 제72조 제3항을 준용하여야 합니다.[282] 즉, 분할합병 전 각 기금법인의 근로자별 평균 기금잔액, 분할합병 후 사업주의 출연예정액 등을 고려하여 분할합병 후 3년을 초과하지 아니하는 범위에서 분할합병 전 각 기금법인의 근로자별로 달리 정할 수 있습니다.

(3) 분할·분할합병 효과

기금법인 분할 또는 분할합병의 효력은 그 등기를 함으로써 발생합니다. 즉, 기금법인의 분할 또는 분할합병은 분할 또는 분할합병으로 인하여 설립되는 기금법인의 설립등기 또는 존속하는 기금법인의 변경등기를 함으로써 그 효력이 발생합니다.[283] 한편, 분할 또는 분할합병으로 인하여 설립되거나 존속하는 기금법인은 분할계획서 또는 분할합병계약서에서 정하는 바에 따라 분할되는 기금법인의 권리와 의무를 승계합니다.[284]

---

279) 근로복지기본법 제76조 제1항.
280) 근로복지기본법 제76조 제2항.
281) 근로복지기본법 제75조 제4항.
282) 근로복지기본법 제75조 제5항.
283) 근로복지기본법 제77조 제1항.
284) 근로복지기본법 제77조 제2항.

기금법인 분할 전 분할된 사업장 소속 근로자에게 수혜를 제공할 수 있나요?

A사내근로복지기금(이하 'A기금')이 설립되어 있는 A회사가 지주회사인 B회사(존속회사)와 영업회사인 A회사(신설회사, 영업 차원에서 기존 회사명을 사용하나 분할 전 A회사와 구분하기 위하여 이하 'C회사')로 분할됨에 따라 A기금을 분할하여 C사내근로복지기금(이하 'C기금')을 신설하고, 기존 A기금은 B사내근로복지기금(이하 'B기금')으로 명칭을 변경하여 존속할 때에, A기금의 B기금으로의 변경과 C기금이 설립되기 전에 A기금 복지기금협의회의 결정으로 A기금 정관에 따른 복지사업을 C회사 근로자를 대상으로 할 수 있는 것인지와 관련하여 사내근로복지기금의 수혜대상은 「근로복지기본법」 제2조에 따라 직업의 종류와 관계없이 임금을 목적으로 사업이나 사업장에 근로를 제공하는 자를 말하는 바, C기금이 설립되기 전이어서 C회사 근로자 대상 복지사업이 중단된다고 하더라도, A기금에서 C회사 근로자를 대상으로 복지사업을 할 수는 없을 것으로 판단이 됩니다. 다만, 존속 기금의 정관 변경 및 신설 기금의 설립에 장시간이 소요되어 복지사업이 중단되지 않도록 조속히 정관 변경 및 기금 설립 절차를 진행하는 것이 바람직할 것입니다(퇴직연금복지과-2942, 2019.7.3.).

제5장

공동근로복지기금제도의 이해

(1) 공동근로복지기금의 의의

공동근로복지기금제도(이하 "공동기금제도")란 둘 이상의 사업주가 공동으로 이익금의 일부를 출연하여 공동근로복지기금(이하 "공동기금")을 조성하고 이를 재원으로 공동으로 소속 근로자의 생활안정과 복지증진을 위한 사업을 시행하는 제도입니다. 공동기금제도는 기업 단위의 사내근로복지기금제도의 한계를 극복하고 원청기업과 하청기업 간의 상생협력과 중소기업 근로자의 복리증진을 위해 2015년 7월 20일 근로복지기본법 개정을 통해 도입되어 2016년 1월 21일부터 시행되고 있습니다.

사내근로복지기금제도가 상대적으로 복리후생의 수준이 높은 대기업과 정규직 근로자들을 중심으로 운영됨에 따라 대기업과 중소기업 간의 복지격차가 심화되고 있습니다. 게다가 규모의 경제 달성이 어렵거나 자체적으로 사내근로복지기금을 설립할 여력이 부족한 중소기업은 사내근로복지기금을 설립하여 소속 근로자의 복지사업 추진하는 데 많은 애로가 있는 것이 사실입니다. 이러한 문제를 해결하고자 둘 이상의 기업이 공동으로 공동근로복지기금을 조성하여 중소기업의 근로자들을 위한 다양한 복지사업을 수행할 수 있도록 공동근로복지기금제도가 도입되었습니다. 정부도 이러한 정책적 목적 달성을 위해 공동근로복지기금법인에 대한 필요경비 지원 등 유인정책을 마련하고 있습니다.

(2) 공동근로복지기금과 사내근로복지기금의 비교

공동근로복지기금과 사내근로복지기금은 모두 근로자의 생활안정과 복지증진을 위해 설립·운영된다는 점에서는 공통점이 있지만 다음과 같은 차이가 있습니다. 첫째, 사내근로복지기금은 하나의 사업장에 기금을 설립하여 해당 사업의 특성에 맞게 운영할 수 있지만, 공동기금은 둘 이상의 사업주가 공동으로 기금을 설립하는 것으로 대기업과 중소기업, 원청기업과 하청기업, 중소기업간 등 다양한 형태로 설립이 가능합니다. 둘째, 사내근로복지기금은 개별 사업주의 결정 또는 노사협의회의 의결을 통해 설립할 수 있지만, 공동기금은 참여 사업주 간의 설립에 대한 합의에 의해 설립할 수 있습니다. 셋째, 사내근로복지기금은 해당 사업 근로자의 복지증진을 목적으로 사업을 시행하는 반면, 공동기금은 기금에 참여하고 있는 모든 참여 기업 근로자의 복지증진 및 대기업과 중소기업 간의 복리후생 격차를 해소할 정책적 목적으로 운영됩니다. 넷째, 사내근로복지기금은 해당 사업의 노사가 복지기금협의회 등 기관을 구성하여 독립적으로 운영하지만, 공동근로복지기금은 참여 기업들이 공동으로 기관을 구성하여 공동으로 운영합니다. 다섯째, 공동근로복지기금은 정책적 목적 달성 측면에서 그 효과가 더 크므로 사내근로복지기금에 비해 보다 많은 정부의 예산지원을 받을 수 있습니다.

<사내근로복지기금과 공동근로복지기금 비교>

구분	사내근로복지기금	공동근로복지기금
설립 주체	단일 사업주	둘 이상의 사업주
설립 방식	개별 사업주의 결정	참여 사업주 간 합의
설립 목적	개별 사업 근로자의 복지 증진	참여 중소기업 근로자의 복지 증진 및 대·중소기업 간 복지 격차 해소
운영 주체	사내근로복지기금협의회 (노사 동수)	공동근로복지기금협의회 (참여 기업별 사용자·근로자 대표 각 1인)
사업 대상	해당 사업장 근로자	참여 사업장 전체 근로자
예산 지원	최대 2억 원을 1년간 지원 (협력업체 지원사업 시행 및 중소기업 사내근로복지기금에 출연시)	최대 20억 원을 5년간 지원

(3) 공동근로복지기금의 유형

공동기금은 참여하는 기업의 특성과 이들 상호 간의 관계에 따라 다양한 형태로 설립할 수 있습니다. 각 유형별 특징과 장단점을 정확히 이해하는 것은 공동기금의 설립과 운영에 많은 도움이 될 수 있습니다.

1) 복수의 중소기업 간 공동근로복지기금

둘 이상의 중소기업이 연합하여 공동기금을 설립하는 유형입니다. 이 방법은 해당 중소기업의 사업 규모가 작아 독자적으로 사내근로복지기금을 설립·운영하기에는 규모의 경제를 갖추기가 어려운 기업이나 자금 여력이 부족한 기업이 공동으로 기금을 설립하여 근로자의 복지를 증진할 수 있는 효과적인 방안입니다. 여러 기업이 공동으로 기금을 설립함으로써 개별 기업의 재정적 부담을 경감시킬 수 있으며 일정 규모 이상의 기금액과 대상 근로자를 확보하여 규모의 경제를 실현함으로써 효율적인 복지사업의 수행이 가능해집니다. 특히 동종 업계 중소기업, 동일 지역 내 중소기업, 동일 산업단지 내 입주 중소기업 간에 공동기금을 설립할 경우에는 해당 업종 및 지역의 특성에 맞는 다양한 복지사업을 시행할 수 있는 장점이 있어 최근 그 사례가 늘어나고 있습니다.

2) 원청기업과 하청기업 간 공동근로복지기금

원청기업과 하청기업 간 공동기금은 원청기업인 대기업과 그 협력업체인 중소기업이 연합하여 설립하는 공동기금입니다. 이 방식은 대기업과 중소기업 간의 복지 격차를 해소하는 데 기여할 수 있으며 원청기업인 대기업의 사회적 책임 이행을 통한 기업이미지 제고에도 도움이 될 수 있습니다. 동시에 하청기업인 중소기업 근로자들의 복지증진과 만족도 향상에도 도움이 되므로 원청기업과 하청기업 간, 하청기업 노사 간의 상생협력 문화 확산에도 긍정적 효과가 있습니다.

우리나라 최초의 공동근로복지기금법인(이하 '공동기금법인')으로 설립된 현대엘리베이터 협력업체 공동기금법인은 원청기업과 하청기업 간에 설립된 공동기금입니다. 현대엘리베이터 협력업체 공동기금은 2016년 7월 원청기업인 현대엘리베이터와 현대엘리베이터의 설치 부문 협력업체 57개 사가 공동으로 설립하였습니다. 현대엘리베이터가 전체 기금액의 92%인 658백만 원을 출연하고 협력업체 57개사 각각 1백만 원씩 총 57백만 원을 출연하여 715백만 원 규모의 공동기금을 설립하였습니다. 이에 정부는 228백만 원의 지원금을 지급하여 총 942백만 원 규모의 공동기금을 조성하여 협력업체 근로자 복지증진 사업을 시행하였습니다. 즉, 공동기금은 협력업체 근로자 자녀들에 대한 장학금 지원, 근로자 주택구입자금 보조, 재난구호금 지급 등의 사업을 수행하고 있습니다. 이러한 공동기금을 설립함으로써 원청기업인 현대엘리베이터는 협력업체와의 상생협력 관계를 돈독히 함으로써 생산성 향상을 도모할 수 있게 되었으며 하청기업인 협력업체들은 근로자 복지증진을 통해 직원들의 만족도 및 애사심을 고취하는 효과를 얻을 수 있었습니다.

근로복지기본법 제86조의15는 공동근로복지기금제도에 관한 상당 부분의 내용은 사내근로복지기금제도에 관한 규정을 준용하도록 규정하고 있습니다. 따라서 공동기금제도의 목적, 공동기금의 조성, 공동기금법인의 법적 성격, 설립절차 및 방법, 기관 구성, 설립인가 신청, 설립등기 등 공동기금법인의 설립과 관련된 대부분의 내용이 사내근로복지기금의 그것과 동일합니다. 이 부분들에 대해 다시 설명하는 것은 큰 의미가 없으므로 생략합니다. 이에 대한 자세한 내용은 사내근로복지기금의 설립 등에 대한 부분을 참고하시면 도움이 될 것입니다. 이하에서는 사내근로복지기금의 설립 등과 차이가 있어 주의가 필요한 내용을 중심으로 설명하겠습니다.

(1) 설립 주체

공동기금법인은 둘 이상의 사업주가 공동으로 설립할 수 있습니다. 각 사업주는 공동기금법인을 설립하겠다는 각자의 결정과 각 사업주 간의 합의를 바탕으로 공동기금법인을 설립할 수 있습니다. 공동기금법인의 설립주체인 사업주란 근로자를 사용하여 사업을 수행하는 자를 의미합니다. 다만, 공동기금은 둘 이상의 사업주가 공동으로 설립해야 한다는 점에서 사내근로복지기금과 차이가 있을 뿐입니다.

이미 사내근로복지기금법인을 설립하여 운영하고 있는 회사가 공동기금법인을 설립하고자 하는 경우, 기존 기금법인을 해산하고 새롭게 공동기금법인을 설립해야 하는 것인지, 아니면 기존 기금법인을 유지하면서 추가적으로 공동기금법인을 설립하여 공동기금사업을 운영할 수 있는지에 대한 의문이 있을 수 있습니다. 생각건대, 근로복지기본법령이 공동기금 조성에 관하여 별도의 제한규정을 두고 있지 않으므로 이미 사내근로복지기금법인이 설

립되어 있는 회사의 경우에도 그와 별개로 공동기금법인을 설립할 수 있을 것입니다.[285]

(2) 설립준비위원회 구성

공동기금법인을 설립하려는 사업주는 공동으로 각 사업주 또는 사업주가 위촉하는 사람으로 공동기금 설립사무를 담당할 설립준비위원회를 구성하여야 합니다.[286] 따라서 설립준비위원회는 각 사업주가 1명씩 선임한 설립준비위원으로 구성되며 설립준비위원회 전체 위원의 수는 공동기금법인 설립에 참여하는 사업주의 수에 비례하여 증가하게 됩니다. 예를 들어, 2명의 사업주가 공동기금법인을 설립하고자 하는 경우, 설립준비위원회는 각 사업주가 선임한 2명의 위원으로 구성되며, 3명의 사업주가 공공기금법인을 설립하는 경우에는 3명으로 설립준비위원회가 구성됩니다. 사내근로복지기금의 경우 사용자와 근로자를 대표하는 각각 2명 이상 10명 이사의 같은 수의 위원으로 설립준비위원회를 구성해야 하는 것에 비해 공동기금의 설립준비위원회의 구성은 업무편의를 위해 그 절차를 완화한 측면이 있습니다. 이렇게 구성된 공동기금법인 설립준비위원회의 위원들은 공동기금법인의 설립이 완료된 이후에는 공동근로복지기금협의회(이하 "공동기금협의회")의 사용자위원으로 전환됩니다.[287]

(3) 공동근로복지기금협의회 구성

공동기금법인은 공동기금법인 운영에 관한 주요 사항들을 결정할 최고의사결정기관인 공동기금협의회를 설치하여야 합니다.[288] 공동기금협의회는 공동기금법인의 상설적 필요기관입니다.

---

285)　고용노동부 유권해석(퇴직연금복지과-930, 2016.3.9.; 퇴직연금복지과-3525, 2021.8.4.).
286)　근로복지기본법 제86조의2.
287)　근로복지기본법 제52소 제9항, 세86조의4 세2항, 제86조의15.
288)　근로복지기본법 제86조의4 제1항.

공동기금협의회는 각 사업주별로 사용자와 근로자를 대표하는 각 1명의 위원으로 구성합니다.[289] 예를 들어, 공동기금법인에 4명의 사업주가 참여하는 경우에는 각 사업주별로 2명의 위원(사용자위원 1명, 근로자위원 1명)을 선임해야 하므로 공동기금협의회의 전체 위원수는 총 8명이 됩니다. 사용자를 대표하는 위원의 경우에는 해당 사업의 대표자 또는 그 대표자가 위촉하는 사람으로 선임됩니다. 한편, 공동기금법인 설립 시 설립준비위원회에 참여했던 위원은 공동기금법인이 설립된 후 공동기금협의회의 사용자측 위원으로 그 신분이 자동 전환됩니다. 근로자를 대표하는 위원은 사내근로복지기금법인의 복지기금협의회의 근로자위원 선임방법을 준용하여 선출합니다.[290]

---

289) 근로복지기본법 제86조의4 제2항 전단.
290) 근로복지기본법 제86조의4 제2항 후단.

3. 공동근로복지기금의 운영

공동근로복지기금의 운영도 설립의 경우와 마찬가지로 사내근로복지기금의 관련 내용을 준용하도록 하고 있습니다. 따라서 이하에서는 공동기금의 운영과 관련하여 사내근로복지기금과 다른 부분에 대해서만 중점적으로 설명할 것이므로 설명이 생략된 부분은 사내근로복지기금의 관련 내용을 참고해 주십시오.

(1) 공동기금 조성

공동기금은 기본적으로 공동기금법인에 참여하는 사업주들이 공동으로 이익금의 일부를 출연하여 조성할 수 있습니다.[291] 공동기금법인에 참여하는 모든 사업주는 기금을 출연할 의무가 있으나 그 출연액에 대해서는 별도의 기준이 없으므로 최초 설립 시에는 설립준비위원회에서, 공동기금법인이 설립된 후에는 공동기금협의회에서 의결하여 정관에 그 내용을 정할 수 있습니다.[292] 출연금액의 책정기준으로는 모든 참여 사업주가 동일 금액을 출연하는 균등방식, 기업의 규모 및 근로자수 또는 매출액 등을 기준으로 출연액을 산정하는 비례방식, 균등방식과 비례방식을 혼합한 혼합방식 등이 있을 수 있습니다.

(2) 기본재산 사용

원칙적으로 공동기금법인은 그 기본재산을 공동기금 사업에 사용할 수 없습니다. 그러나 근로복지기본법이 인정하는 경우에는 공동기금법인 기본재산의 일부를 공동기금 사업에

---

291) 근로복지기본법 제86조의2.
292) 고용노동부 유권해석(퇴직연금복지과-3647, 2017. 9. 1.).

사용할 수 있습니다.[293] 즉, 공동기금법인은 출연받은 재산 또는 공동기금협의회에서 출연재산으로 편입할 것을 의결한 재산을 사내근로복지기금의 경우와 마찬가지로 공동근로복지기금사업(이하 "공동기금사업")에 사용하는 것이 허용됩니다. 이 경우 공동기금법인의 기본재산 중 공동기금사업에 사용할 수 있는 금액의 산정은 근로복지기본법 제62조 제2항에 규정된 사내근로복지기금법인의 기본재산 사용에 관한 내용을 준용하여 계산합니다.

한편, 근로복지기본법은 공동기금의 활성화를 위해 사내근로복지기금에는 없는 기본재산 사용에 대한 추가 특례를 규정하고 있습니다. 즉, 해당 공동기금법인을 중소기업 사업주와 대기업 사업주가 공동으로 설립하였거나 둘 이상의 중소기업 사업주가 공동으로 설립한 경우, 그 공동기금법인 해당 회계연도 출연금액의 90% 이내의 범위에서 정관으로 정하는 금액의 기본재산을 공동기금 사업에 사용할 수 있습니다.[294]

(3) 공동기금법인 중간 참여

공동기금법인을 설립할 당시 이에 참여하지 않았던 사업주가 공동기금법인이 설립된 이후 그 공동기금법인에 참여하고자 하는 경우, 공동기금협의회의 협의·결정을 거친 경우에

---

293) 근로복지기본법 제86조의6 제1항.
294) 근로복지기본법 제86조의6 제2항.

만 그 공동기금법인에 참여할 수 있습니다.[295] 이 경우, 공동기금법인에 중간에 참여하는 사업주의 출연금 규모 등 중간 참여에 필요한 사항은 공동기금협의회가 협의하여 결정할 수 있습니다.[296]

(4) 공동기금법인 탈퇴

1) 탈퇴 가능 사유

공동기금법인에 참여한 사업주는 근로복지기본법에서 허용하고 있는 일정한 사유가 발생한 경우에만 그 공동기금법인에서 탈퇴할 수 있습니다.[297] 공동기금법인에서 탈퇴가 허용되는 사유는 다음과 같습니다.[298]

i) 도급인과 수급인 사이에 설립된 공동기금법인인 경우: 도급인·수급인 관계의 종료

ii) 같은 도급인의 수급인들 사이에 설립된 공동기금법인인 경우: 개별적인 도급인·수급인 관계의 종료

iii) 다음의 어느 하나에 해당하는 경우로서, 사업주가 공동기금협의회의 출연결정이 있은 후 다음 출연결정까지 출연하지 않은 횟수가 3회 이상인 경우

    ⓐ 공동기금협의회의 출연결정에 따라 출연해야 하는 기한의 말일이 속하는 달의 직전 달(이하 "기준달") 말일의 해당 사업 재고량이 기준달이 속하는 연도의 직전연도(이하 "직전연도")의 연평균 재고량에 비해 50% 이상 증가한 경우

    ⓑ 기준달의 생산량이 직전연도의 월평균 생산량에 비해 15% 이상 감소한 경우

    ⓒ 기준달의 매출액이 직전연도의 연평균 매출액에 비해 15% 이상 감소한 경우

iv) 해당 사업주의 사업 또는 사업장에서 근로자의 과반수로 조직된 노동조합(근로자의

---

295)　근로복지기본법 제86조의7 제1항.
296)　근로복지기본법 제86조의7 제2항.
297)　근로복지기본법 제86조의8 제1항.
298)　근로복지기본법시행령 제55조의5 제1항.

과반수로 조직된 노동조합이 없는 경우에는 근로자의 과반수)이 공동기금법인에서의
탈퇴를 요구하는 경우

2) 탈퇴 절차

공동기금법인에서의 탈퇴를 신청하고자 하는 사업주는 그 탈퇴사유에 해당하는 사실을
증명할 수 있는 서류를 공동기금법인에 제출하여야 합니다.[299] 공동기금법인은 탈퇴 신청을
받은 경우, 그 신청일로부터 3개월 이내에 해당 사업주의 탈퇴 여부에 대하여 공동기금협의
회의 협의·결정을 거쳐야 합니다. 이 경우, 탈퇴하려는 사업주의 근로자위원과 사용자위원
은 이해상충방지를 위해 그 의결권 행사가 금지됩니다.[300] 한편, 공동기금협의회가 정해진
기간 내에 그 탈퇴 여부를 협의·결정하지 않은 경우에는 그 기간이 경과한 다음 날에 공동
기금협의회가 해당 사업주의 탈퇴를 협의·결정한 것으로 간주합니다.[301]

3) 탈퇴 사업주 재산처리

공동기금법인에 참여한 사업주가 탈퇴하는 경우, 공동기금법인은 탈퇴 시를 기준으로 해
당 사업주가 공동기금법인에 출연한 비율에 따라 산정되는 재산을 해당 사업주에게 배분하
여야 합니다.[302] 공동기금법인이 탈퇴 사업주에게 반환해야 하는 재산의 산정방법은 다음과
같습니다.[303]

$$
\text{탈퇴 또는 사업 폐지 당시 공동근로복지기금법인의 재산의 가액} \times \frac{\text{해당 사업주가 공동근로복지기금법인에 출연한 재산의 가액}}{\text{법 제86조의2에 따라 조성된 공동근로복지기금}}
$$

---

[299] 근로복지기본법시행령 제55조의5 제2항.
[300] 근로복지기본법시행령 제55조의5 제3항.
[301] 근로복지기본법시행령 제55조의5 제4항.
[302] 근로복지기본법 제86조의8 제2항.
[303] 근로복지기본법시행규칙 제29조의2.

한편, 공동기금법인 탈퇴를 사유로 재산을 배분받은 사업주는 그 재산을 다른 용도로 사용할 수 없으며, 반드시 새로운 사내근로복지기금을 설치하거나 이미 설립되어 있는 사내근로복지기금의 재원으로 출연하여야 합니다.[304] 다만, 공동기금법인 참여 사업주 중 과반수의 사업주가 공동기금법인에서 탈퇴하는 경우에는 공동기금법인의 해산사유가 발생하게 되므로, 이 경우에는 공동기금법인 해산 시 재산처리 방법에 따라 처리해야 합니다.[305]

(5) 개별 참여 사업주의 사업폐지

공동기금법인에 참여한 사업주가 사업을 폐지하는 경우에는 공동기금법인 탈퇴 사업주의 재산 산정방법과 동일한 아래 방법에 따라 산정되는 재산을 사업폐지로 인해 해산한 사내근로복지기금법인의 재산처리 방법에 따라 처리해야 합니다.[306] 즉, 미지급 임금 등 사업주가 근로자에게 지급한 의무가 있는 금품을 지급하는 데 우선 사용하고 잔여재산이 있는 경우에는 50% 이내에서 정관에 따라 소속 근로자의 생활안정자금으로 지원할 수 있습니다. 그 후에도 잔여재산이 있는 경우에는 공동기금에 귀속시킵니다.[307]

$$
\text{탈퇴 또는 사업 폐지 당시 공동근로복지기금법인의 재산의 가액} \times \frac{\text{해당 사업주가 공동근로복지기금법인에 출연한 재산의 가액}}{\text{법 제86조의2에 따라 조성된 공동근로복지기금}}
$$

(6) 공동기금법인의 합병 및 분할·분할합병

공동기금법인에 참여한 사업주 중 과반수의 사업주가 사업을 합병·양수 또는 분할·분할

---

304) 근로복지기본법 제86조의8 제3항.
305) 근로복지기본법 제86조의11 제1호 및 제86조의12.
306) 근로복지기본법 제86조의9 제1항.
307) 근로복지기본법 제71조 제1항 및 제86조의9.

합병하는 경우에는 그 공동기금법인을 합병 또는 분할·분할합병할 수 있습니다.[308] 이 경우 공동기금법인의 합병 또는 분할·분할합병 절차 등은 사내근로복지기금의 합병 또는 분할·분할합병 절차 등을 준용합니다. 한편, 근로복지기본법은 공동기금법인의 분할 사유에 대해 엄격히 제한하고 있으므로 공동기금법인 참여 사업자 중 일부가 출연 약정을 이행하지 않았다는 이유로 해당 공동기금법인을 분할하는 것은 허용되지 않습니다.[309]

---

308) 근로복지기본법 제86조의13 및 제86조의14.
309) 퇴직연금복지과-2378, 2018. 6. 18.

4. 공동근로복지기금의 해산

(1) 해산 사유

공동기금법인의 해산은 참여 사업주 근로자들의 복지에 영향을 미치는 중요한 사안이므로 그로 인해 근로자의 복리후생이 후퇴되지 않도록 신중하게 진행해야 합니다. 근로복지기본법은 사내근로복지기금법인 해산의 경우와 마찬가지로 공동기금법인의 해산사유를 엄격히 제한하고 있으므로 참여 사업주들의 독자적인 판단에 따른 공동기금법인 해산은 사실상 불가능합니다. 따라서 공동기금법인은 공공기금법인 참여 사업주 중 과반수 사업주가 사업을 폐지하거나 탈퇴하는 경우, 공동기금법인이 합병 또는 분할·분할합병하는 경우에만 해산할 수 있습니다.[310]

〈사내근로복지기금 법률 상식〉
공동근로복지기금 설립 후 미운영 시 행정절차 등은 어떻게 되나요?

「근로복지기본법」(이하 '법') 제86조의6(현. 제86조의10)에 따라 공동근로복지기금법인(이하 '공동기금법인')이 공동기금 운영방식, 사용 용도, 출연금 규모 등에 관하여 분쟁이 발생하는 경우에는 정관으로 정하는 바에 따라 처리하여야 하며, 분쟁이 발생하였다는 이유로 공동기금법인을 해산할 수는 없습니다. 함께 공동기금법인을 설립한 사업주 간의 분쟁으로 공동기금이 실제로 운영되지 않는다고 하여 근로복지기본법령상 이에 대한 직접적인 불이익은 달리 없을 것입니다.

다만, 공동기금법인은 법 시행령 제63조제1항에 따라 매 회계연도가 끝난 날로부터 3개월 이내에 관할 지방고용노동관서의 장에게 공동기금법인의 운영상황·결산서 등을 보고하여야 하며, 이러한 보고를 게을리할 경우 과태료가 부과될 수도 있음을 알려드립니다(퇴직연금복지과-2389, 2021.5.24.).

---

310) 근로복지기본법 제86조의11.

(2) 해산 시 공동기금법인 재산처리

공동기금법인의 잔여재산 처리는 그 설립목적과 취지를 존중하면서 근로자 복지 증진이라는 본래의 목적에 부합하도록 신중하게 이루어져야 합니다. 특히 복수의 사업주가 참여한 공동기금법인의 특성을 감안하여 참여 사업주 간의 형평성을 확보하는 것이 중요합니다. 따라서 공동기금법인 참여 사업주 중 과반수 사업주의 사업폐지 또는 탈퇴로 인해 공동기금법인이 해산하는 경우에는 참여 사업주가 공동기금법인에 출연한 비율에 따라 해당 사업주에게 재산을 배분하여야 하며 잔여재산은 정관의 정함에 따라 처리하여야 합니다.[311]

한편, 원청기업과 하청관계에 있는 협력회사들이 공동으로 공동기금법인을 설립하고 원청기업이 해당 공동기금법인에 출연하였는데, 차후 해당 공동기금법인이 해산하게 될 경우 그 재산의 배분 대상에 원청기업도 포함되는지 의문이 있을 수 있습니다. 이에 대해 고용노동부는 '참여 사업주'는 공동기금법인의 설립에 참여한 사업주를 의미하는 것이므로 원청기업이 공동기금법인의 설립에 참여하지 않고 출연만 한 경우라면 원청기업은 '참여 사업주'에 포함되지 않는다고 판단하였습니다.[312]

---

311) 근로복지기본법 제86조의12.
312) 퇴직연금복지과-1406, 2019. 3. 25.

5. 공동근로복지기금에 대한 지원

　한편, 공동기금법인은 근로복지진흥기금의 지원금을 통해 공동기금을 조성할 수도 있습니다.[313] 근로복지진흥기금은 근로복지사업에 필요한 재원을 확보하기 위해 국가나 지방자치단체의 출연금, 복권수익금, 각종 전입금 및 기부금 등으로 조성된 기금입니다.[314] 근로복지진흥기금의 관리·운용을 담당하고 있는 근로복지공단은 매년 초 "상생형 근로복지기금 지원사업"을 공고하여 시행하고 있으니 근로복지공단의 근로복지넷 홈페이지(https://welfare.comwel.or.kr)를 참고하시면 도움이 될 것입니다.

　근로복지공단은 근로복지진흥기금을 통해 일정한 요건을 충족하는 공동기금법인에게 해당 공동기금법인의 필요한 비용을 지원할 수 있습니다.[315] 즉, 중소기업 사업주와 상생형 중견기업인 대기업 사업주가 설립한 공동기금법인이 지방자치단체로부터 출연을 받은 경우, 둘 이상의 중소기업 사업주가 설립한 공동기금법인이 대기업이나 도급인, 지방자치단체로부터 출연받은 경우, 상생형 중견기업의 사업주 둘 이상이 설립한 공동기금법인이 지방자치단체로부터 출연을 받은 경우에는 해당 공동기금법인의 필요한 비용을 지원할 수 있습니다.[316] 지원금액은 공동기금 참여 사업주가 출연한 금액의 범위에서 지원하되 매년 예산사정 등을 고려하여 지원금액을 결정할 수 있습니다. 지원금액은 최고 20억 원이며 지원기간은 최장 5년입니다.

---

313)　근로복지기본법 제86조의5.

314)　근로복지기본법 제87조.

315)　근로복지기본법시행령 제55조의3.

316)　공동근로복지기금 지원사업 운영규정 제7조 제2항.

제6장

사내근로복지기금법인의 회계

1. 기금법인 회계 일반론

(1) 비영리법인 회계기준

비영리법인이란 학술, 종교, 자선, 기예, 사교 기타 영리 이외의 비영리사업을 목적으로 설립된 법인을 말합니다.[317] 사내근로복지기금법인은 근로복지기본법에 따라 설립된 비영리법인이므로 회계처리에 있어서도 비영리법인의 회계기준을 따른 것이 바람직합니다. 그러나 비영리법인에는 그 설립 근거 법률과 설립목적 등에 따라 사학법인, 사회복지법인, 의료법인, 학술장학법인, 문화예술법인, 종교법인 등 다양한 종류의 법인들이 있습니다. 그렇기 때문에 성격이 서로 상이한 다양한 비영리법인들을 통일적으로 규율할 수 있는 회계기준을 제정하는 것은 쉬운 일이 아닙니다. 특히, 사학법인의 경우, 사립학교법에서 '사학기관 재무·재무회계 규칙에 대한 특례규칙'을 마련하고 있으며, 사회복지법인 및 의료법인의 경우에도 각각의 근거 법률에서 '사회복지법인 및 사회복지시설 재무회계규칙'과 '의료기관 회계기준 규칙'을 제정하여 해당 비영리법인의 특성에 맞는 회계처리를 지원하고 있는데, 사내근로복지기금의 경우에는 근로복지기본법에서 그 회계처리 방법에 대해 구체적인 기준을 제시하고 있지 않아 실무상 어려움이 있는 것이 사실입니다.

한국회계기준원은 이러한 비영리법인 회계자료 작성을 지원하기 위해 2017년 7월 '비영리조직회계기준'을 제정하여 발표하였습니다. 감독기관에 재무보고를 하는 데 집중했던 기존의 회계처리 관행에서 탈피하여 기업재무제표에 익숙한 회계정보 이용자들이 비영리법인 예산집행의 적합성, 고유목적사업의 효율성 등 재무상황을 쉽게 파악하고 서로 다른 비영리법인과 비교할 수 있게 함으로써 회계투명성을 제고하기 위한 목적으로 비영리법인의 회계기준이 마련되었습니다. 그러나 이 '비영리조직회계기준'의 준수는 강제사항이 아니라 단지 권고사항에 불과하기 때문에 당초의 목적을 달성하는 데에는 여러 가지 한계를 지니고 있습니다.

---

317) 민법 제32조.

사내근로복지기금을 운영하면서 실무상 가장 어려움을 겪는 부분 중 하나가 바로 기금법인의 회계처리인 것으로 파악되고 있습니다. 이러한 회계처리와 관련한 혼란을 완화하기 위해 사학법인, 사회복지법인, 의료법인 등의 경우와 마찬가지로 사내근로복지기금법인의 특성에 맞는 '사내·공동근로복지기금 회계규칙(가칭)'을 제정할 필요가 있습니다.

(2) 기금법인 회계기준

근로복지기본법은 사내근로복지기금의 회계와 관련하여 그 사업의 경영성과와 재산상태를 정확하게 파악할 수 있도록 기업회계의 원칙에 따라 처리하도록 규정하고 있습니다.[318] 우리나라의 기업회계기준은 크게 유가증권시장 또는 코스닥시장 상장회사 등을 적용 대상으로 하는 '한국채택국제회계기준(K-IFRS)', 주식회사 등의 외부감사에 관한 법률(이하 "외감법")의 적용 대상 법인 등을 규율 대상으로 하는 '일반기업회계기준(K-GAAP)', 그리고 중소기업 등에 적용되는 '중소기업회계기준'으로 구분할 수 있습니다. 근로복지기본법은 기업회계기준 중에서 구체적으로 어떤 기준을 따라야 하는지에 대하여는 규정하고 있지 않습니다. 그러나 사내근로복지기금의 회계처리가 국제적 정합성을 갖출 정도로 정교할 필요는 없으며 기금의 규모나 사업의 종류가 제한적인 점을 감안하면 상대적으로 회계처리가 간편한 중소기업회계기준을 준용하는 것이 타당할 것으로 생각됩니다.

(3) 기금법인 회계의 세부 내용

1) 회계연도

원칙적으로 기금법인의 회계연도는 사업주의 회계연도를 따릅니다. 사내근로복지기금이 사업주로부터 독립된 별도의 법인이기는 하지만, 기금출연 등이 사업주의 회계연도 결산 등

---

318) 근로복지기본법시행령 제48조.

과 밀접하게 연관된 경우가 많으므로 특별한 이유가 없는 한 사내근로복지기금의 회계연도는 사업주의 그것과 동일하게 설정하는 것이 실무상 편리한 부분이 있습니다. 그러나 사업주와 다르게 회계연도를 설정하고자 하는 경우에는 정관에 사업주의 회계연도와 다르게 회계연도를 정함으로써 정관에서 규정한 회계연도를 적용받을 수 있습니다.[319]

2) 자금차입 금지

기금법인은 자금을 차입할 수 없습니다.[320] 기금법인은 사업주의 출연금 또는 기본재산의 운용 수익금을 재원으로 운영될 수 있을 뿐이므로 지속 가능한 근로자 복지증진 사업수행을 위해서는 사업주의 정기출연에 대한 합의 또는 기본재산의 효율적 운영을 통한 수익확보 방안 마련 등이 매우 중요합니다.

3) 손실금 및 잉여금 처리

기금법인이 회계연도가 종료되어 결산한 결과 기금에 손실금이 발생한 경우에는 이를 다음 회계연도로 이월하여야 합니다. 한편, 결산 결과 기금에 잉여금이 발생한 경우에는 이월된 손실금을 우선적으로 보전한 후 이를 사내근로복지기금에 전입해야 합니다.[321] 이월손실금을 해소하지 않고 잉여금을 기금에 전입하여 복지사업 등에 사용하는 것은 기금법인의 건전한 운영에 부합하지 않기 때문입니다.

4) 고유목적사업준비금 설정 등

기금법인은 기본재산을 운영하는 과정에서 이자소득 등의 수익이 발생한 경우에는 이를 차후 고유목적사업에 사용하기 위한 고유목적사업준비금으로 설정하여야 합니다.[322] 고유

---

319) 근로복지기본법 제64조 제1항.
320) 근로복지기본법 제64조 제2항.
321) 근로복지기본법 제64조 제3항.
322) 사내·공동근로복지기금 업무처리지침 제19조 제2항.

목적사업준비금이란 근로자 복지증진 사업에 사용하기 위해 일정 한도 내에서 손금으로 계상한 준비금을 의미하며, 고유목적사업준비금 설정만으로도 손금으로 인정되어 법인세 절세 효과를 누릴 수 있습니다. 고유목적사업준비금에 대한 자세한 내용은 "제7장 사내근로복지기금의 세제 혜택"을 참고해 주십시오. 한편, 기금법인은 결손의 보전 그 밖에 부득이한 사유에 따른 회계 사고에 대비하기 위하여 특별적립금을 적립할 수 있습니다.[323] 기금법인은 회계 사고에 대비한 특별적립금뿐만 아니라 다른 용도의 임의적립금을 적립할 수 있음은 물론입니다. 다만, 임의적립금을 적립하고자 하는 경우에는 기금법인 정관에 근거 규정 신설 및 복지기금협의회의 의결 등 기금법인의 적법한 의사결정 프로세스를 거쳐야 함을 명심해야 합니다.

5) 회계서류 보관 등

기금법인은 회계와 관련하여 사업보고서, 재무상태표, 손익계산서, 감사보고서를 작성하여야 하며 그 작성일로부터 5년간 이를 보관하여야 합니다. 이들 회계 관련 서류는 종이문서가 아닌 전자문서의 형식으로 작성하여 전자적 방법으로 보관할 수도 있습니다.[324] 한편, 기금법인은 복지기금협의회의 결의 또는 기금법인 감사의 요구에 따라 공인회계사로 하여금 회계서류 등에 대한 감사를 의뢰할 수도 있습니다.[325]

---

323) 사내·공동근로복지기금 업무처리지침 제19조 제2항.
324) 근로복지기본법 제65조.
325) 사내·공동근로복지기금 업무처리지침 제21조.

(1) 구분경리의 의의

사내근로복지기금의 회계는 기본재산의 운용 및 대부사업에서 발생하는 수익금을 관리하는 '기금관리회계'와 기금법인의 고유목적사업인 근로자 복리후생 증진사업 수행을 위한 '목적사업회계'로 구분하여 처리하여야 합니다.[326] 이처럼 비영리법인의 수익사업과 고유목적사업인 비수익사업을 각각 다른 회계로 구분하여 기장 하는 것을 '구분경리'라고 합니다.[327] 비영리법인인 사내근로복지기금은 비수익사업인 그 목적사업 수행에 대해서는 법인세가 적용되지 않습니다. 그러나 금융기관에 예금 등으로 예치하여 발생한 이자수익, 보유 중인 주식에 대해 발생한 배당수익, 근로자에게 자금을 대부하여 얻은 대부이자 수익 등 수익사업에서 발생한 이익이 있는 경우에는 영리법인과 마찬가지로 법인세 납세의무를 부담하게 됩니다. 따라서 법인세 부과와 징수의 편의를 위해 법인세법은 수익사업과 비수익사업을 구분하여 기장하도록 강제하는 것입니다. 근로복지기본법 또한 법인세법의 취지를 반영하여 사내근로복기기금법인의 구분경리를 규정하고 있습니다.

(2) 구분경리의 방법

비영리법인은 수익사업인 기금관리사업[328]과 비수익사업인 고유목적사업을 구분하여 개별사업별로 자산과 부채를 장부상 각각 독립된 계정과목으로 구분하여 기장하여야 합니

---

326) 사내·공동근로복지기금 업무처리지침 제19조 제1항.

327) 법인세법 제113조.

328) 사내근로복지기금이 비록 근로자 대부사업 등 적극적인 수익사업을 수행하지 않더라도 통상 기금을 금융기관에 예금 등으로 예치함으로써 이자소득이 발생하는 경우가 대부분이므로 이해의 편의상 기금관리사업을 수익사업으로 분류하여 설명하고자 합니다.

다.[329] 그러나 수익사업과 비수익사업에 공통되는 자산과 부채는 개별사업별로 구분하기 어려운 경우가 많으므로 이를 수익사업에 속하는 것으로 기장하며, 수익사업의 자산의 합계액에서 부채(충당금을 포함)의 합계액을 공제한 금액을 수익사업의 자본금으로 계산합니다.[330] 한편, 익금과 손금의 경우에도 수익사업과 비수익사업을 구분하여 각 사업별로 독립된 계정과목으로 구분하여 이를 기장해야 합니다. 그러나 수익사업과 비수익사업에 공통되는 익금은 수익사업과 비수익사업의 수입금액 또는 매출액에 비례하여 안분하여 계산하고, 각 사업에 공통되는 손금은 각 사업이 동일 업종인 경우에는 각 사업의 수입금액 또는 매출액에 비례하여 안분 계산하며, 각 사업이 다른 업종인 경우에는 각 사업의 개별손금액에 비례하여 안분계산합니다.[331]

〈구분경리 세부 내용〉

구 분		내 용
재무상태표	자 산	• 개별 사업에 속하는 자산은 독립된 계정과목으로 구분 기장 • 각 사업에 공통된 자산은 수익사업에 속하는 것으로 기장
	부 채	• 개별 사업에 속하는 부채는 독립된 계정과목으로 구분 기장 • 각 사업에 공통된 부채는 수익사업에 속하는 것으로 기장
	자기자본	• 수익사업의 자본금은 수익사업의 자산 합계액에서 부채(충당금 포함)의 합계액을 공제한 금액으로 함
손익계산서	익 금	• 개별 사업의 익금은 독립된 계정과목으로 구분 기장 • 각 사업에 공통된 익금은 각 사업의 수입금액 또는 매출액에 비례하여 안분 계산
	손 금	• 개별 사업의 손금은 독립된 계정과목으로 구분 기장 • 각 사업에 공통된 손금은 다음 기준으로 계산 (업종 동일) 각 사업의 수입금액에 비례하여 안분 계산 (업종 상이) 각 사업의 개별 손금액에 비례하여 안분 계산

---

329) 법인세법시행령 제156조 제1항.
330) 법인세 집행기준 113-0-2 비영리법인의 구분경리 제1항.
331) 법인세 집행기준 113-0-2 비영리법인의 구분경리 제4항.

3. 기금법인 예산

(1) 의의

예산이란 기금법인이 특정 회계연도에 수행할 목적사업과 기금법인의 운영을 위해 필요한 재원을 미리 계획하고 해당 사업별, 항목별 지출규모와 사용목적을 사전에 확정하는 절차를 의미합니다. 예산은 장래 기금법인의 재정활동을 예측하고 통제하기 위한 과정으로 기금이 목적사업을 수행하기 위한 구체적인 계획을 수치화한 것으로 이해할 수 있습니다.

(2) 기본원칙

기금법인의 예산은 근로복지기본법령 및 관련 규정을 준수하여야 함은 물론이며 다음의 원칙들을 고려하여 신중하게 편성되어야 합니다.

1) 사업목적 부합의 원칙

기금법인의 예산은 단순히 자금의 수입과 지출을 기록하는 것을 뛰어넘어 정관에 명시된 기금법인의 설립목적인 근로자의 복지증진 사업을 효율적으로 수행하기 위한 수단이 되어야 합니다. 그러므로 기금법인의 예산은 각 사업의 세부 계획과 직접적으로 연계되어야 하며 불필요하거나 목적에 부합하지 않는 지출을 철저히 배제해야 합니다.

2) 투명성 원칙

사내근로복지기금은 사업주의 출연금이나 기금의 수익금을 기반으로 조성되지만, 그 수혜대상은 근로자입니다. 따라서 예산편성과 집행과정은 공정하고 투명하게 이루어져야 합니다. 예산안은 기금법인 이사회의 심의를 거쳐 복지기금협의회에서 승인된 후 근로자들에게 공개하여 책임성과 신뢰를 확보해야 합니다.

3) 건전성 원칙

사내근로복지기금의 지속성 있는 안정적인 운영을 위해서는 재정 건전성이 매우 중요합니다. 수입은 가능한 보수적으로 예측하고, 지출은 실제 필요한 범위 내에서 합리적으로 편성해야 합니다. 특히, 기금 수익금에 대한 과도한 기대나 재정 상태를 고려하지 않은 지출 계획은 기금 운영에 위험을 초래할 수 있으므로 지양해야 합니다.

4) 예산총계주의 원칙

사내근로복기금의 모든 수입과 지출은 모두 예산에 포함되어야 합니다. 예산에 계상되지 않은 수입을 수납하거나 지출을 집행하는 것은 허용해서는 안 됩니다. 모든 항목을 통일된 기준에 따라 총괄적으로 관리해야 합니다.

5) 회계연도 독립의 원칙

사내근로복지기금의 예산은 매 회계연도마다 독립적으로 편성되어야 합니다. 한 해의 예산 잔액을 다음 해 예산으로 자동 이월하거나, 예산 집행 과정에서 발생한 초과 지출을 다음 해 예산으로 충당하는 것은 원칙적으로 허용되지 않습니다.

(3) 예산 프로세스

기금법인의 예산은 체계적인 업무 프로세스에 따라 수립되어야 합니다. 이는 기금법인의 투명하고 안정적인 운영과 직접적으로 관련이 있으므로 주의를 기울이는 것이 바람직합니다.

1) 예산편성지침 수립

기금법인이 다음 회계연도의 예산을 편성하기 위해서는 가장 먼저 예산편성에 관한 지침을 수립하는 것이 필요합니다. 예산편성 지침의 수립은 다음 회계연도의 전반적인 예산의 규모 및 운영방향 등을 결정하는 중요한 과정입니다. 예산편성 지침에는 일반적으로 주요 사업의 목표, 예산 총액 목표, 사업별 지출한도, 예산안 작성 일정 등의 내용이 포함됩니다. 실무적으로는 보통 다음 회계연도가 시작되기 2~3개월 전에 예산편성 지침을 수립하여 예산편성 작업을 시작하는 경우가 많습니다.

2) 예산 초안 작성

근로복지기본법시행령은 사내근로복지기금의 예산은 예산총칙, 추정재무상태표, 추정손익계산서를 내용으로 하여 작성하여야 하고, 그 내용을 명백하게 하기 위해 필요한 부속명세서를 작성하도록 규정하고 있습니다.[332] 한편, 사내·공동근로복지기금 업무처리지침은 기금법인의 사업계획서는 예산총칙, 목적사업계획서, 추정재무상태표, 추정손익계산서, 기금운용계획서 등으로 작성하여야 한다고 규정하고 있습니다.[333] 따라서 사내근로복지기금의 예산은 관련된 전체의 내용을 포괄하는 사업계획서를 작성하는 것으로 이해해도 무방합니다. 이하에서 예산 초안 및 최종 예산안 등을 말할 때에는 예산과 관련된 모든 내용이 포함된 사업계획서 초안 및 최종안을 의미하는 것으로 생각하면 됩니다.

예산편성 지침에 따라 다음 회계연도 예산의 큰 방향이 결정되면 이사 등은 그 지침에 따라 수행할 사업계획을 바탕으로 예산 초안을 작성합니다. 수입예산에는 사업주의 출연금 및 기본재산 운영과 관련한 이자수익, 대부이자 수익 등을 예상되는 모든 수입원을 구체적으로 산출하여 예산안에 반영합니다. 지출예산에는 근로자 복지증진 사업을 위한 고유목적사업

---

332) 근로복지기본법시행령 제49조 제1항.
333) 사내·공동근로복지기금 업무처리지침 제20조 제1항.

비와 기금법인 사무집행을 위한 일반관리비 등 세부사항을 구분하여 예산에 반영합니다.

3) 예산 초안 검토 및 조정

예산 초안이 작성되면 이에 대하여 전반적인 타당성을 검증하고 수정하는 과정을 거칩니다. 예산이 합리적이고 적정한지를 중점적으로 검토하고 중복되거나 불필요한 지출항목 등을 조정합니다. 이 과정에서 기금법인 예산의 기본원칙을 준수하고 있는지 다시 한번 점검합니다.

4) 최종 예산안 승인

검토가 완료된 예산안은 기금법인 이사회의 심의를 통해 복지기금협의회에 부의할 최종 예산안으로 승인을 받습니다. 이사회를 통과한 최종 예산안은 궁극적으로 기금법인의 최고 의사결정기관인 복지기금협의회에 상정되어 심의를 통해 최종 승인을 받아야 합니다. 복지기금협의회에서 승인된 예산안이 공식적으로 확정된 기금법인의 다음 회계연도 예산이 됩니다.

5) 고용노동부 보고

복지기금협의회에서 승인된 다음 회계연도의 사업계획서는 당해 회계연도가 종료된 후 3개월 이내에 지방고용노동관서의 장을 거쳐 고용노동부 장관에게 보고하여야 합니다.[334]

---

334) 근로복지기본법시행령 제63조.

4. 기금법인 결산

(1) 의의

결산이란 해당 회계연도가 종료된 후, 실제로 발생한 기금법인의 모든 재정활동을 종합하여 확정하는 회계절차를 의미합니다. 결산은 과거의 재정 활동을 기록하고 평가하는 작업으로, 미리 계획한 예산과 실제 집행 결과를 비교하여 그 차이를 분석하는 과정을 포함합니다. 그렇기 때문에 결산보고서는 기금법인의 재무상태와 운영성과를 최종적으로 보여 주는 자료라고 할 수 있습니다. 기금법인은 매 회계연도가 끝난 후 3개월 이내에 해당 연도의 운영상황 및 결산서 등을 지방고용노동관서의 장에게 보고하여야 하므로 기금법인의 결산은 일반적으로 당해 회계연도 종료 후 1~2개월 이내에 이루어지고 있습니다.

사내근로복지기금의 결산서는 예산집행개요, 재무상태표, 손익계산서, 이익잉여금처분계산서, 예산집행대비표, 합계잔액시산표 등으로 작성하여야 합니다. 재무상태표에는 필요한 경우 부속서류로서 제예금명세서, 유가증권명세서, 대여금명세서, 고정자산명세서, 고유목적사업준비금명세서, 제세선급금명세서 등을 첨부하여야 합니다. 손익계산서에는 필요한 경우 부속서류로서 수입이자명세서, 그 밖의 수입금명세서 등을 첨부하여야 합니다.[335]

(2) 목적

기금법인이 결산을 하는 것은 다음과 같은 목적 때문입니다. 첫째, 기금법인이 당해 회계연도가 시작하기 전에 세웠던 예산 대비 실제 수입과 지출을 분석하여 사내근로복지기금의 재정 운영이 얼마나 효율적이었는지를 평가하기 위함입니다. 둘째, 결산일 현재 기준으로

---

[335] 근로복지기본법시행령 제49조 제2항; 사내·공동근로복지기금 업무처리지침 제20조 제2항.

기금법인의 자산, 부채, 순자산[336]의 상태를 정확하게 파악하기 위함입니다. 셋째, 결산보고서를 통해 기금법인의 재무 건전성과 운영성과를 사업주와 근로자 등 이해관계자와 감독당국에 제공하기 위함입니다. 마지막으로 근로복지기본법 및 법인세법 등 관련 법률상 의무를 이행하기 위한 목적도 가지고 있습니다.

(3) 예산과 결산의 관계

기금법인의 예산과 결산은 상호보완적인 관계에 있습니다. 예산은 결산을 위한 기준점이 됩니다. 결산 보고서에는 예산에 대비하여 실제 집행결과를 비교하는 항목이 포함되며, 이를 통해 예산 책정의 타당성과 집행의 효율성을 평가할 수 있습니다. 한편, 결산은 다음 회계연도의 예산을 수립하는 데 중요한 피드백(feedback) 역할을 수행합니다. 특정 사업의 예산 초과나 특정 수익 항목의 과대 계상 등 결산의 분석을 통해 얻은 정보는 다음 회계연도의 예산 편성 시 오류를 줄이고 보다 현실적인 계획을 세우는 데 활용될 수 있습니다. 즉, 예산은 미래를 위한 계획이고 결산은 과거에 대한 기록과 평가라고 이해할 수 있습니다.

(4) 결산 프로세스

1) 회계연도 중 거래 발생 시 업무 프로세스

기금법인은 회계연도 중 거래가 발생한 경우에는 일반적으로 분개, 계정별 보조부 작성, 총계정원장 작성 등의 순서로 업무를 하여야 합니다. 평상시 이러한 업무들이 정확하게 이루어져야만 회계연도 말에 결산작업을 원활히 마무리할 수 있으므로 결산업무 프로세스의 설명에 앞서 이에 대한 내용을 먼저 설명드리겠습니다.

---

336) '순자산(Net Assets)'이란 자산 총계에서 부채 총계를 차감한 금액을 의미합니다. 영리법인의 '자본(Equity)'과 유사한 개념이지만 비영리법인의 경우에는 주주의 소유지분에 대한 개념이 없으므로 이를 '순자산'이라고 구분하여 부릅니다. 순자산은 특정인에게 귀속되는 지분이 아니라 비영리법인의 목적사업을 수행하기 위한 잔여재원으로 이해할 수 있습니다.

① 분개

기금법인은 당해 회계연도 중 회계적 거래가 발생하는 경우에는 이를 분개해야 합니다. '분개(journalizing)'란 회계 거래가 발생할 경우, 그 거래 내용을 복식부기의 원리에 따라 차변과 대변으로 나누어 회계장부에 기록하는 절차입니다. 분개는 모든 회계처리의 시작이자 기초가 되며, 거래의 8요소(자산, 부채, 자본, 수익, 비용의 증가와 감소)를 사용하여 거래내용을 명확히 표현합니다.

〈 거래의 8요소 〉

차변 (Debit)	대변 (Credit)
자산 증가(+)	자산 감소(-)
부채 감소(-)	부채 증가(+)
자본 감소(-)	자본 증가(+)
비용 발생(+)	수익 발생(+)

이해를 돕기 위해 회계거래에 대한 분개를 몇 가지 간단한 예시를 통해 설명해 보겠습니다. 첫째, 비용 발생과 자산 감소의 예시입니다. 기금법인이 사용하고 있는 사무실의 임차료 500,000원을 현금으로 지급하는 거래가 발생한 경우입니다. 이 거래는 '임차료'라는 비용이 발생하고, 동시에 '현금'이라는 자산이 감소한 거래입니다. 따라서 이를 분개하면 '(차) 임차료 500,000원 / (대) 현금 500,000원'이 됩니다. 둘째, 자산 증가와 부채 증가의 예시입니다. 기금법인이 사무실에 사용할 비품인 책상을 500,000원에 외상으로 구입하는 거래가 발생한 경우입니다. 이 거래는 '비품'이라는 자산이 증가하고, 동시에 '미지급금'이라는 부채도 증가한 거래입니다. 따라서 이를 분개하면 '(차) 비품 500,000원 / (대) 미지급금 500,000원'이 됩니다. 셋째, 수익 발생의 예시입니다. 기금법인이 기본재산을 보통예금에 가입하여 관리하고 있는데, 해당 예금에 대한 이자가 100,000원 발생한 경우입니다. 이 거래는 '보통예금'이라는 자산이 증가하고, '이자수익'이라는 수익이 발생한 거래입니다. 이를 분개하면 '(차) 보통예금 100,000원 / (대) 이자수익 100,000원'이 됩니다.

② 계정별 보조부 작성

회계거래가 발생 시 가장 기본적으로 해당 거래를 분개하여 분개장을 정상적으로 작성하였다면, 다음으로 계정별 보조부를 작성해야 합니다. 실무상 분개장 작성이 끝났다면 즉시 계정별 보조부를 작성하는 것이 바람직합니다. '계정별 보조부'란 총계정원장(General Ledger)의 특정 계정과목에 대한 상세한 내역을 기록하는 장부를 말합니다. 총계정원장은 모든 계정의 요약된 변동 내역과 잔액만을 보여 주므로 특정 거래 상대방, 거래날짜, 상세내용 등을 파악하기가 어렵습니다. 그러나 계정별 보조부는 개별 거래의 상세 정보를 포함하여 계정의 내용을 보다 자세히 확인할 수 있는 장점이 있습니다. 그뿐만 아니라 총계정원장의 잔액과 보조부의 합계액을 비교하여 오류를 쉽게 발견하고 추적할 수 있는 점도 실무상 많은 도움이 됩니다.

계정별 보조부는 크게 보조원장과 보조기입장으로 구분할 수 있습니다. '보조원장(Subsidiary Ledger)'이란 총계정원장의 각 계정에 대한 상세한 내용을 기록하는 장부입니다. 예를 들어, 외상매출금이라는 총계정원장 계정에 대한 보조원장은 A회사에 대한 외상매출금, B회사에 대한 외상매출금 등으로 세분화하여 각 거래처별로 잔액을 관리하는 것입니다. '보조기입장 (Subsidiary Journal)'이란 특정 거래 유형에 대한 상세 내용을 기록하는 보조부입니다. 예를 들어, 현금의 입출금 내역을 상세하게 기록하는 '현금출납장', 매입 또는 매출거래를 상세히 기록하는 '매입장', '매출장' 등이 보조기입장에 해당합니다.

③ 총계정원장 작성

분개와 계정별 보조부 작성이 완료된 경우에는 이를 월 단위로 총계정원장에 옮겨 적습니다. '총계정원장(General Ledger)'이란 모든 회계거래를 계정별로 종합하고 정리하는 주요 장부입니다. 분개장에서 계정과목별로 흩어져 있는 모든 거래들을 '현금', '보통예금', '비품', '수익' 등 각 계정별로 옮겨 적어 종합하여 표시합니다. 또한, 특정시점에 각 계정의 최종 잔액을 계산하여 보여 줍니다. 이를 통해 특정계정의 변동 내역 및 각 계정의 잔액을 한눈에 파악할 수 있도록 도움을 줍니다. 총계정원장은 일반적으로 T자 모양의 계정(T-account) 형태로 구성됩니다.

2) 회계연도 말 결산작업 시 업무 프로세스

회계연도가 종료된 후 1~2개월 이내에 진행되는 기금법인의 결산업무의 프로세스는 다음과 같은 절차로 진행됩니다.

① 계정별 보조부 마감

회계연도 말 결산작업을 위해서는 가장 먼저 회계연도 중 계속 작성하였던 계정별 보조부를 마감해야 합니다. 계정별 보조부의 마감은 우선 모든 거래가 정확하게 기록되었는지를 확인하고 계정별 보조부의 최종 잔액을 계산해야 합니다. 그리고 계정별 보조부의 총 합계 금액이 총계정원장 해당 계정의 잔액과 일치하는지를 비교해야 합니다. 만약 계좌별 보조부와 총계정원장 사이에 차이가 있으면 거래 누락이나 오류 등을 찾아 수정해야 합니다.

② 총계정원장 마감

다음으로 총계정원장을 마감합니다. 총계정원장의 마감은 두 단계로 나눌 수 있습니다. 우선 수익과 비용 계정을 마감합니다. 이 단계는 당해 회계연도의 운영 성과를 계산하기 위해 수익과 비용 계정의 잔액을 '집합손익계정'으로 옮기는 과정입니다. 수익계정의 마감은 각 수익계정의 차변에 해당 잔액을 기입하고 대변에는 '집합손익계정'을 기입하여 잔액을 0으로 만듭니다. 수익계정과 마찬가지로 비용계정의 마감은 각 비용계정의 대변에 잔액을 기입하고 차변에는 '집합손익계정'을 기입하여 잔액을 0으로 만듭니다. 이렇게 모든 수익과 비용계정의 잔액을 집합손익계정으로 옮기면, 집합손익계정의 잔액은 당기순이익(대변 잔액) 또는 당기순손실(차변 잔액)이 됩니다.

다음으로 재무상태표 계정을 마감합니다. 이 단계는 다음 회계연도로 잔액을 이월하기 위해 자산, 부채, 순자산 계정을 정리하는 과정입니다. 우선, 집합손익계정의 잔액(당기순이익 또는 순손실)을 '순자산'계정에 반영합니다. 당기순이익은 순자산을 증가시키고 순손실은 순자산을 감소시킵니다. 그다음 모든 자산, 부채, 순자산 계정의 잔액을 '차기이월'이라는 계정으로 옮겨 적어 잔액을 0으로 만듭니다. 이렇게 이월된 잔액은 다음 회계연도에 '전기이월'이라는 이름으로 표시됩니다.

③ 시산표 작성

시산표를 작성하는 작업은 당해 회계연도 동안의 거래 기록에 오류가 없었는지를 점검하는 매우 중요한 과정입니다. 시산표(Trial Balance)란 총계정원장에 기록된 모든 계정의 차변 잔액과 대변 잔액을 한 표에 모아서 그 합계가 일치하는지 여부를 확인하는 표입니다. 복식부기의 대차평균의 원리[337]를 이용하여 분개와 총계정원장 전기(轉記) 과정에서 발생한 산술적 오류를 검증하는 것입니다. 시산표 합계액이 일치하면 계산상 오류가 없음을 의미하며 재무제표 작성의 기초 자료로 활용할 수 있게 됩니다.

시산표의 종류에는 합계시산표, 잔액시산표, 합계잔액시산표가 있습니다. 합계시산표는 총계정원장의 각 계정별로 차변과 대변의 총합계를 나열하여 작성하는 시산표입니다. 잔액이 0인 계정도 포함해서 작성합니다. 잔액시산표는 총계정원장의 각 계정별 차변과 대변의 최종 잔액만을 모아서 작성하는 시산표입니다. 잔액이 0인 계정은 생략됩니다. 합계잔액시산표는 합계시산표와 잔액시산표를 결합한 형태의 시산표로 각 계정의 차변과 대변의 총합계 및 최종잔액을 모두 표시하는 시산표입니다. 사내·공동근로복지기금 업무처리지침은 기금법인이 결산서를 작성할 경우 합계잔액시산표를 작성하도록 규정하고 있습니다.[338]

④ 손익계산서 작성

손익계산서의 작성은 이미 작성된 합계잔액시산표의 손익계정 항목을 손익계산서로 옮겨 적으면 됩니다. '손익계산서(Income Statement)'란 기금법인의 해당 회계연도 동안의 경영 성과를 보여 주는 보고서입니다. 손익계산서에는 '총수익 - 총비용 = 당기순이익 또는 당기순손실'이라는 원리가 적용됩니다. 즉, 손익계산서를 통해 기금법인이 얼마의 수익을 냈고 얼마의 비용을 사용해서 최종적으로 얼마의 이익 또는 손실을 남겼는지를 파악할 수 있습니

---

337) '대차평균의 원리'란 복식부기의 가장 기본적인 원리이자 핵심 개념으로서 모든 회계 거래는 거래의 이중성에 따라 반드시 차변과 대변에 동일한 금액으로 기록된다는 원리을 의미합니다. 이 원리는 '자산=부채+자본'이라는 회계등식에서 비롯되는데, 어떤 거래가 발생하더라도 이 등식은 항상 성립하며 거래의 결과로 차변과 대변의 합계는 항상 일치합니다.
338) 사내·공동근로복지기금 업무처리지침 제20조 제2항.

다. 손익계산서는 단순히 이익금액만을 보여 주는 것이 아니라 이익의 발생 과정을 상세히 설명해 줍니다.

⑤ 재무상태표 작성

재무상태표(Balance Sheet)란 특정 시점에서 기금법인의 재무 상태를 나타내는 보고서입니다. 재무상태표의 작성은 이미 작성된 합계잔액시산표의 자산, 부채 및 자본계정 항목의 최종 잔액을 재무상태표 양식의 해당 위치에 옮겨 적으면 됩니다. 모든 계정을 재무상태표에 옮겨 적은 다음, 최종적으로 자산총계와 부채 및 자본총계가 일치하는지 여부를 확인해야 합니다. 양쪽의 합계가 동일하다면 재무상태표는 제대로 작성된 것입니다.

⑥ 잉여금처분계산서 작성

잉여금처분계산서(Statement of Appropriation of Retained Earnings)는 회계연도 결산 후 기업의 미처분이익잉여금을 어떻게 사용할지에 대한 계획을 보고하는 보고서입니다. 일반적으로 주주들에게 이익을 배당하거나 이익준비금 등 법정적립금 또는 임의적립금으로 적립하거나 다음 회계연도로 이월하는 방법 등의 방법으로 미처분이익잉여금을 처리합니다. 그렇기 때문에 잉여금처분계산서는 주주총회의 승인을 받아야 하는 중요한 재무제표입니다. 그러나 비영리법인인 사내근로복지기금의 잉여금처분계산서는 영리법인의 그것과는 차이가 있습니다. 즉, 비영리법인은 주주가 없기 때문에 이익을 배당할 수 없으므로 당해연도에 발생한 잉여금은 고유목적사업을 위해 다음 회계연도로 이월하거나 사내근로복지기금으로 전입하여야 합니다. 만약, 전기이월결손금이 있는 경우에는 이를 보전한 후에 사내근로복지기금에 전입해야 합니다.[339] 한편, 결손이 발생한 경우에는 전기이월이익잉여금이 있는 경우 그로부터 우선적으로 보전하고 전기이월이익잉여금이 없는 경우에는 다음 회계연도로 이월합니다.[340]

⑦ 부속명세서 작성

부속명세서는 재무상태표나 손익계산서 등 주요 재무제표의 특정 계정과목에 대한 세부

---

339)　근로복지기본법 제64조 제3항.
340)　근로복지기본법 제64조 제3항.

내용을 보충적으로 설명해 주는 보고서입니다. 회계연도 결산을 위해 재무제표의 부속명세서를 작성하는 과정은 기금법인의 재무정보를 더욱 투명하고 상세하게 보여주는 중요한 절차입니다. 재무상태표의 부속명세서로 제예금명세서, 유가증권명세서, 대여금명세서, 고정자산명세서, 고유목적사업준비금명세서, 제세선급금명세서 등을 작성하여야 합니다. 한편, 손익계산서의 경우에는 수입이자명세서, 그 밖의 수입금명세서 등을 부속명세서로 작성하여야 합니다.[341]

3) 결산서의 보고 프로세스

① 이사회 승인

기금법인의 예산 편성 및 결산에 대한 사항은 기금법인 이사의 업무에 속합니다.[342] 따라서 기금법인의 이사 및 업무 책임자는 기금법인 회계결산 프로세스에 따라 결산을 진행하고 재무제표를 포함하여 작성된 최종 결산서(안)을 이사회에 보고하여 승인을 얻어야 합니다. 기금법인 이사회는 전체 이사의 과반수의 찬성으로 최종 결산서(안)을 승인할 수 있습니다.[343]

② 감사의 업무 및 회계 감사

기금법인의 감사는 기금법인의 사무 및 회계에 관한 사항을 감사하는 업무를 담당합니다.[344] 감사는 기금법인의 결산업무와 관련하여 매 회계연도 개시일로부터 2개월 이내에 이전 회계연도 기금법인의 사무 및 회계에 관한 사항 등에 대하여 정기감사를 실시하여야 합니다.[345] 따라서 기금법인 대표이사는 이사회에서 승인한 결산서(안)을 기금법인 감사에게 송부하여 감사를 의뢰하여야 합니다. 결산서(안)을 전달받은 감사는 이를 면밀히 검토한 후 감사보고서를 작성하여 기금법인 대표이사에게 제출하여야 합니다. 만약 시정이 필요한 부분을 발견한 경우에는 대표이사에게 그 시정을 요구할 수 있으며, 감사는 복지기금협의회에

---

341) 근로복지기본법시행령 제49조 제2항; 사내·공동근로복지기금 업무처리지침 제20조 제2항.
342) 근로복지기본법 제58조 제2항 제2호.
343) 근로복지기본법 제58조 제3항.
344) 근로복지기본법 제58조 제4항.
345) 사내·공동근로복지기금 업무처리지침 제13조 제1항.

출석하여 관련한 의견을 진술할 수 있습니다. [346]

③ 복지기금협의회 승인

결산서(안)에 대해 기금법인 감사가 감사보고서를 통해 적정의견을 전달한 경우, 기금법인 대표이사는 이를 복지기금협의회에 부의하여야 합니다. 복지기금협의회는 기금법인의 최고의사결정기관으로서 당해 회계연도의 결산서 및 감사보고서, 다음 회계연도의 사업계획서를 승인할 권한을 가지고 있습니다. [347] 복지기금협의회는 사용자위원과 근로자위원의 각 과반수의 출석으로 개의하고 출석위원의 3분의 2 이상의 찬성으로 결산서(안)을 승인할 수 있습니다. [348] 복지기금협의회의 승인을 통해 기금법인의 당해연도 결산서가 최종적으로 확정됩니다. 기금법인은 사업보고서, 재무상태표, 손익계산서, 감사보고서를 5년간 보관하여야 하며[349], 항상 근로자들이 열람할 수 있도록 사보 게재, 사내 게시판 및 인트라넷 게시 등의 방법으로 공개하여야 합니다. [350]

④ 고용노동부 신고

기금법인은 당해 연도의 운영상황 및 결산서, 다음 연도의 사업계획서 등을 근로복지기본법 시행규칙 별지 제15호 서식(운영상황 보고서)에 첨부하여 매 회계연도가 끝난 후 3개월 이내에 관할 지방고용노동관서의 장에게 보고해야 합니다. [351] 기금법인 운영상황 보고서에는 기금법인 및 사업체의 일반현황, 기본재산현황, 기금운용 및 관리현황, 기금사업의 재원, 기본재산 사용현황, 사업실적, 선택적 복지비 현황, 부동산 현황 등 기금법인의 운영과 관련한 전반적인 정보를 기재하여야 합니다. 기금법인의 예산 및 결산은 근로복지기본법에 따라 기금법인이 반드시 준수해야 할 의무이며 고용노동부에 제출해야 하는 서류의 종류와 내용이 방대하여 실무상 어려움이 있을 수 있습니다. 그뿐만 아니라 당해 회계연도 종료 후 3개월 이내에 해당 업무를 완료해야 하는 까닭에 더욱 조급할 수 있습니다. 그렇기 때문에 예산

---

346) 사내·공동근로복지기금 업무처리지침 제13조 제2항.
347) 근로복지기본법 제56조 제1항 제3호
348) 근로복지기본법시행령 제43조.
349) 근로복지기본법 제65조.
350) 근로복지기본법 제66조 및 동법 시행령 제50조.
351) 근로복지기본법 제93조 제3항, 동법 시행령 제63조 및 동법 시행규칙 제30조.

및 결산업무에 익숙하지 않은 담당자 및 책임자들께서는 관련 전문가의 도움을 받으시는 것을 추천드립니다.

⑤ 관할 세무서 신고

납세의무가 있는 기금법인은 각 사업연도의 종료일이 속하는 달의 말일로부터 3개월 이내에 그 사업연도의 소득에 대한 법인세 과세표준과 세액을 납세지 관할 세무서장에게 신고하여야 합니다.[352] 신고를 할 때에는 기업회계기준을 준용하여 작성한 기금법인의 재무상태표, 포괄손익계산서 및 이익잉여금처분계산서 또는 결손금처리계산서, 세무조정계산서 등을 첨부하여야 합니다.[353] 그러나 기금법인이 금융기관으로부터 원천징수 된 이자소득만 있는 경우에는 과세표준 신고를 하지 않을 수 있습니다. 이 경우 과세표준 신고를 하지 않은 이자소득은 사업연도의 소득금액을 계산할 때 포함하지 않습니다.[354] 세무신고도 기금법인의 업무 중에서 매우 중요한 업무이므로 원활한 업무처리를 위해 전문가의 도움을 받으시기를 권면드립니다.

⑥ 관할 지방자치단체장 신고

법인세법 제60조에 따라 과세표준의 신고 의무가 있는 기금법인은 각 사업연도 종료일이 속하는 달의 말일부터 4개월 이내에 그 사업연도의 소득에 대한 법인지방소득세의 과세표준과 세액을 납세지 관할 지방자치단체의 장에게 신고해야 합니다.[355] 이 경우에도 법인세 과세표준 신고와 마찬가지로 신고서에 재무상태표, 포괄손익계산서 및 이익잉여금처분계산서 또는 결손금처리계산서, 세무조정계산서 등을 첨부하여야 합니다.[356]

---

352) 법인세법 제60조 제1항.
353) 법인세법 제60조 제2항.
354) 법인세법 제62조 제1항.
355) 지방세법 제103조의23 제1항.
356) 지방세법 제103조의23 제2항.

제7장

사내근로복지기금의 세제 혜택

사내근로복지기금은 근로자 복지 증진이라는 공익적 목적을 위해 설립되어 다양한 긍정적 효과를 사업 전반에 나타내고 있습니다. 정부는 이러한 사내근로복지기금제도의 활성화를 위해 다양한 세제 혜택을 사내근로복지기금 등에게 지원하고 있습니다. 이러한 세제 지원은 기금법인의 설립과 운영을 촉진하고 근로자의 복지를 증진시키는 데 매우 중요한 역할을 하고 있습니다. 이 장에서는 사내근로복지기금에 대한 세제 혜택을 출연기업, 근로자, 사내근로복지기금법인으로 구분하여 각각 살펴보겠습니다.

(1) 법인세 손비인정

법인인 사업주가 근로복지기본법에 따라 설립된 사내근로복지기금에 금품을 출연하는 경우 해당 출연 금품은 전액 손비로 인정되어 법인세가 감면됩니다.[357] 이 경우, '손비'란 자본 또는 출자의 환급, 잉여금의 처분 및 법인세법에서 규정하는 것은 제외하고 해당 법인의 순자산을 감소시키는 거래로 인하여 발생하는 손실 또는 비용을 의미합니다. 따라서 법인세 계산 시 손비로 인정된다는 것은 법인세의 과세대상 금액이 줄어드는 것을 의미하므로 법인세 절세효과를 누릴 수 있다는 뜻입니다.

법인 사업주에 대한 손비인정 혜택은 해당 사업주가 당해 사업의 사내근로복지기금에 금품을 출연한 경우뿐만 아니라 다음 경우에도 동일하게 인정됩니다. 즉, 해당 법인 사업주와 다른 법인 사업주 간에 공동으로 설립한 공동근로복지기금, 해당 법인 사업주의 협력중소기업이 설립한 사내근로복지기금, 해당 법인 사업주의 협력중소기업 간에 공동으로 설립된 공동근로복지기금에 출연한 금품도 손비로 인정되어 법인세 감면 효과를 누릴 수 있습니다.

과거 법인 사업주가 당해 사내근로복지기금 등에 출연한 금품은 지정기부금으로 인정되어 일정한 한도액(10%) 이내에서 일부 금액만 손비로 인정되었습니다. 그로 인해, 상당수의 법인 사업주는 사내근로복지기금을 설립할 필요성을 느끼지 못해 사내근로복지기금 활성화에 장애요인으로 작용하였습니다. 그러나 2021년 2월 17일 법인세법시행령이 개정됨으로써 현재와 같이 법인 사업주가 당해 사내근로복지기금 등에 출연한 금품은 전액 손비로 처리할 수 있게 되었습니다. 이는 정부가 적극적으로 추진하고 있는 사내근

---

357)   법인세법 제19조 제1항 및 동법 시행령 제19조 제22호.

로복지기금을 통한 근로자의 복지증진 사업에 세제 지원을 통해 힘을 보태기 위한 것으로, 동 시행령 개정으로 인해 법인 사업주의 사내근로복지기금 설립 및 출연이 더욱 활발해지는 효과가 나타나고 있습니다.

법인세법 [법률 제20613호, 2024. 12. 31., 일부개정]	법인세법 시행령 [대통령령 제35350호, 2025. 2. 28., 일부개정]

제19조(손금의 범위) ① 손금은 자본 또는 출자의 환급, 잉여금의 처분 및 이 법에서 규정하는 것은 제외하고 해당 법인의 순자산을 감소시키는 거래로 인하여 발생하는 손실 또는 비용[이하 "손비"(損費)라 한다]의 금액으로 한다.
② 손비는 이 법 및 다른 법률에서 달리 정하고 있는 것을 제외하고는 그 법인의 사업과 관련하여 발생하거나 지출된 손실 또는 비용으로서 일반적으로 인정되는 통상적인 것이거나 수익과 직접 관련된 것으로 한다.
③ 「조세특례제한법」 제100조의18제1항에 따라 배분받은 결손금은 손금으로 본다.
④ 손비의 범위 및 구분 등에 필요한 사항은 대통령령으로 정한다.
	제19조(손비의 범위) 법 제19조제1항에 따른 손실 또는 비용[이하 "손비"(損費)라 한다]은 법 및 이 영에서 달리 정하는 것을 제외하고는 다음 각 호의 것을 포함한다.
	1. ~ 2.1 (생 략)
	22. 다음 각 목의 기금에 출연하는 금품
	  가. 해당 내국법인이 설립한 「근로복지기본법」 제50조에 따른 사내근로복지기금
	  나. 해당 내국법인과 다른 내국법인 간에 공동으로 설립한 「근로복지기본법」 제86조의2에 따른 공동근로복지기금
	  다. 해당 내국법인의 「조세특례제한법」 제8조의3제1항제1호에 따른 협력중소기업이 설립한 「근로복지기본법」 제50조에 따른 사내근로복지기금
	  라. 해당 내국법인의 「조세특례제한법」 제8조의3제1항제1호에 따른 협력중소기업 간에 공동으로 설립한 「근로복지기본법」 제86조의2에 따른 공동근로복지기금
	23. ~ 24. (생 략)

(2) 소득세 필요경비 인정

개인 사업주가 근로복지기본법에 따라 설립된 사내근로복지기금에 금품을 출연하는 경우 해당 출연 금품은 전액 필요경비로 인정되어 사업소득세가 감면됩니다.[358] 이 경우, '필요경비'란 해당 과세기간의 총수입금액에 대응하는 비용으로서 일반적으로 용인되는 통상적인 비용의 합계액을 의미합니다. 따라서 사업소득금액 계산 시 필요경비로 인정된다는 것은 법인 사업주가 법인세 계산 시 손비로 인정되는 것과 마찬가지로 소득세의 과세대상 금액이

---

358) 소득세법 제27조 제1항 및 동법 시행령 제55조 제1항 제9호.

줄어든 것을 의미합니다. 결국 사업주가 법인이냐 개인이냐에 따라 적용되는 근거법률이 법인세법과 소득세법으로 구분되고 각 법률에서 사용하는 용어들이 서로 상이할 뿐 실질적인 과세금액 계산의 방식은 양자가 동일합니다.

한편, 개인 사업주에 대한 손비인정 혜택은 해당 사업주가 당해 사업의 사내근로복지기금에 금품을 출연한 경우뿐만 아니라 다음 경우에도 동일하게 인정됩니다. 즉, 해당 법인 사업주와 다른 법인 사업주 간에 공동으로 설립한 공동근로복지기금, 해당 법인 사업주의 협력중소기업이 설립한 사내근로복지기금, 해당 법인 사업주의 협력중소기업 간에 공동으로 설립된 공동근로복지기금에 출연한 금품도 손비로 인정되어 법인세 감면 효과를 누릴 수 있습니다.

소득세법 [법률 제20615호, 2024. 12. 31., 일부개정]	소득세법 시행령 [대통령령 제35498호, 2025. 5. 7., 타법개정]
제27조(사업소득의 필요경비의 계산) ① 사업소득금액을 계산할 때 필요경비에 산입할 금액은 해당 과세기간의 총수입금액에 대응하는 비용으로서 일반적으로 용인되는 통상적인 것의 합계액으로 한다. ② 해당 과세기간 전의 총수입금액에 대응하는 비용으로서 그 과세기간에 확정된 것에 대해서는 그 과세기간 전에 필요경비로 계상하지 아니한 것만 그 과세기간의 필요경비로 본다. ③ 필요경비의 계산에 필요한 사항은 대통령령으로 정한다.	**제55조(사업소득의 필요경비의 계산)** ① 사업소득의 각 과세기간의 총수입금액에 대응하는 필요경비는 법 및 이 영에서 달리 정하는 것 외에는 다음 각 호에 규정한 것으로 한다. 1. ~ 8. (생략) 9. 다음 각 목의 어느 하나에 해당하는 기금에 출연하는 금품 가. 해당 사업자가 설립한 「근로복지기본법」 제50조에 따른 사내근로복지기금 나. 해당 사업자와 다른 사업자 간에 공동으로 설립한 「근로복지기본법」 제86조의2에 따른 공동근로복지기금 다. 해당 사업자의 「조세특례제한법」 제8조의3제1항제1호에 따른 협력중소기업이 설립한 「근로복지기본법」 제50조에 따른 사내근로복지기금 라. 해당 사업자의 「조세특례제한법」 제8조의3제1항제1호에 따른 협력중소기업 간에 공동으로 설립한 「근로복지기본법」 제86조의2에 따른 공동근로복지기금 10. ~ 28. (생략) ② ~ ⑦ (생략)

(3) 상생협력을 위한 출연금액 세액공제

대기업이 중소기업 간의 상생협력을 위해 해당 기업이 상생중소기업이 설립한 사내근로
복지기금에 출연하거나 상생중소기업들 간에 공동으로 설립된 공동기금에 출연하는 경우
에는 그 출연금의 10%에 상당하는 금액을 출연일이 속한 사업연도의 법인세에서 세액공제
할 수 있습니다.[359] '세액공제'란 산출된 세금인 산출세액에서 일정 금액을 직접 차감하는 것
을 말합니다. 이미 계산된 세금에서 정해진 비율 또는 일정 금액을 차감하므로 실제 납부해
야 하는 세금이 줄어들게 됩니다.

이 경우 '중소기업', '상생중소기업', '상생협력'이란 각각 다음과 같이 정의됩니다. '중소
기업'이란 중소기업기본법 제2조[360]에 따른 중소기업을 말합니다.[361] '상생중소기업'이란
대·중소기업 상생협력 촉진에 관한 법률(이하 "상생협력법") 제2조 1호에 따른 중소기업을
의미합니다.[362] '상생협력'이란 대기업과 중소기업 간, 중소기업 상호 간 또는 위탁기업과 수
탁기업 간에 기술, 인력, 자금, 구매, 판로 등의 부문에서 서로 이익을 증진하기 위하여 하는
공동의 활동을 뜻합니다.[363] 출연금이 공제되는 사내근로복지기금은 상생중소기업이 설립
한 사내근로복지기금 또는 상생중소기업 간에 공동으로 설립된 공동기금에 한정되며, 당해
기업이 설립한 사내근로복지기금 또는 공동기금에 출연하는 경우에는 이 혜택의 적용 대상

---

359) 조세특례제한법 제8조의3 제1항 제3호.
360) 중소기업기본법 제2조(중소기업자의 범위) ①중소기업을 육성하기 위한 시책(이하 "중소기업시책"이라 한다)의 대상이 되는
　　　중소기업자는 다음 각 호의 어느 하나에 해당하는 기업 또는 조합 등(이하 "중소기업"이라 한다)을 영위하는 자로 한다. 다만,
　　　「독점규제 및 공정거래에 관한 법률」 제31조제1항에 따른 공시대상기업집단에 속하는 회사 또는 같은 법 제33조에 따라 공시
　　　대상기업집단의 소속회사로 편입·통지된 것으로 보는 회사는 제외한다.
　　　　1. 다음 각 목의 요건을 모두 갖추고 영리를 목적으로 사업을 하는 기업
　　　　　가. 업종별로 매출액 또는 자산총액 등이 대통령령으로 정하는 기준에 맞을 것
　　　　　나. 지분 소유나 출자 관계 등 소유와 경영의 실질적인 독립성이 대통령령으로 정하는 기준에 맞을 것
　　　　2. 「사회적기업 육성법」 제2조제1호에 따른 사회적기업 중에서 대통령령으로 정하는 사회적기업
　　　　3. 「협동조합 기본법」 제2조에 따른 협동조합, 협동조합연합회, 사회적협동조합, 사회적협동조합연합회, 이종(異種)협동조
　　　　　합연합회(이 법 제2조제1항 각 호에 따른 중소기업을 회원으로 하는 경우로 한정한다) 중 대통령령으로 정하는 자
　　　　4. 「소비자생활협동조합법」 제2조에 따른 조합, 연합회, 전국연합회 중 대통령령으로 정하는 자
　　　　5. 「중소기업협동조합법」 제3조에 따른 협동조합, 사업협동조합, 협동조합연합회 중 대통령령으로 정하는 자
361) 대·중소기업 상생협력 촉진에 관한 법률 제2조 제1호.
362) 조세특례제한법 제8조의3 제1항 제3호.
363) 상생협력법 제2조 제3호.

이 아닙니다.[364] 이 경우에는 앞에서 설명한 바와 같이 출연금 전액이 법인세의 손비로 인정됩니다.

상생협력법은 대기업과 중소기업 간 상생협력(相生協力) 관계를 공고히 하여 대기업과 중소기업의 경쟁력을 높이고 대기업과 중소기업의 양극화를 해소하여 동반성장을 달성함으로써 국민경제의 지속성장 기반을 마련함을 목적으로 제정된 법률입니다.[365] 정부는 사내근로복지기금 또는 공동기금에 대한 출연을 상생협력의 한 가지 유형으로 인정하고 이를 촉진하기 위하여 상생협력 한 회사에 대해 세제 혜택을 부여하고 있습니다.

조세특례제한법 [법률 제20615호, 2024. 12. 31., 일부개정]	조세특례제한법 시행령 [대통령령 제35498호, 2025. 5. 7., 타법개정]
제8조의3(상생협력을 위한 기금 출연 등에 대한 세액공제) ① 내국법인이 「대·중소기업 상생협력 촉진에 관한 법률」 제2조제3호 또는 「자유무역협정 체결에 따른 농어업인 등의 지원에 관한 특별법」 제2조제19호에 따른 상생협력을 위하여 2025년 12월 31일까지 다음 각 호의 어느 하나에 해당하는 출연을 하는 경우에는 해당 출연금의 100분의 10에 상당하는 금액을 출연한 날이 속하는 사업연도의 법인세에서 공제한다. 다만, 해당 출연금이 대통령령으로 정하는 특수관계인을 지원하기 위하여 사용된 경우 그 금액에 대해서는 공제하지 아니한다. 1. ~ 2. (생 략) 3. 「대·중소기업 상생협력 촉진에 관한 법률」 제2조제1호에 따른 중소기업(이하 이 항에서 "상생중소기업"이라 한다)이 설립한 「근로복지기본법」 제50조에 따른 사내근로복지기금에 출연하거나 상생중소기업 간에 공동으로 설립한 「근로복지기본법」 제86조의2에 따른 공동근로복지기금에 출연하는 경우. 다만, 해당 내국법인이 설립한 사내근로복지기금 또는 해당 내국법인이 공동으로 설립한 공동근로복지기금에 출연하는 경우는 제외한다. 4. (생 략) ② ~ ④ (생 략)	**제7조의2(협력중소기업의 범위 등)** ① 법 제8조의3제1항 각 호 외의 부분 단서 및 같은 조 제2항에서 "대통령령으로 정하는 특수관계인"이란 각각 「법인세법 시행령」 제2조제8항에 따른 특수관계인을 말한다. ② ~ ③ (생 략) ④ 법 제8조의3제1항을 적용받으려는 내국법인은 과세표준신고와 함께 기획재정부령으로 정하는 세액공제신청서를 납세지 관할 세무서장에게 제출하여야 한다. ⑤ ~ ⑯ (생 략)

---

364) 조세특례제한법 제8조의3 제1항 제3호 단서.
365) 상생협력법 제1조.

조세특례제한법 [법률 제20615호, 2024. 12. 31., 일부개정]	조세특례제한법 시행령 [대통령령 제35498호, 2025. 5. 7., 타법개정]
⑤ 신용보증기금, 기술보증기금, 협력재단, 사내근로복지기금 및 공동근로복지기금은 제1항에 따라 세액공제를 적용받은 해당 출연금을 회계처리할 때에는 다른 자금과 구분경리하여야 한다. ⑥ ~ ⑦ (생 략) ⑧ 제1항부터 제4항까지의 규정을 적용받으려는 내국법인은 대통령령으로 정하는 바에 따라 세액공제신청을 하여야 한다.	

(4) 미환류소득 계산 시 차감

상호출자제한기업집단에 속하는 법인 사업주가 사내근로복지기금에 출연한 금품은 미환류소득 계산 시 이를 차감할 수 있습니다.[366] 기업소득환류세제란 일정 규모 이상의 법인이 벌어들인 소득 중 투자, 임금, 배당 등으로 경제 내에 환류시키지 않고 사내에 그냥 유보하고 있는 경우 그 미환류소득에 대해 추가적으로 법인세를 과세하는 제도를 말합니다. 기업소득환류세제가 적용되는 대상 법인은 각 사업연도 종료일 현재 독점규제 및 공정거래에 관한 법률(이하 '공정거래법')에 따른 상호출자제한기업집단에 속하는 내국법인입니다. 따라서 기업소득환류세제가 적용되는 상호출자제한기업집단에 속한 내국법인은 미환류소득이 있는 경우, 그 미환류소득의 20%에 해당하는 세액을 추가하여 법인세를 납부하여야 합니다. 그러나 기업소득환류세제의 적용을 받는 내국법인이라고 하더라도 상생협력을 증진하기 위해 상생중소기업이 설립한 사내근로복지기금 또는 상생중소기업 간에 공동으로 설립된 공동기금에 출연하거나 협력중소기업의 사내근로복지기금에 출연, 해당 법인이 참여하고 있는 공동기금에 출연하는 경우에는 그 출연금을 미환류소득 계산 시 차감할 수 있습니다. 미환류소득 계산 시 차감할 수 있는 금액은 해당 출연금액의 300%까지입니다. 예를 들어, 1억 원을 상생중소기업의 사내근로복지기금 또는 공동기금 등에 출연한 경우에는 3억 원까지 미환류소득 계산시 차감을 받을 수 있습니다. 출연한 금액의 3배까지 소득 차감이

---

366) 조세특례제한법 제100조의32 제1항, 제2항 제1호 다목 및 동법 시행령 제100조의32 제14항.

가능하므로 상당한 절세 효과를 누릴 수 있습니다.

한편, 공정거래법상 상호출자제한기업집단이란 직전 사업연도말 기준, 자산총액이 5조 원 이상이면서 국내 총생산액(GDP)의 0.5% 이상인 기업집단을 말합니다.[367] 2025년을 기준으로 자산총액이 약 11.6조 원 이상인 기업집단이 상호출자제한기업집단으로 지정됩니다. 공정거래법상 상호출자제한기업집단 규제는 계열사 간 가공의 자본형성을 통해 무분별하게 계열사를 확장시키는 것을 억제하고 소유와 지배구조의 왜곡을 방지하기 위해 1987년 도입되었습니다. 상호출자제한기업집단에 속하는 기업은 자기의 주식을 소유하고 있는 동일 기업집단 계열회사의 주식을 취득하거나 소유하는 상호출자, 순환출자, 계열회사에 대한 채무보증 등이 금지됩니다.[368] 2025년 현재 공정거래위원회가 지정한 상호출자제한기업집단은 총 46개이며 해당 기업집단에 소속된 회사는 총 2,093개입니다.[369]

조세특례제한법 [법률 제20615호, 2024. 12. 31., 일부개정]	조세특례제한법 시행령 [대통령령 제35498호, 2025. 5. 7., 타법개정]
제100조의32(투자 · 상생협력 촉진을 위한 과세특례) ① 각 사업연도 종료일 현재 「독점규제 및 공정거래에 관한 법률」 제31조제1항에 따른 상호출자제한기업집단에 속하는 내국법인이 제2항제1호가목부터 다목까지의 규정에 따른 투자, 임금 등으로 환류하지 아니한 소득이 있는 경우에는 같은 항에 따른 미환류소득(제5항에 따른 차기환류적립금과 제7항에 따라 이월된 초과환류액을 공제한 금액을 말한다)에 100분의 20을 곱하여 산출한 세액을 미환류소득에 대한 법인세로 하여 「법인세법」 제13조에 따른 과세표준에 같은 법 제55조에 따른 세율을 적용하여 계산한 법인세액에 추가하여 납부하여야 한다. ② 제1항에 따른 내국법인은 다음 각 호의 방법 중 어느 하나를 선택하여 산정한 금액(산정한 금액이 양수인 경우에는 "미환류소득"이라 하고, 산정한 금액이 음수인 경우에는 음의 부호를 뗀 금액을 "초과환류액"이라 한다. 이하 이 조에서 같다)을 각 사업연도의 종료일이 속하는 달의 말일부터 3개월(「법인세법」 제76조의	**제100조의32(투자 · 상생협력 촉진을 위한 과세특례)** ① ~ ② 삭제 ③ 법 제100조의32제2항에 따라 신고를 하려는 내국법인은 「법인세법」 제60조 또는 제76조의17에 따른 과세표준 신고를 할 때 기획재정부령으로 정하는 미환류소득에 대한 법인세 신고서를 납세지 관할 세무서장에게 제출하여야 한다. ④ 법 제100조의32제2항제1호 각 목 외의 부분에서 "대통령령으로 정하는 소득"이란 「법인세법」 제14조에 따른 각 사업연도의 소득에 제1호의 합계액을 더한 금액에서 제2호의 합계액을 뺀 금액(그 수가 음수인 경우 영으로 본다. 이하 이 항에서 "기업소득"이라 한다)으로 한다. 다만, 「법인세법」 제2장의3에 따른 연결납세방식을 적용받는 연결법인으로서 각 연결법인의 기업소득 합계액이 3천억원을 초과하는 경우에는 다음 계산식에 따라 계산한 금액으로 하고, 그 밖의 법인의 경우로서 기업소득이 3천억원을 초과하는 경우에는 3천억원으로 한다.

---

367) 공정거래법 제31조.
368) 공정거래법 제21조, 제22조, 제24조.
369) 공정거래위원회 보도자료(2025. 5. 1.), "2025년도 공시대상기업집단 92개 지정".

<table>
<tr><th>조세특례제한법
[법률 제20615호, 2024. 12. 31., 일부개정]</th><th>조세특례제한법 시행령
[대통령령 제35498호, 2025. 5. 7., 타법개정]</th></tr>
<tr><td>

17에 따라 법인세의 과세표준과 세액을 신고하는 경우에는 각 연결사업연도의 종료일이 속하는 달의 말일부터 4개월) 이내에 대통령령으로 정하는 바에 따라 납세지 관할 세무서장에게 신고하여야 한다.

1. 해당 사업연도[2025년 12월 31일이 속하는 사업연도까지(제6항을 적용할 때에는 2027년 12월 31일이 속하는 사업연도까지)를 말한다]의 소득 중 대통령령으로 정하는 소득(이하 이 조에서 "기업소득"이라 한다)에 100분의 60부터 100분의 80까지의 범위에서 대통령령으로 정하는 비율을 곱하여 산출한 금액에서 다음 각 목의 금액의 합계액을 공제하는 방법

   가. 기계장치 등 대통령령으로 정하는 자산에 대한 투자 합계액

   나. 대통령령으로 정하는 상시근로자(이하 이 조에서 "상시근로자"라 한다)의 해당 사업연도 임금증가금액으로서 다음 구분에 따른 금액이 있는 경우 그 금액을 합한 금액

   1) 상시근로자의 해당 사업연도 임금이 증가한 경우

   가) 해당 사업연도의 상시근로자 수가 직전 사업연도의 상시근로자 수보다 증가하지 아니한 경우: 상시근로자 임금증가금액

   나) 해당 사업연도의 상시근로자 수가 직전 사업연도의 상시근로자 수보다 증가한 경우: 기존 상시근로자 임금증가금액에 100분의 150을 곱한 금액과 신규 상시근로자 임금증가금액에 100분의 200을 곱한 금액을 합한 금액

   2) 해당 사업연도에 대통령령으로 정하는 청년정규직근로자(이하 이 조에서 "청년정규직근로자"라 한다) 수가 직전 사업연도의 청년정규직근로자 수보다 증가한 경우: 해당 사업연도의 청년정규직근로자에 대한 임금증가금액

   3) 해당 사업연도에 근로기간 및 근로형태 등 대통령령으로 정하는 요건을 충족하는 정규직 전환 근로자(이하 이 조에서 "정규직 전환 근로자"라 한다)가 있는 경우: 정규직 전환 근로자(청년정규직근로자는 제외한다)에 대한 임금증가금액

</td><td>

1. 다음 각 목에 따른 금액의 합계액

   가. 「법인세법」 제18조제4호에 따른 환급금에 대한 이자

   나. 삭제

   다. 「법인세법」 제24조제5항에 따라 이월되어 해당 사업연도의 손금에 산입한 금액

   라. 해당 사업연도에 법 제100조의32제2항제1호 가목을 적용받은 자산에 대한 감가상각비로서 해당 사업연도에 손금으로 산입한 금액

2. 다음 각 목에 따른 금액의 합계액

   가. 해당 사업연도의 기획재정부령으로 정하는 법인세액(「법인세법」 제57조에 따라 내국법인이 직접 납부한 외국법인세액으로서 손금에 산입하지 아니한 세액과 같은 법 제15조제2항제2호에 따른 외국법인세액을 포함한다), 법인세 감면액에 대한 농어촌특별세액 및 기획재정부령으로 정하는 법인지방소득세액

   나. 「상법」 제458조에 따라 해당 사업연도에 의무적으로 적립하는 이익준비금

   다. 법령에 따라 의무적으로 적립하는 적립금으로서 기획재정부령으로 정하는 금액

   라. 「법인세법」 제13조제1항제1호에 따라 해당 사업연도에 공제할 수 있는 결손금. 이 경우 같은 조 제1항 각 호 외의 부분 단서의 한도는 적용하지 않으며, 합병법인 등의 경우에는 같은 법 제45조제1항·제2항과 제46조의4제1항에 따른 공제제한 규정은 적용하지 않는다.

   마. 「법인세법」 제16조제1항제5호에 해당하는 금액(합병대가 중 주식등으로 받은 부분만 해당한다)으로서 해당 사업연도의 익금에 산입한 금액(같은 법 제18조의2에 따른 익금불산입을 적용하기 전의 금액을 말한다)

   바. 「법인세법」 제16조제1항제6호에 해당하는 금액(분할대가 중 주식으로 받은 부분만 해당한다)으로서 해당 사업연도에 익금에 산입한 금액(같은 법 제18조의2에 따른 익금불산입을 적용하기 전의 금액을 말한다)

   사. 「법인세법」 제24조제2항에 따라 기부금 손금산입 한도를 넘어 손금에 산입하지 아니한 금액

</td></tr>
</table>

<table>
<tr><th>조세특례제한법
[법률 제20615호, 2024. 12. 31., 일부개정]</th><th>조세특례제한법 시행령
[대통령령 제35498호, 2025. 5. 7., 타법개정]</th></tr>
</table>

다. 「대·중소기업 상생협력 촉진에 관한 법률」 제2조제3호에 따른 상생협력을 위하여 지출하는 금액 등 대통령령으로 정하는 금액에 100분의 300을 곱한 금액

2. 기업소득에 100분의 10부터 100분의 20까지의 범위에서 대통령령으로 정하는 비율을 곱하여 산출한 금액에서 제1호 각 목(가목에 따른 자산에 대한 투자 합계액은 제외한다)의 합계액을 공제하는 방법

③ 제1항에 따른 내국법인이 제2항 각 호의 방법 중 어느 하나를 선택하여 신고한 경우 해당 사업연도의 개시일부터 대통령령으로 정하는 기간까지는 그 선택한 방법을 계속 적용하여야 한다.

④ 제1항에 따른 내국법인이 제2항에 따라 신고를 하지 아니한 경우에는 대통령령으로 정하는 바에 따라 제2항 각 호의 방법 중 어느 하나를 선택하여 신고한 것으로 보고 제3항을 적용한다.

⑤ 제1항에 따른 내국법인(제4항이 적용되는 법인은 제외한다)은 제2항에 따른 해당 사업연도 미환류소득의 전부 또는 일부를 다음 2개 사업연도의 투자, 임금 등으로 환류하기 위한 금액(이하 이 조에서 "차기환류적립금"이라 한다)으로 적립하여 해당 사업연도의 미환류소득에서 차기환류적립금을 공제할 수 있다.

⑥ 제5항에 따라 차기환류적립금을 적립한 경우 다음 계산식에 따라 계산한 금액(음수인 경우 영으로 본다)을 그 다음다음 사업연도의 법인세액에 추가하여 납부하여야 한다.

(차기환류적립금 - 제2항에 따라 계산한 해당 사업연도의 초과환류액) × 100분의 20

⑦ 해당 사업연도에 초과환류액(제6항에 따라 초과환류액으로 차기환류적립금을 공제한 경우에는 그 공제 후 남은 초과환류액을 말한다)이 있는 경우에는 그 초과환류액을 그 다음 2개 사업연도까지 이월하여 그 다음 2개 사업연도 동안 미환류소득에서 공제할 수 있다.

⑧ 제1항에 따른 내국법인이 제2항제1호가목에 따른 자산을 처분한 경우 등 대통령령으로 정하는 경우에는 제2항제1호에 따라 그 자산에 대한 투자금액의 공제로 인하여 납부하지 아니한 세액에 대통령령으로 정하는 바에 따라 계산한 이자 상당액을 가산하여 납부하여야 한다.

아. 「법인세법」 제44조제1항에 따른 양도손익으로서 해당 사업연도에 익금에 산입한 금액

자. 「법인세법」 제46조제1항에 따른 양도손익으로서 해당 사업연도에 익금에 산입한 금액

차. 법 제104조의31제1항 또는 「법인세법」 제51조의2제1항에 따라 배당한 금액

카. ~ 타. 삭제

파. 「공적자금관리 특별법」 제2조제1호에 따른 공적자금의 상환과 관련하여 지출하는 금액으로서 기획재정부령으로 정하는 금액

⑤ 법 제100조의32제2항제1호 각 목 외의 부분에서 "대통령령으로 정하는 비율"이란 100분의 70을 말하고, 같은 항 제2호에서 "대통령령으로 정하는 비율"이란 100분의 15를 말한다.

⑥ 법 제100조의32제2항제1호가목에서 "기계장치 등 대통령령으로 정하는 자산"이란 다음 각 호의 자산을 말한다.

1. 국내사업장에서 사용하기 위하여 새로이 취득하는 사업용 자산(중고품 및 제3조에 따른 금융리스 외의 리스자산은 제외하며, 법 제104조의10에 따라 해운기업에 대한 법인세 과세표준 계산 특례를 적용받는 내국법인의 경우에는 기획재정부령으로 정하는 자산으로 한정한다)으로서 다음 각 목의 자산. 다만, 가목의 자산(해당 사업연도 이전에 취득한 자산을 포함한다)에 대한 「법인세법 시행령」 제31조제2항에 따른 자본적 지출을 포함하되, 같은 조 제4항·제6항에 따라 해당 사업연도에 즉시상각된 분은 제외한다.

가. 다음의 사업용 유형고정자산

1) 기계 및 장치, 공구, 기구 및 비품, 차량 및 운반구, 선박 및 항공기, 그 밖에 이와 유사한 사업용 유형고정자산

2) 기획재정부령으로 정하는 신축·증축하는 업무용 건축물

나. 「법인세법 시행령」 제24조제1항제2호가목부터 라목까지 및 바목의 무형자산. 다만, 영업권(합병 또는 분할로 인하여 합병법인등이 계상한 영업권을 포함한다)은 제외한다.

2. 「벤처기업육성에 관한 특별법」 제2조제1항에 따른

조세특례제한법	조세특례제한법 시행령
⑨ 직전 사업연도에 종전의 「법인세법」(법률 제15222호로 개정된 것을 말한다) 제56조제7항에 따라 발생한 초과환류액이 있는 경우에는 제2항에 따른 미환류소득에서 공제할 수 있다. ⑩ 제1항부터 제9항까지의 규정을 적용할 때 투자 합계액, 임금증가금액, 상시근로자 수 또는 청년정규직근로자 수의 계산방법 등과 그 밖에 필요한 사항은 대통령령으로 정한다.	벤처기업에 다음 각 목의 어느 하나에 해당하는 방법으로 출자(법 제13조의2제1항제2호의 창업·벤처전문 사모집합투자기구 또는 창투조합등을 통한 출자를 포함한다)하여 취득한 주식등 　가. 해당 기업의 설립 시에 자본금으로 납입하는 방법 　나. 해당 기업이 설립된 후 유상증자하는 경우로서 증자대금을 납입하는 방법 ⑦ 법 제100조의32제2항제1호가목에 따른 투자가 2개 이상의 사업연도에 걸쳐서 이루어지는 경우에는 그 투자가 이루어지는 사업연도마다 해당 사업연도에 실제 지출한 금액을 기준으로 투자 합계액을 계산한다. ⑧ 법 제100조의32제2항제1호나목1)부터 3)까지 외의 부분에서 "대통령령으로 정하는 상시근로자"란 「근로기준법」에 따라 근로계약을 체결한 근로자를 말한다. 다만, 다음 각 호의 자는 제외한다. 1. 제26조의4제2항제1호 및 제3호부터 제6호까지의 규정 중 어느 하나에 해당하는 자 2. 「소득세법」 제20조제1항제1호 및 제2호에 따른 근로소득의 금액이 8천만원 이상인 근로자. 다만, 해당 과세연도의 근로제공기간이 1년 미만인 근로자의 경우에는 해당 근로자의 근로소득의 금액을 해당 과세연도 근무제공월수로 나눈 금액에 12를 곱하여 산출한 금액을 기준으로 판단한다. ⑨ 법 제100조의32제2항제1호나목1)부터 3)까지 외의 부분에 따른 임금증가금액은 해당 사업연도의 매월 말 기준 상시근로자에게 지급한 「소득세법」 제20조제1항제1호 및 제2호에 따른 근로소득(「법인세법 시행령」 제19조제16호에 따른 우리사주조합에 출연하는 자사주의 장부가액 또는 금품으로서 기획재정부령으로 정하는 바에 따라 계산한 금액을 포함하며, 해당 법인이 손금으로 산입한 금액에 한정한다)의 합계액(이하 이 조에서 "임금지급액"이라 한다)으로서 직전 사업연도 대비 증가한 금액으로 한다. ⑩ 법 제100조의32제2항제1호나목1)나)에 따른 기존 상시근로자 임금증가금액과 신규 상시근로자 임금증가금액은 다음 각 호의 구분에 따라 계산한 금액으로 한다. 이 경우 제2호에 따라 계산한 금액은 해당 연도 상시근로자 임금증가금액을 한도로 한다.

<table>
<tr><th>조세특례제한법
[법률 제20615호, 2024. 12. 31., 일부개정]</th><th>조세특례제한법 시행령
[대통령령 제35498호, 2025. 5. 7., 타법개정]</th></tr>
<tr><td></td><td>

1. 기존 상시근로자 임금증가금액: 해당 연도 상시근로자 임금증가금액에서 제2호에 따라 계산한 금액을 뺀 금액
2. 신규 상시근로자 임금증가금액: (해당 연도 상시근로자 수 - 직전 연도 상시근로자 수) × 해당 연도에 최초로 「근로기준법」에 따라 근로계약을 체결한 상시근로자(근로계약을 갱신하는 경우는 제외한다)에 대한 기획재정부령으로 정하는 임금지급액의 평균액

⑪ 제8항 및 제10항에 따른 상시근로자 수의 계산은 제26조의4제3항을 준용한다.

⑫ 법 제100조의32제2항제1호나목2)에서 "대통령령으로 정하는 청년정규직근로자"란 제26조의5제2항에 따른 정규직 근로자로서 15세 이상 34세(제27조제1항제1호 각 목의 어느 하나에 해당하는 병역을 이행한 사람의 경우에는 6년을 한도로 병역을 이행한 기간을 현재 연령에서 빼고 계산한 연령을 말한다) 이하인 사람을 말한다. 이 경우 청년정규직근로자 수의 계산은 제26조의5제8항제1호를 준용한다.

⑬ 법 제100조의32제2항제1호나목3)에서 "근로기간 및 근로형태 등 대통령령으로 정하는 요건을 충족하는 정규직 전환 근로자"란 제26조의4제13항에 따른 정규직 전환 근로자를 말한다.

⑭ 법 제100조의32제2항제1호다목에서 "「대·중소기업 상생협력 촉진에 관한 법률」 제2조제3호에 따른 상생협력을 위하여 지출하는 금액 등 대통령령으로 정하는 금액"이란 해당 사업연도에 지출한 다음 각 호의 어느 하나에 해당하는 금액을 말한다. 다만, 해당 금액이 「법인세법 시행령」 제2조제8항에 따른 특수관계인을 지원하기 위하여 사용된 경우는 제외한다.

1. 법 제8조의3제1항에 따라 같은 항 각 호의 어느 하나에 해당하는 출연을 하는 경우 그 출연금
2. 법 제8조의3제1항제1호에 따른 협력중소기업의 사내근로복지기금에 출연하는 경우 그 출연금
3. 「근로복지기본법」 제86조의2에 따른 공동근로복지기금에 출연하는 경우 그 출연금
4. 다음 각 목의 구분에 따른 법인이 기획재정부령으로 정하는 바에 따라 중소기업에 대한 보증 또는 대출 지원을 목적으로 출연하는 경우 그 출연금

</td></tr>
</table>

조세특례제한법 [법률 제20615호, 2024. 12. 31., 일부개정]	조세특례제한법 시행령 [대통령령 제35498호, 2025. 5. 7., 타법개정]
	가. 「신용보증기금법」에 따른 신용보증기금에 출연하는 경우: 같은 법 제2조제3호에 따른 금융회사등 나. 「기술보증기금법」에 따른 기술보증기금에 출연하는 경우: 같은 법 제2조제3호에 따른 금융회사 다. 「지역신용보증재단법」에 따른 신용보증재단 및 신용보증재단중앙회에 출연하는 경우: 같은 법 제2조제4호에 따른 금융회사등 5. 그 밖에 상생협력을 위하여 지출하는 금액으로서 기획재정부령으로 정하는 금액 ⑮ 법 제100조의32제3항에서 "대통령령으로 정하는 기간"이란 다음 각 호의 구분에 따른 기간을 말한다. 1. 내국법인이 법 제100조의32제2항제1호의 방법을 선택하여 신고한 경우: 3년이 되는 날이 속하는 사업연도 2. 내국법인이 법 제100조의32제2항제2호의 방법을 선택하여 신고한 경우: 1년이 되는 날이 속하는 사업연도 ⑯ 법 제100조의32제3항에 따라 그 선택한 방법을 계속 적용하여야 하는 법인이 합병을 하거나 사업을 양수하는 등 기획재정부령으로 정하는 경우에는 그 선택한 방법을 변경할 수 있다. ⑰ 법 제100조의32제2항 각 호의 방법 중 어느 하나의 방법을 선택하지 아니한 내국법인의 경우에는 해당 법인이 최초로 같은 조 제1항 각 호의 어느 하나에 해당하게 되는 사업연도에 미환류소득이 적게 산정되거나 초과환류액이 많게 산정되는 방법을 선택하여 신고한 것으로 본다. ⑱ 법 제100조의32제5항에 따라 해당 사업연도에 차기환류적립금을 적립하여 미환류소득에서 공제한 내국법인이 다음 2개 사업연도에 「독점규제 및 공정거래에 관한 법률」 제31조제1항에 따른 상호출자제한기업집단에 속하는 내국법인에 해당하지 아니하게 되는 경우에도 같은 조 제1항 및 제6항에 따라 미환류소득에 대한 법인세를 납부하여야 한다. ⑲ 법 제100조의32제7항을 적용할 때 「법인세법」(법률 제16008호로 개정되기 전의 것을 말한다) 제56조제5항에 따라 직전 사업연도에 적립한 차기환류적립금에서 같은 조 제6항에 따라 초과환류액을 공제한 경우에는 제1호의 금액에서 제2호의 금액을 공제하고 남은

남은 금액을 다음 사업연도로 이월하여 다음 사업연도의 미환류소득에서 공제할 수 있다.

1. 법 제100조의32제2항에 따라 계산한 해당 사업연도의 초과환류액

2. 「법인세법」(법률 제16008호로 개정되기 전의 것을 말한다) 제56조제6항에 따라 차기환류적립금에서 공제한 초과환류액

⑳ 법 제100조의32제8항에서 "제2항제1호가목에 따른 자산을 처분한 경우 등 대통령령으로 정하는 경우"란 다음 각 호의 어느 하나에 해당하는 경우를 말한다.

1. 제6항제1호가목1)에 따른 자산의 투자완료일, 같은 항 제1호나목의 자산(매입한 자산에 한정한다)의 매입일 또는 같은 항 제2호의 자산의 취득일부터 2년이 지나기 전에 해당 자산을 양도하거나 대여하는 경우. 다만, 다음 각 목의 어느 하나에 해당하는 경우는 제외한다.

　가. 제137조제1항 각 호의 어느 하나에 해당하는 경우

　나. 제6항제1호가목1)의 자산을 「대·중소기업 상생협력 촉진에 관한 법률」 제2조제6호에 따른 수탁기업(「법인세법 시행령」 제2조제8항에 따른 특수관계인은 제외한다)에 무상양도 또는 무상대여하는 경우

　다. 천재지변, 화재 등으로 멸실되거나 파손되어 사용이 불가능한 자산을 처분하는 경우

　라. 그 밖에 업종 등의 특성을 고려하여 기획재정부령으로 정하는 경우

2. 제6항제1호가목2)에 따른 업무용 건축물에 해당하지 아니하게 되는 등 기획재정부령으로 정하는 경우

㉑ 법 제100조의32제8항에 따라 내국법인은 투자금액의 공제로 인하여 납부하지 아니한 세액에 제1호의 기간 및 제2호의 율을 곱하여 계산한 금액을 이자상당액으로 하여 제20항 각 호의 어느 하나에 해당하는 사유가 발생하는 날 등 기획재정부령으로 정하는 날이 속하는 사업연도의 과세표준 신고를 할 때(이하 이 항에서 "이자상당액납부일"이라 한다) 납부하여야 한다.

1. 투자금액을 공제받은 사업연도의 법인세 과세표준 신고일의 다음 날부터 이자상당액납부일까지의 기간

2. 제11조의2제9항제2호에 따른 율

㉒ 제9항에 따라 근로소득의 합계액을 계산할 때에는

조세특례제한법 [법률 제20615호, 2024. 12. 31., 일부개정]	조세특례제한법 시행령 [대통령령 제35498호, 2025. 5. 7., 타법개정]
	다음 각 호에 따른다. 1. 합병·분할·현물출자 또는 사업의 양수 등에 따라 종전의 사업부문에서 종사하던 근로자를 합병법인, 분할신설법인, 피출자법인, 양수법인 등(이하 이 항에서 "합병법인등"이라 한다)이 승계하는 경우에는 해당 근로자는 종전부터 합병법인등에 근무한 것으로 본다. 2. 법인이 새로 설립된 경우에는 직전 사업연도의 근로소득의 합계액은 영으로 본다. 다만, 제1호가 적용되는 경우는 제외한다. ㉓ 합병 또는 분할에 따라 피합병법인 또는 분할법인이 소멸하는 경우 합병법인 또는 분할신설법인은 기획재정부령으로 정하는 바에 따라 법 제100조의32에 따른 미환류소득 및 초과환류액을 승계할 수 있다. ㉔ 삭제 ㉕ 그 밖에 투자 합계액, 임금증가금액, 합병 또는 분할 등에 따른 미환류소득의 계산방법 등에 관하여 필요한 사항은 기획재정부령으로 정한다.

2. 근로자에 대한 혜택

(1) 근로소득세 비과세

사내근로복지기금이 기금의 용도사업을 규정한 정관을 고용노동부장관으로부터 인가받아 시행하는 사업의 경우에는 근로자가 동 기금에서 보조받은 금액은 근로소득에 해당하지 않습니다.[370] 사내근로복지기금은 기업 내 복리후생제도의 일종으로서 근로자의 실질소득을 증대시키고 근로의욕과 노사 공동체 의식을 고양시키기 위해 기업 이익의 일부를 기금으로 출연하여 근로자의 복지증진사업에 사용하는 것이기 때문입니다. 국세청의 종합소득세 집행기준은 구체적으로 근로자가 사내근로복지기금으로부터 지급받는 자녀학자금을 근로소득으로 보지 않는 경우의 예시로 들고 있습니다.[371] 그러나 학자금은 하나의 예시일 뿐이므로 사내근로복지기금이 근로복지기본법령 등에 따라 합법적으로 수행 중인 여타 사업으로 인해 근로자에게 지급하는 보조금은 근로소득으로 보지 않는다고 이해하는 것이 타당합니다.

종합소득세 집행기준 20-38-1 (근로소득의 범위)

① 근로소득이란 명칭 여하에 불구하고 고용관계, 기타 유사한 계약에 의하여 근로를 제공하고 지급받는 모든 대가를 말한다.

② 근로소득은 그 지급된 금액의 명목이 아니라 성질에 따라 결정되어야 할 것으로서, 그 금액의 지급이 근로의 대가가 될 때는 물론이고 근로를 전제로 그와 밀접히 관련되어 근로조건의 내용을 이루고 규칙적으로 지급되는 것이라면 근로소득에 해당한다

〈근로소득으로 보지 않는 경우〉

- 종업원이 사내근로복지기금으로부터 지급받는 자녀학자금. 이 경우 학자금의 원천이 출연금인지 또는 출연금의 수익금인지 관계없이 과세 대상 근로소득에 해당하지 않음

---

370) 국세청 유권해석(원천세과-363, 2010. 4. 29.).
371) 종합소득세 집행기준 20-38-1(근로소득의 범위).

근로소득이란 그 명칭 여하에 불구하고 고용관계, 기타 유사한 계약에 의하여 근로를 제공하고 지급받는 모든 대가를 말합니다. 근로소득은 그 지급된 금액의 명목이 아니라 성질에 따라 결정되어야 할 것으로서, 그 금액의 지급이 근로의 대가가 될 때에는 물론이고 근로를 전제로 그와 밀접히 관련되어 근로조건의 내용을 이루고 규칙적으로 지급되는 것이라면 근로소득에 해당합니다. 소득세법 제20조 제1항과 동법 시행령 제38조 제1항은 봉급, 급료, 보수, 세비, 임금, 상여, 수당 등 근로소득의 범위를 규정하고 있으나 이에 해당하지 않는 경우라고 할지라도 그 성질상 이와 유사한 경우에는 근로소득으로 간주됩니다. 그러나 근로자가 사내근로복지기금으로부터 지급받은 금품은 근로소득에 해당하지 않기 때문에 근로자는 근로소득세를 부담할 필요가 없으며, 사업주의 경우에도 급여로 계상했을 때 추가적으로 부담해야 하는 4대 보험료 등을 절약할 수 있으므로 양자 모두의 절세에 도움이 됩니다.

소득세법 [법률 제20615호, 2024. 12. 31., 일부개정]	소득세법 시행령 [대통령령 제35498호, 2025. 5. 7., 타법개정]
제20조(근로소득) ① 근로소득은 해당 과세기간에 발생한 다음 각 호의 소득으로 한다. 1. 근로를 제공함으로써 받는 봉급·급료·보수·세비·임금·상여·수당과 이와 유사한 성질의 급여 2. 법인의 주주총회·사원총회 또는 이에 준하는 의결기관의 결의에 따라 상여로 받는 소득 3. 「법인세법」에 따라 상여로 처분된 금액 4. 퇴직함으로써 받는 소득으로서 퇴직소득에 속하지 아니하는 소득 5. 종업원등 또는 대학의 교직원이 지급받는 직무발명보상금(제21조제1항제22호의2에 따른 직무발명보상금은 제외한다) 6. 사업자나 법인이 생산·공급하는 재화 또는 용역을 그 사업자나 법인(「독점규제 및 공정거래에 관한 법률」에 따른 계열회사를 포함한다)의 사업장에 종사하는 임원등에게 대통령령으로 정하는 바에 따라 시가보다 낮은 가격으로 제공하거나 구입할 수 있도록 지원함으로써 해당 임원등이 얻는 이익 ② 근로소득금액은 제1항 각 호의 소득의 금액의 합계액(비과세소득의 금액은 제외하며, 이하 "총급여액"이라 한다)에서 제47조에 따른 근로소득공제를 적용한 금액으로 한다. ③ 근로소득의 범위에 관하여 필요한 사항은 대통령령으로 정한다.	**제38조(근로소득의 범위)** ① 법 제20조에 따른 근로소득에는 다음 각 호의 소득이 포함되는 것으로 한다. 1. 기밀비(판공비를 포함한다. 이하 같다)·교제비 기타 이와 유사한 명목으로 받는 것으로서 업무를 위하여 사용된 것이 분명하지 아니한 급여 2. 종업원이 받는 공로금·위로금·개업축하금·학자금·장학금(종업원의 수학중인 자녀가 사용자로부터 받는 학자금·장학금을 포함한다) 기타 이와 유사한 성질의 급여 3. 근로수당·가족수당·전시수당·물가수당·출납수당·직무수당 기타 이와 유사한 성질의 급여 4. 보험회사, 「자본시장과 금융투자업에 관한 법률」에 따른 투자매매업자 또는 투자중개업자 등의 종업원이 받는 집금(集金)수당과 보험가입자의 모집, 증권매매의 권유 또는 저축을 권장하여 받는 대가, 그 밖에 이와 유사한 성질의 급여 5. 급식수당·주택수당·피복수당 기타 이와 유사한 성질의 급여 6. 주택을 제공받음으로써 얻는 이익 7. 종업원이 주택(주택에 부수된 토지를 포함한다)의 구입·임차에 소요되는 자금을 저리 또는 무상으로 대여 받음으로써 얻는 이익 8. 기술수당·보건수당 및 연구수당, 그 밖에 이와 유사한 성질의 급여

소득세법 [법률 제20615호, 2024. 12. 31., 일부개정]	소득세법 시행령 [대통령령 제35498호, 2025. 5. 7., 타법개정]
	9. 시간외근무수당 · 통근수당 · 개근수당 · 특별공로금 기타 이와 유사한 성질의 급여 10. 여비의 명목으로 받는 연액 또는 월액의 급여 11. 벽지수당 · 해외근무수당 기타 이와 유사한 성질의 급여 12. 종업원이 계약자이거나 종업원 또는 그 배우자 및 그 밖의 가족을 수익자로 하는 보험 · 신탁 또는 공제와 관련하여 사용자가 부담하는 보험료 · 신탁부금 또는 공제부금 13. 「법인세법 시행령」 제44조제4항에 따라 손금에 산입되지 아니하고 지급받는 퇴직급여 14. 휴가비 기타 이와 유사한 성질의 급여 15. 삭제 16. 계약기간 만료전 또는 만기에 종업원에게 귀속되는 단체환급부보장성보험의 환급금 17. 법인의 임원등이 해당 법인 또는 해당 법인과 「법인세법 시행령」 제2조제8항에 따른 특수관계에 있는 법인(이하 이 호에서 "해당 법인등"이라 한다)으로부터 부여받은 주식매수선택권을 해당 법인등에서 근무하는 기간 중 행사함으로써 얻은 이익(주식매수선택권 행사 당시의 시가와 실제 매수가액과의 차액을 말하며, 주식에는 신주인수권을 포함한다) 18. 삭제 19. 「공무원 수당 등에 관한 규정」, 「지방공무원 수당 등에 관한 규정」, 「검사의 보수에 관한 법률 시행령」, 대법원규칙, 헌법재판소규칙 등에 따라 공무원에게 지급되는 직급보조비 20. 공무원이 국가 또는 지방자치단체로부터 공무 수행과 관련하여 받는 상금과 부상 ② 제1항을 적용할 때 퇴직급여로 지급되기 위하여 적립(근로자가 적립금액 등을 선택할 수 없는 것으로서 기획재정부령으로 정하는 방법에 따라 적립되는 경우에 한정한다)되는 급여는 근로소득에 포함하지 아니한다. ③ 법 제20조제1항제6호에 따라 임원등에게 시가보다 낮은 가격으로 제공하거나 구입할 수 있도록 지원하는 방식은 다음 각 호의 어느 하나에 해당하는 방식으로 한다. 1. 사업자나 법인이 생산 · 공급하는 재화 또는 용역(이하 이 조에서 "자사제품등"이라 한다)을 임원등에게 시가보다 낮은 가격으로 판매 또는 제공하는 방식

소득세법 [법률 제20615호, 2024. 12. 31., 일부개정]	소득세법 시행령 [대통령령 제35498호, 2025. 5. 7., 타법개정]
	2. 사업자나 법인이 임원등에게 자사제품등을 구입하거나 제공받는 데 사용하도록 지원금을 지급하는 방식 3. 사업자나 법인이 임원등에게 사업자나 법인의 계열회사(「독점규제 및 공정거래에 관한 법률」에 따른 계열회사를 말한다. 이하 이 항에서 같다)가 생산·공급하는 재화 또는 용역(이하 이 조에서 "계열회사제품등"이라 한다)을 구입하거나 제공받는 데 사용하도록 지원금을 지급하는 방식 4. 사업자나 법인의 계열회사가 사업자나 법인의 임원등에게 계열회사제품등을 시가보다 낮은 가격으로 판매 또는 제공하고, 사업자나 법인이 그 계열회사에 그 판매 또는 제공가액과 시가와의 차액을 지급하는 방식 ④ 법 제20조제1항제6호에 따른 시가는 「법인세법」 제52조제2항에 따른 시가로 한다. 다만, 다음 각 호의 어느 하나에 해당하는 경우에는 임원등이 해당 재화 또는 용역을 구입하거나 제공받을 때 지급한 가격을 시가로 한다. 1. 재화의 파손 또는 변질로 인해 임원등이 아닌 자에게 판매할 수 없는 경우 2. 탑승권 및 숙박권 등 사용시기가 제한되는 재화 또는 용역의 사용 기한이 임박하여 임원등이 아닌 자에게 판매 또는 제공하는 것이 현저히 곤란한 경우

(2) 증여세 비과세

근로자가 사내근로복지기금으로부터 수령한 구호금, 치료비, 교육비, 학자금, 장학금, 주택취득 및 임차보조금 등 사회 통념상 인정되는 금품에 대해서는 증여세가 비과세 됩니다.[372] 특히 주택취득 및 임차보조금의 경우, 무주택 근로자가 건물의 총연 면적이 85제곱미터 이하인 주택을 취득 또는 임차하기 위하여 사내근로복지기금 및 공동기금으로부터 받은 주택취득 보조금 중 그 주택취득가액의 5% 이하의 것과 주택임차 보조금 중 전세가액의

---

372) 상속세 및 증여세법 제46조 제5호 및 동법 시행령 제35조 제4항.

10% 이하의 것은 증여세가 과세되지 않습니다.[373]

 '증여'란 그 행위 또는 거래의 명칭·형식·목적 등과 관계없이 직접 또는 간접적인 방법으로 타인에게 무상으로 유형·무형의 재산 또는 이익을 이전(移轉)(현저히 낮은 대가를 받고 이전하는 경우를 포함한다)하거나 타인의 재산가치를 증가시키는 것을 말합니다.[374] 근로자가 얻은 재산상의 이익이 사업주와의 고용관계에 기인하여 발생한 것이라면 이는 근로소득으로 간주되어 근로소득세의 과세대상이 됩니다. 그러나 그 재산상의 이익이 고용관계에 기인한 것이 아닌 경우에는 이를 증여재산으로 보아 증여세가 부과될 수 있습니다. 근로자가 사내근로복지기금으로부터 수령한 금품은 근로소득으로 보지 않는다는 것을 앞에서 살펴보았습니다. 그러나 근로소득이 아니라고 하여 증여세까지 당연히 면제되는 것은 아닙니다. 근로자가 사내근로복지기금으로부터 수령한 금품 중 구호금, 치료비, 교육비, 장학금 등 사회 통념상 인정되는 금품에 대해서만 증여세가 비과세 되며, 사회 통념상 인정되지 않는 금품은 증여세가 부과될 수도 있습니다.

 종합소득세의 과세표준 구간별 세율은 6~45%로 누진세가 적용되는 것에 비해, 증여세의 세율은 과세표준이 1억 원 이하인 경우 10%의 단일세율이 적용됩니다.[375] 그뿐만 아니라 증여세의 과세표준이 50만 원 미만으로 비교적 소액을 수증한 경우에는 증여세를 부과하지 않습니다.[376] 따라서 일반적인 근로자의 경우에는 근로소득으로 종합소득세를 부담하는 것보다 증여세를 부담하는 것이 유리한 측면이 있습니다. 한편, 증여세는 신고납부 방식을 채택하고 있으므로 납세의무자는 수증일이 속하는 달의 말일부터 3개월 이내에 그 과세가액과 과세표준을 납세지 관할 세무서장에게 신고해야 합니다.[377] 납세의무자가 증여세 과세표준 등을 자진 신고한 경우에는 증여세 산출세액에서 3%에 해당하는 금액을 세액공제 받을 수 있으므로 추가적인 절세 효과가 있습니다.[378]

---

373)　상속세 및 증여세법 시행령 제35조 제4항 제6호.
374)　상속세 및 증여세법 제2조 제6호.
375)　상속세 및 증여세법 제26조 및 제56조.
376)　상속세 및 증여세법 제55조 제2항.
377)　상속세 및 증여세법 제68조.
378)　상속세 및 증여세법 제69조 제2항.

상속세 및 증여세법 [법률 제20777호, 2025. 3. 14., 일부개정]	상속세 및 증여세법 시행령 [대통령령 제35490호, 2025. 5. 7., 일부개정]
제46조(비과세되는 증여재산) 다음 각 호의 어느 하나에 해당하는 금액에 대해서는 증여세를 부과하지 아니한다. 1. 국가나 지방자치단체로부터 증여받은 재산의 가액 2. 내국법인의 종업원으로서 대통령령으로 정하는 요건을 갖춘 종업원단체(이하 "우리사주조합"이라 한다)에 가입한 자가 해당 법인의 주식을 우리사주조합을 통하여 취득한 경우로서 그 조합원이 대통령령으로 정하는 소액주주의 기준에 해당하는 경우 그 주식의 취득가액과 시가의 차액으로 인하여 받은 이익에 상당하는 가액 3. 「정당법」에 따른 정당이 증여받은 재산의 가액 4. 「근로복지기본법」에 따른 사내근로복지기금이나 그 밖에 이와 유사한 것으로서 대통령령으로 정하는 단체가 증여받은 재산의 가액 5. 사회통념상 인정되는 이재구호금품, 치료비, 피부양자의 생활비, 교육비, 그 밖에 이와 유사한 것으로서 대통령령으로 정하는 것 6. 「신용보증기금법」에 따라 설립된 신용보증기금이나 그 밖에 이와 유사한 것으로서 대통령령으로 정하는 단체가 증여받은 재산의 가액 7. 국가, 지방자치단체 또는 공공단체가 증여받은 재산의 가액 8. 장애인을 보험금 수령인으로 하는 보험으로서 대통령령으로 정하는 보험의 보험금 9. 「국가유공자 등 예우 및 지원에 관한 법률」에 따른 국가유공자의 유족이나 「의사상자 등 예우 및 지원에 관한 법률」에 따른 의사자(義死者)의 유족이 증여받은 성금 및 물품 등 재산의 가액 10. 비영리법인의 설립근거가 되는 법령의 변경으로 비영리법인이 해산되거나 업무가 변경됨에 따라 해당 비영리법인의 재산과 권리·의무를 다른 비영리법인이 승계받은 경우 승계받은 해당 재산의 가액	**제35조(비과세되는 증여재산의 범위등)** ① 법 제46조제2호에서 "우리사주조합"이란 「근로복지기본법」 또는 「자본시장과 금융투자업에 관한 법률」에 따른 우리사주조합을 말한다. ② 법 제46조제2호에서 "대통령령으로 정하는 소액주주"란 제29조제5항에 따른 주주등을 말한다. ③ 법 제46조제4호에서 "대통령령으로 정하는 단체"란 「근로복지기본법」에 따른 우리사주조합, 공동근로복지기금 및 근로복지진흥기금을 말한다. ④ 법 제46조제5호에서 "대통령령으로 정하는 것"이란 다음 각 호의 어느 하나에 해당하는 것으로서 해당 용도에 직접 지출한 것을 말한다. 1. 삭제 2. 학자금 또는 장학금 기타 이와 유사한 금품 3. 기념품·축하금·부의금 기타 이와 유사한 금품으로서 통상 필요하다고 인정되는 금품 4. 혼수용품으로서 통상 필요하다고 인정되는 금품 5. 타인으로부터 기증을 받아 외국에서 국내에 반입된 물품으로서 당해 물품의 관세의 과세가격이 100만원미만인 물품 6. 무주택근로자가 건물의 총연면적이 85제곱미터이하인 주택(주택에 부수되는 토지로서 건물연면적의 5배이내의 토지를 포함한다)을 취득 또는 임차하기 위하여 법 제46조제4호의 규정에 의한 사내근로복지기금 및 공동근로복지기금으로부터 증여받은 주택취득보조금중 그 주택취득가액의 100분의 50이하의 것과 주택임차보조금중 전세가액의 100분의 10이하의 것 7. 불우한 자를 돕기 위하여 언론기관을 통하여 증여한 금품 ⑤ 법 제46조제6호에서 "대통령령으로 정하는 단체"란 다음 각 호의 어느 하나에 해당하는 단체를 말한다. 1. 「기술보증기금법」에 따른 기술보증기금 2. 「지역신용보증재단법」에 따른 신용보증재단 및 동법 제35조에 따른 신용보증재단중앙회 3. 「예금자보호법」 제24조제1항에 따른 예금보험기금 및 동법 제26조의3제1항에 따른 예금보험기금채권상환기금 4. 「한국주택금융공사법」 제55조에 따른 주택금융신용보증기금(동법 제59조의2에 따라 설치된 주택담보노후연금보증계정을 포함한다)

상속세 및 증여세법 [법률 제20777호, 2025. 3. 14., 일부개정]	상속세 및 증여세법 시행령 [대통령령 제35490호, 2025. 5. 7., 일부개정]
	5. 「서민의 금융생활 지원에 관한 법률」 제3조에 따른 서민금융진흥원(같은 법 제46조에 따라 설치된 신용보증계정에 출연하는 경우로 한정한다) ⑥ 법 제46조제8호에서 "대통령령으로 정하는 보험의 보험금"이란 「소득세법 시행령」 제107조제1항 각 호의 어느 하나에 해당하는 자를 수익자로 한 보험의 보험금을 말한다. 이 경우 비과세되는 보험금은 연간 4천만 원을 한도로 한다.

(3) 인정이자 비과세

근로자가 사내근로복지기금으로부터 생활안정자금, 주택구입자금, 주택임차자금 등을 무이자 또는 저리로 차입하는 경우에는 소득세법상 인정이자에 대하여 소득세를 부과하지 않습니다. 만약, 근로자가 사내근로복지기금이 아니라 소속 회사로부터 동일한 자금을 무이자 또는 저리로 차입했을 경우에는 그 절약한 이자에 상당하는 금액(인정이자)을 근로소득으로 간주하여 소득세를 부과하고 해당 법인은 부당행위계산을 부인하여 해당 인정이자 상당액을 소득금액에 산입해야 합니다. 그러나 사내근로복지기금으로부터 자금을 차입한 근로자에게는 인정이자를 과세하지 않기 때문에 회사로부터 차입하는 것과 비교해서 상당한 절세효과가 있다고 하겠습니다. 이는 근로자가 사내근로복지기금으로부터 지급받은 보조금은 고용관계에 기인한 것이 아니므로 근로소득으로 보지 않는 것과 마찬가지로 근로자와 사내근로복지기금은 고용관계로 인한 특수관계자 간의 거래가 아니기 때문에 그 차입금에 대하여 인정이자를 과세하지 않는 것입니다.

한편, '부당행위계산의 부인'이란 내국법인의 행위 또는 소득금액의 계산이 특수관계인과의 거래를 통해 법인세 부담을 부당하게 감소시킨 것으로 인정되는 경우에는 그 법인의 행위 또는 소득금액의 계산(이하 "부당행위계산")을 부인하고 해당 감소분을 소득금액으로 계산하여 법인세를 부과하는 것을 말합니다.[379] 법인세법이 부당행위계산의 유형으로 보고 있는 행위 중 하나가 바로 특수관계에 있는 근로자에게 무이자 또는 저리로 금전을 대여해 주는 것입니다. 즉, 근로자들의 복지를 위해 생활안정자금이나 주택구입 및 전세자금을 대출할 때 시중 금리보다 저렴하게 대출해 주는 것은 부당행위계산에 해당할 수 있습니다. 만약, 회사가 근로자에게 무이자로 대출을 해 주었다면, 회사는 수령한 이자소득이 없음에도 불구하고 대출금액에 기획재정부장관이 정하는 이자율을 곱하여 계산된 인정이자 상당액을 소득으로 계산해야 합니다. 한편, 근로자도 대출금액에 기재부가 정하는 이자율을 곱한 금액을 회사로부터 지급받은 근로소득으로 간주되어 근로소득세를 부담합니다. 인정이자를 계산할 때 적용하는 이자율은 원칙적으로 가중평균차입이자율입니다. '가중평균차입이자율'이란 자금을 대여한 법인의 대여시점 현재 각각의 차입금 잔액에 차입 당시의 각각의 이자율을 곱한 금액의 합계약을 해당 차입금 잔액의 총액으로 나눈 비율을 말합니다. 그러나 가중평균차입이자율을 적용할 수 없는 경우에는 당좌대출이자율을 적용하는데, 현재 당좌대출이자율은 연 4.6%입니다.[380]

만약, 근로자가 회사로부터 1,000만 원을 무이자로 차입한 경우를 가정하면, 해당 근로자는 인정이자에 해당하는 46만 원(당좌대출이자율 적용시, 1,000만 원×4.6%)을 근로소득으로 보아 근로소득세를 납부하여야 하고, 회사는 대출이자 46만 원을 수령하지 못했음에도 불구하고 소득금액에 반영하여 법인세를 납부하여야 하는 것입니다. 그러나 근로자가 같은 금액을 회사가 아닌 사내근로복지기금으로부터 무이자 또는 저리로 차입한 경우에는 인정이자를 계산하지 않으므로 근로소득세의 부담을 걱정할 필요가 없습니다.

---

379)　법인세법 제52조 제1항.
380)　법인세법시행규칙 제43조 제2항.

<table>
<tr><th>법인세법
[법률 제20613호, 2024. 12. 31., 일부개정]</th><th>법인세법 시행령
[대통령령 제35350호, 2025. 2. 28., 일부개정]</th></tr>
<tr><td>

제52조(부당행위계산의 부인) ① 납세지 관할 세무서장 또는 관할지방국세청장은 내국법인의 행위 또는 소득금액의 계산이 특수관계인과의 거래로 인하여 그 법인의 소득에 대한 조세의 부담을 부당하게 감소시킨 것으로 인정되는 경우에는 그 법인의 행위 또는 소득금액의 계산(이하 "부당행위계산"이라 한다)과 관계없이 그 법인의 각 사업연도의 소득금액을 계산한다.

② 제1항을 적용할 때에는 건전한 사회 통념 및 상거래 관행과 특수관계인이 아닌 자 간의 정상적인 거래에서 적용되거나 적용될 것으로 판단되는 가격(요율·이자율·임대료 및 교환 비율과 그 밖에 이에 준하는 것을 포함하며, 이하 "시가"라 한다)을 기준으로 한다.

③ 내국법인은 대통령령으로 정하는 바에 따라 각 사업연도에 특수관계인과 거래한 내용에 관한 명세서를 납세지 관할 세무서장에게 제출하여야 한다.

④ 제1항부터 제3항까지의 규정을 적용할 때 부당행위계산의 유형 및 시가의 산정 등에 필요한 사항은 대통령령으로 정한다.

</td><td>

제88조(부당행위계산의 유형 등) ① 법 제52조제1항에서 "조세의 부담을 부당하게 감소시킨 것으로 인정되는 경우"란 다음 각 호의 어느 하나에 해당하는 경우를 말한다.

6. 금전, 그 밖의 자산 또는 용역을 무상 또는 시가보다 낮은 이율·요율이나 임대료로 대부하거나 제공한 경우.

제89조(시가의 범위 등) ③ 제88조제1항제6호 및 제7호에 따른 금전의 대여 또는 차용의 경우에는 제1항 및 제2항에도 불구하고 기획재정부령으로 정하는 가중평균차입이자율(이하 "가중평균차입이자율"이라 한다)을 시가로 한다. 다만, 다음 각 호의 경우에는 해당 각 호의 구분에 따라 기획재정부령으로 정하는 당좌대출이자율(이하 "당좌대출이자율"이라 한다)을 시가로 한다.

1. 가중평균차입이자율의 적용이 불가능한 경우로서 기획재정부령으로 정하는 사유가 있는 경우: 해당 대여금 또는 차입금에 한정하여 당좌대출이자율을 시가로 한다.

1의2. 대여기간이 5년을 초과하는 대여금이 있는 경우 등 기획재정부령으로 정하는 경우: 해당 대여금 또는 차입금에 한정하여 당좌대출이자율을 시가로 한다.

2. 해당 법인이 법 제60조에 따른 신고와 함께 기획재정부령으로 정하는 바에 따라 당좌대출이자율을 시가로 선택하는 경우: 당좌대출이자율을 시가로 하여 선택한 사업연도와 이후 2개 사업연도는 당좌대출이자율을 시가로 한다.

④ 제88조제1항제6호 및 제7호에 따른 자산(금전은 제외한다) 또는 용역을 제공할 때 제1항 및 제2항을 적용할 수 없는 경우에는 다음 각 호에 따라 계산한 금액을 시가로 한다.

1. 유형 또는 무형의 자산을 제공하거나 제공받는 경우에는 당해 자산시가의 100분의 50에 상당하는 금액에서 그 자산의 제공과 관련하여 받은 전세금 또는 보증금을 차감한 금액에 정기예금이자율을 곱하여 산출한 금액

2. 건설 기타 용역을 제공하거나 제공받는 경우에는 당해 용역의 제공에 소요된 금액(직접비 및 간접비를 포함하며, 이하 이 호에서 "원가"라 한다)과 원가에

</td></tr>
</table>

법인세법 [법률 제20613호, 2024. 12. 31., 일부개정]	법인세법 시행령 [대통령령 제35350호, 2025. 2. 28., 일부개정]
	해당 사업연도 중 특수관계인 외의 자에게 제공한 유사한 용역제공거래 또는 특수관계인이 아닌 제3자간의 일반적인 용역제공거래를 할 때의 수익률(기업회계기준에 따라 계산한 매출액에서 원가를 차감한 금액을 원가로 나눈 율을 말한다)을 곱하여 계산한 금액을 합한 금액 ⑤ 제88조의 규정에 의한 부당행위계산에 해당하는 경우에는 법 제52조제1항의 규정에 의하여 제1항 내지 제4항의 규정에 의한 시가와의 차액 등을 익금에 산입하여 당해 법인의 각 사업연도의 소득금액을 계산한다. 다만, 기획재정부령이 정하는 금전의 대여에 대하여는 이를 적용하지 아니한다.

3. 기금법인에 대한 혜택

(1) 증여세 비과세

사내근로복지기금 또는 공동근로복지기금이 사업주 또는 제3자로부터 출연받은 금품 및 재산상 이익은 증여세를 부과하지 않습니다.[381] 사내근로복지기금 등은 근로자 복지증진 사업을 수행하는 비영리법인으로서 그 증여받은 재산에 대하여 증여세를 부과할 경우, 그 조세 부담만큼 기금이 목적사업에 사용할 수 있는 재원이 줄어들어 결과적으로 근로자 복지증진에 부정적인 영향을 미칠 수 있습니다. 따라서 정부는 사내근로복지기금제도 활성화를 통한 근로자 복지증진을 지원하기 위해 사내근로복지기금 등이 증여받는 재산에 대하여는 증여세를 부과하지 않는 것입니다.

상속세 및 증여세법 [법률 제20777호, 2025. 3. 14., 일부개정]	상속세 및 증여세법 시행령 [대통령령 제35490호, 2025. 5. 7., 일부개정]
제46조(비과세되는 증여재산) 다음 각 호의 어느 하나에 해당하는 금액에 대해서는 증여세를 부과하지 아니한다. 1. 국가나 지방자치단체로부터 증여받은 재산의 가액 2. 내국법인의 종업원으로서 대통령령으로 정하는 요건을 갖춘 종업원단체(이하 "우리사주조합"이라 한다)에 가입한 자가 해당 법인의 주식을 우리사주조합을 통하여 취득한 경우로서 그 조합원이 대통령령으로 정하는 소액주주의 기준에 해당하는 경우 그 주식의 취득가액과 시가의 차액으로 인하여 받은 이익에 상당하는 가액 3. 「정당법」에 따른 정당이 증여받은 재산의 가액 4. 「근로복지기본법」에 따른 사내근로복지기금이나 그 밖에 이와 유사한 것으로서 대통령령으로 정하는 단체가 증여받은 재산의 가액 5. 사회통념상 인정되는 이재구호금품, 치료비, 피부양자의 생활비, 교육비, 그 밖에 이와 유사한 것으로서	**제35조(비과세되는 증여재산의 범위등)** ① 법 제46조제2호에서 "우리사주조합"이란 「근로복지기본법」 또는 「자본시장과 금융투자업에 관한 법률」에 따른 우리사주조합을 말한다. ② 법 제46조제2호에서 "대통령령으로 정하는 소액주주"란 제29조제5항에 따른 주주등을 말한다. ③ 법 제46조제4호에서 "대통령령으로 정하는 단체"란 「근로복지기본법」에 따른 우리사주조합, 공동근로복지기금 및 근로복지진흥기금을 말한다. ④ 법 제46조제5호에서 "대통령령으로 정하는 것"이란 다음 각 호의 어느 하나에 해당하는 것으로서 해당 용도에 직접 지출한 것을 말한다. 1. 삭제 2. 학자금 또는 장학금 기타 이와 유사한 금품 3. 기념품·축하금·부의금 기타 이와 유사한 금품으로서 통상 필요하다고 인정되는 금품 4. 혼수용품으로서 통상 필요하다고 인정되는 금품

---

381) 상속세 및 증여세법 제46조 제4호 및 동법 시행령 제35조 제3항.

상속세 및 증여세법 [법률 제20777호, 2025. 3. 14., 일부개정]	상속세 및 증여세법 시행령 [대통령령 제35490호, 2025. 5. 7., 일부개정]
대통령령으로 정하는 것 6. 「신용보증기금법」에 따라 설립된 신용보증기금이나 그 밖에 이와 유사한 것으로서 대통령령으로 정하는 단체가 증여받은 재산의 가액 7. 국가, 지방자치단체 또는 공공단체가 증여받은 재산의 가액 8. 장애인을 보험금 수령인으로 하는 보험으로서 대통령령으로 정하는 보험의 보험금 9. 「국가유공자 등 예우 및 지원에 관한 법률」에 따른 국가유공자의 유족이나 「의사상자 등 예우 및 지원에 관한 법률」에 따른 의사자(義死者)의 유족이 증여받은 성금 및 물품 등 재산의 가액 10. 비영리법인의 설립근거가 되는 법령의 변경으로 비영리법인이 해산되거나 업무가 변경됨에 따라 해당 비영리법인의 재산과 권리·의무를 다른 비영리법인이 승계받은 경우 승계받은 해당 재산의 가액	5. 타인으로부터 기증을 받아 외국에서 국내에 반입된 물품으로서 당해 물품의 관세의 과세가격이 100만원미만인 물품 6. 무주택근로자가 건물의 총연면적이 85제곱미터이하인 주택(주택에 부수되는 토지로서 건물연면적의 5배이내의 토지를 포함한다)을 취득 또는 임차하기 위하여 법 제46조제4호의 규정에 의한 사내근로복지기금 및 공동근로복지기금으로부터 증여받은 주택취득보조금중 그 주택취득가액의 100분의 5이하의 것과 주택임차보조금중 전세가액의 100분의 10 이하의 것 7. 불우한 자를 돕기 위하여 언론기관을 통하여 증여한 금품 ⑤ 법 제46조제6호에서 "대통령령으로 정하는 단체"란 다음 각 호의 어느 하나에 해당하는 단체를 말한다. 1. 「기술보증기금법」에 따른 기술보증기금 2. 「지역신용보증재단법」에 따른 신용보증재단 및 동법 제35조에 따른 신용보증재단중앙회 3. 「예금자보호법」 제24조제1항에 따른 예금보험기금 및 동법 제26조의3제1항에 따른 예금보험기금채권상환기금 4. 「한국주택금융공사법」 제55조에 따른 주택금융신용보증기금(동법 제59조의2에 따라 설치된 주택담보노후연금보증계정을 포함한다) 5. 「서민의 금융생활 지원에 관한 법률」 제3조에 따른 서민금융진흥원(같은 법 제46조에 따라 설치된 신용보증계정에 출연하는 경우로 한정한다) ⑥ 법 제46조제8호에서 "대통령령으로 정하는 보험의 보험금"이란 「소득세법 시행령」 제107조제1항 각 호의 어느 하나에 해당하는 자를 수익자로 한 보험의 보험금을 말한다. 이 경우 비과세되는 보험금은 연간 4천만원을 한도로 한다.

(2) 상속세 비과세

사내근로복지기금 또는 공동근로복지기금이 사업주 또는 제3자로부터 상속받은 금품 및 재산상 이익에 대해서는 상속세를 부과하지 않습니다.[382] 증여세와 관련하여 앞에서 살펴본 바와 같이 사내근로복지기금 등에 상속세를 부과할 경우 해당 목적사업에 사용할 재원이 줄 어들게 되므로 근로자복지증진을 지원하기 위해 상속세를 비과세하는 것입니다.

상속세 및 증여세법 [법률 제20777호, 2025. 3. 14., 일부개정]	상속세 및 증여세법 시행령 [대통령령 제35490호, 2025. 5. 7., 일부개정]
제12조(비과세되는 상속재산) 다음 각 호에 규정된 재산에 대해서는 상속세를 부과하지 아니한다. 1. 국가, 지방자치단체 또는 대통령령으로 정하는 공공단체(이하 "공공단체"라 한다)에 유증(사망으로 인하여 효력이 발생하는 증여를 포함하며, 이하 "유증등"이라 한다)한 재산 2. 삭제 3. 「민법」 제1008조의3에 규정된 재산 중 대통령령으로 정하는 범위의 재산 4. 「정당법」에 따른 정당에 유증등을 한 재산 5. 「근로복지기본법」에 따른 사내근로복지기금이나 그 밖에 이와 유사한 것으로서 대통령령으로 정하는 단체에 유증등을 한 재산 6. 사회통념상 인정되는 이재구호금품, 치료비 및 그 밖에 이와 유사한 것으로서 대통령령으로 정하는 재산 7. 상속재산 중 상속인이 제67조에 따른 신고기한까지 국가, 지방자치단체 또는 공공단체에 증여한 재산	**제8조(비과세되는 상속재산)** ① 법 제12조제1호에서 "대통령령으로 정하는 공공단체"란 다음 각 호의 공공단체를 말한다. 1. 지방자치단체조합 2. 삭제 3. 공공도서관 · 공공박물관 또는 이와 유사한 것으로서 기획재정부령이 정하는 것 ② 삭제 ③ 법 제12조제3호에서 "대통령령으로 정하는 범위의 재산"이란 제사를 주재하는 상속인(다수의 상속인이 공동으로 제사를 주재하는 경우에는 그 공동으로 주재하는 상속인 전체를 말한다)을 기준으로 다음 각 호에 해당하는 재산을 말한다. 다만, 제1호 및 제2호의 재산가액의 합계액이 2억 원을 초과하는 경우에는 2억 원을 한도로 하고, 제3호의 재산가액의 합계액이 1천만원을 초과하는 경우에는 1천만원을 한도로 한다. 1. 피상속인이 제사를 주재하고 있던 선조의 분묘(이하 이 조에서 "분묘"라 한다)에 속한 9,900제곱미터이내의 금양임야 2. 분묘에 속한 1,980제곱미터이내의 묘토인 농지 3. 족보와 제구 ④ 법 제12조제5호에서 "대통령령으로 정하는 단체"란 「근로복지기본법」에 따른 우리사주조합, 공동근로복지기금 및 근로복지진흥기금을 말한다. ⑤ 법 제12조제6호에서 "대통령령으로 정하는 재산"이란 불우한 자를 돕기 위하여 유증한 재산을 말한다.

---

382)　상속세 및 증여세법 제46조 제4호 및 동법 시행령 제35조 제3항.

(3) 고유목적사업준비금의 법인세 손금인정

사내근로복지기금법인이 각 사업연도의 결산을 확정할 때 그 기금법인의 고유목적사업에 지출하기 위해 고유목적사업준비금을 손비로 계상한 경우에는 그 수익사업으로 발생한 소득의 범위 내에서 이를 해당 사업연도의 소득금액을 계산할 때 손금으로 산입할 수 있습니다.[383] '고유목적사업준비금'이란 비영리법인인 기금법인이 수익사업에서 발생한 소득을 고유목적사업인 근로자 복리증진 사업에 사용하기 위해 적립하는 준비금을 말합니다. '손비'란 앞에서 살펴본 바와 같이 자본 또는 출자의 환급, 잉여금의 처분 및 해당 법인의 순자산을 감소시키는 거래로 인하여 발생하는 손실 또는 비용을 의미하며, '손금'이란 손비의 금액을 의미합니다.[384]

기금법인이 수익사업을 통해 수입이 발생한 경우에는 원칙적으로 이를 익금으로 계산하여 법인세를 납부하여야 합니다.[385] 그러나 비영리법인인 기금법인이 이를 고유목적사업준비금으로 계상한 경우에는 그 이자소득, 배당소득, 대출이자금액 등을 손금으로 인식하여 해당 사업연도의 법인세를 면제해 주는 것입니다. 기금법인은 수익사업으로 인한 수입을 아직 목적사업에 사용하지 않았음에도 고유목적사업준비금으로 계상하는 것만으로 법인세를 절감할 수 있는 혜택이 있습니다. 이렇게 고유목적사업준비금으로 계상된 금액은 해당 사업연도 종료 후 5년 이내에 고유목적사업에 사용하여야 합니다. 만약 해당 기간 이내에 고유목적사업에 사용하지 못하고 남은 잔액이 있는 경우에는 이를 익금에 산입해야 하며, 해당 잔액에 이자 상당액을 추가하여 법인세를 납부해야 합니다.[386]

---

383) 법인세법 제29조.
384) 법인세법 제19조.
385) '익금'이란 자본 또는 출자의 납입 및 해당 법인의 순자산을 증가시키는 거래로 인하여 발생하는 이익 또는 수입을 의미하며, '수익'이란 익금의 금액을 의미합니다(법인세법 제15조).
386) 법인세법 제29조 제5항 제4호 및 제7항.

법인세법	법인세법 시행령
[법률 제20613호, 2024. 12. 31., 일부개정]	[대통령령 제35350호, 2025. 2. 28., 일부개정]

<table>
<tr><td>

제29조(비영리내국법인의 고유목적사업준비금의 손금산입) ① 비영리내국법인(법인으로 보는 단체의 경우에는 대통령령으로 정하는 단체만 해당한다. 이하 이 조에서 같다)이 각 사업연도의 결산을 확정할 때 그 법인의 고유목적사업이나 제24조제3항제1호에 따른 일반기부금(이하 이 조에서 "고유목적사업등"이라 한다)에 지출하기 위하여 고유목적사업준비금을 손비로 계상한 경우에는 다음 각 호의 구분에 따른 금액의 합계액(제2호에 따른 수익사업에서 결손금이 발생한 경우에는 제1호 각 목의 금액의 합계액에서 그 결손금 상당액을 차감한 금액을 말한다)의 범위에서 그 계상한 고유목적사업준비금을 해당 사업연도의 소득금액을 계산할 때 손금에 산입한다.

1. 다음 각 목의 금액

　가.「소득세법」제16조제1항 각 호(같은 항 제11호에 따른 비영업대금의 이익은 제외한다)에 따른 이자소득의 금액

　나.「소득세법」제17조제1항 각 호에 따른 배당소득의 금액. 다만,「상속세 및 증여세법」제16조 또는 제48조에 따라 상속세 과세가액 또는 증여세 과세가액에 산입되거나 증여세가 부과되는 주식등으로부터 발생한 배당소득의 금액은 제외한다.

　다. 특별법에 따라 설립된 비영리내국법인이 해당 법률에 따른 복지사업으로서 그 회원이나 조합원에게 대출한 융자금에서 발생한 이자금액

2. 그 밖의 수익사업에서 발생한 소득에 100분의 50(「공익법인의 설립·운영에 관한 법률」에 따라 설립된 법인으로서 고유목적사업등에 대한 지출액 중 100분의 50 이상의 금액을 장학금으로 지출하는 법인의 경우에는 100분의 80)을 곱하여 산출한 금액

② 제1항을 적용할 때 「주식회사 등의 외부감사에 관한 법률」제2조제7호 및 제9조에 따른 감사인의 회계감사를 받는 비영리내국법인이 고유목적사업준비금을 제60조제2항제2호에 따른 세무조정계산서에 계상하고 그 금액 상당액을 해당 사업연도의 이익처분을 할 때 고유목적사업준비금으로 적립한 경우에는 그 금액을 결산을 확정할 때 손비로 계상한 것으로 본다.

③ 제1항에 따라 고유목적사업준비금을 손금에 산입한 비영리내국법인이 고유목적사업등에 지출한 금액이 있는 경우에는 그 금액은 먼저 계상한 사업연도이 고유

</td><td>

제56조(고유목적사업준비금의 손금산입) ① 법 제29조제1항 각 호 외의 부분에서 "대통령령으로 정하는 단체"란 다음 각 호의 어느 하나에 해당하는 단체를 말한다.

1. 제39조제1항제1호에 해당하는 단체

2. 삭제

3. 법령에 의하여 설치된 기금

4.「공동주택관리법」제2조제1항제1호가목에 따른 공동주택의 입주자대표회의·임차인대표회의 또는 이와 유사한 관리기구

② 다음 각 호의 어느 하나에 해당하는 이자소득금액은 법 제29조제1항제1호가목의 금액으로 본다.

1. 금융보험업을 영위하는 비영리내국법인이 한국표준산업분류상 금융 및 보험업을 영위하는 법인의 계약기간이 3개월 이하인 금융상품(계약기간이 없는 요구불예금을 포함한다)에 자금을 예치함에 따라 발생하는 이자소득금액

2. 제3조제1항제5호나목에 따른 사업을 영위하는 자가 자금을 운용함에 따라 발생하는 이자소득금액

3.「한국주택금융공사법」에 따른 주택금융신용보증기금이 동법 제43조의8제1항 및 제2항에 따른 보증료의 수입을 운용함에 따라 발생하는 이자소득금액

③ 법 제29조제1항제2호에 따른 수익사업에서 발생한 소득은 해당 사업연도의 수익사업에서 발생한 소득금액(고유목적사업준비금과 법 제24조제2항제1호에 따른 기부금을 손금에 산입하기 전의 소득금액에서 법 제66조제2항에 따른 경정으로 증가된 소득금액 중 제106조에 따라 해당 법인의 특수관계인에게 상여 및 기타소득으로 처분된 금액은 제외한다)에서 법 제29조제1항제1호에 따른 금액, 법 제13조제1항제1호에 따른 결손금(같은 항 각 호 외의 부분 단서에 따라 각 사업연도 소득의 100분의 80을 이월결손금 공제한도로 적용받는 법인은 공제한도 적용으로 인해 공제받지 못하고 이월된 결손금을 차감한 금액을 말한다) 및 법 제24조제2항제1호에 따른 기부금을 뺀 금액으로 한다.

④ 삭제

⑤ 법 제29조제1항 각 호 외의 부분에 따른 고유목적사업은 해당 비영리내국법인의 법령 또는 정관에 따른 설립목적을 직접 수행하는 사업으로서 제3조제1항에 따른 수익사업 외의 사업으로 한다.

</td></tr>
</table>

<table>
<tr><th>법인세법
[법률 제20613호, 2024. 12. 31., 일부개정]</th><th>법인세법 시행령
[대통령령 제35350호, 2025. 2. 28., 일부개정]</th></tr>
</table>

목적사업준비금부터 차례로 상계(相計)하여야 한다. 이 경우 고유목적사업등에 지출한 금액이 직전 사업연도 종료일 현재의 고유목적사업준비금의 잔액을 초과한 경우 초과하는 금액은 그 사업연도에 계상할 고유목적사업준비금에서 지출한 것으로 본다.

④ 제1항에 따라 고유목적사업준비금을 손금에 산입한 비영리내국법인이 사업에 관한 모든 권리와 의무를 다른 비영리내국법인에 포괄적으로 양도하고 해산하는 경우에는 해산등기일 현재의 고유목적사업준비금 잔액은 그 다른 비영리내국법인이 승계할 수 있다.

⑤ 제1항에 따라 손금에 산입한 고유목적사업준비금의 잔액이 있는 비영리내국법인이 다음 각 호의 어느 하나에 해당하게 된 경우 그 잔액(제5호의 경우에는 고유목적사업등이 아닌 용도에 사용한 금액을 말하며, 이하 이 조에서 같다)은 해당 사유가 발생한 날이 속하는 사업연도의 소득금액을 계산할 때 익금에 산입한다.

1. 해산한 경우(제4항에 따라 고유목적사업준비금을 승계한 경우는 제외한다)

2. 고유목적사업을 전부 폐지한 경우

3. 법인으로 보는 단체가 「국세기본법」 제13조제3항에 따라 승인이 취소되거나 거주자로 변경된 경우

4. 고유목적사업준비금을 손금에 산입한 사업연도의 종료일 이후 5년이 되는 날까지 고유목적사업등에 사용하지 아니한 경우(5년 내에 사용하지 아니한 잔액으로 한정한다)

5. 고유목적사업준비금을 고유목적사업등이 아닌 용도에 사용한 경우

⑥ 제1항에 따라 손금에 산입한 고유목적사업준비금의 잔액이 있는 비영리내국법인은 고유목적사업준비금을 손금에 산입한 사업연도의 종료일 이후 5년 이내에 그 잔액 중 일부를 감소시켜 익금에 산입할 수 있다. 이 경우 먼저 손금에 산입한 사업연도의 잔액부터 차례로 감소시킨 것으로 본다.

⑦ 제5항제4호ㆍ제5호 및 제6항에 따라 고유목적사업준비금의 잔액을 익금에 산입하는 경우에는 대통령령으로 정하는 바에 따라 계산한 이자상당액을 해당 사업연도의 법인세에 더하여 납부하여야 한다.

⑧ 제1항은 이 법이나 다른 법률에 따라 감면 등을 적용받는 경우 등 대통령령으로 정하는 경우에는 적용하지 아니한다.

⑥ 법 제29조제1항부터 제5항까지의 규정을 적용할 때 다음 각 호의 금액은 고유목적사업에 지출 또는 사용한 금액으로 본다. 다만, 비영리내국법인이 유형자산 및 무형자산 취득 후 법령 또는 정관에 규정된 고유목적사업이나 보건업[보건업을 영위하는 비영리내국법인(이하 이 조에서 "의료법인"이라 한다)에 한정한다]에 3년 이상 자산을 직접 사용하지 아니하고 처분하는 경우에는 제1호 또는 제3호의 금액을 고유목적사업에 지출 또는 사용한 금액으로 보지 아니한다.

1. 비영리내국법인이 해당 고유목적사업의 수행에 직접 소요되는 유형자산 및 무형자산 취득비용(제31조제2항에 따른 자본적 지출을 포함한다) 및 인건비 등 필요경비로 사용하는 금액

2. 특별법에 따라 설립된 법인(해당 법인에 설치되어 운영되는 기금 중 「국세기본법」 제13조에 따라 법인으로 보는 단체를 포함한다)으로서 건강보험ㆍ연금관리ㆍ공제사업 및 제3조제1항제8호에 따른 사업을 영위하는 비영리내국법인이 손금으로 계상한 고유목적사업준비금을 법령에 의하여 기금 또는 준비금으로 적립한 금액

3. 의료법인이 지출하는 다음 각 목의 어느 하나에 해당하는 금액
가. 의료기기 등 기획재정부령으로 정하는 자산을 취득하기 위하여 지출하는 금액
나. 「의료 해외진출 및 외국인환자 유치 지원에 관한 법률」 제2조제1호에 따른 의료 해외진출을 위하여 기획재정부령으로 정하는 용도로 지출하는 금액
다. 기획재정부령으로 정하는 연구개발사업을 위하여 지출하는 금액

4. 「농업협동조합법」에 따른 농업협동조합중앙회가 법 제29조제2항에 따라 계상한 고유목적사업준비금을 회원에게 무상으로 대여하는 금액

5. 「농업협동조합법」에 의한 농업협동조합중앙회가 「농업협동조합의 구조개선에 관한 법률」에 의한 상호금융예금자보호기금에 출연하는 금액

6. 「수산업협동조합법」에 의한 수산업협동조합중앙회가 「수산업협동조합의 부실예방 및 구조개선에 관한 법률」에 의한 상호금융예금자보호기금에 출연하는 금액

법인세법 [법률 제20613호, 2024. 12. 31., 일부개정]	법인세법 시행령 [대통령령 제35350호, 2025. 2. 28., 일부개정]
⑨ 제1항을 적용하려는 비영리내국법인은 대통령령으로 정하는 바에 따라 해당 준비금의 계상 및 지출에 관한 명세서를 비치ㆍ보관하고 이를 납세지 관할 세무서장에게 제출하여야 한다. ⑩ 제1항부터 제5항까지의 규정에 따른 고유목적사업의 범위 및 승계, 수익사업에서 발생한 소득의 계산 등에 필요한 사항은 대통령령으로 정한다.	7.「신용협동조합법」에 의한 신용협동조합중앙회가 동법에 의한 신용협동조합예금자보호기금에 출연하는 금액 8.「새마을금고법」에 의한 새마을금고중앙회가 동법에 의한 예금자보호준비금에 출연하는 금액 9.「산림조합법」에 의한 산림조합중앙회가 동법에 의한 상호금융예금자보호기금에 출연하는 금액 10.「제주특별자치도 설치 및 국제자유도시 조성을 위한 특별법」 제166조에 따라 설립된 제주국제자유도시개발센터가 같은 법 제170조제1항제1호, 같은 항 제2호라목ㆍ마목(관련 토지의 취득ㆍ비축을 포함한다) 및 같은 항 제3호의 업무에 지출하는 금액 ⑦ 법 제29조제7항에서 "대통령령으로 정하는 바에 따라 계산한 이자상당액"이란 제1호의 금액에 제2호의 율을 곱하여 계산한 금액을 말한다. 1. 당해 고유목적사업준비금의 잔액을 손금에 산입한 사업연도에 그 잔액을 손금에 산입함에 따라 발생한 법인세액의 차액 2. 손금에 산입한 사업연도의 다음 사업연도의 개시일부터 익금에 산입한 사업연도의 종료일까지의 기간에 대하여 1일 10만분의 22의 율 ⑧ 법 제29조제8항에서 "대통령령으로 정하는 경우"란 해당 비영리 내국법인의 수익사업에서 발생한 소득에 대하여 법 또는 「조세특례제한법」에 따른 비과세ㆍ면제, 준비금의 손금산입, 소득공제 또는 세액감면(세액공제를 제외한다)을 적용받는 경우를 말한다. 다만, 고유목적사업준비금만을 적용받는 것으로 수정신고한 경우는 제외한다. ⑨ 법 제29조제1항의 규정을 적용받고자 하는 비영리내국법인은 법 제60조의 규정에 의한 신고와 함께 기획재정부령이 정하는 고유목적사업준비금조정명세서를 납세지 관할세무서장에게 제출하여야 한다. ⑩ 제6항제3호를 적용받으려는 의료법인은 손비로 계상한 고유목적사업준비금상당액을 기획재정부령으로 정하는 의료발전회계로 구분하여 경리하여야 한다. ⑪ 해당 사업연도에 다음 각 호의 어느 하나에 해당하는 법인의 임원 및 직원이 지급받는 「소득세법」 제20조제1항 각 호의 소득의 금액의 합계액(이하 "총급여액"이라 하며, 해당 사업연도의 근로기간이 1년 미만인 경우에는 총급여액을 근로기간의 월수로 나눈 금액에 12를

법인세법 [법률 제20613호, 2024. 12. 31., 일부개정]	법인세법 시행령 [대통령령 제35350호, 2025. 2. 28., 일부개정]
	곱하여 계산한 금액으로 한다. 이 경우 개월 수는 태양력에 따라 계산하되, 1개월 미만의 일수는 1개월로 한다)이 8천만원을 초과하는 경우 그 초과하는 금액은 제6항제1호에 따른 인건비로 보지 아니한다. 다만, 해당 법인이 해당 사업연도의 법 제60조에 따른 과세표준을 신고하기 전에 해당 임원 및 종업원의 인건비 지급규정에 대하여 주무관청으로부터 승인받은 경우에는 그러하지 아니하다. 1. 법 제29조제1항제2호에 따라 수익사업에서 발생한 소득에 대하여 100분의 50을 곱한 금액을 초과하여 고유목적사업준비금으로 손금산입하는 비영리내국법인 2. 「조세특례제한법」 제74조제1항제2호 및 제8호에 해당하여 수익사업에서 발생한 소득에 대하여 100분의 50을 곱한 금액을 초과하여 고유목적사업준비금으로 손금산입하는 비영리내국법인 3. 다음 계산식에 따라 계산한 비율이 100분의 50을 초과하는 비영리내국법인 ⑫ 제11항 단서 또는 제13항에 따라 승인을 요청받은 주무관청은 해당 인건비 지급규정이 사회통념상 타당하다고 인정되는 경우 이를 승인하여야 한다. ⑬ 제12항에 따라 인건비 지급규정을 승인받은 자는 승인받은 날부터 3년이 지날 때마다 다시 승인을 받아야 한다. 다만, 그 기간 내에 인건비 지급규정이 변경되는 경우에는 그 사유가 발생한 날이 속하는 사업연도의 법 제60조에 따른 과세표준 신고기한까지 다시 승인을 받아야 한다. ⑭ 제12항에 따라 주무관청의 승인을 받은 법인은 법 제60조에 따른 신고를 할 때 인건비 지급규정 및 주무관청의 승인사실을 확인할 수 있는 서류를 납세지 관할 세무서장에게 제출하여야 한다.

제8장

사내근로복지기금에 대한 감독

사내근로복지기금제도의 주무 부처는 고용노동부이므로 사내근로복지기금법인 및 해당 사업주는 근로복지기본법에 따라 고용노동부의 감독을 받습니다. 고용노동부는 기금법인의 설립, 운영, 해산에 이르기까지 사내근로복지기금 전반에 대한 감독권한을 가지고 있습니다. 고용노동부는 이러한 감독 권한을 바탕으로 기금법인이 사내근로복지기금제도를 활용하여 근로자의 복지증진에 이바지할 수 있도록 지도하고 있습니다. 고용노동부가 행사하는 감독권한의 구체적인 내용은 다음과 같습니다.

(1) 인가

근로복지기본법에 의거하여 고용노동부장관은 기금법인에 대하여 각종 인가권한을 행사할 수 있습니다. 근로복지기본법에 규정된 고용노동부장관의 구체적인 인가권한에는 다음의 것들이 있습니다. 첫째, 기금법인 설립 인가권입니다.[387] 준비위원회는 설립인가를 받으려는 경우 기금법인 설립인가신청서를 첨부서류와 함께 고용노동부장관에게 제출하여야 합니다. 고용노동부 장관은 법률상 중요한 하자가 있는지 여부를 확인한 후 기금법인의 설립을 인가할 수 있습니다. 둘째, 기금법인이 정관을 변경할 때에도 고용노동부장관의 인가를 받아야 합니다.[388] 정관은 기금법인을 규율하는 최고의 자치법규이므로 이를 변경할 때에는 관련 법령의 위반여부 및 근로자 복지증진 여부 등에 대한 감독이 이루어집니다.

---

[387]   근로복지기본법 제52조 제5항.
[388]   근로복지기본법 제53조.

(2) 보고

고용노동부장관은 기금법인 운영과 관련한 중요사항에 대한 보고 수령 권한을 가지고 있습니다. 즉, 기금법인의 기본재산 총액이 변경된 경우에는 변경이 발생한 날로부터 3주 이내에 그 변경내용을 고용노동부장관에게 보고하여야 합니다.[389] 기금법인이 해산된 경우에는 청산인은 그 사유를 명시하여 고용노동부장관에게 보고하여야 합니다.[390] 해산한 기금법인의 잔여재산을 근로복지진흥기금에 귀속시키는 경우에는 그 청산인은 청산업무 종결 후 3주 이내에 고용노동부장관에게 잔여재산의 목록을 제출하여야 합니다.[391] 한편, 모든 기금법인은 해당연도의 운영상황을 회계연도 종료 후 3개월 이내에 지방고용노동관서의 장에게 보고하여야 합니다.[392] 이는 기금법인의 한 해 동안의 운영상황을 종합적으로 감독하기 위한 것으로, 해당 연도 운영상황보고서 및 결산서, 다음 연도 사업계획서 등을 함께 제출하여야 합니다. 이러한 보고 수령 권한을 바탕으로 기금법인의 운영현황을 점검한 결과 법률 위반 등이 발견될 때는 시정명령 또는 지도·감독권을 발동할 수 있습니다.

(3) 시정명령

고용노동부장관은 사용자 또는 기금법인이 근로복지기본법 제60조(이사 등의 신분) 제2항, 제64조(사내근로복지기금의 회계), 제66조(기금법인의 관리·운영사항 공개)를 위반한 경우에는 상당한 기간을 정하여 시정을 명령할 수 있습니다.[393] 이 경우 시정기간은 10일 이상 60일 이하의 범위에서 주되, 부득이한 사유가 있는 경우에는 1회 그 기간을 연장할 수 있습니다.[394]

---

389) 근로복지기본법시행령 제35조 제2항.
390) 근로복지기본법시행령 제52조.
391) 근로복지기본법시행령 제54조.
392) 근로복지기본법시행령 제63조.
393) 근로복지기본법 제69조.
394) 근로복지기본법시행규칙 제27조.

고용노동부장관의 시정명령에도 불구하고 그 시정명령을 받은 기금법인 등이 해당 명령을 이행하지 않을 경우에는 그 명령을 위반한 사용자, 기금법인 또는 공동기금법인에 대하여 과태료가 부과될 수 있습니다.[395] 따라서 기금법인은 고용노동부의 감독에 적극적으로 협조하여 이행명령을 신속히 이행하는 것이 중요합니다. 근본적으로는 관련 법령과 정관 등의 준수를 생활화하고 투명하고 효율적인 기금법인 운영을 통해 감독 과정에서 문제가 생기지 않도록 노력하는 것이 필요합니다. 이러한 노력이 기금법인의 신뢰도를 높이고 근로자 복지증진이라는 설립목적 달성에도 도움이 될 것이기 때문입니다.

(4) 지도 · 감독

고용노동부장관은 사내근로복지기금제도의 주무부처 장관으로서 기금법인 업무 전반에 대한 지도 · 감독권한을 가지고 있습니다. 즉, 고용노동부장관은 근로자 등의 복지증진을 위해 필요한 경우 기금법인의 업무 · 회계 · 재산에 관한 사항을 보고하게 하거나 소속 공무원으로 하여금 그 장부 · 서류 또는 그 밖의 물건을 검사하게 할 수 있으며, 필요하다고 인정하는 경우에는 그 운영 등에 시정을 명할 수 있습니다.[396]

만약, 고용노동부장관이 요청한 사항에 관한 보고를 하지 않거나 거짓 보고를 하는 경우에는 과태료 처분이 내려질 수 있습니다. 그뿐만 아니라 지도 · 감독 권한에 기반하여 내려진 시정명령에 따르지 않은 경우나 고용노동부 소속 공무원의 검사를 거부하거나 방해하거나 기피한 경우에도 과태료 처분이 가능하므로 주의해야 합니다.[397]

---

395)   근로복지기본법 제99조 제1항.
396)   근로복지기본법 제93조.
397)   근로복지기본법시행령 67조.

(1) 등기 의무

기금법인은 최초 기금법인을 설립할 때뿐만 아니라 분사무소 설치, 주된 사무소 또는 분사무소의 이전, 주요 사항의 변경 시에 이를 등기하여야 합니다. 설립등기는 고용노동부장관의 설립인가를 받은 후 3주 이내에 기금법인의 주된 사무소 소재지 등기소에 설립등기를 하여야 합니다.[398] 기금법인이 분사무소를 설치한 경우에는 분사무소 설치일로부터 3주 이내에 주된 사무소의 소재지 관한 등기소에 등기하여야 합니다.[399] 기금법인의 주된 사무소 또는 분사무소를 이전하였을 때에는 이전한 날로부터 3주 이내에 종전 소재지 또는 새 소재지 관할 등기소에 이전등기를 하여야 합니다.[400] 한편, 기금법인은 기금법인의 목적, 명칭, 이사의 성명과 주소, 대표권에 관한 사항이 변경된 경우에는 변경 후 3주 이내에 주된 사무소 소재지 등기소에 변경사항을 등기하여야 합니다.[401] 기금법인의 기본재산은 설립등기 시 등기사항에 포함되지만 그 변동을 변경등기할 필요는 없으며 고용노동부장관에게 기본재산의 총액 변경 내용을 3주 이내에 보고하면 됩니다.[402]

(2) 보고 의무

1) 정기 보고

기금법인은 매 회계연도 종료 후 3개월 이내에 당해 연도의 기금법인 운영 상황을 고용노

---

398) 근로복지기본법 제52조 제7항.
399) 근로복지기본법시행령 제33조.
400) 근로복지기본법시행령 제34조.
401) 근로복지기본법시행령 제35조.
402) 근로복지기본법시행령 제35조 제2항.

동부장관에게 보고하여야 합니다.[403] 기금법인이 운영상황 보고를 하는 경우에는 해당 연도의 운영상황보고서, 결산서 및 다음 연도 사업계획서 등을 제출하여야 합니다. 운영상황 보고서에는 기금법인 및 사업체의 일반현황, 기본재산 현황, 기금의 운용 및 관리방법, 기금사업의 재원, 기본재산 사용현황, 사업실적, 선택적 복지제도 사업비, 부동산 소유현황 등의 내용이 포함되어 있습니다. 결산서에는 대차대조표, 손익계산서, 이익잉여금처분계산서, 그밖에 부속명세서 등이 첨부되어야 합니다. 사업계획서에는 예산총칙, 목적사업 계획서, 추정대차대조표, 추정손익계산서, 기금운용계획서 등이 포함되어야 합니다. 이는 고용노동부장관이 기금법인의 운영 상황을 파악하고 필요한 경우에는 지도·감독할 수 있도록 하기 위한 것입니다. 만약, 기금법인이 정해진 기간 내에 운영상황 보고를 하지 않거나 허위 보고를 하는 경우에는 시정명령 및 과태료 처분이 가능하므로 기한 내에 정확한 내용을 보고하는 것이 중요합니다.

2) 수시 보고

기금법인은 1년에 한번 정기적으로 운영상황을 보고하는 것 외에 근로복지기본법에서 규정한 보고의무가 발생할 경우 이를 수시로 보고하여야 합니다. 즉, 기금법인의 기본재산 총액이 변경된 경우에는 변경이 발생한 날로부터 3주 이내에 그 변경내용을 고용노동부장관에게 보고하여야 합니다.[404] 기금법인이 해산된 경우에는 청산인이 그 사유를 명시하여 고용노동부장관에게 보고하여야 합니다.[405] 해산한 기금법인의 잔여재산을 근로복지진흥기금에 귀속시키는 경우에는 그 청산인은 청산업무 종결 후 3주 이내에 고용노동부장관에게 잔여재산의 목록을 제출하여야 합니다.[406]

---

403)　근로복지기본법시행령 제63조.
404)　근로복지기본법시행령 제35조 제2항.
405)　근로복지기본법시행령 제52조.
406)　근로복지기본법시행령 제54조.

(3) 회의록 작성 및 보관 의무

기금법인은 복지기금협의회를 개최한 경우 그 회의록을 작성하여 출석위원 전원의 서명 또는 날인을 받아 작성일로부터 10년간 보관하여야 합니다. 이 경우 그 회의록은 전자문서 의 형식으로 작성·보관하는 것도 가능합니다. 회의록 작성 및 보관의무는 기금법인의 투명 한 운영과 책임성을 확보하기 위한 중요한 의무입니다. 복지기금협의회의 회의록은 기금법 인의 중요한 의사결정을 기록한 것으로서, 향후 발생할 수 있는 분쟁이나 문제 해결에 중요 한 증거 자료가 될 수 있으므로 그 작성에 더욱 주의하여야 합니다.

복지기금협의회 회의록에는 개최일시 및 장소, 출석위원, 협의내용 및 결정사항, 그 밖의 토의사항이 포함되어 있어야 합니다.[407] 특히, 중요한 의사결정을 내린 경우에는 해당 안건 에 대한 찬성과 반대 의견, 결정 사유 등을 명확히 기록하는 것이 바람직합니다. 상세히 기 록한 회의록은 의사결정의 배경과 과정을 이해하는 데 도움이 될 뿐만 아니라 장래에 유사 한 상황에서의 의사결정에 참고가 될 수 있기 때문입니다. 한편, 기금법인이 복지기금협의 회를 개최하였음에도 불구하고 회의록을 작성하여 보관하지 않은 경우에는 과태료 처분에 처해질 수 있으므로 주의하여야 합니다.[408]

(4) 기금법인 관리·운영 서류의 작성·보관 및 공개 의무

기금법인은 사업보고서, 재무상태표, 손익계산서, 감사보고서를 작성하여야 하며, 그 작 성일로부터 5년간 이를 보관하여야 합니다. 물론 해당 서류는 전자문서의 형태로 작성하여 보관할 수 있습니다.[409] 사내근로복지기금의 예산은 예산총칙, 추정재무상태표, 추정손익계 산서를 내용으로 작성하여야 하며 그 내용을 명백히 하기 위해 필요한 부속명세서를 작성하 여야 합니다. 한편, 사내근로복지기금의 해당 연도 결산서는 재무상태표, 손익계산서 및 이

---

407)　근로복지기본법 제57조
408)　근로복지기본법시행령 제67조.
409)　근로복지기본법 제65조.

익잉여금처분계산서 등을 내용으로 하여 작성하고 그 내용을 명백히 하기 위해 필요한 부속
명세서를 작성하여야 합니다.[410]

근로복지기본법은 기금법인 관리·운영에 대한 여타 서류의 작성 및 보관에 관하여는 별
도의 규정을 두고 있지 않습니다. 그러나 기금법인의 설립과 운영과 관련된 모든 서류는 매
우 중요하므로 이를 잘 보관하는 것이 바람직합니다. 구체적으로 기금법인의 정관 및 각종
규정, 기금법인 재산목록, 기금법인 설립인가증, 설립준비위원회 회의록, 이사회 회의록, 복
지사업 수행 관련 각종 서류 등은 보관할 필요가 있습니다. 서류의 보존기간은 실무적으로
기금법인이 그 보관할 문서의 중요도를 감안하여 보존기간을 각각 설정하여 관리하고 인수
인계하는 것이 바람직합니다. 특히, 정관, 설립인가증, 재산목록, 각종 회의록은 매우 중요
한 서류이므로 기금법인의 존속기간 동안 항구적으로 보관하는 것을 추천합니다.

기금법인은 사업보고서, 대차대조표, 손익계산서, 감사보고서 등 회계와 관련한 서류와
복지기금협의회 회의록을 사보 게재, 사내 게시 등의 방법으로 공개하여 항상 근로자가 열
람할 수 있도록 하여야 합니다. 이 경우 전자문서로 작성·보관하는 서류는 전자적 방법으
로 공개하고 열람하게 할 수 있습니다.[411] 한편, 근로복지기본법 규정을 위반하여 기금법인
의 관리·운영과 관련한 서류를 작성하여 보관하지 않은 경우에는 행정벌인 과태료 처분이
가능하므로 주의하여야 합니다.[412]

---

410)　근로복지기본법시행령 제49조.
411)　근로복지기본법 제66조.
412)　근로복지기본법시행령 67조.

3. 위반시 제재

사내근로복지기금과 관련한 근로복지기본법의 규정을 위반하는 경우에는 징역 및 벌금 등 형벌 및 과태료 등 행정처분이 내려질 수 있습니다. 그뿐만 아니라 위법행위의 행위자를 처벌하는 것 외에 그 법인 등에 대해서도 양벌규정에 따라 처벌이 내려질 수 있으므로 기금법인 운영에 관하여 법규 준수에 더욱 주의하여야 합니다.

(1) 1년 이하의 징역 또는 1천만 원 이하의 벌금

1) 해당 사업의 사용자

해당 사업의 사용자는 기금법인의 설립과 운영에서 매우 중요한 역할을 담당하므로 관련 법규를 성실히 준수하여야 합니다. 만약, 사용자가 다음에서 설명할 위반행위를 할 경우에는 1년 이하의 징역 또는 1천만 원 이하의 벌금에 처해질 수 있습니다. 사용자에 대한 이러한 제재는 기금법인의 적법하고 투명한 운영을 보장하기 위한 것이므로 사용자는 관련 법규를 충분히 이해하고 준수함으로써 처벌을 받지 않도록 주의가 요구됩니다.

① 기금 설립 당시 운영하던 근로복지제도 등을 중단 또는 감축

근로복지기본법 제68조 제1항(제86조의15에서 준용하는 경우를 포함)을 위반하여 기금법인 및 공동기금법인을 설립할 당시 운영하고 있는 근로복지제도 또는 근로복지시설의 운영을 중단하거나 감축한 경우, 그 기금법인 및 공동기금법인의 해당 사업의 사용자는 처벌됩니다.[413] 사내근로복지기금은 소속 근로자의 복지증진을 위해 설립된 것이므로 기금법인 설립을 이유로 근로자의 복지를 중단하거나 후퇴시키는 것은 심각한 법률 위반이 될 수 있습니다.

---

413) 근로복지기본법 제97조 제3호.

제68조(다른 복지와의 관계) ① 사용자는 기금법인의 설치를 이유로 기금법인 설치 당시에 운영하고 있는 근로복지제도 또는 근로복지시설의 운영을 중단하거나, 이를 감축하여서는 아니 된다.

② 부동산 소유

근로복지기본법 제67조(제86조의15에서 준용하는 경우를 포함)에 따른 기금법인 또는 공동기금법인의 부동산 소유금지 의무를 위반한 기금법인 및 공동기금법인의 해당 사업의 사용자는 처벌됩니다.[414] 기금법인은 업무수행을 위해 필요한 경우에 한해 부동산을 소유할 수 있으므로 기금법인의 업무와 무관한 부동산 취득을 통해 다른 용도로 사용하는 것은 금지됩니다.

제67조(기금법인의 부동산 소유) 기금법인은 업무수행을 위하여 필요한 경우를 제외하고는 부동산을 소유할 수 없다.

③ 공동기금법인 탈퇴 시 배분받은 재산의 처리방법 위반

근로복지기본법 제86조의8 제3항에 따라 공동기금법인에서 탈퇴하는 경우에는 그 배분받은 재산으로 다른 사내근로복지기금을 설치하거나 이미 설립되어 있는 당해 사업의 기금법인에 출연하여야 하는데, 이를 위반한 공동기금법인 참여사업의 사용자는 처벌됩니다.[415] 공동기금법인에서 탈퇴하는 경우 그 출연비율에 상당하는 재산을 분배해 주는 것은 이를 통해 근로자에 대한 복지증진 사업을 단절 없이 영위할 수 있도록 하기 위한 목적이므로 이를 다른 용도로 유용하는 것은 법으로 엄격히 금지되고 있는 것입니다.

제86조의8(공동기금법인의 탈퇴 및 재산처리) ① 제86조의3 및 제86조의7에 따라 공동기금법인에 참여한 사업주는 도급인·수급인 관계의 종료 등 대통령령으로 정하는 사유가 발생하는 경우 공동기금법인에서 탈퇴할 수 있다.

② 제1항에 따라 참여한 사업주가 공동기금법인에서 탈퇴하는 경우(제86조의11제1호에 따른 해산사유에 해당하는 경우는 제외한다)에 공동기금법인은 탈퇴 시를 기준으로 해당 사업주가 공동기금법인에 출연한 비율에 따라 고용노동부령으로 정하는 방법에 의하여 산정되는 재산을 해당 사업주에게 배분하여야 한다.

③ 제2항에 따라 재산을 배분받은 사업주는 그 재산으로 사내근로복지기금을 설치하거나 사내근로복지기금의 재원으로 출연하여야 한다.

---

414)　근로복지기본법 제97조 제2호.

415)　근로복지기본법 제97조 제7항.

2) 기금법인 및 공동기금법인 이사

기금법인 및 공동기금법인의 이사는 해당 기금법인 및 공동기금법인의 업무를 집행하는 중요한 역할을 수행하는 자입니다. 따라서 그 업무집행은 법률에 적합해야 하고 투명해야 하며 이익의 충돌이 없어야만 합니다. 따라서 이사가 다음의 위법행위를 하는 경우에는 처벌받을 수 있으므로 신중한 업무처리가 요구됩니다.

① 기금법인 사업범위, 기금 운용방법 등 위반

근로복지기본법 제62조(제86조의15에서 준용하는 경우를 포함)의 기금법인의 사업 규정을 위반한 경우, 제63조(제86조의15에서 준용하는 경우를 포함)의 기금법인의 기금 운용방법을 위반한 경우, 제86조의6를 위반하여 공동기금법인의 기본재산을 기금사업에 사용한 경우, 그 기금법인 또는 공동기금법인의 이사는 처벌됩니다.[416]

제62조(기금법인의 사업) ① 기금법인은 그 수익금으로 대통령령으로 정하는 바에 따라 다음 각 호의 사업을 시행할 수 있다.

1. 주택구입자금등의 보조, 우리사주 구입의 지원 등 근로자 재산형성을 위한 지원

2. 장학금 · 재난구호금의 지급, 그 밖에 근로자의 생활원조

3. 모성보호 및 일과 가정생활의 양립을 위하여 필요한 비용 지원

4. 기금법인 운영을 위한 경비지급

5. 근로복지시설로서 고용노동부령으로 정하는 시설에 대한 출자 · 출연 또는 같은 시설의 구입 · 설치 및 운영

6. 해당 사업으로부터 직접 도급받는 업체의 소속 근로자 및 해당 사업에의 파견근로자의 복리후생 증진

6의2. 제86조의2제1항에 따른 공동근로복지기금 지원

7. 사용자가 임금 및 그 밖의 법령에 따라 근로자에게 지급할 의무가 있는 것 외에 대통령령으로 정하는 사업

② 기금법인은 제61조제1항 및 제2항에 따라 출연받은 재산 및 복지기금협의회에서 출연재산으로 편입할 것을 의결한 재산(이하 "기본재산"이라 한다) 중에서 대통령령으로 정하는 바에 따라 산정되는 금액을 제1항 각 호의 사업(이하 "사내근로복지기금사업"이라 한다)에 사용할 수 있다. 이 경우 기금법인의 사업이 다음 각 호의 어느 하나에 해당하는 때에는 대통령령으로 정하는 범위에서 정관으로 정하는 바에 따라 그 산정되는 금액을 높일 수 있다.

---

416)　근로복지기본법 제97조 제1항.

1. 제82조제3항에 따라 선택적 복지제도를 활용하여 운영하는 경우

2. 사내근로복지기금사업에 사용하는 금액 중 고용노동부령으로 정하는 바에 따라 산정되는 금액 이상을 해당 사업으로부터 직접 도급받는 업체의 소속 근로자 및 해당 사업에의 파견근로자의 복리후생 증진에 사용하는 경우

3. 「중소기업기본법」 제2조제1항 및 제3항에 따른 기업에 설립된 기금법인이 사내근로복지기금사업을 시행하는 경우

③ 기금법인은 근로자의 생활안정 및 재산형성 지원을 위하여 필요하다고 인정되어 대통령령으로 정하는 경우에는 근로자에게 필요한 자금을 기본재산 중에서 대부할 수 있다.

제63조(사내근로복지기금의 운용) 사내근로복지기금은 다음 각 호의 방법으로 운용한다.

1. 금융회사 등에의 예입 및 금전신탁

2. 투자신탁 등의 수익증권 매입

3. 국가, 지방자치단체 또는 금융회사 등이 직접 발행하거나 채무이행을 보증하는 유가증권의 매입

4. 사내근로복지기금이 그 회사 주식을 출연받아 보유하게 된 경우에 대통령령으로 정하는 한도 내에서 그 보유주식 수에 따라 그 회사 주식의 유상증자에 참여

5. 그 밖에 사내근로복지기금의 운용을 위하여 대통령령으로 정하는 사업

제86조의6(기본재산의 공동기금 사업에의 사용) ① 공동기금법인은 제86조의2에 따라 출연받은 재산 또는 공동기금협의회에서 출연재산으로 편입할 것을 의결한 재산(이하 이 조에서 "공동기금법인의 기본재산"이라 한다)을 사내근로복지기금사업에 사용할 수 있다. 이 경우 공동기금법인의 기본재산 중 사용할 수 있는 금액의 산정에 관하여는 제62조제2항을 준용한다.

② 제1항에도 불구하고 다음 각 호의 어느 하나에 해당하는 공동기금법인은 공동기금법인의 기본재산을 사내근로복지기금사업에 사용하는 경우 대통령령으로 정하는 범위에서 정관으로 정하는 바에 따라 그 산정되는 금액을 높일 수 있다.

1. 「중소기업기본법」 제2조에 따른 중소기업의 사업주(이하 이 항에서 "중소기업 사업주"라 한다)와 「대·중소기업 상생협력 촉진에 관한 법률」 제2조제2호에 따른 대기업의 사업주가 설립한 공동기금법인

2. 둘 이상의 중소기업 사업주가 설립한 공동기금법인

② 부동산 소유

근로복지기본법 제67조(제86조의15에서 준용하는 경우를 포함)에 따른 기금법인 또는 공동기금법인의 부동산 소유금지 의무를 위반한 기금법인 및 공동기금법인의 이사는 처벌됩니다.[417]

---

417) 근로복지기본법 제97조 제2호.

③ 공동기금법인 탈퇴 또는 사업 폐지 시 재산처리 방법 위반

근로복지기본법 제86조의8 제2항 및 제86조의9에 규정된 공동기금법인에 참여한 사업주가 공동기금법인에서 탈퇴하거나 해당 사업을 폐지하는 경우의 재산처리 방법을 위반한 공동기금법인의 이사는 처벌됩니다.[418]

④ 비밀유지의무, 겸직 및 자기거래 금지의무 위반

근로복지기본법 제78조(제86조의15에서 준용하는 경우를 포함)를 위반하여 직무수행과 관련하여 알게 된 비밀을 누설하거나 기금법인의 및 공동기금법인 사업과 관련하여 겸직 또는 자기거래를 한 기금법인 및 공동기금법인 이사는 처벌됩니다.[419]

---

418) 근로복지기본법 제97조 제6호.
419) 근로복지기본법 제97조 제5호.

3) 기금법인 및 공동기금법인 감사

기금법인의 감사는 기금법인 이사의 업무집행을 감시하는 역할을 담당합니다. 따라서 기금법인 및 공동기금법인의 감사도 기금법인 이사 및 복지기금협의회 위원과 마찬가지로 법률상 여러 가지 준수의무를 부여받고 있습니다. 만약, 기금법인 또는 공동기금법인의 감사가 근로복지기본법 제78조(제86조의15에서 준용하는 경우를 포함)를 위반하여 직무수행과 관련하여 알게 된 비밀을 누설하거나 기금법인 및 공동기금법인 사업과 관련하여 겸직 또는 자기거래를 하는 경우에는 처벌될 수 있으므로 주의가 필요합니다.[420]

> **제78조(비밀유지 등)** 복지기금협의회의 위원, 이사 및 감사는 그 직무수행과 관련하여 알게 된 비밀을 누설하여서는 아니 되며, 사내근로복지기금사업과 관련하여 겸직 또는 자기거래를 할 수 없다.

4) 복지기금협의회 및 공동기금협의회 위원

복지기금협의회는 기금법인의 최고의사결정기관으로서 기금법인의 운영과 관련한 중요한 의사결정 업무를 담당합니다. 따라서 복지기금협의회 위원에게는 법률에 따라 여러 가지 준수한 의무가 부여되어 있습니다. 만약 복지기금협의회 및 공동기금협의회 위원이 근로복지기본법 제78조(제86조의15에서 준용하는 경우를 포함)를 위반하여 직무수행과 관련하여 알게 된 비밀을 누설하거나 기금법인의 및 공동기금법인 사업과 관련하여 겸직 또는 자기거래를 하는 경우에는 처벌될 수 있습니다.[421]

> **제78조(비밀유지 등)** 복지기금협의회의 위원, 이사 및 감사는 그 직무수행과 관련하여 알게 된 비밀을 누설하여서는 아니 되며, 사내근로복지기금사업과 관련하여 겸직 또는 자기거래를 할 수 없다.
>
> **제64조(사내근로복지기금의 회계)** ① 사내근로복지기금의 회계연도는 사업주의 회계연도에 따른다. 다만, 정관으로 달리 정한 경우에는 그러하지 아니하다.
> ② 기금법인은 자금차입을 할 수 없다.

---

420) 근로복지기본법 제97조 제5호.
421) 근로복지기본법 제97조 제5호.

③ 매 회계연도의 결산 결과 사내근로복지기금의 손실금이 발생한 경우에는 다음 회계연도로 이월하며, 잉여금이 발생한 경우에는 이월손실금을 보전한 후 사내근로복지기금에 전입한다.

④ 사내근로복지기금의 회계 관리에 필요한 사항은 대통령령으로 정한다.

제66조(기금법인의 관리 · 운영사항 공개) 기금법인은 제65조 각 호의 서류 및 복지기금협의회의 회의록을 대통령령으로 정하는 바에 따라 공개하여야 하며, 항상 근로자가 열람할 수 있게 하여야 한다. 이 경우 전자문서로 작성 · 보관하는 서류에 대해서는 정보통신망을 이용하는 등 전자적 방법으로 공개하고 열람하게 할 수 있다.

5) 기금법인 및 공동기금법인 청산인

기금법인 및 공동기금법인의 청산인은 해당 기금법인 등의 청산사무를 담당하는 역할을 수행합니다. 따라서 기금법인의 청산업무는 근로복지기본법의 규정에 따라 엄중하게 처리되어야 합니다. 만약, 청산인이 해산한 기금법인 및 공동기금법인의 재산을 처리함에 있어 근로복지기본법 제71조 및 제86조의12의 규정을 위반하는 경우에는 처벌될 수 있습니다.[422]

제71조(해산한 기금법인의 재산처리) ① 사업의 폐지로 인하여 해산한 기금법인의 재산은 대통령령으로 정하는 바에 따라 사업주가 해당 사업을 경영할 때에 근로자에게 미지급한 임금, 퇴직금, 그 밖에 근로자에게 지급할 의무가 있는 금품을 지급하는 데에 우선 사용하여야 하며, 잔여재산이 있는 경우에는 그 100분의 50을 초과하지 아니하는 범위에서 정관에서 정하는 바에 따라 소속 근로자의 생활안정자금으로 지원할 수 있다.

② 제1항에 따른 사용 후 잔여재산이 있는 경우에는 그 잔여재산은 정관에서 지정한 자에게 귀속한다. 다만, 정관에서 지정한 자가 없는 경우에는 대통령령으로 정하는 바에 따라 제87조에 따른 근로복지진흥기금에 귀속한다.

③ 제70조제4호의 사유로 해산한 기금법인의 재산은 해당 사업주가 참여한 제86조의3에 따른 공동근로복지기금법인에 귀속한다.

제86조의12(해산한 공동기금법인의 재산처리) 제86조의11제1호의 사유로 공동기금법인이 해산하는 경우에는 제86조의2 및 제86조의7에 따라 공동기금법인에 출연한 비율에 따라 참여한 사업주에게 배분하여야 하며, 잔여재산이 있는 경우에는 정관으로 정하는 바에 따라 처리한다.

---

422) 근로복지기본법 제97조 제4호.

(2) 양벌규정

법인의 대표자나 법인 또는 개인의 대리인, 사용인, 그 밖의 종업원이 그 법인 또는 개인의 업무와 관련하여 근로복지기본법 제97조에서 규정한 벌칙에 해당하는 위반행위를 한 경우, 그 행위자를 처벌하는 외에 그 법인 또는 개인에게도 책임을 물어 해당 위반행위에 관한 벌금형을 동시에 과할 수 있습니다. 그러나 법인 또는 개인이 그 위반행위를 방지하기 위해 해당 업무에 관하여 상당한 주의와 감독을 게을리하지 아니한 경우에는 처벌하지 않습니다.[423]

(3) 과태료

근로복지기본법은 법령을 위반한 기금법인 또는 그 업무 담당자에 대하여 일정한 경우에 형벌이 아닌 과태료를 부과할 수 있도록 규정하고 있습니다. 과태료는 행정법상 의무 위반에 대한 행정벌로서 행정기관이 부과하는 금전적 제재를 의미합니다. 과태료는 벌금과 같은 형벌은 아니며, 행정 목적의 달성 및 질서유지를 위한 것으로, 비교적 의무 위반 정도가 경미하고 직접적으로 행정 목적을 침해하지는 않은 경우에 주로 부과됩니다. 그렇다고 하여 과태료를 가볍게 생각하는 것은 바람직하지 않으며 관련 법령을 숙지하여 위반에 따른 불이익을 받지 않도록 주의해야 할 것입니다.

1) 500만 원 이하의 과태료

고용노동부장관은 사용자 또는 기금법인이 근로복지기본법 제60조 제2항, 제64조, 제66조를 위반하여 기금법인 이사 등에 대해 불이익한 처우를 하거나 기금의 회계처리 방법을 미준수하거나 기금법인의 운영 상황 등을 공개하지 않은 경우에는 상당한 기간을 정하여 시정을 명령할 수 있음은 이미 앞에서 설명하였습니다.[424] 그러나 시정명령을 받은 기금법인 등이 해당 명령을 이행하지 않을 경우, 그 명령을 위반한 사용자, 기금법인 또는 공동기금법

---

423) 근로복지기본법 제98조.
424) 근로복지기본법 제69조.

인에 대하여 과태료를 부과할 수 있습니다. [425]

2) 200만 원 이하의 과태료

① 회의록 작성 및 보관의무 위반

기금법인 또는 공동기금법인이 근로복지기본법 제57조에 규정된 복지기금협의회 회의록 작성 및 보관의무 또는 제65조에 규정된 기금법인 관리 · 운영서류의 작성 보관의무를 위반하여 해당 서류를 작성 · 보관하지 아니하는 경우에는 200만 원 이하의 과태료에 처할 수 있습니다. [426]

---

425) 근로복지기본법 제99조 제1항.
426) 근로복지기본법 제99조 제3항 제1호.

② 고용노동부장관의 지도 및 감독 명령 미이행

근로복지기본법 제93조 제1항 제3호(제86조의15에서 준용하는 경우 포함)에 따른 요구에 따르지 아니하여 보고를 하지 아니하거나 거짓의 보고를 한 자, 필요한 명령에 따르지 아니한 자 또는 공무원의 검사를 거부·방해하거나 기피한 자는 과태료 처분이 내려질 수 있습니다.[427]

제93조(지도·감독 등) ① 고용노동부장관은 근로자 등의 복지증진을 위하여 필요한 경우 다음 각 호의 사항을 보고하게 하거나 소속 공무원으로 하여금 그 장부·서류 또는 그 밖의 물건을 검사하게 할 수 있으며, 필요하다고 인정하는 경우에는 대통령령으로 정하는 바에 따라 그 운영 등에 시정을 명할 수 있다.

3. 제52조에 따른 기금법인의 업무·회계·재산에 관한 사항

---

3) 과태료 부과 기준

과태료의 부과권자는 다음의 사유가 있는 경우에는 개별기준에 따른 과태료의 1/2 범위에서 그 과태료 금액을 경감하여 부과할 수 있습니다. 다만, 과태료를 체납하고 있는 위반행위자에 대해서는 그렇지 않습니다. 첫째, 위반행위자가 자연재해·화재 등으로 재산에 현저한 손실이 발생하거나 사업여건의 악화로 사업이 중대한 위기에 처하는 등의 사정이 있는 경우, 둘째, 위반행위가 사소한 부주의나 오류로 인한 것으로 인정되는 경우, 셋째, 그 밖에 위반행위의 정도, 위반행위의 동기와 그 결과 등을 고려하여 경감할 필요가 있다고 인정되는 경우입니다.[428]

---

427) 근로복지기본법 제99조 제3항 제2호.
428) 근로복지기본법 제99조 제5항 및 동법 시행령 제67조.

〈 과태료 부과기준(발췌) 〉

위반행위	근거조문	과태료
법 제57조(법 제86조의15에서 준용하는 경우를 포함한다)를 위반하여 복지기금협의회의 회의록을 작성·보관하지 않은 경우	법 제99조 제3항 제1호	100만 원
법 제65조(법 제86조의15에서 준용하는 경우를 포함한다)를 위반하여 서류를 작성·보관하지 않은 경우	법 제99조 제3항 제1호	100만 원
법 제69조(법 제86조의15에서 준용하는 경우를 포함한다)에 따른 시정명령을 위반한 경우	법 제99조 제1항	300만 원

법 제93조제1항제3호(법 제86조의15에서 준용하는 경우를 포함한다)의 사항에 관한 보고를 하지 않거나 거짓 보고를 한 경우
  1) 보고를 하지 않은 경우
  2) 거짓 보고를 한 경우
	법 제99조 제3항 제2호	
		
		100만 원
		150만 원

법 제93조제1항제3호(법 제86조의15에서 준용하는 경우를 포함한다)의 사항에 관한 시정명령에 따르지 않은 경우	법 제99조 제3항 제2호	150만 원
법 제93조제1항제3호(법 제86조의15에서 준용하는 경우를 포함한다)의 사항에 관한 소속 공무원의 검사를 거부·방해하거나 기피한 경우	법 제99조 제3항 제2호	150만 원

근로복지기본
법·령·칙/규정/지침
및 관련 제반 서식

근로복지기본법 · 시행령 · 시행규칙 (목차)

근로복지기본법 [법률 제18926호, 2022. 6. 10., 일부개정]	근로복지기본법 시행령 [대통령령 제35437호, 2025. 4. 8., 일부개정]	근로복지기본법 시행규칙 [고용노동부령 제453호, 2025. 10. 1., 타법개정]
제1장 총칙 제1조 (목적) 제2조 (정의) 제3조 (근로복지정책의 기본원칙) 제4조 (국가 또는 지방자치단체의 책무) 제5조 (사업주 및 노동조합의 책무) 제6조 (목적 외 사용금지) 제7조 (재원의 조성 등) 제8조 (근로복지증진에 관한 중요사항 심의) 제9조 (기본계획의 수립) 제10조 (자료 제공 및 전산망 이용) 제11조 (근로복지사업 추진 협의) 제12조 (융자업무취급기관) 제13조 (세제 지원) 제14조 (근로복지종합정보시스템 운영) **제2장 공공근로복지** **제1절 근로자의 주거안정** 제15조 (근로자주택공급제도의 운영) 제16조 (근로자주택자금의 융자) 제17조 (주택구입자금등의 융자) 제18조 (근로자의 이주 등에 대한 지원)	제1조 (목적) 제2조 삭제 제3조 (융자업무취급기관)	제1조(목적)

근로복지기본법 [법률 제18926호, 2022. 6. 10., 일부개정]	근로복지기본법 시행령 [대통령령 제35437호, 2025. 4. 8., 일부개정]	근로복지기본법 시행규칙 [고용노동부령 제453호, 2025. 10. 1., 타법개정]
제2절 근로자의 생활안정 및 재산형성		
제19조 (생활안정자금의 지원)		제2조 (생활안정자금의 융자)
제20조 (학자금의 지원 등)		제3조 (학자금의 지원 등)
제21조 (근로자우대저축)		
제3절 근로자 신용보증 지원		
제22조 (신용보증 지원 및 대상		제4조 (신용보증 대상 융자사업 및 근로자)
제23조 (보증관계)		
제24조 (보증료)	제4조 (근로자 신용보증의 보증료)	
제25조 (통지의무)		
제26조 (보증채무의 이행 등)	제5조 (구상권 행사의 위탁)	제5조 (보증채무 이행사실의 통보)
	제6조 (결손처분)	제6조 (구상권 행사 위탁기관의 선정)
제27조 (지연이자)	제7조 (지연이자)	
제4절 근로복지시설 등에 대한 지원		
제28조 (근로복지시설 설치 등의 지원)		
제29조 (근로복지설의 운영 위탁)		
제30조 (이용료 등)		
제31조 (민간복지시설 이용비용의 지원)		제7조 (민간복지시설 이용비용의 지원)
제3장 기업근로복지		
제1절 우리사주제도		
제32조 (우리사주제도의 목적)		

근로복지기본법 [법률 제18926호, 2022. 6. 10., 일부개정]	근로복지기본법 시행령 [대통령령 제35437호, 2025. 4. 8., 일부개정]	근로복지기본법 시행규칙 [고용노동부령 제453호, 2025. 10. 1., 타법개정]
제33조 (우리사주조합의 설립)	제8조 (우리사주조합의 설립 등)	제8조 (우리사주조합 설립에 관한 협의사항)
		제9조 (조합 설립의 통지 등)
		제10조 삭제
		제11조 삭제
제34조 (우리사주조합원의 자격 등)	제9조 (지배관계회사)	
	제10조 (우리사주조합원의 자격)	
제35조 (우리사주조합의 운영 등)	제11조 (규약의 내용)	
	제12조 (총회의 개최)	
	제13조 (우리사주운영위원회의 구성·운영)	
제36조 (우리사주조합기금의 조성 및 사용)	제14조 (조합의 운영)	
	제15조 (배당금의 처리)	
	제16조 (보관 또는 예치 금융회사)	
	제17조 (조합기금의 사용)	제12조 (자사주 취득기한의 예외)
	제18조 (조합의 우리사주 취득)	
제37조 (우리사주 취득에 따른 계정 관리)	제19조 (조합의 우리사주 배정)	제13조 (퇴직근로자에 대한 우리사주 배정)
제38조 (우리사주조합원에 대한 우선배정의 범위)	제19조의2 (우리사주조합원에 대한 우선배정의 범위)	
제39조 (우리사주매수선택권의 부여의 범위 등)	제20조 (우리사주매수선택권)	제14조 (우리사주매수선택권의 행사가격 산정을 위한 평가가격)
제40조 (우리사주매수선택권 부여의 취소)		
제41조 (우리사주의 우선배정 및 우리사주매수선택권 부여의 제한)		
제42조 (우리사주조합의 차입을 통한 우리사주의 취득)	제17조 (조합기금의 사용)	
	제21조 (조합차입)	
제42조의2 (우리사주 취득 강요금지 등)		
제43조 (우리사주의 예탁 등)	제22조 (수탁기관)	제15조 (수탁기관)
		제16조 (우리사주의 취득기준일)
	제23조 (우리사주의 예탁기간)	

근로복지기본법 [법률 제18926호, 2022. 6. 10., 일부개정]	근로복지기본법 시행령 [대통령령 제35437호, 2025. 4. 8., 일부개정]	근로복지기본법 시행규칙 [고용노동부령 제453호, 2025. 10. 1., 타법개정]
	제24조 (예탁우리사주의 담보제공)	
	제24조의2 (수탁기관의 업무)	
제43조의2 (예탁 우리사주의 손실보전거래)	제24조의3 (우리사주 손실보전거래 회사)	
	제24조의4 (우리사주 손실보전거래 상품)	
	제24조의5 (우리사주 최소 손실보전비율)	
제43조의3 (예탁 우리사주 대여)	제24조의6 (우리사주 대차거래 중개·주선업무 금융회사)	
	제24조의7 (우리사주 대여방법 등)	
제44조 (우리사주의 인출 등)	제25조 (우리사주의 인출)	제17조 (우리사주의 인출)
	제26조 (인출주식의 우선매입)	
제45조 (비상장법인의 우리사주의 처분)	제27조 (환매수 가격)	
제45조의2 (비상장법인의 우리사주 환매수)	제27조의2 (비상장법인의 의무적 환매수)	
제46조 (우리사주 보유에 따른 주주총회의 의결권 행사)	제28조 (조합의 의결권 행사)	
제47조 (우리사주조합의 해산)	제29조 (조합의 해산의 보고 등)	제18조 (조합의 해산 사유)
제48조 (우리사주제도 활성화 지원)		제19조 (조합 해산의 보고)
제49조 (근로자의 회사인수 지원)		
제49조의2 (우리사주조합을 통한 회사인수에 관한 특례)	제29조의2 (조합의 회사 인수)	
제2절 사내근로복지기금제도		
제50조 (사내근로복지기금제도의 목적)		
제51조 (근로자의 권익보호와 근로조건의 유지)		
제52조 (법인격 및 설립)	제30조 (기금법인의 설립인가 신청 등)	제20조 (사내근로복지기금법인 등의 설립인가 신청)
		제21조 (사내근로복지기금법인 설립인가 등)
	제31조 (정관의 기재사항)	
	제32조 (기금법인의 설립등기 등)	
	제33조 (분사무소의 설치등기)	

근로복지기본법 [법률 제18926호, 2022. 6. 10., 일부개정]	근로복지기본법 시행령 [대통령령 제35437호, 2025. 4. 8., 일부개정]	근로복지기본법 시행규칙 [고용노동부령 제453호, 2025. 10. 1., 타법개정]
	제34조 (이전등기)	제22조 (기본재산 총액 변경 내용 보고)
	제35조 (변경등기 등)	
	제36조 (첨부서류)	
	제37조 (기금법인의 등기절차)	
제53조 (정관변경)	제38조 (정관변경의 인가신청)	제23조 (정관변경의 인가신청 등)
제54조 (기금법인의 기관)		
제55조 (복지기금협의회의 구성)	제39조 (근로자위원의 선출)	
	제40조 (보궐위원)	
	제41조 (의장 등)	제24조 (사내근로복지기금협의회의 간사)
	제42조 (회의 소집)	
	제43조 (정족수)	
제56조 (복지기금협의회의 기능)		
제57조 (회의록의 작성 및 보관)	제44조 (회의의 공개)	제25조 (회의록의 작성)
제58조 (이사 및 감사)		
제59조 삭제		
제60조 (이사 등의 신분)		
제61조 (사내근로복지기금의 조성)	제45조 (사내근로복지기금에의 출연 등)	
제62조 (기금법인의 사업)	제46조 (기금법인의 사업 및 수혜대상)	제26조 (근로복지시설의 범위)
		제26조의2 (수혜범위 확대의 기준)
제63조 (사내근로복지기금의 운용)	제47조 (사내근로복지기금의 운용)	
제64조 (사내근로복지기금의 회계)	제48조 (사내근로복지기금의 회계원칙)	
	제49조 (사내근로복지기금의 예산과 결산)	
제65조 (기금법인의 관리·운영 서류의 작성 및 보관)		
제66조 (기금법인의 관리·운영사항 공개)	제50조 (기금법인의 관리·운영사항 공개)	
제67조 (기금법인의 부동산 소유)	제51조 (기금법인의 부동산 소유)	

근로복지기본법 [법률 제18926호, 2022. 6. 10., 일부개정]	근로복지기본법 시행령 [대통령령 제35437호, 2025. 4. 8., 일부개정]	근로복지기본법 시행규칙 [고용노동부령 제453호, 2025. 10. 1., 타법개정]
제68조 (다른 복지와의 관계)		제27조 (시정기간)
제69조 (시정명령)		제28조 (해산)
제70조 (기금법인의 해산 사유)	제52조 (기금법인의 해산통지)	
제71조 (해산한 기금법인의 재산처리)	제53조 (미지급 금품의 지급)	
	제54조 (잔여재산의 귀속)	
제72조 (기금법인의 합병)		
제73조 (합병에 의한 기금법인의 설립 및 등기)		
제74조 (합병의 효력발생·효과)		
제75조 (기금법인의 분할·분할합병)		
제76조 (분할등에 의한 기금법인의 설립 및 등기)		
제77조 (분할등의 효력발생·효과)		
제78조 (비밀유지 등)		
제79조 삭제		
제80조 (「민법」의 준용)		
제80조의2		
제3절 선택적 복지제도 및 근로자지원프로그램 등		
제81조 (선택적 복지제도 실시)		제29조 (운영 원칙)
제82조 (선택적 복지제도의 설계·운영 등)		
제83조 (근로자지원프로그램)	제55조 (비밀유지를 위한 익명성 보장)	
제84조 (성과 배분)		
제85조 (발명·제안 등에 대한 보상)		
제86조 (국가 또는 지방자치단체의 지원)		
제4절 공동근로복지기금 제도		
제86조의2 (공동근로복지기금의 조성)	제55조의2 (공동근로복지지금에의 출연)	

근로복지기본법 [법률 제18926호, 2022. 6. 10., 일부개정]	근로복지기본법 시행령 [대통령령 제35437호, 2025. 4. 8., 일부개정]	근로복지기본법 시행규칙 [고용노동부령 제453호, 2025. 10. 1., 타법개정]
제86조의3 (공동근로복지기금법인 설립준비위원회 구성)		
제86조의4 (공동근로복지기금협의회의 구성)		
제86조의5 (공동기금제도의 촉진)	제55조의3 (공동기금법인 사업의 지원)	
제86조의6 (기본재산의 공동기금 사업에의 이용)	제55조의4 (공동기금법인의 기본재산의 사용)	
제86조의7 (공동기금법인에의 중간 참여)		
제86조의8 (공동기금법인의 탈퇴 및 재산처리)	제55조의5 (공동기금법인의 탈퇴 사유 등)	제29조의2 (공동근로복지기금법인의 탈퇴 등에 따른 재산처리)
제86조의9 (개별 참여 사업주의 사업 폐지에 따른 재산처리)		
제86조의10 (공동기금법인의 분쟁조정)		
제86조의11 (공동기금법인의 해산사유)		
제86조의12 (해산한 공동기금법인의 재산처리)		
제86조의13 (공동기금법인의 합병)		
제86조의14 (공동기금법인의 분할 · 분할합병)		
제86조의15 (준용)	제55조의6 (준용)	제29조의3 (준용)
제4장 근로복지진흥기금		
제87조 (근로복지진흥기금의 설치)		
제88조 (근로복지진흥기금의 조성)	제56조 (그 밖의 수입금)	
제89조 (근로복지진흥기금의 회계연도)		
제90조 (근로복지진흥기금의 관리 · 운용)	제57조 (진흥기금운용심의회의 구성 등)	
	제58조 (진흥기금운용계획의 수립)	
	제59조 (진흥기금의 결산 등)	
	제60조 (진흥기금의 운용세칙)	
제91조 (근로복지진흥기금의 용도)	제61조 (진흥기금의 용도)	
제92조 (회계처리의 구분 등)	제62조 (진흥기금 운용의 감독)	
제5장 보칙		

근로복지기본법 [법률 제18926호, 2022. 6. 10., 일부개정]	근로복지기본법 시행령 [대통령령 제35437호, 2025. 4. 8., 일부개정]	근로복지기본법 시행규칙 [고용노동부령 제453호, 2025. 10. 1., 타법개정]
제93조 (지도·감독 등)	제63조 (기금법인의 운영상황 보고) 제64조 (자료 제출의 요구 등)	제30조 (운영상황 보고) 제31조 (시정기간) 제32조 (증표)
제94조 (위임 및 위탁) 제95조 (반환명령) 제95조의2 (특수형태근로종사자 등에 대한 특례)	제65조 (권한의 위임·위탁) 제66조 (보조금 또는 융자금의 반환절차) 제66조의2 (휴게시설의 설치·운영 등) 제66조의3 (휴게시설의 운영 업무 위탁) 제66조의4 (민감정보 및 고유식별정보의 처리) 제66조의5 (규제의 재검토)	제33조 (업무 처리규정) 제34조 (규제의 개검토)
제6장 벌칙 제96조 (벌칙) 제97조 (벌칙) 제98조 (양벌규정) 제99조 (과태료)	제67조 (과태료의 부과기준)	

근로복지기본법 · 시행령 · 시행규칙

(사내 · 공동근로복지기금 관련 조문 발췌)

근로복지기본법 [법률 제18926호, 2022. 6. 10., 일부개정]	근로복지기본법 시행령 [대통령령 제35437호, 2025. 4. 8., 일부개정]	근로복지기본법 시행규칙 [고용노동부령 제453호, 2025. 10. 1., 타법개정]
제1장 총칙 **제1조(목적)** 이 법은 근로복지정책의 수립 및 복지사업의 수행에 필요한 사항을 규정함으로써 근로자의 삶의 질을 향상시키고 국민경제의 균형 있는 발전에 이바지함을 목적으로 한다. **제2조(정의)** 이 법에서 사용하는 용어의 뜻은 다음과 같다. 1. "근로자"란 직업의 종류와 관계없이 임금을 목적으로 사업이나 사업장에 근로를 제공하는 사람을 말한다. 2. "사용자"란 사업주 또는 사업 경영 담당자, 그 밖에 근로자에 관한 사항에 대하여 사업주를 위하여 행위하는 자를 말한다. 3. "주택사업자"란 근로자에게 분양 또는 임대하는 것을 목적으로 주택을 건설하거나 구입하는 자를 말한다. 4. "우리사주조합"이란 주식회사의 소속 근로자가 그 주식회사의 주식을 취득·관리하기 위하여 이 법에서 정하는 요건을 갖추어 설립한 단체를 말한다. 5. "우리사주"란 주식회사의 소속 근로자 등이 그 주식회사에 설립된 우리사주조합을 통하여 취득하는 그 주식회사의 주식을 말한다. **제3조(근로복지정책의 기본원칙)** ① 근로복지(임금·근로시간 등 기본적인 근로조건은 제외한다. 이하 같	**제1조(목적)** 이 영은 「근로복지기본법」에서 위임된 사항과 그 시행에 필요한 사항을 규정함을 목적으로 한다. **제2조** 삭제	**제1조(목적)** 이 규칙은 「근로복지기본법」 및 같은 법 시행령에서 위임된 사항과 그 시행에 필요한 사항을 규정함을 목적으로 한다.

근로복지기본법	근로복지기본법 시행령	근로복지기본법 시행규칙
[법률 제18926호, 2022. 6. 10., 일부개정]	[대통령령 제35437호, 2025. 4. 8., 일부개정]	[고용노동부령 제453호, 2025. 10. 1., 타법개정]
다)정책은 근로자의 경제·사회활동의 참여기회 확대, 근로의욕의 증진 및 삶의 질 향상을 목적으로 하여야 한다. ② 근로복지정책을 수립·시행할 때에는 근로자가 성별, 나이, 신체적 조건, 고용형태, 신앙 또는 사회적 신분 등에 따른 차별을 받지 아니하도록 배려하고 지원하여야 한다. ③ 이 법에 따른 근로자의 복지향상을 위한 지원을 할 때에는 중소·영세기업 근로자, 기간제근로자(「기간제 및 단시간근로자 보호 등에 관한 법률」 제2조제1호에 따른 기간제근로자를 말한다), 단시간근로자(「근로기준법」 제2조제1항제9호에 따른 단시간근로자를 말한다), 파견근로자(「파견근로자 보호 등에 관한 법률」 제2조제5호에 따른 파견근로자를 말한다. 이하 같다), 하수급인(「고용보험 및 산업재해보상보험의 보험료징수 등에 관한 법률」 제2조제5호에 따른 하수급인을 말한다)이 고용하는 근로자, 저소득근로자 및 장기근속근로자가 우대될 수 있도록 하여야 한다. **제4조(국가 또는 지방자치단체의 책무)** 국가 또는 지방자치단체는 근로복지정책을 수립·시행하는 경우 제3조의 근로복지정책의 기본원칙에 따라 예산·기금·세제·금융상의 지원을 하여 근로자의 복지증진이 이루어질 수 있도록 노력하여야 한다. **제5조(사업주 및 노동조합의 책무)** ① 사업주(근로자를 사용하여 사업을 행하는 자를 말한다. 이하 같다)는 해당 사업장 근로자의 복지증진을 위하여 노력하고 근로복지정책에 협력하여야 한다. ② 노동조합 및 근로자는 근로의욕 증진을 통하여 생산성 향상에 노력하고 근로복지정책에 협력하여야 한다.		

근로복지기본법 [법률 제18926호, 2022. 6. 10., 일부개정]	근로복지기본법 시행령 [대통령령 제35437호, 2025. 4. 8., 일부개정]	근로복지기본법 시행규칙 [고용노동부령 제453호, 2025. 10. 1., 타법개정]
제6조(목적 외 사용금지) 누구든지 국가 또는 지방자치단체가 근로자의 주거안정, 생활안정 및 재산형성 등 근로복지를 위하여 이 법에 따라 보조 또는 융자한 자금을 그 목적사업에만 사용하여야 한다. **제7조(재원의 조성 등)** ① 국가 또는 지방자치단체는 이 법에 따른 근로복지사업에 필요한 재원(財源)의 조성에 적극 노력하여야 한다. ② 제1항에 따라 조성한 재원은 근로자 복지증진을 위하여 필요한 경우 제87조에 따른 근로복지진흥기금에 출연하거나 융자할 수 있다. **제8조(근로복지증진에 관한 중요사항 심의)** 이 법에 따른 근로복지에 관한 다음 각 호의 사항은 「고용정책기본법」 제10조에 따른 고용정책심의회(이하 "고용정책심의회"라 한다)의 심의를 거쳐야 한다. 1. 제9조제1항에 따른 근로복지증진에 관한 기본계획 2. 근로복지사업에 드는 재원 조성에 관한 사항 3. 그 밖에 고용정책심의회 위원장이 근로복지정책에 관하여 회의에 부치는 사항 **제9조(기본계획의 수립)** ① 고용노동부장관은 관계 중앙행정기관의 장과 협의하여 근로복지증진에 관한 기본계획(이하 "기본계획"이라 한다)을 5년마다 수립하여야 한다. ② 기본계획에는 다음 각 호의 사항이 포함되어야 한다. 1. 근로자의 주거안정에 관한 사항 2. 근로자의 생활안정에 관한 사항 3. 근로자의 재산형성에 관한 사항 4. 우리사주제도에 관한 사항 5. 사내근로복지기금제도에 관한 사항 6. 선택적 복지제도 지원에 관한 사항		

근로복지기본법	근로복지기본법 시행령	근로복지기본법 시행규칙
[법률 제18926호, 2022. 6. 10., 일부개정]	[대통령령 제35437호, 2025. 4. 8., 일부개정]	[고용노동부령 제453호, 2025. 10. 1., 타법개정]
7. 근로자지원프로그램 운영에 관한 사항 8. 근로자를 위한 복지시설의 설치 및 운영에 관한 사항 9. 근로복지사업에 드는 재원 조성에 관한 사항 10 직전 기본계획에 대한 평가 11. 그 밖에 근로복지증진을 위하여 고용노동부장관이 필요하다고 인정하는 사항 ③ 고용노동부장관은 기본계획을 수립한 때에는 지체 없이 국회 소관 상임위원회에 보고하고 이를 공표하여야 한다. **제10조(자료 제공 및 전산망 이용)** ① 고용노동부장관은 제19조에 따른 생활안정자금 지원 및 제22조에 따른 신용보증 지원 등 이 법에 따른 근로복지사업을 수행하기 위하여 법원·행정안전부·보건복지부·국토교통부·국세청 등 국가기관과 지방자치단체의 장 및 관련 기관·단체에 다음 각 호의 자료의 제공 및 관계 전산망의 이용을 요청할 수 있다. 이 경우 자료의 제공 등을 요청받은 국가기관과 지방자치단체의 장, 관련 기관·단체는 정당한 사유가 없으면 이에 따라야 한다. 1. 소득금액증명(종합소득세 신고자용, 연말정산한 사업소득자용, 근로소득자용) 2. 주민등록표 등본·초본 3. 가족관계등록부(가족관계증명서, 혼인관계증명서, 기본증명서) 4. 지방세 세목별 과세증명원 5. 자동차 및 건설기계 등록 원부 6. 건물 및 토지 등기부 등본 7. 법인 등기사항증명서 ② 제1항에 따라 고용노동부장관에게 제공되는 자료 및 전산망 이용에 대하여는 수수료 또는 사용료 등을 면제한다.		

근로복지기본법 [법률 제18926호, 2022. 6. 10., 일부개정]	근로복지기본법 시행령 [대통령령 제35437호, 2025. 4. 8., 일부개정]	근로복지기본법 시행규칙 [고용노동부령 제453호, 2025. 10. 1., 타법개정]
③ 고용노동부장관은 제1항에 따른 자료의 제공 및 관계 전산망의 이용을 요청할 경우 사전에 당사자의 동의를 받아야 한다. **제11조(근로복지사업 추진 협의)** 지방자치단체, 국가의 보조를 받는 비영리법인이 근로복지사업을 추진하는 경우에는 고용노동부장관과 협의하여야 한다. 다만, 지방자치단체가 관할 구역 안에서 해당 지방자치단체의 예산으로만 근로복지사업을 추진하는 경우에는 협의를 거치지 아니할 수 있다. **제12조(융자업무취급기관)** ① 국가 또는 지방자치단체는 다음 각 호의 금융회사 등(이하 "융자업무취급기관"이라 한다)으로 하여금 이 법에 따른 융자업무를 취급하게 할 수 있다. 1. 「은행법」 제8조제1항에 따라 설립한 은행 2. 그 밖에 대통령령으로 정하는 금융회사 등 ② 고용노동부장관 및 지방자치단체의 장은 근로자를 우대하는 융자업무취급기관에 대하여 이 법에 따른 융자업무의 취급 등을 우선하게 할 수 있다. **제13조(세제 지원)** 국가 또는 지방자치단체는 이 법에 따른 주거안정·생활안정·재산형성, 근로복지시설 및 근로복지진흥기금의 설치·운영, 우리사주제도 및 사내근로복지기금제도의 활성화 등 근로자의 복지증진을 위하여 조세에 관한 법률에서 정하는 바에 따라 세제상의 지원을 할 수 있다. **제14조(근로복지종합정보시스템 운영)** ① 고용노동부장관은 근로복지정책을 효과적으로 수행하기 위하여 근	**제3조(융자업무취급기관)** 「근로복지기본법」(이하 "법"이라 한다) 제12조제1항제2호에서 "대통령령으로 정하는 금융회사 등"이란 다음 각 호의 금융회사를 말한다. 1. 「농업협동조합법」에 따른 농협은행 2. 「수산업협동조합법」에 따른 수협은행 3. 「한국산업은행법」에 따른 한국산업은행 4. 「중소기업은행법」에 따른 중소기업은행 5. 「새마을금고법」에 따른 새마을금고와 그 중앙회 6. 「자본시장과 금융투자업에 관한 법률」에 따른 증권금융회사	

근로복지기본법	근로복지기본법 시행령	근로복지기본법 시행규칙
[법률 제18926호, 2022. 6. 10., 일부개정]	[대통령령 제35437호, 2025. 4. 8., 일부개정]	[고용노동부령 제453호, 2025. 10. 1., 타법개정]
로복지종합정보시스템을 구축하여 운영할 수 있다. ② 고용노동부장관은 제1항의 근로복지종합정보시스템을 통하여 근로자지원프로그램 및 선택적 복지제도의 운영을 지원할 수 있다. **제2장 공공근로복지** 제15조 ~ 제31조 (생 략) **제3장 기업근로복지** **제1절 우리사주제도** 제32조 ~ 제49조의2조 (생 략) **제2절 사내근로복지기금제도** **제50조(사내근로복지기금제도의 목적)** 사내근로복지기금제도는 사업주로 하여금 사업 이익의 일부를 재원으로 사내근로복지기금을 설치하여 효율적으로 관리·운용하게 함으로써 근로자의 생활안정과 복지증진에 이바지하게 함을 목적으로 한다. **제51조(근로자의 권익보호와 근로조건의 유지)** 사용자는 이 법에 따른 사내근로복지기금의 설립 및 출연을	제4조 ~ 제7조 (생 략) 제8조 ~ 제29조의2 (생 략)	제2조 ~ 제7조 (생 략) 제8조 ~ 제19조 (생 략)

근로복지기본법 [법률 제18926호, 2022. 6. 10., 일부개정]	근로복지기본법 시행령 [대통령령 제35437호, 2025. 4. 8., 일부개정]	근로복지기본법 시행규칙 [고용노동부령 제453호, 2025. 10. 1., 타법개정]
이유로 근로관계 당사자 간에 정하여진 근로조건을 낮출 수 없다. **제52조(법인격 및 설립)** ① 사내근로복지기금은 법인으로 한다. ② 사내근로복지기금법인(이하 "기금법인"이라 한다)을 설립하려는 경우에는 해당 사업 또는 사업장(이하 "사업"이라 한다)의 사업주가 기금법인설립준비위원회(이하 "준비위원회"라 한다)를 구성하여 설립에 관한 사무와 설립 당시의 이사 및 감사의 선임에 관한 사무를 담당하게 하여야 한다. ③ 준비위원회의 구성방법에 관하여는 제55조를 준용한다. ④ 준비위원회는 대통령령으로 정하는 바에 따라 기금법인의 정관을 작성하여 고용노동부장관의 설립인가를 받아야 한다. ⑤ 준비위원회가 제4항에 따른 설립인가를 받으려는 경우 기금법인 설립인가신청서에 대통령령으로 정하는 서류를 첨부하여 고용노동부장관에게 제출하여야 한다. ⑥ 고용노동부장관은 제5항에 따른 신청을 받은 때에는 다음 각 호의 어느 하나에 해당하는 경우를 제외하고는 설립인가를 하여야 한다. 1. 제4항에 따른 정관의 기재사항을 빠뜨린 경우 2. 제4항에 따른 정관의 내용이 제50조, 제51조 및 제62조에 위반되는 경우 3. 제5항에 따라 제출하여야 하는 서류를 제출하지 아니하거나 거짓으로 제출한 경우 ⑦ 준비위원회는 제4항에 따라 설립인가를 받았을 때에는 설립인가증을 받은 날부터 3주 이내에 기금법인의 주된 사무소의 소재지에서 기금법인의 설립등기를 하여야 하며, 기금법인은 설립등기를 함으로써 성립한다.	**제30조(기금법인의 설립인가 신청 등)** ① 법 제52조제5항에서 "대통령령으로 정하는 서류"란 다음 각 호의 서류를 말한다. 1. 정관 2. 기금법인설립준비위원회(이하 "준비위원회"라 한다) 위원의 재직증명서나 그 밖에 신분을 증명하는 서류 3. 사내근로복지기금 출연확인서 또는 재산목록 4. 사업계획서 및 예산서 5. 삭제 ② 고용노동부장관은 법 제52조제6항에 따라 기금법인의 설립을 인가한 경우에 다음 각 호의 사항을 기금법인 설립인가대장에 적고, 신청인에게 기금법인 설립인가증을 내주어야 한다. 1. 인가번호 및 인가 연월일 2. 기금법인의 명칭 및 사무소의 소재지 3. 사내근로복지기금협의회(이하 "복지기금협의회"라 한다) 위원의 성명 및 직책 4. 그 밖에 고용노동부장관이 필요하다고 인정한 사항 ③ 기금법인 설립인가신청서는 접수일부터 20일 이내에 처리하여야 한다. ④ 제2항에 따른 기금법인 설립인가대장은 전자적 처리를 할 수 없는 특별한 사유가 있는 경우가 아니면 전자적 방법으로 작성·관리하여야 한다. **제31조(정관의 기재사항)** ① 법 제52조제4항에 따른 기금법인의 정관에는 다음 각 호의 사항이 포함되어야 한다. 1. 목적 2. 명칭	**제20조(사내근로복지기금법인 등의 설립인가 신청)** 법 제52조제5항(법 제86조의15에 따라 준용되는 경우를 포함한다)에 따른 설립인가신청서는 별지 제7호서식에 따른다. **제21조(사내근로복지기금법인 설립인가 등)** 영 제30조제2항(영 제55조의6에 따라 준용되는 경우를 포함한다)에 따른 설립인가대장 및 설립인가증은 각각 별지 제8호서식 및 별지 제9호서식에 따른다.

근로복지기본법	근로복지기본법 시행령	근로복지기본법 시행규칙
[법률 제18926호, 2022. 6. 10., 일부개정]	[대통령령 제35437호, 2025. 4. 8., 일부개정]	[고용노동부령 제453호, 2025. 10. 1., 타법개정]

⑧ 기금법인의 설립등기와 그 밖의 다른 등기에 관하여 구체적으로 필요한 사항은 대통령령으로 정한다. ⑨ 준비위원회는 제7항에 따라 법인이 성립됨과 동시에 제55조에 따라 최초로 구성된 사내근로복지기금협의회(이하 "복지기금협의회"라 한다)로 본다. ⑩ 준비위원회는 기금법인의 설립등기를 한 후 지체 없이 기금법인의 이사에게 사무를 인계하여야 한다.	3. 주된 사무소와 분사무소의 소재지 4. 사내근로복지기금의 조성, 관리방법, 출연 시기 및 회계에 관한 사항 5. 복지기금협의회, 이사 및 감사에 관한 사항 6. 이사의 대표권 행사방법에 관한 사항 7. 기금법인의 사업 및 수혜대상에 관한 사항 8. 제46조제3항에 따른 선택적 복지제도를 운영하는 경우에는 그에 관한 사항 9. 정관의 변경에 관한 사항 10. 기금법인의 사업과 다른 복지사업과의 통합운영에 관한 사항 11. 기금법인의 업무수행상 필요한 부동산 소유에 관한 사항 12. 회의에 관한 사항 13. 기금법인의 관리, 운영사항의 공개방법에 관한 사항 14. 기금법인의 해산에 관한 사항 ② 최초로 작성한 정관은 준비위원회의 위원이 각각 서명하거나 기명날인하여야 한다. **제32조(기금법인의 설립등기 등)** ① 법 제52조제8항에 따른 기금법인의 설립등기는 제30조제2항에 따라 설립인가증을 받은 날부터 3주 이내에 그 기금법인의 주된 사무소의 소재지에서 하여야 한다. ② 제1항에 따른 기금법인의 설립등기 사항은 다음 각 호와 같다. 1. 목적 2. 명칭 3. 주된 사무소와 분사무소의 소재지 4. 법 제61조제1항 및 제2항에 따라 출연받은 재산 및 복지기금협의회에서 출연재산으로 편입할 것을 의결한 재산(이하 "기본재산"이라 한다)의 총액 5. 이사의 성명과 주소 6. 대표권에 관한 사항	

근로복지기본법 [법률 제18926호, 2022. 6. 10., 일부개정]	근로복지기본법 시행령 [대통령령 제35437호, 2025. 4. 8., 일부개정]	근로복지기본법 시행규칙 [고용노동부령 제453호, 2025. 10. 1., 타법개정]
	③ 고용노동부장관은 제1항에 따른 설립등기 내용에 대해서는 「전자정부법」 제36조제1항에 따른 행정정보의 공동이용을 통하여 법인 등기사항증명서를 확인하여야 한다. **제33조(분사무소의 설치등기)** 기금법인은 분사무소를 설치한 경우에는 설치 후 3주일 이내에 주된 사무소의 소재지에서 설치된 분사무소의 명칭, 소재지 및 설치 연월일을 등기해야 한다. **제34조(이전등기)** ① 기금법인은 주된 사무소를 이전한 경우에는 이전 후 3주일 이내에 종전 소재지 또는 새 소재지에서 새 소재지와 이전 연월일을 등기해야 한다. ② 기금법인은 분사무소를 이전한 경우에는 이전 후 3주일 이내에 주된 사무소의 소재지에서 새 소재지와 이전 연월일을 등기해야 한다. **제35조(변경등기 등)** ① 기금법인은 제32조제2항 각 호(제4호는 제외한다) 또는 제33조의 등기사항이 변경된 경우(제34조에 따른 이전등기에 해당하는 경우는 제외한다)에는 변경 후 3주일 이내에 주된 사무소의 소재지에서 변경사항을 등기해야 한다. ② 기금법인은 기본재산의 총액이 변경되었을 때에는 3주 이내에 변경 내용을 고용노동부장관에게 보고하여야 한다. ③ 제33조, 제34조 및 제1항에 따른 분사무소의 설치등기·이전등기·변경등기에 따른 등기내용의 확인에 관하여는 제32조제3항을 준용한다. **제36조(첨부서류)** 제32조제1항, 제33조부터 제35조까지의 규정에 따른 등기를 할 때에는 다음 각 호의 구분에 따른 서류를 첨부하여야 한다.	**제22조(기본재산 총액 변경 내용 보고)** 영 제35조제2항(영 제55조의6에 따라 준용되는 경우를 포함한다)에 따른 기본재산 총액의 변경 내용에 대한 보고는 별지 제10호서식에 따른다.

근로복지기본법	근로복지기본법 시행령	근로복지기본법 시행규칙
[법률 제18926호, 2022. 6. 10., 일부개정]	[대통령령 제35437호, 2025. 4. 8., 일부개정]	[고용노동부령 제453호, 2025. 10. 1., 타법개정]
제53조(정관변경) 기금법인의 정관을 변경하려는 때에는 대통령령으로 정하는 바에 따라 고용노동부장관의 인가를 받아야 한다. **제54조(기금법인의 기관)** 기금법인에는 복지기금협의	1. 제32조제1항에 따른 설립등기: 기금법인의 정관 및 설립인가증 2. 제33조에 따른 분사무소의 설치등기: 해당 분사무소의 설치를 증명하는 서류 3. 제34조에 따른 이전등기: 사무소의 이전을 증명하는 서류 4. 제35조에 따른 변경등기: 해당 변경사항을 증명하는 서류 **제37조(기금법인의 등기절차)** 기금법인의 등기는 이 영에 특별한 규정이 없으면 「상업등기법」의 등기절차 및 이의 신청의 예에 따른다. **제38조(정관변경의 인가신청)** ① 법 제53조에 따라 기금법인의 정관변경을 인가받으려는 자는 고용노동부령으로 정하는 바에 따라 정관변경 인가신청서에 다음 각 호의 서류를 첨부하여 고용노동부장관에게 신청하여야 한다. 1. 정관변경 이유서 2. 개정될 정관(신·구조문대비표 첨부) 3. 정관변경에 관한 복지기금협의회 회의록 사본 ② 정관변경의 인가신청 절차 및 인가서 발급에 관하여는 제30조제1항 및 제2항을 준용한다. 이 경우 "기금법인의 설립인가"를 "기금법인의 정관변경인가"로, "기금법인 설립인가신청서"를 "기금법인 정관변경인가신청서"로, "기금법인의 설립을 인가한 경우"를 "기금법인의 정관변경을 인가한 경우"로 "기금법인 설립인가증"을 "기금법인 정관변경인가서"로 본다. ③ 정관변경 인가신청서는 접수일부터 7일 이내에 처리하여야 한다.	**제23조(정관변경의 인가신청 등)** 영 제38조제1항 및 제2항(영 제55조의6에 따라 준용되는 경우를 포함한다)에 따른 정관변경 인가신청서 및 정관변경인가서는 각각 별지 제11호서식 및 별지 제12호서식에 따른다.

근로복지기본법	근로복지기본법 시행령	근로복지기본법 시행규칙
[법률 제18926호, 2022. 6. 10., 일부개정]	[대통령령 제35437호, 2025. 4. 8., 일부개정]	[고용노동부령 제453호, 2025. 10. 1., 타법개정]
회, 이사 및 감사를 둔다. **제55조(복지기금협의회의 구성)** ① 복지기금협의회는 근로자와 사용자를 대표하는 같은 수의 위원으로 구성하며, 각 2명 이상 10명 이하로 한다. ② 근로자를 대표하는 위원은 대통령령으로 정하는 바에 따라 근로자가 선출하는 사람이 된다. ③ 사용자를 대표하는 위원은 해당 사업의 대표자와 그 대표자가 위촉하는 사람이 된다. ④ 제2항과 제3항에도 불구하고 「근로자참여 및 협력증진에 관한 법률」에 따른 노사협의회가 구성되어 있는 사업의 경우에는 그 노사협의회의 위원이 복지기금협의회의 위원이 될 수 있다.	**제39조(근로자위원의 선출)** ① 법 제55조제2항에 따라 근로자를 대표하는 위원(이하 "근로자위원"이라 한다)은 근로자의 직접·비밀·무기명 투표로 선출한다. 다만, 다음 각 호의 경우에는 다음 각 호의 구분에 따른다. 1. 근로자의 과반수로 조직된 노동조합이 있는 경우: 노동조합의 대표자와 그 노동조합이 선출하는 사람을 근로자위원으로 선출 2. 사업의 특성상 부득이하다고 인정되는 경우: 작업 부서별로 근로자 수에 비례하여 근로자위원을 선출할 선거인(이하 이 호에서 "위원선거인"이라 한다)을 선출하고 위원선거인 과반수의 직접·비밀·무기명 투표로 근로자위원을 선출 ② 근로자위원의 선출 절차, 후보자의 등록 및 자격은 복지기금협의회의 결정에 따른다. **제40조(보궐위원)** ① 복지기금협의회의 위원에 결원이 생겼을 때에는 30일 이내에 보궐위원을 위촉하거나 선출하여야 한다. ② 근로자의 과반수로 조직된 노동조합이 없는 사업인 경우 근로자위원 중 결원이 생겼을 때에는 직전 선출 시의 입후보자의 득표순에 따른 차점자를 근로자위원으로 할 수 있다. **제41조(의장 등)** ① 복지기금협의회에 의장을 두며, 의장은 위원 중에서 호선(互選)한다. ② 의장은 복지기금협의회를 대표하며, 복지기금협의회의 사무를 총괄한다. ③ 사용자를 대표하는 위원(이하 "사용자위원"이라 한다)측과 근로자위원측에서는 회의 기록 등 사무를	**제24조(사내근로복지기금협의회의 간사)** 영 제41조제3항에 따른 간사는 근로자위원측의 경우에는 근로자위원 중에서, 사용자위원측의 경우에는 사용자위원 중에서 각각 호선(互選)하여 선출된 사람으로 한다.

근로복지기본법	근로복지기본법 시행령	근로복지기본법 시행규칙
[법률 제18926호, 2022. 6. 10., 일부개정]	[대통령령 제35437호, 2025. 4. 8., 일부개정]	[고용노동부령 제453호, 2025. 10. 1., 타법개정]

근로복지기본법	근로복지기본법 시행령	근로복지기본법 시행규칙
	담당하는 간사 각 1명을 둔다.	
제56조(복지기금협의회의 기능) ① 복지기금협의회는 다음 사항을 협의·결정한다. 1. 사내근로복지기금 조성을 위한 출연금액의 결정 2. 이사 및 감사의 선임과 해임 3. 사업계획서 및 감사보고서의 승인 4. 정관의 변경 5. 사업 내의 다른 근로복지제도와의 통합운영 여부 결정 6. 기금법인의 합병 및 분할·분할합병 ② 복지기금협의회의 운영에 관한 사항은 대통령령으로 정한다.	**제42조(회의 소집)** ① 복지기금협의회의 회의는 의장이 소집한다. ② 근로자위원측 또는 사용자위원측에서 회의에 부치는 사항을 문서로 명시하여 회의의 소집을 요구하였을 때에는 의장은 지체 없이 회의를 소집하여야 한다. ③ 의장은 회의 개최 7일 전까지 회의 일시·장소 및 의제 등을 각 위원에게 통보하여야 한다. **제43조(정족수)** 복지기금협의회의 회의는 근로자위원과 사용자위원의 각 과반수 출석으로 개의(開議)하고, 출석위원 3분의 2 이상의 찬성으로 의결한다.	
제57조(회의록의 작성 및 보관) 기금법인은 다음 각 호의 사항을 기록한 복지기금협의회의 회의록을 작성하여 출석위원 전원의 서명 또는 날인을 받아야 하며, 작성일부터 10년간 이를 보관하여야 한다. 이 경우 그 회의록을 전자문서로 작성·보관할 수 있다. 1. 개최 일시 및 장소 2. 출석위원 3. 협의내용 및 결정사항 4. 그 밖의 토의사항 **제58조(이사 및 감사)** ① 기금법인에 근로자와 사용자를 대표하는 같은 수의 각 3명 이내의 이사와 각 1명의 감사를 둔다. ② 이사는 정관으로 정하는 바에 따라 기금법인을 대표하며, 다음 각 호의 사항에 대한 사무를 집행한다. 1. 기금법인의 관리·운영에 대한 사항 2. 예산의 편성 및 결산에 대한 사항	**제44조(회의의 공개)** 복지기금협의회의 회의는 공개한다. 다만, 복지기금협의회의 의결로 공개하지 아니할 수 있다.	**제25조(회의록의 작성)** 법 제57조(법 제86조의15에 따라 준용되는 경우를 포함한다)에 따른 회의록은 별지 제13호서식에 따른다.

근로복지기본법 [법률 제18926호, 2022. 6. 10., 일부개정]	근로복지기본법 시행령 [대통령령 제35437호, 2025. 4. 8., 일부개정]	근로복지기본법 시행규칙 [고용노동부령 제453호, 2025. 10. 1., 타법개정]
3. 사업보고서의 작성에 대한 사항 4. 정관으로 정하는 사항 5. 그 밖에 이사가 집행하도록 복지기금협의회가 협의·결정하는 사항 ③ 기금법인의 사무집행은 이사의 과반수로써 결정한다. ④ 감사는 기금법인의 사무 및 회계에 관한 감사를 한다. **제59조** 삭제 **제60조(이사 등의 신분)** ① 복지기금협의회의 위원, 이사 및 감사는 비상근(非常勤)·무보수로 한다. ② 사용자는 복지기금협의회의 위원, 이사 및 감사에 대하여 기금법인에 관한 직무수행을 이유로 불이익한 처우를 하여서는 아니 된다. ③ 복지기금협의회의 위원, 이사 및 감사의 기금법인 업무수행에 필요한 시간에 대하여는 근로한 것으로 본다. **제61조(사내근로복지기금의 조성)** ① 사업주는 직전 사업연도의 법인세 또는 소득세 차감 전 순이익의 100분의 5를 기준으로 복지기금협의회가 협의·결정하는 금액을 대통령령으로 정하는 바에 따라 사내근로복지기금의 재원으로 출연할 수 있다. ② 사업주 또는 사업주 외의 자는 제1항에 따른 출연 외에 유가증권, 현금, 그 밖에 대통령령으로 정하는 재산을 출연할 수 있다.	**제45조(사내근로복지기금에의 출연 등)** ① 사업주가 법 제61조제1항에 따라 사내근로복지기금에 출연할 때에는 복지기금협의회의 결정이 있는 날부터 30일 이내에 출연 시기를 정하여 복지기금협의회에 통보하여야 하며, 법 제61조제2항에 따라 출연할 때에도 출연하기 전에 복지기금협의회에 통보하여야 한다. ② 법 제61조제2항에서 "대통령령으로 정하는 재산"이란 법 제67조에 따른 기금법인의 업무수행상 필요한 부동산과 정관에서 정한 재산을 말한다. ③ 제1항에 따른 출연방법 등에 관하여 필요한 사항은 정관으로 정한다.	

근로복지기본법	근로복지기본법 시행령	근로복지기본법 시행규칙
[법률 제18926호, 2022. 6. 10., 일부개정]	[대통령령 제35437호, 2025. 4. 8., 일부개정]	[고용노동부령 제453호, 2025. 10. 1., 타법개정]
제62조(기금법인의 사업) ① 기금법인은 그 수익금으로 대통령령으로 정하는 바에 따라 다음 각 호의 사업을 시행할 수 있다. 1. 주택구입자금등의 보조, 우리사주 구입의 지원 등 근로자 재산형성을 위한 지원 2. 장학금·재난구호금의 지급, 그 밖에 근로자의 생활원조 3. 모성보호 및 일과 가정생활의 양립을 위하여 필요한 비용 지원 4. 기금법인 운영을 위한 경비지급 5. 근로복지시설로서 고용노동부령으로 정하는 시설에 대한 출자·출연 또는 같은 시설의 구입·설치 및 운영 6. 해당 사업으로부터 직접 도급받는 업체의 소속 근로자 및 해당 사업에의 파견근로자의 복리후생 증진 6의2. 제86조의2제1항에 따른 공동근로복지기금 지원 7. 사용자가 임금 및 그 밖의 법령에 따라 근로자에게 지급할 의무가 있는 것 외에 대통령령으로 정하는 사업 ② 기금법인은 제61조제1항 및 제2항에 따라 출연받은 재산 및 복지기금협의회에서 출연재산으로 편입할 것을 의결한 재산(이하 "기본재산"이라 한다) 중에서 대통령령으로 정하는 바에 따라 산정되는 금액을 제1항 각 호의 사업(이하 "사내근로복지기금사업"이라 한다)에 사용할 수 있다. 이 경우 기금법인의 사업이 다음 각 호의 어느 하나에 해당하는 때에는 대통령령으로 정하는 범위에서 정관으로 정하는 바에 따라 그 산정되는 금액을 높일 수 있다. 1. 제82조제3항에 따라 선택적 복지제도를 활용하여 운영하는 경우 2. 사내근로복지기금사업에 사용하는 금액 중 고용노	**제46조(기금법인의 사업 및 수혜대상)** ① 법 제62조제1항 및 제3항에 따른 기금법인의 사업은 근로자 전체에게 혜택을 줄 수 있도록 하되, 저소득 근로자가 우대될 수 있도록 하여야 한다. ② 법 제62조제1항제7호에서 "대통령령으로 정하는 사업"이란 다음 각 호의 사업을 말한다. 1. 근로자의 체육·문화활동의 지원 2. 근로자의 날 행사의 지원 3. 그 밖에 근로자의 재산 형성 지원 및 생활 원조를 위한 사업으로서 정관에서 정하는 사업 ③ 기금법인은 법 제62조제1항에 따른 사업을 시행하는 경우에 정관으로 정하는 바에 따라 각 근로자가 여러 가지 복지항목 중에서 자신의 선호와 필요에 따라 자율적으로 선택하여 복지혜택을 받는 제도(이하 "선택적 복지제도"라 한다)로 운영할 수 있다. ④ 기금법인은 법 제62조제2항에 따라 다음 각 호의 구분에 따른 금액이나 제6항 또는 제7항에 따른 금액을 사내근로복지기금사업에 사용할 수 있다. 다만, 제2호의 금액은 자본금이 있는 사업의 경우만 해당한다. 1. 사업주 등이 사내근로복지기금의 해당 회계연도에 사내근로복지기금에 출연한 금액(이하 이 호에서 "출연금"이라 한다)이 있으면 그 출연금에 100분의 50을 초과하지 않는 범위에서 복지기금협의회가 정하는 비율을 곱한 금액. 다만, 다음 각 목의 어느 하나에 해당하는 경우에는 해당 목에서 정하는 비율을 초과하지 않는 범위에서 복지기금협의회가 정하는 비율을 곱한 금액으로 한다. 가. 법 제62조제2항제1호 또는 제3호의 경우: 100분의 80 나. 법 제62조제2항제2호의 경우: 100분의 80. 다만, 법 제62조제2항제2호에 따라 출연금에서 해당 사업으로부터 직접 도급받는 업체의 소속 근로자	**제26조(근로복지시설의 범위)** ① 법 제62조제1항제5호에 따른 근로복지시설은 다음 각 호와 같다. 1. 근로자를 위한 기숙사 2. 사내구판장 3. 보육시설. 다만, 「영유아보육법」 제14조제1항에 따라 사업주가 설치·운영할 의무가 있는 직장보육시설은 제외한다. 4. 근로자를 위한 휴양 콘도미니엄 5. 근로자의 여가·체육 및 문화 활동을 위한 복지회관 6. 「소득세법 시행규칙」 제9조의2제1항에 따른 사택 7. 법 제86조의3에 따른 공동근로복지기금법인이 근로자의 주거안정을 위하여 근로자에게 무상 또는 저가로 제공하는 주택 ② 제1항에 따른 근로복지시설은 이용근로자 수를 고려하여 적정한 규모로 하여야 한다. **제26조의2(수혜범위 확대의 기준)** ① 법 제62조제2항제2호에서 "고용노동부령으로 정하는 바에 따라 산정되는 금액"이란 다음 각 호의 구분에 따른 금액을 말한다. 1. 영 제46조제4항제1호나목의 경우: 사업주 등이 법 제61조제1항 및 제2항에 따라 사내근로복지기금의 해당 회계연도에 출연한 금액(이하 이 조에서 "해당회계연도출연금"이라 한다)의 100분의 10을 초과하고 100분의 20 이하인 금액[법 제62조제1항제5호에 따른 근로복지시설의 구입·설치 금액과 다음 각 목의 어느 하나에 해당하는 사람(이하 이 조에서 "협력업체근로자"라 한다)에게 대부하는 금액은 제외한다. 이하 이 조에서 "복지시설비및대부금"이라 한다]으로서 사내근로복지기금협의회(이하 이 조에서 "복지기금협의회"라 한다)가 정하는 금액을 말한다. 가. 해당 사업으로부터 직접 도급받는 업체의 소속

근로복지기본법 [법률 제18926호, 2022. 6. 10., 일부개정]	근로복지기본법 시행령 [대통령령 제35437호, 2025. 4. 8., 일부개정]	근로복지기본법 시행규칙 [고용노동부령 제453호, 2025. 10. 1., 타법개정]
동부령으로 정하는 바에 따라 산정되는 금액 이상을 해당 사업으로부터 직접 도급받는 업체의 소속 근로자 및 해당 사업에의 파견근로자의 복리후생 증진에 사용하는 경우 3. 「중소기업기본법」 제2조제1항 및 제3항에 따른 기업에 설립된 기금법인이 사내근로복지기금사업을 시행하는 경우 ③ 기금법인은 근로자의 생활안정 및 재산형성 지원을 위하여 필요하다고 인정되어 대통령령으로 정하는 경우에는 근로자에게 필요한 자금을 기본재산 중에서 대부할 수 있다.	및 해당 사업에의 파견근로자의 복리후생 증진에 사용되는 금액이 고용노동부령으로 정하는 금액을 초과하는 경우에는 100분의 90으로 한다. 2. 기본재산의 총액이 해당 사업의 자본금의 100분의 50을 초과하는 경우에는 그 초과액의 범위에서 복지기금협의회가 정하는 금액 3. 직전 회계연도 기준 기본재산 총액을 해당 기금법인이 설립된 사업 소속 근로자 수로 나눈 금액이 200만원 이상인 경우로서 법 제62조제2항제2호에 해당하는 경우에는 직전 회계연도 기준 기본재산 총액의 100분의 30 이하의 범위에서 같은 호에 따라 해당 사업으로부터 직접 도급받는 업체의 소속 근로자 및 해당 사업에의 파견근로자의 복리후생 증진에 사용되는 금액별로 고용노동부령으로 정하는 범위에서 복지기금협의회가 5년마다 정하는 금액 ⑤ 삭제 ⑥ 기금법인은 제4항제3호에도 불구하고 같은 호에 따라 복지기금협의회가 사내근로복지기금사업에 사용할 금액(이하 이 항에서 "종전금액"이라 한다)을 정한 후 5년이 지나지 않은 경우로서 같은 호에 따라 사내근로복지기금사업에 사용할 금액을 상향하여 정한 때에는 그 금액에서 종전금액을 뺀 나머지 금액을 같은 호에 따라 종전금액을 정한 날부터 5년이 되는 날까지 사내근로복지기금사업에 사용할 수 있다. ⑦ 기금법인은 기본재산의 총액의 범위에서 복지기금협의회가 정하는 금액을 법 제62조제1항제6호의2에 따른 공동근로복지기금 지원 사업에 사용할 수 있다. 이 경우 그 지원 금액의 100분의 50 범위에서 복지기금협의회가 정하는 금액을 사내근로복지기금사업(공동근로복지기금 지원 사업은 제외한다)에 추가로 사용할 수 있다. ⑧ 법 제62조제3항에서 "대통령령으로 정하는 경우"란 다음 각 호의 경우를 말한다.	근로자 나. 해당 사업에의 파견근로자(「파견근로자 보호 등에 관한 법률」 제2조제5호에 따른 파견근로자를 말한다) 2. 영 제46조제4항제3호의 경우: 협력업체근로자의 복리후생 증진에 사용되는 금액(이하 이 조에서 "수혜금액"이라 한다)이 협력업체근로자 1명당 수혜금액이 해당 기금법인이 설립된 사업 소속 근로자(이하 이 조에서 "소속근로자"라 한다) 1명당 수혜금액의 100분의 25 이상이 되는 금액으로서 복지기금협의회가 제3항에 따른 기준을 고려하여 정하는 금액 3. 삭제 ② 영 제46조제4항제1호나목 단서에서 "고용노동부령으로 정하는 금액"이란 해당회계연도출연금의 100분의 20을 초과하는 금액(복지시설비및대부금은 제외한다)으로서 복지기금협의회가 정하는 금액을 말한다. ③ 영 제46조제4항제3호에서 "해당 사업으로부터 직접 도급받는 업체의 소속 근로자 및 해당 사업에의 파견근로자의 복리 후생 증진에 사용되는 금액별로 고용노동부령으로 정하는 범위"란 다음 각 호의 구분에 따른 범위를 말한다. 1. 협력업체근로자 1명당 수혜금액이 소속근로자 1명당 수혜금액의 100분의 25 이상 100분의 35 미만이 되는 금액으로서 복지기금협의회가 정하는 금액인 경우: 기본재산(직전 회계연도를 기준으로 한다. 이하 이 항에서 같다) 총액의 100분의 20 이하를 범위로 한다. 2. 협력업체근로자 1명당 수혜금액이 소속근로자 1명당 수혜금액의 100분의 35 이상 100분의 50 미만이 되는 금액으로서 복지기금협의회가 정하는 금액인 경우: 기본재산 총액의 100분의 25 이하를 범위로 한다.

근로복지기본법	근로복지기본법 시행령	근로복지기본법 시행규칙
[법률 제18926호, 2022. 6. 10., 일부개정]	[대통령령 제35437호, 2025. 4. 8., 일부개정]	[고용노동부령 제453호, 2025. 10. 1., 타법개정]
	1. 근로자가 주택을 신축·구입하거나 임차하는 경우 2. 우리사주 주식을 구입하는 경우 3. 근로자 생활 안정을 위한 경우 4. 그 밖에 제1호부터 제3호까지의 규정에 준하는 경우로서 정관으로 정하는 경우	3. 협력업체근로자 1명당 수혜금액이 소속근로자 1명당 수혜금액의 100분의 50 이상이 되는 금액으로서 복지기금협의회가 정하는 금액인 경우: 기본재산 총액의 100분의 30을 범위로 한다.
제63조(사내근로복지기금의 운용) 사내근로복지기금은 다음 각 호의 방법으로 운용한다. 1. 금융회사 등에의 예입 및 금전신탁 2. 투자신탁 등의 수익증권 매입 3. 국가, 지방자치단체 또는 금융회사 등이 직접 발행하거나 채무이행을 보증하는 유가증권의 매입 4. 사내근로복지기금이 그 회사 주식을 출연받아 보유하게 된 경우에 대통령령으로 정하는 한도 내에서 그 보유주식 수에 따라 그 회사 주식의 유상증자에 참여 5. 그 밖에 사내근로복지기금의 운용을 위하여 대통령령으로 정하는 사업	**제47조(사내근로복지기금의 운용)** ① 법 제63조제4호에서 "대통령령으로 정하는 한도"란 기본재산의 100분의 20 범위에서 복지기금협의회가 정하는 금액을 말한다. ② 법 제63조제5호에서 "대통령령으로 정하는 사업"이란 다음 각 호의 사업을 말한다. 1. 「자본시장과 금융투자업에 관한 법률」에 따른 투자회사가 발행하는 주식의 매입 2. 「부동산투자회사법」에 따른 부동산투자회사가 발행하는 주식의 매입	
제64조(사내근로복지기금의 회계) ① 사내근로복지기금의 회계연도는 사업주의 회계연도에 따른다. 다만, 정관으로 달리 정한 경우에는 그러하지 아니하다. ② 기금법인은 자금차입을 할 수 없다. ③ 매 회계연도의 결산 결과 사내근로복지기금의 손실금이 발생한 경우에는 다음 회계연도로 이월하며, 잉여금이 발생한 경우에는 이월손실금을 보전한 후 사내근로복지기금에 전입한다. ④ 사내근로복지기금의 회계 관리에 필요한 사항은 대통령령으로 정한다.	**제48조(사내근로복지기금의 회계원칙)** 법 제64조에 따라 사내근로복지기금의 회계는 그 사업의 경영 성과와 재산 상태를 정확하게 파악할 수 있도록 기업회계의 원칙에 따라 처리한다. **제49조(사내근로복지기금의 예산과 결산)** ① 사내근로복지기금의 예산은 예산총칙, 추정재무상태표, 추정손익계산서를 내용으로 하여 작성하고, 그 내용을 명백하게 하기 위하여 필요한 부속명세서를 작성해야 한다. ② 사내근로복지기금의 해당 연도 결산서는 재무상태표, 손익계산서 및 이익잉여금처분계산서 등을 내용으로 하여 작성하고, 그 내용을 명백하게 하기 위하여 필요한 부속명세서를 작성해야 한다.	

근로복지기본법 [법률 제18926호, 2022. 6. 10., 일부개정]	근로복지기본법 시행령 [대통령령 제35437호, 2025. 4. 8., 일부개정]	근로복지기본법 시행규칙 [고용노동부령 제453호, 2025. 10. 1., 타법개정]
제65조(기금법인의 관리·운영 서류의 작성 및 보관) 기금법인은 다음 각 호의 서류를 대통령령으로 정하는 바에 따라 작성하여야 하며, 작성일부터 5년간 이를 보관하여야 한다. 이 경우 그 서류를 전자문서로 작성·보관할 수 있다. 1. 사업보고서 2. 재무상태표 3. 손익계산서 4. 감사보고서		
제66조(기금법인의 관리·운영사항 공개) 기금법인은 제65조 각 호의 서류 및 복지기금협의회의 회의록을 대통령령으로 정하는 바에 따라 공개하여야 하며, 항상 근로자가 열람할 수 있게 하여야 한다. 이 경우 전자문서로 작성·보관하는 서류에 대해서는 정보통신망을 이용하는 등 전자적 방법으로 공개하고 열람하게 할 수 있다.	**제50조(기금법인의 관리·운영사항 공개)** 법 제66조에 따른 공개는 사보 게재, 사내 게시 등의 방법으로 하여야 한다.	
제67조(기금법인의 부동산 소유) 기금법인은 업무수행을 위하여 필요한 경우를 제외하고는 부동산을 소유할 수 없다.	**제51조(기금법인의 부동산 소유)** 법 제67조에서 기금법인의 업무수행상 필요한 경우는 다음 각 호의 경우로 한다. 1. 기금법인의 운영 및 관리에 필요한 사무실과 그 부속시설의 소유 2. 삭제 3. 법 제62조제1항제5호에 따른 근로복지시설의 소유 4. 사내근로복지기금에 기부되거나 출연된 부동산의 소유. 다만, 제1호부터 제3호까지의 목적을 위하여 기부되거나 출연된 경우를 제외하고는 기부받거나 출연받은 날부터 정당한 사유 없이 1년 이내에 법 제63조에 따른 사내근로복지기금의 운용방법으로 전환하지 아니하면 부동산을 소유할 수 없다.	

근로복지기본법	근로복지기본법 시행령	근로복지기본법 시행규칙
[법률 제18926호, 2022. 6. 10., 일부개정]	[대통령령 제35437호, 2025. 4. 8., 일부개정]	[고용노동부령 제453호, 2025. 10. 1., 타법개정]
제68조(다른 복지와의 관계) ① 사용자는 기금법인의 설치를 이유로 기금법인 설치 당시에 운영하고 있는 근로복지제도 또는 근로복지시설의 운영을 중단하거나, 이를 감축하여서는 아니 된다. ② 사용자는 기금법인 설치 당시에 기금법인의 사업을 시행하고 있을 때에는 다른 법률에 따라 설치·운영할 의무가 있는 것을 제외하고 복지기금협의회의 협의·결정에 의하여 기금법인에 통합하여 운영할 수 있다.		
제69조(시정명령) 고용노동부장관은 사용자 또는 기금법인이 제60조제2항, 제64조 및 제66조를 위반한 경우에는 상당한 기간을 정하여 시정을 명할 수 있다.		**제27조(시정기간)** 법 제69조에 따른 시정기간은 10일 이상 60일 이하의 범위에서 주되, 부득이한 사유가 있는 경우에는 한 차례 그 기간을 연장할 수 있다.
제70조(기금법인의 해산 사유) 기금법인은 다음 각 호의 사유로 해산한다. 다만, 제4호의 경우 기금법인이 그 존속을 원하는 경우에는 그러하지 아니하다. 1. 해당 사업주의 사업 폐지 2. 제72조에 따른 기금법인의 합병 3. 제75조에 따른 기금법인의 분할·분할합병 4. 해당 사업주의 제86조의2제1항 또는 제86조의7제1항에 따른 공동근로복지기금의 조성 참여 또는 중간 참여	**제52조(기금법인의 해산통지)** 법 제70조에 따라 기금법인이 해산되었을 때에는 청산인은 그 사유를 명시하여 고용노동부장관에게 알려야 한다.	**제28조(해산)** 영 제52조(영 제55조의6에 따라 준용되는 경우를 포함한다)에 따라 청산인이 해산을 알리려는 경우에는 별지 제14호서식의 해산통지서에 다음 각 호의 서류를 첨부하여 지방고용노동관서의 장에게 제출해야 한다. 1. 해산을 증명하는 서류 2. 정관 3. 재산목록 4. 재산의 처분방법 및 처분계획서
제71조(해산한 기금법인의 재산처리) ① 사업의 폐지로 인하여 해산한 기금법인의 재산은 대통령령으로 정하는 바에 따라 사업주가 해당 사업을 경영할 때에 근로자에게 미지급한 임금, 퇴직금, 그 밖에 근로자에게 지급할 의무가 있는 금품을 지급하는 데에 우선 사용하여야 하며, 잔여재산이 있는 경우에는 그 100분의 50을 초과하지 아니하는 범위에서 정관에서 정하는 바에 따라 소속 근로자의 생활안정자금으로 지원할	**제53조(미지급 금품의 지급)** ① 기금법인이 법 제71조제1항에 따라 기금법인의 재산에서 사업주가 근로자에게 미지급한 금품(이하 이 조에서 "미지급 금품"이라 한다)을 지급하기 위해서는 사업주가 미지급 금품을 청산할 수 있는 능력이 없음을 증명하여야 한다. ② 제1항에 따라 근로자에게 미지급 금품을 지급하는 경우에 기금법인의 재산이 부족하면 복지기금협의회가 그 지급률과 지급방법을 결정한다.	

근로복지기본법 [법률 제18926호, 2022. 6. 10., 일부개정]	근로복지기본법 시행령 [대통령령 제35437호, 2025. 4. 8., 일부개정]	근로복지기본법 시행규칙 [고용노동부령 제453호, 2025. 10. 1., 타법개정]
수 있다. ② 제1항에 따른 사용 후 잔여재산이 있는 경우에는 그 잔여재산은 정관에서 지정한 자에게 귀속한다. 다만, 정관에서 지정한 자가 없는 경우에는 대통령령으로 정하는 바에 따라 제87조에 따른 근로복지진흥기금에 귀속한다. ③ 제70조제4호의 사유로 해산한 기금법인의 재산은 해당 사업주가 참여한 제86조의3에 따른 공동근로복지기금법인에 귀속한다. **제72조(기금법인의 합병)** ① 기금법인은 사업의 합병·양수 등에 따라 합병할 수 있다. ② 기금법인이 합병을 하는 경우에는 다음 각 호의 사항이 포함된 합병계약서를 작성하여 복지기금협의회의 의결을 거쳐야 한다. 1. 합병 전 각 기금법인의 재산과 합병 후 기금법인의 재산의 변동 2. 합병 대상인 각 기금법인의 근로자에 대한 합병 후 지원수준 3. 합병의 추진 일정 4. 그 밖에 합병에 관한 중요 사항 ③ 제2항제2호에 따른 지원수준은 합병 전 각 기금법인의 근로자별 평균 기금잔액, 합병 후 사업주의 출연예정액 등을 고려하여 합병 후 3년을 초과하지 아니하는 범위에서 합병 전 각 기금법인의 근로자별로 달리 정할 수 있다. **제73조(합병에 의한 기금법인의 설립 및 등기)** ① 기금법인의 합병으로 인하여 기금법인을 설립하는 경우에는 사업의 합병으로 인하여 설립되는 사업의 사업주가 준비위원회를 구성하여 제52조에 따른 기금법인의 설립절차를 거쳐야 한다. ② 기금법인의 합병으로 인하여 존속하는 기금법인은	**제54조(잔여재산의 귀속)** 법 제71조제2항 단서에 따라 기금법인의 잔여재산이 법 제87조에 따른 근로복지진흥기금(이하 "진흥기금"이라 한다)에 귀속하는 경우 그 기금법인의 청산인은 청산 종결 후 3주 이내에 고용노동부장관에게 잔여재산의 목록을 제출하고, 지체 없이 그 잔여재산을 인도하여야 한다.	

근로복지기본법	근로복지기본법 시행령	근로복지기본법 시행규칙
[법률 제18926호, 2022. 6. 10., 일부개정]	[대통령령 제35437호, 2025. 4. 8., 일부개정]	[고용노동부령 제453호, 2025. 10. 1., 타법개정]
변경등기를, 소멸하는 기금법인은 해산등기를 하여야 한다. **제74조(합병의 효력발생·효과)** ① 기금법인의 합병은 합병으로 인하여 설립되는 기금법인의 설립등기 또는 존속하는 기금법인의 변경등기를 함으로써 그 효력이 생긴다. ② 합병으로 인하여 설립되거나 존속하는 기금법인은 합병으로 인하여 소멸되는 기금법인의 권리·의무를 승계한다. **제75조(기금법인의 분할·분할합병)** ① 기금법인은 사업의 분할·분할합병 등에 따라 분할 또는 분할합병(이하 "분할등"이라 한다)을 할 수 있다. ② 기금법인이 분할을 하는 경우에는 다음 각 호의 사항이 포함된 분할계획서를 작성하여 복지기금협의회의 의결을 거쳐야 한다. 1. 기금법인 재산의 배분 2. 분할의 추진 일정 3. 그 밖에 분할에 관한 중요 사항 ③ 기금법인이 분할합병을 하는 경우에는 다음 각 호의 사항이 포함된 분할합병계약서를 작성하여 복지기금협의회의 의결을 거쳐야 한다. 1. 기금법인 재산의 배분 및 합병에 따른 기금법인 재산의 변동 2. 분할합병 대상인 각 기금법인의 근로자에 대한 합병 후 지원수준 3. 분할합병의 추진 일정 4. 그 밖에 분할합병에 관한 중요 사항 ④ 제2항제1호 및 제3항제1호에 따른 재산배분을 할 때에는 원칙적으로 근로자 수를 기준으로 배분하되, 분할 전 사업별 사내근로복지기금 조성의 기여도 등을 고려하여 배분할 수 있다.		

근로복지기본법 [법률 제18926호, 2022. 6. 10., 일부개정]	근로복지기본법 시행령 [대통령령 제35437호, 2025. 4. 8., 일부개정]	근로복지기본법 시행규칙 [고용노동부령 제453호, 2025. 10. 1., 타법개정]
⑤ 제3항제2호의 지원수준의 결정에 관하여는 제72조 제3항을 준용한다. 이 경우 "합병"은 "분할합병"으로 본다. **제76조(분할등에 의한 기금법인의 설립 및 등기)** ① 기금법인의 분할등으로 인하여 기금법인을 설립하는 경우에는 사업의 분할·분할합병 등으로 인하여 설립되는 사업의 사업주가 준비위원회를 구성하여 제52조에 따른 기금법인의 설립절차를 거쳐야 한다. ② 기금법인의 분할등으로 인하여 존속하는 기금법인은 변경등기를, 소멸하는 기금법인은 해산등기를 하여야 한다. **제77조(분할등의 효력발생·효과)** ① 기금법인의 분할등은 분할등으로 인하여 설립되는 기금법인의 설립등기 또는 존속하는 기금법인의 변경등기를 함으로써 그 효력이 생긴다. ② 분할등으로 인하여 설립되거나 존속하는 기금법인은 분할계획서 또는 분할합병계약서에서 정하는 바에 따라 분할되는 기금법인의 권리·의무를 승계한다. **제78조(비밀유지 등)** 복지기금협의회의 위원, 이사 및 감사는 그 직무수행과 관련하여 알게 된 비밀을 누설하여서는 아니 되며, 사내근로복지기금사업과 관련하여 겸직 또는 자기거래를 할 수 없다. **제79조** 삭제 **제80조(「민법」의 준용)** 기금법인에 관하여 이 법에 규정한 것을 제외하고는 「민법」 중 재단법인에 관한 규정을 준용한다.		

근로복지기본법 [법률 제18926호, 2022. 6. 10., 일부개정]	근로복지기본법 시행령 [대통령령 제35437호, 2025. 4. 8., 일부개정]	근로복지기본법 시행규칙 [고용노동부령 제453호, 2025. 10. 1., 타법개정]
제80조의2 삭제 **제3절 선택적 복지제도 및 근로자지원프로그램 등** **제81조(선택적 복지제도 실시)** ① 사업주는 근로자가 여러 가지 복지항목 중에서 자신의 선호와 필요에 따라 자율적으로 선택하여 복지혜택을 받는 제도(이하 "선택적 복지제도"라 한다)를 설정하여 실시할 수 있다. ② 사업주는 선택적 복지제도를 실시할 때에는 해당 사업 내의 모든 근로자가 공평하게 복지혜택을 받을 수 있도록 하여야 한다. 다만, 근로자의 직급, 근속연수, 부양가족 등을 고려하여 합리적인 기준에 따라 수혜 수준을 달리할 수 있다. **제82조(선택적 복지제도의 설계·운영 등)** ① 사업주는 선택적 복지제도를 설계하는 경우 근로자의 사망·장해·질병 등에 관한 기본적 생활보장항목과 건전한 여가·문화·체육활동 등을 지원할 수 있는 개인별 추가선택항목을 균형 있게 반영할 수 있도록 노력하여야 한다. ② 사업주는 근로자가 선택적 복지제도의 복지항목을 선택하고 사용하는 데 불편이 없도록 전산관리서비스를 직접 제공하거나 제3자에게 위탁하여 제공될 수 있도록 노력하여야 한다. ③ 선택적 복지제도는 사내근로복지기금사업을 하는 데 활용할 수 있다.		**제29조(운영 원칙)** ① 사업주는 법 제81조제1항에 따른 선택적 복지제도(이하 "선택적 복지제도"라 한다)를 설계·운영할 때에는 복지항목에 대한 근로자 개인별 선호가 조화와 균형을 이루도록 하여야 한다. ② 선택적 복지제도를 운영하는 사업주는 다음 각 호의 내용을 포함한 선택적 복지제도 운영기준을 정하고 이를 소속 근로자에게 알려 주어야 한다. 1. 선택적 복지 구성항목 2. 복지혜택 부여기준, 부여기간, 채용·퇴직 등의 사유 발생 시 처리기준 등 선택적 복지 운영에 관한 사항 3. 그 밖에 사업장별 선택적 복지제도 설계 및 운영에 필요한 사항

근로복지기본법 [법률 제18926호, 2022. 6. 10., 일부개정]	근로복지기본법 시행령 [대통령령 제35437호, 2025. 4. 8., 일부개정]	근로복지기본법 시행규칙 [고용노동부령 제453호, 2025. 10. 1., 타법개정]
④ 제1항과 제2항에 따른 선택적 복지제도의 설계 및 운영에 필요한 구체적인 사항은 고용노동부령으로 정한다. **제83조(근로자지원프로그램)** ① 사업주는 근로자의 업무수행 또는 일상생활에서 발생하는 스트레스, 개인의 고충 등 업무저해요인의 해결을 지원하여 근로자를 보호하고, 생산성 향상을 위한 전문가 상담 등 일련의 서비스를 제공하는 근로자지원프로그램을 시행하도록 노력하여야 한다. ② 사업주와 근로자지원프로그램 참여자는 제1항에 따른 조치를 시행하는 과정에서 대통령령으로 정하는 경우를 제외하고는 근로자의 비밀이 침해받지 않도록 익명성을 보장하여야 한다. **제84조(성과 배분)** 사업주는 해당 사업의 근로자와 협의하여 정한 해당 연도 이익 등의 경영목표가 초과 달성된 경우 그 초과된 성과를 근로자에게 지급하거나 근로자의 복지증진을 위하여 사용하도록 노력하여야 한다. **제85조(발명·제안 등에 대한 보상)** 사업주는 해당 사업의 근로자가 직무와 관련하여 발명 또는 제안하거나 새로운 지식·정보·기술을 개발하여 해당 사업의 생산성·매출액 등의 증가에 이바지한 경우 이에 따라 적절한 보상을 하도록 노력하여야 한다. 이 경우 구체적인 보상기준은 「근로자참여 및 협력증진에 관한 법률」에 따른 노사협의회 등을 통하여 정한다. **제86조(국가 또는 지방자치단체의 지원)** 국가 또는 지방자치단체는 선택적 복지제도, 근로자지원프로그램, 성과 배분, 발명·제안 등에 대한 보상을 활성화하기	**제55조(비밀유지를 위한 익명성 보장)** 법 제83조제2항에서 "대통령령이 정하는 경우"란 근로자지원프로그램 참여 근로자가 공개할 대상이나 내용에 대하여 동의한 경우를 말한다.	

근로복지기본법 [법률 제18926호, 2022. 6. 10., 일부개정]	근로복지기본법 시행령 [대통령령 제35437호, 2025. 4. 8., 일부개정]	근로복지기본법 시행규칙 [고용노동부령 제453호, 2025. 10. 1., 타법개정]
위하여 필요한 지원을 할 수 있다. **제4절 공동근로복지기금 제도** **제86조의2(공동근로복지기금의 조성)** ① 둘 이상의 사업주는 제62조제1항에 따른 사업을 시행하기 위하여 공동으로 이익금의 일부를 출연하여 공동근로복지기금(이하 "공동기금"이라 한다)을 조성할 수 있다. ② 공동기금 사업주 또는 사업주 이외의 자는 제1항에 따른 출연 외에 유가증권, 현금, 그 밖에 대통령령으로 정하는 재산을 출연할 수 있다. **제86조의3(공동근로복지기금법인 설립준비위원회 구성)** 공동근로복지기금법인(이하 "공동기금법인"이라 한다)을 설립하려는 사업주는 공동으로 각 사업주 또는 사업주가 위촉하는 사람으로 설립준비위원회를 구성하여 설립에 관한 사무와 설립 당시의 이사 및 감사의 선임에 관한 사무를 담당하게 할 수 있다. **제86조의4(공동근로복지기금협의회의 구성)** ① 공동기금법인은 기금의 운용에 관한 주요사항을 협의·결정하기 위하여 공동근로복지기금협의회(이하 "공동기금협의회"라 한다)를 둔다.<개정 2020. 5. 26.> ② 공동기금협의회는 각 기업별 근로자와 사용자를 대표하는 각 1인의 위원으로 구성한다. 이 경우 근로자를 대표하는 위원은 제55조제2항을 준용하여 선출하고, 사용자를 대표하는 위원은 해당 사업의 대표자 또는 그 대표자가 위촉하는 사람이 된다. **제86조의5(공동기금제도의 촉진)** 공동기금법인이 제62	**제55조의2(공동근로복지기금에의 출연)** 법 제86조의2제2항에서 "대통령령으로 정하는 재산"이란 다음 각 호의 어느 하나에 해당하는 재산을 말한다. 1. 공동기금법인의 업무 수행에 필요한 부동산 2. 공동기금법인의 정관에서 정한 재산 **제55조의3(공동기금법인 사업의 지원)** ① 공단은 법 제	

근로복지기본법 [법률 제18926호, 2022. 6. 10., 일부개정]	근로복지기본법 시행령 [대통령령 제35437호, 2025. 4. 8., 일부개정]	근로복지기본법 시행규칙 [고용노동부령 제453호, 2025. 10. 1., 타법개정]
조제1항에 따른 사업을 시행하는 경우에는 근로복지진흥기금에서 대통령령으로 정하는 바에 따라 필요한 비용을 지원할 수 있다.	86조의5에 따라 다음 각 호의 공동기금법인에 법 제86조의2제1항 및 제2항에 따라 사업주가 출연한 금액의 100분의 100에 해당하는 범위에서 지원할 수 있다. 1. 「중소기업기본법」 제2조에 따른 중소기업의 사업주(이하 "중소기업사업주"라 한다)와 「대·중소기업 상생협력 촉진에 관한 법률」에 따른 대기업의 사업주가 설립한 공동기금법인 2. 둘 이상의 중소기업사업주가 설립한 공동기금법인 3. 「지방자치분권 및 지역균형발전에 관한 특별법」 제29조제4항에 따라 선정된 상생형지역일자리사업에 참여하는 「중견기업 성장촉진 및 경쟁력 강화에 관한 특별법」에 따른 중견기업(이하 제2항에서 "상생형중견기업"이라 한다)의 사업주 둘 이상이 설립한 공동기금법인 ② 제1항에도 불구하고 공단은 제1항제1호(대기업이 상생형중견기업인 경우만 해당한다) 또는 같은 항 제3호에 따른 공동기금법인이 법 제86조의2제2항에 따라 지방자치단체로부터 출연을 받은 경우에는 그 금액의 100분의 100에 해당하는 범위에서 지원할 수 있다. ③ 제1항에도 불구하고 공단은 제1항제2호에 따른 공동기금법인이 법 제86조의2제2항에 따라 사업주 외의 자로부터 출연을 받은 경우에는 그 금액의 100분의 100에 해당하는 범위에서 지원할 수 있다. ④ 제1항부터 제3항까지의 규정에 따라 지원을 하는 경우에 지원 요건, 지원 수준 및 지원 기간 등에 관하여 필요한 사항은 고용노동부장관이 정하여 고시한다.	
제86조의6(기본재산의 공동기금 사업에의 사용) ① 공동기금법인은 제86조의2에 따라 출연받은 재산 또는 공동기금협의회에서 출연재산으로 편입할 것을 의결한 재산(이하 이 조에서 "공동기금법인의 기본재산"이라 한다)을 사내근로복지기금사업에 사용할 수 있다. 이 경우 공동기금법인의 기본재산 중 사용할 수 있는	**제55조의4(공동기금법인의 기본재산의 사용)** 법 제86조의6제2항 각 호 외의 부분에서 "대통령령으로 정하는 범위"란 사업주 등이 법 제86조의2 및 제86조의7에 따라 해당 회계연도에 공동근로복지기금에 출연한 금액의 100분의 90 이내에서 법 제86조의4제1항에 따른 공동근로복지기금협의회(이하 "공동기금협의회"라 한	

근로복지기본법	근로복지기본법 시행령	근로복지기본법 시행규칙
[법률 제18926호, 2022. 6. 10., 일부개정]	[대통령령 제35437호, 2025. 4. 8., 일부개정]	[고용노동부령 제453호, 2025. 10. 1., 타법개정]

금액의 산정에 관하여는 제62조제2항을 준용한다.
② 제1항에도 불구하고 다음 각 호의 어느 하나에 해당하는 공동기금법인은 공동기금법인의 기본재산을 사내근로복지기금사업에 사용하는 경우 대통령령으로 정하는 범위에서 정관으로 정하는 바에 따라 그 산정되는 금액을 높일 수 있다.
1. 「중소기업기본법」 제2조에 따른 중소기업의 사업주(이하 이 항에서 "중소기업 사업주"라 한다)와 「대·중소기업 상생협력 촉진에 관한 법률」 제2조제2호에 따른 대기업의 사업주가 설립한 공동기금법인
2. 둘 이상의 중소기업 사업주가 설립한 공동기금법인

제86조의7(공동기금법인에의 중간 참여) ① 공동기금법인 설립 당시 참여하지 아니한 사업주는 참여하려는 공동기금법인의 공동기금협의회의 협의·결정을 거쳐 그 공동기금법인에 참여할 수 있다.
② 제1항에 따라 공동기금법인에 참여하는 사업주의 출연금 규모 등 중간 참여에 필요한 사항은 공동기금협의회가 협의·결정한다.

제86조의8(공동기금법인의 탈퇴 및 재산처리) ① 제86조의3 및 제86조의7에 따라 공동기금법인에 참여한 사업주는 도급인·수급인 관계의 종료 등 대통령령으로 정하는 사유가 발생하는 경우 공동기금법인에서 탈퇴할 수 있다.
② 제1항에 따라 참여한 사업주가 공동기금법인에서 탈퇴하는 경우(제86조의11제1호에 따른 해산사유에 해당하는 경우는 제외한다)에 공동기금법인은 탈퇴 시를 기준으로 해당 사업주가 공동기금법인에 출연한 비율에 따라 고용노동부령으로 정하는 방법에 의하여 산정되는 재산을 해당 사업주에게 배분하여야 한다.
③ 제2항에 따라 재산을 배분받은 사업주는 그 재산

다)가 정하는 범위를 말한다.

제55조의5(공동기금법인의 탈퇴 사유 등) ① 법 제86조의8제1항에서 "도급인·수급인 관계의 종료 등 대통령령으로 정하는 사유가 발생하는 경우"란 다음 각 호의 경우를 말한다.
1. 도급인과 수급인 사이에 설립된 공동기금법인인 경우: 도급인·수급인 관계가 종료되는 경우
2. 같은 도급인의 수급인들 사이에 설립된 공동기금법인인 경우: 개별적인 도급인·수급인 관계가 종료되는 경우
3. 다음 각 목의 어느 하나에 해당하는 경우로서 사업주가 공동기금협의회의 출연 결정이 있은 후 다음 출연 결정까지 출연하지 않은 횟수가 3회 이상

제29조의2(공동근로복지기금법인의 탈퇴 등에 따른 재산처리) 법 제86조의8제2항 및 제86조의9제1항에서 "해당 사업주가 공동기금법인에 출연한 비율에 따라 고용노동부령으로 정하는 방법에 의하여 산정되는 재산"이란 각각 다음의 계산식에 따라 산정된 재산을 말한다.

근로복지기본법 [법률 제18926호, 2022. 6. 10., 일부개정]	근로복지기본법 시행령 [대통령령 제35437호, 2025. 4. 8., 일부개정]	근로복지기본법 시행규칙 [고용노동부령 제453호, 2025. 10. 1., 타법개정]
으로 사내근로복지기금을 설치하거나 사내근로복지기금의 재원으로 출연하여야 한다. ④ 제1항에 따른 공동기금법인의 탈퇴 절차 및 방법 등에 관하여 필요한 사항은 대통령령으로 정한다. **제86조의9(개별 참여 사업주의 사업 폐지에 따른 재산 처리)** ① 공동기금법인은 공동기금법인에 참여한 사업주가 사업을 폐지하는 경우(제86조의11제1호에 따	인 경우 가. 공동기금협의회의 출연 결정에 따라 출연해야 하는 기한의 말일이 속하는 달의 직전 달(이하 이 호에서 "기준달"이라 한다) 말일의 해당 사업 재고량이 기준달이 속하는 연도의 직전 연도(이하 이 호에서 "직전연도"라 한다)의 월평균 재고량에 비하여 100분의 50 이상 증가한 경우 나. 기준달의 생산량이 직전연도의 월평균 생산량에 비하여 100분의 15 이상 감소한 경우 다. 기준달의 매출액이 직전연도의 월평균 매출액에 비하여 100분의 15 이상 감소한 경우 4. 해당 사업주의 사업 또는 사업장에서 근로자의 과반수로 조직된 노동조합(근로자의 과반수로 조직된 노동조합이 없는 경우에는 근로자의 과반수를 말한다)이 공동기금법인에서의 탈퇴를 요구하는 경우 ② 사업주는 제1항 각 호의 어느 하나에 해당하여 공동기금법인에서의 탈퇴를 신청하려면 탈퇴 사유에 해당하는 사실을 증명할 수 있는 서류를 공동기금법인에 제출해야 한다. ③ 공동기금법인은 제2항에 따른 신청을 받은 경우 그 신청일부터 3개월 이내에 해당 사업주의 탈퇴 여부에 대하여 공동기금협의회의 협의·결정을 거쳐야 한다. 이 경우 탈퇴하려는 사업주의 근로자위원과 사용자위원은 의결권을 행사할 수 없다. ④ 공동기금협의회가 제3항 전단에 따른 기간 이내에 협의·결정을 하지 않은 경우에는 그 기간이 경과한 다음 날에 공동기금협의회가 해당 사업주의 탈퇴를 협의·결정한 것으로 본다.	

근로복지기본법	근로복지기본법 시행령	근로복지기본법 시행규칙
[법률 제18926호, 2022. 6. 10., 일부개정]	[대통령령 제35437호, 2025. 4. 8., 일부개정]	[고용노동부령 제453호, 2025. 10. 1., 타법개정]

근로복지기본법 열:

른 해산사유에 해당하는 경우는 제외한다)에 사업 폐지 시를 기준으로 해당 사업주가 공동기금법인에 출연한 비율에 따라 고용노동부령으로 정하는 방법에 의하여 산정되는 재산을 제71조제1항을 준용하여 처리하여야 한다.
② 제1항에 따른 사용 후 잔여재산이 있는 경우에는 그 잔여재산은 공동기금에 귀속한다.

제86조의10(공동기금법인의 분쟁조정) 공동기금법인에서 공동기금 운용방식, 사용용도, 출연금 규모 등에 관하여 분쟁이 발생하는 경우에는 정관으로 정하는 바에 따라 처리한다.

제86조의11(공동기금법인의 해산사유) 공동기금법인은 다음 각 호의 사유로 해산한다.
1. 공동기금법인 참여 사업주 중 과반수 사업주의 사업 폐지나 탈퇴
2. 제86조의13에 따른 공동기금법인의 합병
3. 제86조의14에 따른 공동기금법인의 분할·분할합병

제86조의12(해산한 공동기금법인의 재산처리) 제86조의11제1호의 사유로 공동기금법인이 해산하는 경우에는 제86조의2 및 제86조의7에 따라 공동기금법인에 출연한 비율에 따라 참여한 사업주에게 배분하여야 하며, 잔여재산이 있는 경우에는 정관으로 정하는 바에 따라 처리한다.

제86조의13(공동기금법인의 합병) ① 공동기금법인은 참여 사업주 중 과반수 사업주의 사업의 합병·양수 등에 따라 합병할 수 있다.
② 공동기금법인의 합병 절차 등에 관하여는 제72조제2항 및 제3항을 준용한다.

근로복지기본법 [법률 제18926호, 2022. 6. 10., 일부개정]	근로복지기본법 시행령 [대통령령 제35437호, 2025. 4. 8., 일부개정]	근로복지기본법 시행규칙 [고용노동부령 제453호, 2025. 10. 1., 타법개정]
제86조의14(공동기금법인의 분할·분할합병) ① 공동기금법인은 참여 사업주 중 과반수 사업주의 사업의 분할·분할합병 등에 따라 분할 또는 분할합병을 할 수 있다. ② 공동기금법인의 분할·분할합병 절차 등에 관하여는 제75조제2항부터 제5항까지를 준용한다. **제86조의15(준용)** 공동기금제도에 관하여는 제50조부터 제54조까지, 제56조부터 제58조까지, 제60조, 제62조(제2항은 제외한다), 제63조부터 제69조까지, 제73조, 제74조, 제76조부터 제78조까지, 제80조, 제93조를 준용한다. 이 경우 제50조부터 제52조까지, 제56조, 제63조, 제64조 중 "사내근로복지기금"은 "공동기금"으로 보고, 제52조부터 제54조까지, 제56조부터 제58조까지, 제60조, 제62조, 제64조부터 제69조까지, 제73조, 제74조, 제76조, 제77조, 제80조, 제93조 중 "기금법인"은 "공동기금법인"으로 보며, 제54조, 제56조부터 제58조까지, 제60조, 제62조, 제66조, 제68조, 제78조 중 "복지기금협의회"는 "공동기금협의회"로 보고, 제62조, 제78조 중 "사내근로복지기금사업"은 "공동기금사업"으로 본다. **제4장 근로복지진흥기금** **제87조 ～ 제92조** (생 략) **제5장 보 칙**	**제55조의6(준용)** 공동근로복지기금에 관하여는 제30조부터 제44조까지, 제46조부터 제52조까지, 제53조제1항(법 제86조의9에 따른 재산처리로 한정한다), 제63조 및 제64조를 준용한다. 이 경우 "사내근로복지기금법인"은 "공동근로복지기금법인"으로, "기금법인설립준비위원회"는 "공동기금법인설립준비위원회"로, "준비위원회"는 "설립준비위원회"로, "사내근로복지기금"은 "공동근로복지기금"으로, "기금법인"은 "공동기금법인"으로, "사내근로복지기금협의회"는 "공동근로복지기금협의회"로, "복지기금협의회"는 "공동기금협의회"로, "법 제55조제2항"은 "법 제86조의4제2항"으로, "사내근로복지기금사업"은 "법 제62조제1항 각 호의 사업"으로 본다. **제56조 ～ 제62조** (생 략)	**제29조의3(준용)** 공동근로복지기금에 관하여는 제24조, 제26조, 제26조의2, 제27조 및 제31조를 준용한다. 이 경우 "사내근로복지기금협의회"는 "공동근로복지기금협의회"로, "사내근로복지기금"은 "공동근로복지기금"으로, "복지기금협의회"는 "공동근로복지기금협의회"로 본다.

근로복지기본법 [법률 제18926호, 2022. 6. 10., 일부개정]	근로복지기본법 시행령 [대통령령 제35437호, 2025. 4. 8., 일부개정]	근로복지기본법 시행규칙 [고용노동부령 제453호, 2025. 10. 1., 타법개정]
제93조(지도ㆍ감독 등) ① 고용노동부장관은 근로자 등의 복지증진을 위하여 필요한 경우 다음 각 호의 사항을 보고하게 하거나 소속 공무원으로 하여금 그 장부ㆍ서류 또는 그 밖의 물건을 검사하게 할 수 있으며, 필요하다고 인정하는 경우에는 대통령령으로 정하는 바에 따라 그 운영 등에 시정을 명할 수 있다. 1. 공단의 근로복지진흥기금 관리 및 운용 실태에 관한 사항 2. 제29조제1항에 따라 근로복지시설을 수탁ㆍ운영하는 비영리단체의 업무ㆍ회계ㆍ재산에 관한 사항 2의2. 제95조의2제4항에 따라 휴게시설을 수탁ㆍ운영하는 법인 또는 단체의 업무ㆍ회계ㆍ재산에 관한 사항 3. 제52조에 따른 기금법인의 업무ㆍ회계ㆍ재산에 관한 사항 ② 국가 또는 지방자치단체는 사업주, 융자업무취급기관, 우리사주조합, 제43조에 따른 수탁기관 및 보조 또는 융자받은 자를 감독하기 위하여 필요한 경우에는 이 법에 따른 업무에 관하여 대통령령으로 정하는 바에 따라 보고 또는 자료 제출을 하게 하거나 그 밖에 필요한 명령을 할 수 있으며, 소속 공무원으로 하여금 관계인에게 질문하거나 관련 장부ㆍ서류 등을 조사 또는 검사하게 할 수 있다.<개정 2020. 5. 26.> ③ 제1항 및 제2항에 따라 조사를 하는 공무원은 그 권한을 표시하는 증표를 지니고 이를 관계인에게 보여주어야 한다. ④ 제1항 및 제2항에 따라 조사를 하는 경우에는 조사대상자에게 7일 전에 조사 일시, 조사 내용 등 필요한 사항을 알려야 한다. 다만, 긴급하거나 미리 알릴 경우 그 목적을 달성할 수 없다고 인정되는 경우에는 그러하지 아니하다. ⑤ 고용노동부장관 등은 제1항 및 제2항에 따른 조사 결과를 조사대상자에게 서면으로 알려야 한다.	**제63조(기금법인의 운영상황 보고)** ① 법 제93조제1항제3호에 따라 기금법인은 해당 연도의 운영상황ㆍ결산서, 다음 연도 사업계획서(추정재무상태표와 손익계산서를 포함한다) 및 고용노동부장관이 정하는 사항을 매 회계연도가 끝난 후 3개월 이내에 관할 지방고용노동관서의 장에게 보고해야 한다. ② 제1항에 따라 기금법인의 운영상황 등을 보고받은 관할 지방고용노동관서의 장은 매 분기가 끝난 다음 달 10일까지 고용노동부장관에게 그 내용을 보고하여야 한다. **제64조(자료 제출의 요구 등)** ① 법 제93조제1항 또는 제2항에 따른 보고 또는 자료 제출의 요구는 문서로 하여야 한다. ② 법 제93조제1항 또는 제2항에 따라 시정명령 또는 명령을 한 경우에는 고용노동부령으로 정하는 기간을 주되, 부득이한 사유가 있는 경우에는 한 차례 그 기간을 연장할 수 있다.	**제30조(운영상황 보고)** 영 제63조제1항(영 제55조의6에 따라 준용되는 경우를 포함한다)에 따른 보고는 별지 제15호서식에 따른다. **제31조(시정기간)** 영 제64조제2항에 따른 시정기간은 10일 이상 60일 이하의 범위로 한다. **제32조(증표)** 법 제93조제3항에 따른 증표는 「근로감독관규정」 제7조에 따른 증표로 한다.

근로복지기본법 [법률 제18926호, 2022. 6. 10., 일부개정]	근로복지기본법 시행령 [대통령령 제35437호, 2025. 4. 8., 일부개정]	근로복지기본법 시행규칙 [고용노동부령 제453호, 2025. 10. 1., 타법개정]
제94조(위임 및 위탁) ① 이 법에 따른 고용노동부장관의 권한은 그 일부를 대통령령으로 정하는 바에 따라 지방노동관서의 장에게 위임할 수 있다. ② 이 법에 따른 고용노동부장관의 업무는 그 일부를 대통령령으로 정하는 바에 따라 근로복지와 관련된 기관 또는 단체에 위탁할 수 있다.	**제65조(권한의 위임·위탁)** ① 고용노동부장관은 법 제94조에 따라 다음 각 호의 권한을 지방고용노동관서의 장에게 위임한다. 1. 삭제 2. 법 제47조제1항 후단에 따른 보고의 수리 3. 법 제52조제4항 및 제53조에 따른 기금법인의 설립인가 및 정관변경의 인가 4. 법 제69조에 따른 시정명령 5. 법 제93조제1항제3호에 따른 기금법인의 업무·회계·재산에 관한 보고 요구, 장부·서류 등의 검사, 시정명령 6. 법 제93조제2항 중 사업주, 조합에 대한 보고 요구, 명령, 장부·서류 등의 조사 또는 검사 7. 법 제99조에 따른 과태료의 부과·징수(다만, 융자업무취급기관, 법 제43조에 따른 수탁기관, 보조 또는 융자를 받은 자에 대한 과태료의 부과·징수는 제외한다) 8. 제8조제4항에 따른 조합설립준비위원회의 통지에 대한 접수와 같은 조 제5항에 따른 확인서의 발급 9. 제35조제2항에 따른 기본재산 총액 변경사항 보고의 수리 10. 제52조에 따른 기금법인의 해산통지의 접수 11. 제54조에 따라 제출되는 잔여재산 목록의 접수 ② 고용노동부장관은 법 제94조제2항에 따라 다음 각 호의 업무를 근로복지공단에 위탁한다. 1. 법 제19조에 따른 생활안정자금의 지원 2. 법 제20조에 따른 장학금의 지급 또는 학자금의	**제33조(업무 처리규정)** 공단은 고용노동부장관의 승인을 받아 영 제65조제2항에 따라 고용노동부장관으로부터 위탁받은 업무의 처리에 필요한 사항을 정할 수 있다.

근로복지기본법 [법률 제18926호, 2022. 6. 10., 일부개정]	근로복지기본법 시행령 [대통령령 제35437호, 2025. 4. 8., 일부개정]	근로복지기본법 시행규칙 [고용노동부령 제453호, 2025. 10. 1., 타법개정]
	융자	
	3. 법 제28조제4항에 따른 사업주에 대한 비용 지원	
	4. 법 제31조에 따른 민간복지시설 이용비용의 지원	
	③ 고용노동부장관은 법 제19조에 따른 생활안정자금의 지원 및 법 제22조에 따른 신용보증 지원과 관련하여 필요한 자료에 대하여 법 제10조제1항에 따라 관계 기관 및 단체에 요청하는 업무를 보건복지부장관에게 위탁한다.	
제95조(반환명령) ① 국가 또는 지방자치단체는 제6조를 위반한 자에게 대통령령으로 정하는 바에 따라 보조 또는 융자받은 금액의 전부 또는 일부의 반환을 명할 수 있다.	**제66조(보조금 또는 융자금의 반환절차)** 법 제95조에 따라 국가 또는 지방자치단체가 보조하거나 융자한 금액을 반환하도록 하는 경우 그 절차는 「보조금 관리에 관한 법률」의 보조금 반환의 예에 따른다.	
② 국가 또는 지방자치단체는 거짓이나 그 밖의 부정한 방법으로 이 법에 따라 보조 또는 융자를 받은 자에게 대통령령으로 정하는 바에 따라 보조 또는 융자받은 금액의 전부 또는 일부의 반환을 명할 수 있다.		
③ 제1항 및 제2항에 따라 반환명령을 받은 자는 상환기간 전이라도 반환명령을 받은 금액을 상환하여야 한다.		
제95조의2(특수형태근로종사자 등에 대한 특례) ① 국가 또는 지방자치단체는 다음 각 호의 어느 하나에 해당하는 사람을 대상으로 근로복지사업을 실시할 수 있다.	**제66조의2(휴게시설의 설치·운영 등)** ① 법 제95조의2제2항제4호 전단에서 "배달, 운전 등 대통령령으로 정하는 노무"란 같은 조 제1항제1호의 사람이 제공하는 다음 각 호의 노무를 말한다.	
1. 근로자가 아니면서 자신이 아닌 다른 사람의 사업을 위하여 다른 사람을 사용하지 아니하고 자신이 직접 노무를 제공하여 해당 사업주 또는 노무수령자로부터 대가를 얻는 사람	1. 다음 각 목의 배달	
2. 「산업재해보상보험법」 제124조제1항에 따른 중	가. 소화물배송(「자동차관리법」 제3조제1항제5호의 이륜자동차를 이용하여 소화물을 직접 배송하는 노무를 말한다)	

근로복지기본법 [법률 제18926호, 2022. 6. 10., 일부개정]	근로복지기본법 시행령 [대통령령 제35437호, 2025. 4. 8., 일부개정]	근로복지기본법 시행규칙 [고용노동부령 제453호, 2025. 10. 1., 타법개정]
・소기업 사업주(근로자를 사용하는 사업주는 제외한다) ② 제1항에 따라 국가 또는 지방자치단체가 실시할 수 있는 근로복지사업은 다음 각 호와 같다. 다만, 지방자치단체가 실시할 수 있는 근로복지사업은 제4호의 근로복지사업으로 한정한다. 1. 제19조부터 제21조까지에 따른 생활안정 및 재산형성 지원 2. 제22조부터 제27조까지에 따른 신용보증 지원 3. 제31조에 따른 민간복지시설 이용비용의 지원 4. 제1항제1호에 해당하는 사람 중 다수 이용자의 요청에 따라 배달, 운전 등 대통령령으로 정하는 노무를 제공하는 사람이 이용할 수 있는 휴게시설의 설치・운영. 이 경우 휴게시설은 화장실 등 대통령령으로 정하는 부대시설을 갖추어야 한다. ③ 제1항 각 호의 어느 하나에 해당하는 사람은 제2조제1호에도 불구하고 제2항제1호부터 제3호까지에 따른 근로복지사업을 실시할 때에는 그 사업의 근로자로 본다. ④ 국가 또는 지방자치단체는 제2항제4호에 따라 설치한 휴게시설을 효율적으로 운영하기 위하여 필요한 경우에는 대통령령으로 정하는 법인 또는 단체에 운영을 위탁하고, 운영에 필요한 비용을 예산의 범위에서 지원할 수 있다.	나. 택배(「자동차관리법」 제3조제1항제3호의 화물자동차를 이용하여 화물을 집화 또는 배송하는 노무를 말한다) 다. 그 밖에 음식, 신문, 학습지, 상품 등의 배달 2. 대리 운전(자가용 운전자를 대리하여 자동차를 목적지까지 운전하는 노무를 말한다) 3. 방문 판매(고객을 직접 방문하여 상품을 판매하는 노무를 말한다) 4. 대여 제품 방문 점검(고객이 구입 또는 대여한 제품의 유지・관리를 위한 정기점검을 하는 노무를 말한다) 5. 방문 교육(회원의 가정을 방문하여 학습지나 교육교구를 이용하여 아동이나 학생을 가르치는 노무를 말한다) 6. 보험 모집(고객을 직접 방문하여 보험가입을 권유하고 계약서를 작성하여 보험 영업점에 제출하는 노무를 말한다) 7. 제1호부터 제6호까지의 규정에 따른 노무 외에 주된 업무 내용이 이동을 통해 이루어지거나 업무 수행 장소가 일정하지 않은 노무로서 고용노동부령으로 정하는 노무 ② 법 제95조의2제2항제4호 후단에서 "화장실 등 대통령령으로 정하는 부대시설"이란 다음 각 호의 시설을 말한다. 1. 세면시설을 갖춘 화장실 2. 냉난방시설	

근로복지기본법	근로복지기본법 시행령	근로복지기본법 시행규칙
[법률 제18926호, 2022. 6. 10., 일부개정]	[대통령령 제35437호, 2025. 4. 8., 일부개정]	[고용노동부령 제453호, 2025. 10. 1., 타법개정]
	제66조의3(휴게시설의 운영 업무 위탁) ① 국가 또는 지방자치단체는 법 제95조의2제4항에 따라 휴게시설의 운영 업무를 다음 각 호의 법인 또는 단체에 위탁할 수 있다. 1. 「공공기관의 운영에 관한 법률」 제4조에 따른 공공기관 2. 「민법」 제32조에 따른 비영리법인 3. 「비영리민간단체지원법」에 따른 근로복지 증진 관련 비영리민간단체 ② 국가 또는 지방자치단체는 제1항에 따라 휴게시설의 운영 업무를 위탁한 경우에는 수탁기관 및 위탁일자(위탁기간을 정한 경우에는 위탁기간을 말한다)를 관보 또는 공보에 고시해야 한다. **제66조의4(민감정보 및 고유식별정보의 처리)** 고용노동부장관(제65조제2항 및 제3항에 따라 고용노동부장관의 업무를 위탁받은 자를 포함한다), 공단, 조합, 법 제43조제1항에 따라 우리사주를 예탁받은 자, 기금법인 또는 공동기금법인은 다음 각 호의 사무를 수행하기 위하여 불가피한 경우 「개인정보 보호법」 제23조에 따른 건강에 관한 정보와 같은 법 시행령 제19조제1호 또는 제4호에 따른 주민등록번호 또는 외국인등록번호가 포함된 자료를 처리할 수 있다. 1. 법 제19조에 따른 생활안정자금의 융자 등 지원에 관한 사무 2. 법 제22조에 따른 신용보증에 관한 사무 3. 법 제36조제2항에 따른 우리사주조합기금 관리에 관한 사무 4. 법 제37조에 따른 우리사주조합원의 계정 관리에	

근로복지기본법 [법률 제18926호, 2022. 6. 10., 일부개정]	근로복지기본법 시행령 [대통령령 제35437호, 2025. 4. 8., 일부개정]	근로복지기본법 시행규칙 [고용노동부령 제453호, 2025. 10. 1., 타법개정]
	관한 사무 5. 법 제38조에 따른 우리사주조합원에 대한 우선배정에 관한 사무 6. 법 제39조에 따른 우리사주매수선택권 부여에 관한 사무 7. 법 제43조에 따른 우리사주 예탁 등에 관한 사무 8. 법 제44조에 따른 우리사주 인출 등에 관한 사무 9. 법 제46조에 따른 우리사주 보유에 따른 주주총회의 의결권 행사에 관한 사무 10. 법 제62조에 따른 기금법인의 사업 및 법 제86조의6(법 제86조의15에서 준용하는 법 제62조제1항·제3항을 포함한다)에 따른 공동기금법인의 사업에 관한 사무 11. 법 제91조에 따른 근로복지진흥기금의 사용에 관한 사무 12. 법 제93조(법 제86조의15에서 준용하는 경우를 포함한다)에 따른 지도 및 감독 등에 관한 사무 **제66조의5(규제의 재검토)** ① 고용노동부장관은 다음 각 호의 사항에 대하여 다음 각 호의 기준일을 기준으로 3년마다(매 3년이 되는 해의 기준일과 같은 날 전까지를 말한다) 그 타당성을 검토하여 개선 등의 조치를 하여야 한다. 1. 제11조에 따른 규약의 내용: 2023년 1월 1일 2. 제17조, 제19조 및 제23조에 따른 조합기금의 사용, 조합의 우리사주 배정 및 우리사주의 예탁기간: 2017년 1월 1일 3. 제22조, 제24조 및 제26조에 따른 수탁기관, 예탁	**제34조(규제의 재검토)** 고용노동부장관은 제27조에 따른 시정기간에 대하여 2017년 1월 1일을 기준으로 매 3년마다(매 3년이 되는 해의 1월 1일 전까지를 말한다) 그 타당성을 검토하여 개선 등의 조치를 해야 한다.

근로복지기본법 [법률 제18926호, 2022. 6. 10., 일부개정]	근로복지기본법 시행령 [대통령령 제35437호, 2025. 4. 8., 일부개정]	근로복지기본법 시행규칙 [고용노동부령 제453호, 2025. 10. 1., 타법개정]
제97조(벌칙) 다음 각 호의 어느 하나에 해당하는 자는 1년 이하의 징역 또는 1천만원 이하의 벌금에 처한다. 1. 제62조(제86조의15에서 준용하는 경우를 포함한다), 제63조(제86조의15에서 준용하는 경우를 포함한다) 및 제86조의6을 위반하여 기금법인 또는 공동기금법인을 운영한 이사 2. 제67조(제86조의15에서 준용하는 경우를 포함한다)에 따른 기금법인 또는 공동기금법인의 부동산 소유 금지를 위반한 기금법인의 이사 및 해당 사업의 사용자 또는 공동기금법인의 이사 3. 제68조제1항(제86조의15에서 준용하는 경우를 포함한다)을 위반하여 근로복지제도 또는 근로복지시설의 운영을 중단하거나, 이를 감축한 사용자 4. 제71조 및 제86조의12에 따른 해산한 기금법인 또는	우리사주의 담보제공 및 인출주식의 우선매입: 2017년 1월 1일 3의2. 제28조에 따른 조합 대표자의 의결권 행사 방식: 2023년 1월 1일 4. 제30조에 따른 사내근로복지기금법인의 설립인가 신청: 2017년 1월 1일 5. 삭제 6. 삭제 7. 제39조에 따른 근로자위원의 선출: 2017년 1월 1일 8. 삭제 ② 고용노동부장관은 제10조에 따른 우리사주조합원의 자격에 대하여 2016년 1월 1일을 기준으로 3년마다(매 3년이 되는 해의 기준일과 같은 날 전까지를 말한다) 그 타당성을 검토하여 개선 등의 조치를 해야 한다.	

근로복지기본법 [법률 제18926호, 2022. 6. 10., 일부개정]	근로복지기본법 시행령 [대통령령 제35437호, 2025. 4. 8., 일부개정]	근로복지기본법 시행규칙 [고용노동부령 제453호, 2025. 10. 1., 타법개정]
공동기금법인의 재산처리 방법을 위반한 청산인 5. 제78조(제86조의15에서 준용하는 경우를 포함한다)를 위반하여 직무수행과 관련하여 알게 된 비밀을 누설하거나, 기금법인 또는 공동기금법인의 사업과 관련하여 겸직 또는 자기거래를 한 복지기금협의회 및 공동기금협의회의 위원, 이사 및 감사 6. 제86조의8제2항 및 제86조의9에 따른 재산처리 방법을 위반한 공동기금법인의 이사 7. 제86조의8제3항에 따른 재산처리 방법을 위반한 참여 사업의 사용자 **제98조(양벌규정)** 법인의 대표자나 법인 또는 개인의 대리인, 사용인, 그 밖의 종업원이 그 법인 또는 개인의 업무에 관하여 제96조 또는 제97조의 위반행위를 하면 그 행위자를 벌하는 외에 그 법인 또는 개인에게도 해당 조문의 벌금형을 과(科)한다. 다만, 법인 또는 개인이 그 위반행위를 방지하기 위하여 해당 업무에 관하여 상당한 주의와 감독을 게을리하지 아니한 경우에는 그러하지 아니하다. **제99조(과태료)** ① 제69조(제86조의15에서 준용하는 경우를 포함한다)에 따른 시정명령을 위반한 사용자, 기금법인 또는 공동기금법인에는 500만원 이하의 과태료를 부과한다. ② 제6조를 위반하여 근로복지를 위하여 이 법에 따라 보조 또는 융자받은 자금을 목적 외 용도에 사용한 자에게는 300만원 이하의 과태료를 부과한다. ③ 다음 각 호의 어느 하나에 해당하는 자에게는 200만원 이하의 과태료를 부과한다. 1. 제57조(제86조의15에서 준용하는 경우를 포함한다) 또는 제65조(제86조의15에서 준용하는 경우를 포함한다)를 위반하여 해당 서류를 작성·보관하지 아니한 기금법인 또는 공동기금법인	**제67조(과태료의 부과기준)** 법 제99조에 따른 과태료의 부과기준은 별표와 같다.	

근로복지기본법 [법률 제18926호, 2022. 6. 10., 일부개정]	근로복지기본법 시행령 [대통령령 제35437호, 2025. 4. 8., 일부개정]	근로복지기본법 시행규칙 [고용노동부령 제453호, 2025. 10. 1., 타법개정]
2. 제93조제1항제3호(제86조의15에서 준용하는 경우를 포함한다)에 따른 요구에 따르지 아니하여 보고를 하지 아니하거나 거짓의 보고를 한 자, 필요한 명령에 따르지 아니한 자 또는 공무원의 검사를 거부·방해하거나 기피한 자 ④ 다음 각 호의 어느 하나에 해당하는 자에게는 100만원 이하의 과태료를 부과한다. 1. 제35조제3항 단서, 제4항, 제5항 및 제7항을 위반한 우리사주조합의 대표자 2. 제37조를 위반하여 해당 계정 처리방법에 따라 구분·관리하지 아니한 우리사주조합의 대표자 3. 제43조제1항을 위반하여 우리사주를 예탁한 우리사주조합의 대표자 4. 제43조제3항을 위반하여 예탁된 우리사주를 양도하거나 담보로 제공한 우리사주조합의 대표자 또는 우리사주조합원 5. 제46조에 따른 우리사주조합의 의결권 행사방법을 위반한 우리사주조합의 대표자 6. 제47조에 따른 우리사주조합의 해산 절차를 위반한 청산인 7. 제93조제1항제1호, 제2호 또는 제2호의2에 따른 요구이 따르지 아니하여 보고를 하지 아니하거나 거짓의 보고를 한 자, 필요한 명령에 따르지 아니한 자 또는 공무원의 검사를 거부·방해하거나 기피한 자 8. 제93조제2항에 따른 요구에 따르지 아니하여 보고를 하지 아니하거나 거짓의 보고를 한 자, 자료를 제출하지 아니하거나 거짓으로 기재한 자료를 제출한 자, 그 밖에 감독을 위한 명령에 따르지 아니한 자 또는 같은 항에 따른 검사를 거부·방해하거나 기피한 자 ⑤ 제1항부터 제4항까지의 규정에 따른 과태료는 대통령령으로 정하는 바에 따라 고용노동부장관이 부과·징수한다.		

과태료의 부과기준(제67조 관련)

1. 일반기준

부과권자는 다음 각 목의 어느 하나에 해당하는 경우에는 제2호의 개별기준에 따른 과태료의 2분의 1 범위에서 그 금액을 줄여 부과할 수 있다. 다만, 과태료를 체납하고 있는 위반행위자에 대해서는 그렇지 않다.

가. 위반행위자가 자연재해·화재 등으로 재산에 현저한 손실이 발생하거나 사업여건의 악화로 사업이 중대한 위기에 처하는 등의 사정이 있는 경우

나. 위반행위가 사소한 부주의나 오류로 인한 것으로 인정되는 경우

다. 그 밖에 위반행위의 정도, 위반행위의 동기와 그 결과 등을 고려하여 줄일 필요가 있다고 인정되는 경우

2. 개별기준

위반행위	근거 법조문	과태료 금액
가. 법 제6조를 위반하여 근로복지를 위하여 법에 따라 보조 또는 융자받은 자금을 목적 외 용도에 사용한 경우	법 제99조제2항	300만원
나. 법 제35조제3항 단서를 위반하여 같은 조 제2항제1호에 관한 사항에 대하여 우리사주조합원총회의 의결을 거치지 않은 경우	법 제99조제4항제1호	80만원
다. 법 제35조제4항을 위반하여 우리사주조합원총회 또는 대의원회를 개최하지 않은 경우	법 제99조제4항제1호	80만원
라. 법 제35조제5항을 위반하여 우리사주조합의 대표자 등 임원과 대의원을 우리사주조합원의 직접·비밀·무기명 투표로 선출하지 않은 경우	법 제99조제4항제1호	100만원
마. 법 제35조제7항을 위반하여 장부와 서류를 작성하여 갖추어 두지 않거나 보존하지 않은 경우	법 제99조제4항제1호	
1) 작성하여 주된 사무소에 갖추어 두지 않은 경우		60만원
2) 10년간 보존하지 않은 경우		60만원
바. 삭제 <2016.1.19.>		

위반행위	근거 법조문	과태료 금액
사. 삭제 <2016.1.19.>		
아. 법 제37조를 위반하여 해당 계정 처리방법에 따라 구분·관리하지 않은 경우	법 제99조제4항제2호	80만원
자. 법 제43조제1항을 위반하여 우리사주를 예탁한 경우	법 제99조제4항제3호	60만원
차. 법 제43조제3항을 위반하여 예탁된 우리사주를 양도하거나 담보로 제공한 경우	법 제99조제4항제4호	80만원
카. 법 제46조에 따른 우리사주조합의 의결권 행사방법을 위반한 경우	법 제99조제4항제5호	100만원
타. 법 제47조제1항 전단에 따른 우리사주조합의 해산 사유에 해당하지 않음에도 해산한 경우	법 제99조제4항제6호	100만원
파. 법 제47조제1항 후단에 따른 해산 절차를 위반한 경우	법 제99조제4항제6호	60만원
하. 법 제57조(법 제86조의15에서 준용하는 경우를 포함한다)를 위반하여 복지기금협의회의 회의록을 작성·보관하지 않은 경우	법 제99조제3항제1호	100만원
거. 법 제65조(법 제86조의15에서 준용하는 경우를 포함한다)를 위반하여 서류를 작성·보관하지 않은 경우	법 제99조제3항제1호	100만원
너. 법 제69조(법 제86조의15에서 준용하는 경우를 포함한다)에 따른 시정명령을 위반한 경우	법 제99조제1항	300만원
더. 법 제93조제1항제1호, 제2호 또는 제2호의2의 사항에 관한 보고를 하지 않거나 거짓 보고를 한 경우	법 제99조제4항제7호	60만원
러. 법 제93조제1항제1호, 제2호 또는 제2호의2의 사항에 관한 소속 공무원의 검사를 거부·방해 또는 기피하거나, 시정명령에 따르지 않은 경우	법 제99조제4항제7호	80만원
버. 법 제93조제1항제3호(법 제86조의15에서 준용하는 경우를 포함한다)의 사	법 제99조제3항제2호	

위반행위	근거 법조문	과태료 금액
항에 관한 보고를 하지 않거나 거짓 보고를 한 경우		
1) 보고를 하지 않은 경우		100만원
2) 거짓 보고를 한 경우		150만원
버. 법 제93조제1항제3호(법 제86조의15에서 준용하는 경우를 포함한다)의 사항에 관한 시정명령에 따르지 않은 경우	법 제99조제3항제2호	150만원
서. 법 제93조제1항제3호(법 제86조의15에서 준용하는 경우를 포함한다)의 사항에 관한 소속 공무원의 검사를 거부·방해하거나 기피한 경우	법 제99조제3항제2호	150만원
어. 법 제93조제2항을 위반하여 보고를 하지 않거나 거짓 보고를 한 경우	법 제99조제4항제8호	60만원
저. 법 제93조제2항을 위반하여 자료를 제출하지 않거나 거짓으로 적은 자료를 제출한 경우	법 제99조제4항제8호	60만원
처. 법 제93조제2항에 따른 감독상 필요한 명령에 따르지 않은 경우	법 제99조제4항제8호	60만원
커. 법 제93조제2항에 따른 검사를 거부·방해하거나 기피한 경우	법 제99조제4항제8호	80만원

[　] 사내근로복지기금법인
[　] 공동근로복지기금법인 설립인가신청서

※ 아래의 작성방법을 읽고 작성하시기 바랍니다.

접수번호	접수일		처리기간	20일

기금법인	명칭		전화번호	
	주사무소 소재지			

대표자	성명(한글)	(한자)	생년월일
	주소		직책

기금법인 설립준비 위원회 위원	근로자측 성명		생년월일		직책
	사용자측 성명		생년월일		직책

분사무소	대표자 성명		전화번호	
	소재지			

「근로복지기본법」 제52조제5항·제86조의15 및 같은 법 시행규칙 제20조에 따라 위와 같이

[　] 사내근로복지기금법인
[　] 공동근로복지기금법인 의 설립인가를 신청합니다.

년　　　　월　　　　일

신청인 대표　　　　　　(서명 또는 인)

○○지방고용노동청(○○○○지청)장 귀하

첨부서류	1. 정관 1부 2. 기금법인 설립준비위원회 위원의 재직증명서나 그 밖에 신분을 증명하는 서류(근로계약서 등 소속 근로자임을 증명하는 서류를 말합니다) 1부 3. 사내(공동)근로복지기금 출연확인서 또는 재산목록 1부 4. 사업계획서 및 예산서 1부	수수료 없음

작성방법

1. 대표자란에는 기금법인 대표이사의 인적사항을, 직책란, 근로자측란, 사용자측란의 직책란에는 사업 또는 사업장에서의 직책을 적습니다.
2. 분사무소에 관한 사항은 분사무소를 설치한 경우에만 적습니다.
3. 근로자와 사용자를 대표하는 기금법인 설립준비위원회 위원이 각 4명 이상일 경우에는 별도 용지에 작성하여 첨부합니다.

처리절차

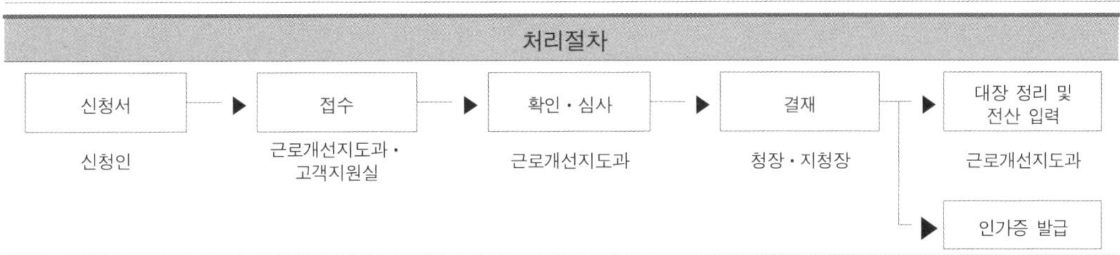

210mm×297mm[백상지(80g/㎡) 또는 중질지(80g/㎡)]

[　] 사내근로복지기금법인
[　] 공동근로복지기금법인 설립인가대장

<table>
<tr><td>인가번호</td><td colspan="2">제　　　　호</td><td>인가 연월일</td><td></td></tr>
<tr><td rowspan="2">기금법인</td><td colspan="2">명칭</td><td>전화번호</td><td></td></tr>
<tr><td colspan="2">주사무소 소재지</td><td></td><td></td></tr>
<tr><td rowspan="2">대표자</td><td colspan="2">성명(한글)　　　　　　　　　　(한자)</td><td>생년월일</td><td></td></tr>
<tr><td colspan="2">주소</td><td>직책</td><td></td></tr>
<tr><td rowspan="2">근로
복지
기금
협의회
위원</td><td>근로자측</td><td>성명</td><td>생년
월일</td><td>직책</td></tr>
<tr><td>사용자측</td><td>성명</td><td>생년
월일</td><td>직책</td></tr>
<tr><td>설립등기 연월일</td><td colspan="2"></td><td>설립등기 관할등기소</td><td></td></tr>
<tr><td rowspan="2">분사무소</td><td colspan="2">대표자 성명</td><td>전화번호</td><td></td></tr>
<tr><td colspan="2">소재지</td><td></td><td></td></tr>
</table>

작성방법

근로복지기금협의회 위원이 4명 이상인 경우에는 별도 용지에 작성하여 첨부합니다.

210mm×297mm[백상지(80g/㎡) 또는 중질지(80g/㎡)]

인가번호 제   호

사내(공동)근로복지기금법인 설립인가증

1. 기금법인 명칭:

2. 주사무소 소재지:

3. 대표자 성명:

4. 대표자 생년월일:

　「근로복지기본법」 제52조제4항·제86조의15 및 같은 법 시행규칙 제21조에 따라 위와 같이 기금법인의 설립을 인가합니다.

년   월   일

지방고용노동청(지청)장 [직인]

210mm×297mm[백상지(80g/㎡) 또는 중질지(80g/㎡)]

[ ] 사내근로복지기금법인
[ ] 공동근로복지기금법인 　기본재산 총액 변경 내용 보고서

기금법인	기금법인 명칭		기금인가번호	
	대표자 성명		직책	
	주사무소 소재지		전화번호	

변경내용	변경일	기본재산 총액(원)		변경금액(원)
		변경 전	변경 후	
	변경 사유			

「근로복지기본법 시행령」 제35조제2항·제55조의6 및 같은 법 시행규칙 제22조에 따라 위와 같이 기금법인의 기본재산 총액 변경 내용을 보고합니다.

　　　　　　　　　　　　　　　　　　　　　　　　　　　　년　　　　　월　　　　　일

　　　　　　　　　　　　　　　　　　기금법인 대표자　　　　　　　　(서명 또는 인)

○○지방고용노동청(○○○○지청)장 귀하

첨부서류	변경된 내용을 포함하여 작성한 재산목록 1부	수수료 없음

210mm×297mm[백상지(80g/㎡) 또는 중질지(80g/㎡)]

[ ] 사내근로복지기금법인
[ ] 공동근로복지기금법인 정관변경 인가신청서

접수번호	접수일		처리기간	7일
신청인	대표자 성명(한글)		(한자)	
	생년월일		직책	
기금법인	명칭		인가번호	
	주사무소 소재지			

변경내용

「근로복지기본법 시행령」 제38조제1항·제55조의6 및 같은 법 시행규칙 제23조에 따라 위와 같이 기금법인의 정관변경 인가를 신청합니다.

년 　월 　일

기금법인

신청인 대표자 (서명 또는 인)

○○지방고용노동청(○○○○지청)장 귀하

첨부서류	1. 정관변경 이유서 1부 2. 개정될 정관(신·구조문대비표 첨부) 1부 3. 정관변경에 관한 사내(공동)근로복지기금협의회 회의록 사본 1부	수수료 없음

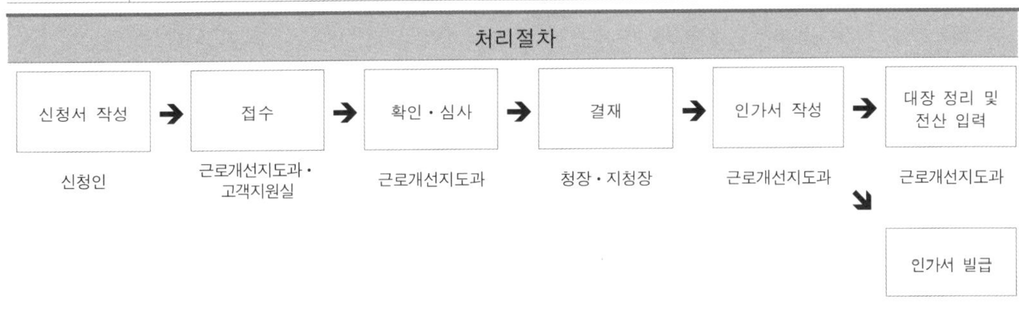

210mm×297mm[백상지(80g/㎡) 또는 중질지(80g/㎡)]

제   호

사내(공동)근로복지기금법인 정관변경인가서

1. 기금법인 명칭:

2. 사무소 소재지:

3. 대표자 성명:

4. 대표자 생년월일:

5. 인가 내용:

　「근로복지기본법」 제53조·제86조의15 및 같은 법 시행규칙 제23조에 따라 위와 같이 정관변경을 인가합니다.

년   월   일

지방고용노동청(지청)장 　직인　

210mm×297mm[백상지(80g/㎡) 또는 중질지(80g/㎡)]

■ 근로복지기본법 시행규칙 [별지 제13호서식] <개정 2016. 1. 19.>

제   차 (정기·임시) 사내(공동)근로복지기금협의회 회의록

(앞쪽)

회의 일시	년 월 일(시 분 ~ 시 분)
회의 장소	

의제

협의사항

※ 별도 용지 사용 가능

결정사항

그 밖의 토의사항

210mm×297mm[백상지(80g/㎡) 또는 중질지(80g/㎡)]

구분	근로자위원	서명	사용자위원	서명
참석위원				

[　] 사내근로복지기금법인
[　] 공동근로복지기금법인 해산통지서

※ 아래의 작성방법을 읽고 작성하시기 바랍니다.

접수번호	접수일		처리기간	즉시

해산 연월일	

청산인	성명(한글)	(한자)
	생년월일	직책

기금법인	명칭	인가번호
	주사무소 소재지	

해산 사유	

　「근로복지기본법 시행령」 제52조·제55조의6 및 같은 법 시행규칙 제28조에 따라 위와 같이 기금법인의 해산을 알립니다.

년　　　월　　　일

(청산인)

(서명 또는 인)

○○지방고용노동청(○○○○지청)장 귀하

첨부서류	1. 해산을 증명하는 서류(법인 등기사항증명서, 해산등기, 파산선고, 법원 판결문 등의 서류를 말합니다) 1부 2. 정관 1부 3. 재산목록 1부 4. 재산의 처분방법 및 처분계획서 1부	수수료 없음

처리절차

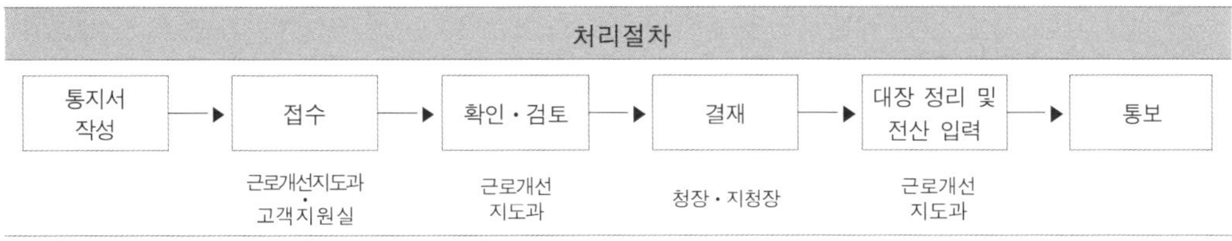

210mm×297mm[백상지(80g/㎡) 또는 중질지(80g/㎡)]

[　] 사내근로복지기금법인
[　] 공동근로복지기금법인　운영상황 보고서(　　년도분)

※ 3쪽 및 4쪽의 작성방법을 읽고 작성하시기 바랍니다.　　　　　　　　　　(4쪽 중 1쪽)

<table>
<tr><td rowspan="4">기금법인</td><td colspan="2">① 기금법인명</td><td colspan="2">② 인가번호</td></tr>
<tr><td colspan="2">③ 설립등기일</td><td colspan="2">④ 전화번호</td></tr>
<tr><td colspan="4">⑤ 소재지</td></tr>
<tr><td colspan="4">⑥ 회계연도　　　　년　　월　　일 ~ 　　　년　　월　　일</td></tr>
<tr><td rowspan="3">사업체</td><td colspan="2">⑦ 대표자</td><td colspan="2">⑧ 업종</td></tr>
<tr><td colspan="2">⑨ 소속근로자 수(명)</td><td colspan="2">⑩ 협력업체근로자 수(명)</td></tr>
<tr><td colspan="4">⑪ 납입자본금(천원)</td></tr>
<tr><td rowspan="6">기본재산
현황
(천원)</td><td colspan="4">⑫ 직전 회계연도 마지막 날 기준 기본재산 총액</td></tr>
<tr><td rowspan="4">해당
회계
연도
변동
금액</td><td rowspan="2">증가</td><td>⑬ 사업주 출연</td><td>⑭ 수익금·이월금 전입</td></tr>
<tr><td>⑮ 사업주 외의 자 출연</td><td>⑯ 기금법인 합병</td></tr>
<tr><td>감소</td><td>⑰ 기본재산 사용</td><td>⑱ 기금법인 분할 등</td></tr>
<tr><td colspan="3">⑲ 소계</td></tr>
<tr><td colspan="4">⑳ 해당 회계연도 마지막 날 기준 기본재산 총액</td></tr>
<tr><td rowspan="5">기금 운용
및 관리
(천원)</td><td rowspan="3">운용방법</td><td>㉑ 금융회사 예입·예탁</td><td>㉒ 투자신탁 수익증권 매입</td></tr>
<tr><td>㉓ 유가증권 매입</td><td>㉔ 보유 자사주 유상증자 참여</td></tr>
<tr><td>㉕ (부동산)투자회사가 발행하는 주식의 매입</td><td>㉖ 기타</td></tr>
<tr><td colspan="3">㉗ 근로자 대부</td></tr>
<tr><td colspan="3">㉘ 합계</td></tr>
<tr><td rowspan="7">기금사업
재원
(천원)</td><td colspan="3">㉙ 해당 회계연도 기금운용 수익금</td></tr>
<tr><td colspan="3">㉚ 해당 회계연도 출연금액의 100분의 50, 100분의 80 또는 100분의 90 범위</td></tr>
<tr><td colspan="3">㉛ 기본재산 총액의 해당 사업(장) 자본금 100분의 50 초과액</td></tr>
<tr><td colspan="3">㉜ 직전 회계연도 기준 기본재산 총액의 100분의 20, 100분의 25 또는 100분의 30 범위</td></tr>
<tr><td colspan="3">㉝ 공동근로복지기금 지원액 및 그 지원액의 100분의 50 범위</td></tr>
<tr><td colspan="3">㉞ 이월금 등</td></tr>
<tr><td colspan="3">㉟ 합계</td></tr>
</table>

210mm×297mm[백상지(80g/㎡) 또는 중질지(80g/㎡)]

해당 회계연도 출연금 100분의 80 범위 사용 현황 (천원, 명)	㊱ 해당 회계연도 출연금	해당 회계연도 출연금 100분의 90 범위 사용 현황 (천원, 명)	㊴ 해당 회계연도 출연금
	㊲ 복지혜택을 받은 협력업체근로자 수		㊵ 복지혜택을 받은 협력업체근로자 수
	㊳ 협력업체근로자의 복리후생 증진에 사용한 금액		㊶ 협력업체근로자의 복리후생 증진에 사용한 금액

직전 회계연도 기준 기본재산 총액의 100분의 20 범위 사용 현황 (천원, 명)	㊷ 사용한 기본재산 총 금액	직전 회계연도 기준 기본재산 총액의 100분의 25 범위 사용 현황 (천원, 명)	㊸ 사용한 기본재산 총 금액	직전 회계연도 기준 기본재산 총액의 100분의 30 범위 사용 현황 (천원, 명)	㊽ 사용한 기본재산 총 금액
	㊸ 협력업체근로자의 복리후생 증진에 사용한 금액		㊹ 협력업체근로자의 복리후생 증진에 사용한 금액		㊾ 협력업체근로자의 복리후생 증진에 사용한 금액
	㊹ 복지혜택을 받은 협력업체근로자 수		㊺ 복지혜택을 받은 협력업체근로자 수		㊿ 복지혜택을 받은 협력업체근로자 수
	㊺ 소속근로자 1명당 수혜금액		㊿ 소속근로자 1명당 수혜금액		⑤ 소속근로자 1명당 수혜금액
	㊻ 협력업체근로자 1명당 수혜금액		⑤ 협력업체근로자 1명당 수혜금액		⑤ 협력업체근로자 1명당 수혜금액

사업 실적 (천원, 명)		구분	계		목적사업		대부사업	
			금액	수혜자 수	금액	수혜자 수	금액	수혜자 수
	복지 사업비	㊼ 주택구입·임차자금						
		㊽ 우리사주 구입자금						
		㊾ 생활안정자금						
		㊿ 장학금						
		⑥ 재난구호금						
		⑥ 체육·문화활동 지원						
		⑥ 모성보호, 일·가정 양립 비용 지원						
		⑥ 근로자의 날 행사 등 지원						
		⑥ 근로복지시설 설치 및 운영						
		⑥ 그 밖의 복지비						
		⑥ 소계						
	⑥ 기금 운영비							
	⑥ 잔액							
	⑦ 합계							

선택적 복지비 (천원, 명)	⑦ 금액	⑦ 수혜자 수

부동산 현황 (천원)	⑦ 명칭	⑦ 금액	⑦ 취득일

　「근로복지기본법」 제93조제1항제3호, 같은 법 시행령 제55조의6·제63조제1항 및 같은 법 시행규칙 제30조에 따라 위와 같이 기금법인의 운영상황을 보고합니다.

년　　　　월　　　　일

기금법인 대표자　　　　　　(서명 또는 인)

○○지방고용노동청장(○○○○지청장) 귀하

첨부서류	1. 해당 연도 결산서 1부 2. 다음 연도의 사업계획서(추정재무상태표와 손익계산서를 포함합니다) 1부	수수료 없음

작성방법

1. (년도분)란에는 사내근로복지기금법인(이하 "기금법인"이라 함)의 회계연도 마지막 날이 속하는 연도를 적고, ⑥ 회계연도란에는 기금법인 회계연도의 시작하는 날과 마지막 날을 적습니다.

2. ⑧ 업종란에는 「통계법」에 따라 국가데이터처장이 고시하는 한국표준산업분류표의 대분류 업종명을 적습니다.

3. ⑨ 소속근로자 수란에는 해당 기금법인이 설립된 사업 소속 근로자 수를 적고, ⑩ 협력업체근로자 수란에는 해당 사업으로부터 직접 도급받는 업체의 소속 근로자 및 해당 사업에의 파견근로자 수를 적습니다.

4. ⑪ 납입자본금란에는 주식회사의 경우 발행된 주식의 액면총액을, 조합·합명회사 또는 합자회사의 경우에는 출자금을 적습니다.

5. ⑫ 직전 회계연도 마지막 날 기준 기본재산 총액란에는 기금의 직전 회계연도 마지막 날까지 조성된 기금액을 적습니다.

6. 해당 회계연도 변동금액란(⑬ ~ ⑱)은 해당 회계연도 중 기금 조성액을 증가와 감소로 구분하여 항목별로 적습니다.

7. ⑬ 사업주 출연란에는 사업주가 해당 연도에 출연한 금액 전액을 적습니다.

8. ⑭ 수익금·이월금 전입란에는 사내근로복지기금협의회(이하 "복지기금협의회"라 함)에서 해당 회계연도 중 발생한 수익금을 기금 결산 시 목적사업에 사용하지 않고 기본재산으로 전입하기로 협의·결정한 금액이나 목적사업에 사용하지 않고 이월한 금액 중 기본재산으로 전입하기로 협의·결정한 금액을 적습니다.

9. ⑮ 사업주 외의 자 출연란에는 사업주 외의 자로부터 출연받은 금액을 적습니다. 출연받은 재산이 부동산이나 주식 등일 경우에는 취득 당시 시가평가액 또는 취득가액을 적습니다.

10. ⑯ 기금법인 합병란에는 기금법인 합병으로 인한 기본재산 증가액을 적습니다.

11. ⑰ 기본재산 사용란에는 ㉚부터 ㉝까지를 더한 금액을 적습니다.

12. ⑱ 기금법인 분할 등란에는 기금법인 분할 등으로 인한 기본재산 감소액을 적습니다.

13. ⑲ 소계란에는 사업주 출연(⑬), 수익금·이월금 전입(⑭), 사업주 외의 자 출연(⑮), 기금법인 합병(⑯)을 더한 금액에서 기본재산 사용(⑰), 기금법인 분할 등(⑱)을 더한 금액을 뺀[[(⑬+⑭+⑮+⑯)−(⑰+⑱)]] 금액을 적습니다.

14. ⑳ 해당 회계연도 마지막 날 기준 기본재산 총액란에는 직전 회계연도 마지막 날 기준 기본재산 총액(⑫)과 소계(⑲)의 합계액을 적습니다.

15. 기금 운용 및 관리란(㉑ ~ ㉘)에는 ⑳의 기본재산이 운용 또는 대부된 형태에 따라 구분하여 적습니다.

16. ㉗ 근로자 대부란에는 기본재산에서 해당 회계연도 마지막 날 현재 근로자에게 주택구입·임차자금, 우리사주 구입 및 생활안정자금 등으로 대부되어 있는 전체 금액(누계 금액)을 적습니다.

   ※ (예시) 직전 회계연도 마지막 날까지 30명에게 1억원이 대부금으로 쓰이고 있고, 해당 연도에 1천만원을 1명에게 대부했다가 그 연도의 중간에 상환받고, 그 연도에 다시 다른 사람에게 1천만원을 대부한 경우에, 총 대부금액은 1억1천만원으로 적습니다. 이 경우 수혜자 수는 32명으로 적습니다.

17. 기금사업 재원란(㉙~㉟)에는 기금사업(㉗ 근로자 대부는 제외함)을 위하여 사용이 가능한 재원을 적습니다. ㉗과 ㉟의 합계액은 ⑦과 일치해야 합니다.

18. ㉙ 해당 회계연도 기금운용 수익금란에는 해당 회계연도 중 발생한 기금의 수익금으로 기본재산에 전입하지 않은 금액을 적습니다.

19. ㉚ 해당 회계연도 출연금액의 100분의 50, 100분의 80 또는 100분의 90 범위란에는 해당 회계연도 출연금액의 100분의 50, 100분의 80(「근로복지기본법」 제62조제2항 각 호의 경우만 해당) 또는 100분의 90(「근로복지기본법 시행령」 제46조제4항제1호나목 단서의 경우만 해당함) 범위에서 복지기금협의회가 목적 사업에 사용하기로 정한 금액을 적습니다.

20. ㉛ 기본재산 총액의 해당 사업(장) 자본금 100분의 50 초과액란에는 기본재산의 총액이 해당 사업(장) 자본금의 100분의 50을 넘어 그 초과한 금액의 범위에서 복지기금협의회가 목적사업에 사용하기로 정한 금액을 적습니다.

21. ㉜ 직전 회계연도 기준 기본재산 총액의 100분의 20, 100분의 25 또는 100분의 30 범위란에는 직전 회계연도 기준 기본재산 총액을 해당 기금법인이 설립된 사업 소속 근로자 수로 나눈 금액이 200만원 이상인 기금법인이 「근로복지기본법 시행규칙」 제26조의2제1항제2호에 따른 금액 이상을 협력업체근로자의 복리후생 증진에 사용하는 경우 직전 회계연도 기준 기본재산 총액의 100분의 20, 100분의 25 또는 100분의 30 범위에서 복지기금협의회가 5년마다 사용하기로 정한 금액을 적습니다.

   ※ 복지기금협의회가 사용하기로 의결한 금액을 해당 회계연도에 모두 사용하지 않은 경우에는 다음 회계연도 운영상황 보고 시 ㉞ 이월금 등란에 적지 않고 ㉜ 직전 회계연도 기준 기본재산 총액의 100분의 20, 100분의 25 또는 100분의 30 범위란에 남은 금액을 적습니다.

22. ㉝ 공동근로복지기금 지원액 및 그 지원액의 100분의 50 범위란에서 「근로복지기본법 시행령」 제46조제7항에 따라 기본재산으로 공동근로복지기금을 지원한 금액과 그 금액의 100분의 50 범위에서 사용한 금액을 적습니다.

23. ㉞ 이월금 등란에는 직전 회계연도 마지막 날 기준 현재 기금사업을 수행하고 남은 금액을 적습니다.

24. 해당 회계연도 출연금 100분의 80 범위 사용 현황란(㊱ ~ ㊳) 및 해당 회계연도 출연금 100분의 90 범위 사용 현황란(㊴ ~ ㊶)에는 협력업체근로자의 복리후생 증진에 「근로복지기본법 시행규칙」 제26조의2제1항제1호 및 같은 조 제2항에 따른 금액을 사용하여 해당 회계연도 출연금의 100분의 80 또는 100분의 90 범위에서 기금사업을 한 경우에만 작성합니다.

25. ㊱ 해당 회계연도 출연금란에는 사업주 등이 출연한 금액의 합계(⑬+⑮)를 적습니다.

26. ㊲ 복지혜택을 받은 협력업체근로자 수란에는 협력업체근로자의 복리후생 증진에 해당 회계연도 출연금의 100분의 10을 초과하는 금액을 사용하여(「근로복지기본법 시행령」 제46조제4항제1호나목 본문) 해당 회계연도 출연금의 100분의 80 범위에서 목적사업을 한 경우 복지혜택을 받은 협력업체근로자 수를 적습니다.

27. ㊳ 협력업체근로자의 복리후생 증진에 사용한 금액란에는 ㊱ 중에서 협력업체근로자에게 사용한 금액 총액을 적습니다.
28. ㊴ 해당 회계연도 출연금란에는 사업주 등이 출연한 금액의 합계(⑬+⑮)를 적습니다.
29. ㊵ 복지혜택을 받은 협력업체근로자 수란에는 협력업체근로자의 복리후생 증진에 해당 회계연도 출연금의 100분의 20을 초과하는 금액을 사용하여(「근로복지기본법 시행령」 제46조제4항제1호나목 단서) 해당 회계연도 출연금의 100분의 90 범위에서 목적사업을 한 경우 복지혜택을 받은 협력업체근로자 수를 적습니다.
30. ㊶ 협력업체근로자의 복리후생 증진에 사용한 금액란에는 ㊴ 중에서 협력업체근로자에게 사용한 금액을 적습니다.
31. ㊷ 사용한 기본재산 총 금액란에는 「근로복지기본법 시행령」 제46조제4항제3호 및 「근로복지기본법 시행규칙」 제26조의2제3항제1호에 따라 직전 회계연도 기준 기본재산 총액의 100분의 20 범위에서 복지기금협의회가 사용하기로 정한 금액 중 해당 회계연도에 사용한 금액 총액을 적습니다.
32. ㊸ 협력업체근로자의 복리후생 증진에 사용한 금액란에는 ㊷ 중 협력업체근로자의 복리후생 증진에 사용한 금액을 적습니다.
33. ㊹ 복지혜택을 받은 협력업체근로자 수란에는 직전 회계연도 기준 기본재산 총액의 100분의 20 범위 사용을 통해 복지혜택을 받은 협력업체근로자 수를 적습니다.
34. ㊺ 소속근로자 1명당 수혜금액란에는 소속 근로자의 복리후생 증진에 사용한 금액(㊷ 금액에서 ㊸ 금액을 뺀 금액)을 소속 근로자 수(⑨)로 나눈 금액을 적습니다.
※ 소속근로자: 해당 기금법인이 설립된 사업 소속 근로자를 말하며, 이하 같습니다.
35. ㊻ 협력업체근로자 1명당 수혜금액란에는 협력업체근로자의 복리후생 증진에 사용한 금액(㊸)을 협력업체근로자 수(⑩)로 나눈 금액을 적습니다.
36. ㊼ 사용한 기본재산 총 금액란에는 「근로복지기본법 시행령」 제46조제4항제3호 및 「근로복지기본법 시행규칙」 제26조의2제3항제2호에 따라 직전 회계연도 기준 기본재산 총액의 100분의 25 범위에서 복지기금협의회가 사용하기로 정한 금액 중 해당 회계연도에 사용한 금액 총액을 적습니다.
37. ㊽ 협력업체근로자의 복리후생 증진에 사용한 금액란에는 ㊼ 중 협력업체근로자의 복리후생 증진에 사용한 금액을 적습니다.
38. ㊾ 복지혜택을 받은 협력업체근로자 수란에는 기본재산 100분의 25 범위 사용을 통해 복지혜택을 받은 협력업체근로자 수를 적습니다.
39. ㊿ 소속근로자 1명당 수혜금액란에는 소속근로자의 복리후생 증진에 사용한 금액(㊼ 금액에서 ㊽ 금액을 뺀 금액)을 소속근로자 수(⑨)로 나눈 금액을 적습니다.
40. (51) 협력업체근로자 1명당 수혜금액란에는 협력업체근로자의 복리후생 증진에 사용한 금액(㊽)을 협력업체근로자 수(⑩)로 나눈 금액을 적습니다.
41. (52) 사용한 기본재산 총 금액란에는 「근로복지기본법 시행령」 제46조제4항제3호 및 「근로복지기본법 시행규칙」 제26조의2제3항제3호에 따라 직전 회계연도 기준 기본재산 총액의 100분의 30 범위에서 복지기금협의회가 사용하기로 정한 금액 중 해당 회계연도에 사용한 금액 총액을 적습니다.
42. (53) 협력업체근로자의 복리후생 증진에 사용한 금액란에는 (52) 중 협력업체근로자의 복리후생 증진에 사용한 금액을 적습니다.
43. (54) 복지혜택을 받은 협력업체근로자 수란에는 기본재산 100분의 30 범위 사용을 통해 복지혜택을 받은 협력업체근로자 수를 적습니다.
44. (55) 소속근로자 1명당 수혜금액란에는 소속근로자의 복리후생 증진에 사용한 금액((52) 금액에서 (53) 금액을 뺀 금액)을 소속근로자 수(⑨)로 나눈 금액을 적습니다.
45. (56) 협력업체근로자 1명당 수혜금액란에는 협력업체근로자의 복리후생 증진에 사용한 금액((53))을 협력업체근로자 수(⑩)로 나눈 금액을 적습니다.
46. 복지사업비란((57) ~ (66))에는 해당 회계연도 중의 사업 실적을 목적사업과 대부사업으로 구분하여 적습니다. 대부사업의 경우에는 기본재산을 이용한 근로자 대부(㉗)를 포함합니다.
47. (68) 기금 운영비란에는 복지사업 외에 기금 운영과 관련한 지출비용을 적되, 수혜자 수는 적지 않습니다.
48. (69) 잔액란에는 남아 있는 목적사업 재원으로, ㉗과 ㉟의 합계액에서 '(57)부터 (66)까지의 합계액((67))과 (68)을 더한 금액'을 뺀 금액을 적습니다.
49. 선택적 복지비란((71)·(72))에는 기금법인의 목적사업을 선택적 복지제도로 운영한 경우 사용한 금액((71))과 수혜자 수((72))를 (57) ~ (66)에 해당하는 복지사업비 중 그 운영실적(총액과 수혜자 수 합계)을 적습니다.
※ 선택적 복지제도 실적은 (57) ~ (66)에 해당하는 복지사업비 속에 포함되는 것으로 예를 들어 체육 ·문화활동 지원사업을 선택적 복지제도로 운영하여 100명에게 1천만원을 사용한 경우 (62)에는 1천만원, 100명을 적고, (71), (72)에도 1천만원, 100명을 포함하여 적습니다.
50. 부동산 현황((73) ~ (75))란에는 「근로복지기본법」 제67조 및 같은 법 시행령 제51조에 따라 기금법인이 소유하고 있는 부동산 현황을 적습니다. (73) 명칭란에는 부동산의 이용 목적 등을 고려하여 그 명칭을 적고, (74) 금액란에는 부동산을 취득하는 데 든 비용(출연받거나 기부받은 경우에는 최초 취득일 당시의 시가평가액 또는 취득가액)을 적으며, (75) 취득일란에는 기금법인이 부동산을 소유하여 등기한 연월일을 적습니다.

사내·공동근로복지기금 업무처리지침

일부개정 2020. 2. 11. 고용노동부예규 제169호

제1조(목적) 이 예규는 「근로복지기본법」과 같은 법 시행령 및 시행규칙에 따라 사내근로복지기금법인의 설립인가와 사내근로복지기금의 관리·운영지도 등에 필요한 사항을 규정함을 목적으로 한다.

제2조(다른 법령과의 관계) 사내근로복지기금법인(이하 "기금법인"이라 한다)의 인가 및 관리·운영지도 등에 관하여 다른 법령에서 정하고 있는 것을 제외하고는 이 예규에서 정하는 바에 따른다.

제3조(지도원칙) 기금법인의 운영·관리 등을 지도할 때에는 법령에 위배되지 아니하는 범위에서 노사의 자율성이 보장되도록 하여야 한다.

제4조(인가권자) 기금법인의 설립인가는 「근로복지기본법 시행령」(이하 "영"이라 한다) 제65조제1항제3호에 따라 기금법인의 주된 사무소 소재지를 관할하는 지방고용노동관서의 장(이하 "관서장"이라 한다)이 한다.

제5조(인가신청) ① 기금법인설립준비위원회(이하 "준비위원회"라 한다)가 「근로복지기본법」(이하 "법"이라 한다) 제52조 및 제86조의3에 따라 기금법인을 설립할 때에는 다음 각 호의 서류를 붙여 「근로복지기본법 시행규칙」(이하 "규칙"이라 한다) 제20조에 따른 기금법인설립인가신청서를 관서장에게 제출하여야 한다.
1. 정관
2. 준비위원회 위원의 재직증명서나 그 밖에 신분을 증명하는 서류
3. 사내근로복지기금 출연확인서 또는 재산목록
4. 사업계획서 및 예산서
② 관서장은 제1항제1호에 따른 정관을 제8조 및 제9조에 따라 심사하고, 정관이 관계 법령 등에 위배되는 경우에는 그 변경을 명령하여야 한다.
③ 제1항제3호에 따른 사내근로복지기금 출연확인서는 해당 사업주 등이 사내근로복지기금(이하 "기금"이라 한다)에 재산을 출연하기로 한 것을 확인하는 서류이며, 재산목록은 이미 기금에 출연하여 금융회사 등에 예금·예탁되어 기금의 재산으로 증명될 수 있는 것의 목록을 말한다.
④ 제1항제4호에 따른 사업계획서 및 예산서는 기금법인의 최초 연도 사업을 위한 것으로 기금의 조성·사업·운용·관리 등의 운영방법이 법령에 위배되지 않아야 한다.

제6조(인가신청서의 처리) ① 관서장은 법 제52조제5항에 따른 기금법인 설립인가신청서를 접수하였을 때에는 제출된 관계 서류를 확인·조사하여 20일 이내에 인가 여부를 결정하고, 그 결과를 신청인에게 통지하여야 한다.

② 관서장은 기금법인 설립인가에 관한 심사를 하는 경우에는 별지 제1호서식의 설립인가심사 보고서에 따라 확인·조사하여야 한다.

③ 제1항에 따라 기금법인 설립을 인가한 관서장은 그 기금법인에 분사무소가 있는 경우에 분사무소의 소재지를 관할하는 관서장에게 인가사항을 알려야 한다.

제7조(인가번호 부여요령) ① 관서장은 기금법인 설립을 인가한 경우에는 규칙 별지 제8호서식의 기금법인 설립인가대장(이하 '인가대장'이라 한다)에 기록하고 규칙 별지 제9호서식에 따라 기금법인 설립인가증(이하 "설립인가증"이라 한다)을 발급하여야 한다. 이 경우 기금법인 인가번호는 별표에 따라 관서별 고유번호를 기재하고, 연도표시 일련번호를 지정·부여하여야 한다.

② 제1항에 따라 설립인가증을 발급받은 기금법인이 관할 관서장을 달리하는 지역으로 이전하는 경우에도 최초의 고유번호를 그대로 사용·관리한다.

제7조의2(설립등기 안내) ① 관서장은 설립인가와 동시에 설립인가 신청인에게 설립인가증을 받은 날부터 3주 이내에 그 기금법인의 주된 사무소의 소재지에서 설립등기를 할 수 있도록 문서, 구두, 유선 등의 적절한 방법으로 알려 주어야 한다.

② 제1항에 따라 설립등기를 안내할 때에는 「법인 및 재외국민의 부동산등기용등록번호 부여에 관한 규칙」 별표 3의 법인종류별 분류번호에 맞게 법인종류는 특수법인으로, 분류번호는 기타 분류할 수 없는 법인으로 등록번호를 부여받을 수 있도록 안내하여야 한다.

제8조(정관의 제정과 변경) ① 정관은 준비위원회에서 제정하고, 사내근로복지기금협의회(이하 "복지기금협의회"라 한다)의 협의·결정으로 변경하여야 한다.

② 준비위원회에서 정관을 제정한 때에는 참여위원 전부가 해당 정관의 말미에 서명하거나 기명날인하여야 한다.

③ 기금법인의 정관변경을 인가받으려는 자는 규칙 별지 제11호서식에 따라 다음 각 호의 서류를 첨부하여 관할 관서장에게 신청하여야 한다.

1. 정관변경 이유서

2. 개정될 정관(신·구조문대비표 포함)

3. 정관변경에 관한 복지기금협의회 회의록 사본

④ 관서장은 제3항에 따른 정관변경 인가신청서를 접수한 날부터 7일 이내에 처리하여야 한다.

제9조(정관의 심사) ① 관서장은 제6조제2항 및 제8조제3항, 제4항에 따라 정관을 심사할 때에 특히 다음 각 호의 내용을 유의하여 심사하고, 법령에 위배되는 사항은 지체 없이 시정을 명령하여야 한다.

1. 정관의 제정·변경절차의 합법성

2. 영 제31조제1항에 따른 정관의 기재사항

3. 영 제45조제1항에 따른 출연방법 등에 관한 사항

4. 영 제45조제2항에 따른 재산

5. 영 제46조제2항제3호에 따른 사업

6. 영 제46조제5항제4호에 따른 사업

7. 기금법인의 해산 시 잔여재산의 귀속에 관한 사항

8. 그 밖에 정관에서 위임하는 사항과 관련한 규정

② 법 제71조제2항에서 ″정관에서 지정한 자″란 기금법인의 고유목적사업 및 이와 유사한 사업을 영위할 수 있는 개인 또는 단체로서 정관으로 지정한 자를 말한다.

제10조(기본재산총액 변경내역 보고) ① 관서장은 영 제35조제2항에 따라 보고받은 기본재산 총액의 변경내역을 보고받은 때부터 3일 이내 별지 제2호서식의 사내근로복지기금법인관리대장(이하 ″기금법인관리대장″이라 한다)에 기록하여야 한다.

② 관서장은 기금법인이 법 제62조제2항에 따라 기금출연과 동시에 그 출연금 중 일부를 사용한 경우에 출연금 총액 및 사용금액을 함께 보고하도록 하여야 한다.

제11조(업무대장의 작성·관리) ① 이 예규에서 정한 각종 업무대장의 작성·관리 및 보고의무는 「근로감독관집무규정」 제10조에 따른 근로감독행정 정보시스템에 입력하는 것으로 이를 갈음한다.

② 근로감독행정 정보시스템으로 업무를 처리하는 요령은 「근로감독행정 전산처리지침」에 따른다.

제12조(복지기금협의회의 기능) 복지기금협의회는 기금법인의 최고 의사결정 기관으로 법령에 위배되지 아니하는 범위에서 기금법인의 운영 등에 필요한 사항을 정할 수 있다.

제13조(감사의 기능) ① 감사는 매 회계연도 시작일부터 2개월 이내에 전년도 기금법인의 사무 및 회계에 관한 사항에 대하여 정기감사를 하여야 하며, 복지기금협의회의 요구가 있을 경우에는 수시감사를 할 수 있다.

② 감사는 법 제58조제4항의 업무 외에 다음 각 호의 업무를 할 수 있다.

1. 감사결과 부정·부당한 사항을 발견한 경우 기금법인의 이사에게 그 시정을 요구하고 복지기금협의회 및 감독관청에 보고

2. 제1호의 보고를 위하여 필요한 경우 복지기금협의회의 소집요구

3. 복지기금협의회에 출석하여 의견 진술

제14조(기관 간의 겸직) 복지기금협의회의 위원과 이사는 겸직할 수 있으나, 복지기금협의회 위원과 이사는 감사를 겸직할 수 없다.

제15조(기금의 재원) ① 법 제61조제1항에 따라 기금에 출연하는 경우 사업주가 법인이면 해당 연도의 결산재무제표에 나타난 세전순이익을, 법인이 아니면 「소득세법」에 따른 확정신고 등 결산을 위한 관계 서류에 나타난 세전순이익을 각각 기준으로 한다.
② 기금에 출연하는 금액은 직전 사업년도 세전순이익을 기준으로 복지기금협의회가 협의·결정한 금액으로 한다. 다만, 복지기금협의회가 협의·의결하는 경우에는 그 기준을 전년도 결손금을 보전한 후의 이익 등으로 조정할 수 있다.
③ 사업주는 사업의 성질, 종류 및 근로복지 수준 등이 다른 사업의 노사관계에 부정적인 영향을 주지 않을 수 있는 적정한 수준에서 기금의 규모를 유지하여야 한다.

제16조(출연방법) 사업주는 영 제45조제1항에 따라 기금에 출연할 경우에 일시에 하거나 분할하여 할 수 있다.

제17조(기금법인의 사업) ① 기금법인은 법 제62조제2항 및 영 제46조제4항에 따른 기본재산의 사용범위를 초과하여 소비성 지출사업을 할 수 없다.
② 관서장은 기금법인이 제1항에 위반하여 기본재산을 사용하였거나 사용하고자 한 경우를 발견하였을 때에는 지체 없이 사업계획의 변경 또는 그 시정을 명령하여야 한다.
③ 영 제46조제2항제3호 및 영 제46조제5항제4호에 따라 정관으로 정하는 사업은 각 사업장의 실정에 맞는 근로자의 재산형성 지원 및 생활원조 등을 위한 적정한 사업이어야 한다.
④ 근로자의 주택취득자금 지원은 가급적 직장주택조합과 연계하여 운영하도록 하고, 무주택 근로자로서 국민주택규모 이하를 취득하려는 근로자에게 우선 지원하여야 한다.
⑤ 우리사주 구입자금 지원은 주식의 매매차익 이용 등 다른 목적으로 사용되어서는 아니 된다.
⑥ 규칙 제26조제1항제3호 단서와 관련하여 직장보육시설 운영비용 중 근로자가 부담해야 할 비용은 기금법인에서 지원할 수 있다.
⑦ 규칙 제26조제2항에 따른 근로복지시설의 규모가 적정한지 여부를 판단하는 경우에 「법인세법 시행규칙」 제26조에 따라 업무와 관련이 없는 부동산으로 인정되면 적정규모를 초과한 것으로 본다.
⑧ 법 제62조제3항 및 영 제46조제5항에 따라 기금법인의 기본재산으로 근로자 대부사업을 할 경우에는 복지기금협의회에서 대부조건 등을 사전에 협의·결정하여야 하며, 기금의 안정성을 해치지 않는 적정한 범위에서 대부하여야 한다.

제18조(기금의 운용) 기금과 그 수익금에 따라 형성된 재산은 다음 각 호의 용도로 사용되어서는 아니 된다.
1. 해당 사업체의 영업재산과 운영자금 등으로 전용·대출하는 것
2. 기금법인 명의로 해당 사업체의 주식을 취득하거나 그 사업체에 출자하는 것

제19조(기금의 회계관리) ① 기금의 회계는 다음 각 호와 같이 구분하여 처리하여야 한다.
1. 기금의 운용·대부사업에서 발생하는 수익금을 관리하는 기금관리회계

2. 기금법인의 고유목적사업 수행을 위한 목적사업회계

② 기금법인은 이자소득 등으로 고유목적사업에 사용하기 위하여 고유목적사업준비금을 설정하여야 하며, 결손의 보전 그 밖에 부득이한 사유에 따른 회계사고에 충당하기 위하여 특별적립금을 적립할 수 있다.

제20조(사업계획서와 결산서의 작성) ① 사업계획서는 예산총칙, 목적사업계획서, 추정재무상태표, 추정손익계산서, 기금운용계획서 등으로 작성하여야 한다.

② 결산서는 예산집행개요, 재무상태표(부속서류로서 필요시 제예금명세서, 유가증권명세서, 대여금명세서, 고정자산명세서, 고유목적사업준비금명세서, 제세선급금명세서 등을 첨부), 손익계산서(부속서류로서 필요시 수입이자명세서, 그 밖의 수입금명세서 등을 첨부), 이익잉여금처분계산서, 예산집행대비표, 합계잔액시산표 등으로 작성하여야 한다.

제21조(공인회계사에 의한 감사) 기금법인은 복지기금협의회의 결의 또는 감사의 요구에 따라 공인회계사에게 감사를 의뢰할 수 있다.

제22조(기금법인의 부동산 소유) ① 기금법인은 법 제67조 및 영 제51조에 따른 경우를 제외하고는 부동산을 소유할 수 없다.

② 삭제

③ 관서장은 기금법인이 기금에 출연 또는 기부된 부동산 중에 영 제51조에 따른 기금법인의 업무 수행상 필요한 것 외의 부동산을 정당한 사유 없이 기금에 출연 또는 기부된 날부터 1년 이내에 법 제63조의 운용방법으로 전환하지 않으면 지체 없이 시정을 명령하여야 한다.

제23조(복지제도의 통합) 사용자는 기금법인 설치 당시에 기금법인의 사업을 시행하고 있을 때에는 근로복지제도의 체계적·효율적 관리를 위하여 다른 법률에 따라 설치·운영할 의무가 있는 것을 제외하고는 복지기금협의회의 협의·결정에 의하여 기금법인에 통합하여 운영할 수 있다.

제24조(기금법인의 해산) ① 청산인이 규칙 별지 제14호서식에 따라 기금법인의 해산을 통지한 경우 관서장은 기금법인 해산통지서와 그 첨부서류인 기금법인의 해산을 증명하는 서류, 해산 당시의 정관, 재산목록, 재산의 처분방법 및 처분계획서 등을 통해 해산사유와 잔여재산 처분 등의 적정성을 확인하여야 한다.

② 해산의 증명은 법인 등기사항증명서, 해산등기, 파산선고, 법원 판결문 등의 서류를 통해 적절히 확인하여야 한다.

제25조(운영상황관리) ① 관서장은 영 제30조제2항 및 영 제38조제2항에 따라 기금법인의 설립 및 정관변경을 인가한 경우에 그 내용을 인가대장에 기재하고, 별지 제1호서식의 기금법인 설립인가심사보고서와 함께 관리·보존하여야 한다.

② 관서장은 영 제63조제1항에 따라 보고된 기금법인의 운영상황은 기금법인관리대장에 정리하여 기금의 조성·운용·운영상황 등을 연도별로 관리하여야 한다.

③ 관서장은 개별기금법인과 관련한 문서는 기금법인설립인가대장과 기금법인관리대장을 제외하고는 개별기금법인 단위로 서류철을 따로 작성·관리하여야 한다.

제26조(기금법인사무소의 소재지 이전에 따른 조치) ① 기금법인은 관할 관서장을 달리하는 지역으로 사무소의 소재지를 이전한 경우에 신사무소 소재지 관할 관서장에게 영 제38조에 따라 정관변경 인가신청을 하여야 한다.

② 관서장은 제1항에 따라 정관변경 인가신청을 받은 경우 즉시 구사무소 소재지 관할 관서장에게 다음 각 호의 서류의 이관을 요청하여야 하며, 요청받은 구사무소 소재지 관할 관서장은 지체 없이 이관하여야 한다.

1. 정관

2. 기금법인설립인가대장 등 인가와 관련한 서류

3. 기금법인관리대장 등 운영상황과 관련한 서류

③ 제1항에 따라 정관변경 인가를 받은 기금법인은 영 제34조에 따른 이전등기를 하여야 하며, 이전등기에 따른 등기내용의 확인에 관하여는 영 제32조제3항을 준용한다.

④ 제3항에 따라 이전등기 내용을 확인한 관서장은 이를 구사무소 소재지 관할 관서장에게 송부하여야 한다.

제27조(운영상황의 점검) ① 관서장은 「근로감독관집무규정」에 따라 사업장 근로감독 시 기금법인이 설치되어 있는 사업에 대해서는 운영상황을 점검하여야 한다.

② 관서장은 기금법인의 운영상황점검·보고서 검토 결과 위법하거나 부당한 사항이 발견된 때에는 「근로감독관집무규정」에 따라 처리하여야 한다.

제28조(운영상황보고) ① 영 제63조제1항에 따라 기금법인으로부터 보고받은 관서장은 해당 분기에 결산을 종료하는 기금법인의 운영상황을 집계하여 해당 분기 다음달 10일까지 근로감독행정 정보시스템에 입력하여 고용노동부장관에게 보고하여야 한다.

② 제1항에 따라 주사무소를 관할하는 관서장은 기금법인의 운영상황을 집계·보고할 경우에 기금법인의 주사무소에게 그 분사무소까지 포함하여 기금의 수·조성금액·운용방법·운영실적 등을 일괄 작성·보고토록 하며, 분사무소 관할 관서장도 관내 기금법인의 운영상황을 따로 파악·관리하여야 한다.

제28조의2(준용) 공동근로복지기금제도에 관하여는 제1조부터 제28조까지의 규정을 준용한다. 이 경우 제1조, 제2조 중 "사내근로복지기금법인"을 "공동근로복지기금법인"으로 보고, 제2조부터 제7조까지, 제9조, 제10조, 제12조, 제13조, 제17조부터 제18조, 제19조까지, 제21조부터 제28조 중 "기금법인"은 "공동기금법인"으로 보고, 제5조 중 "기금법인설립준비위원회"를 "공동기금법인설립준비위원회"로 보며, 제5조, 제6조 중 "사내근로복지기금"을 "공동근로복지기금"으로 보고, 제6조 중 "기금법인 설립인가신청서"를 "공동기금법인 설립인가신청서"로 보며, 제8조 중 "사내근로복지기금협의회"는 "공동근로복지기금협의회"로 보고, 제10조 중 "사

내근로복지기금법인관리대장"을 "공동근로복지기금법인관리대장"으로 각각 본다.

제29조(재검토 기한) 고용노동부장관은 이 예규에 대하여 2020년 1월 1일 기준으로 매 3년이
되는 시점(매 3년째의 12월 31일까지를 말한다)마다 그 타당성을 검토하여 개선 등의 조치를
하여야 한다.

부　칙

이 예규는 발령한 날부터 시행한다.

[별표]

인 가 번 호 부 여 요 령

1. 노사누리시스템에서 사내(공동)근로복지기금법인 설립인가를 하면 인가번호는 [인가관서-인가년도-일련번호] 형태로 부여된다.

   ※ 예: 서울청 2000-2009-11

2. 사내(공동)근로복지기금법인 관할 관서를 변경해도 인가번호는 변경되지 않는다.

   [인가관서-인가년도-일련번호]

   - 인가관서: 최초 사내(공동)근로복지기금법인 설립을 인가한 관서의 기관코드

   - 인가년도: 사내(공동)근로복지기금법인 설립을 인가한 년도

   - 일련번호: 관서별, 연도별 설립인가 일련번호

[기관별 고유번호 일람]

서 울 청 2000	부 산 청 3000	대 구 청 4000	중 부 청 5000	광 주 청 6000	대 전 청 7000
서울강남 2010	부산동부 3010	대구서부 4010	인천북부 5010	전　　주 6110	청　　주 7110
서울동부 2020	부산북부 3020	포　　항 4110	경　　기 5110	익　　산 6120	충　　주 7120
서울서부 2030	창　　원 3110	구　　미 4120	부　　천 5120	군　　산 6130	천　　안 7210
서울남부 2040	울　　산 3120	영　　주 4130	안　　양 5130	목　　포 6210	보　　령 7220
서울북부 2050	양　　산 3130	안　　동 4140	안　　산 5140	여　　수 6220	
서울관악 2060	진　　주 3140		성　　남 5160	제　　주 6310	
	통　　영 3150		의 정 부 5150		
			평　　택 5170		
			고　　양 5180		
			춘　　천 2110		
			태　　백 2120		
			강　　릉 2130		
			원　　주 2140		
			영　　월 2150		

[별지 제1호서식]

기 금(공동기금)법 인 설 립 인 가 심 사 보 고 서

담 당	과 장	청(지청)장	결 재

1. 기금(공동기금)법인의 개요

기금 (공동 기금) 법인	기금(공동기금) 법인명			사 업 체	소재지		(전화)	
	소재지		(전화)		대표자		업 종	
	대표자				근로자		노조원수	

2. 심사내용

심사항목(관련법령)	의 견 적정	부적정	심사항목(관련법령)	의 견 적정	부적정
가. 준비위원회 구성은 타당한가(법 제55조, 제86조의3)			9) 사내(공동)근로복지기금의 운용 방법(법 제63조)		
나. 구비서류는 갖추었는가 (영 제30조)			10) 정관의 변경 절차 및 내용에 관한 사항(법 제53조, 영 제38조)		
다. 정관에 정하여야 할 사항은 빠짐없이 기재하고 내용은 법령에 합당한가			11) 다른 복지사업과의 통합운영에 관한 사항(법 제68조)		
1) 정하여야 할 사항은 (영 제31조제1항)			12) 기금(공동기금)법인의 업무수행상 필요한 부동산 소유에 관한 사항 (법 제67조, 영 제51조)		
2) 목적·명칭·사무소 소재지는 (영 제31조 제1항)			13) 기금(공동기금)법인의 관리·운영 사항 공개방법에 관한 사항 (법 제66조, 영 제50조)		
3) 사내(공동)근로복지기금의 조성방법과 출연시기(법 제61조, 제86조의2, 영 제45조)			14) 기금(공동기금)법인의 해산에 관한 사항 (법 제70조, 제71조 내지 제77조, 제86조의8. 영 제52조, 제53조, 제54조)		
4) 사내(공동)근로복지기금의 회계에 관한 사항(법 제64조, 영 제48조, 제49조)			라. 그 밖의 관계법령에 저촉되거나 필요한 규정의 미비, 기준의 불명확 등으로 다툼의 소지는 없는가		
5) 복지기금(공동기금)협의회의 구성 및 기능과 회의에 관한 사항(법 제55조, 제86조의4, 영 제39조, 제40조, 법 제56조, 영 제41조 내지 제44조)			마. 행정지도에 위반되거나 사회 통념상 부당한 규정은 없는가		
6) 이사 및 감사에 관한 사항 (법 제58조 내지 제60조)					
7) 이사의 공동대표권 행사방법에 관한 사항 (법 제58조제2항)					
8) 기금(공동기금)법인의 사업 및 수혜대상에 관한 사항(법 제62조, 영 제46조)					
－ 영 제46조제2항제3호 및 영 제46조제5항 제4호의 합법성 여부					

종합의견		시정을 요하는 사항	

위와 같이 심사·보고합니다.
심 사 일　　　　．　．　．
심 사 자　　　　　　　서명 또는 인

210㎜×297㎜(일반용지 60g/㎡(재활용품))

[별지 제2호서식]

(앞쪽)

사 내(공동) 근 로 복 지 기 금 법 인 관 리 대 장

1. 기금(공동기금)법인의 개요

<table>
<tr><td rowspan="5">기금
(공동
기금)
법인</td><td>인가번호</td><td></td><td>인가년월일</td><td></td><td colspan="2">기금의 회계기간</td><td colspan="5">년 월 일 ~ 년 월 일</td></tr>
<tr><td>명 칭</td><td colspan="3"></td><td colspan="2">2. 기본재산현황</td><td colspan="5" align="right">(단위: 천원)</td></tr>
<tr><td>소 재 지</td><td colspan="3">(전화 :)</td><td>구분
(연도별)</td><td>사업주 출연</td><td>수익금
전 입</td><td>제3자 출연
등 기 타</td><td>원금사용
등변동액</td><td>계</td><td>기본재산
누계액</td></tr>
<tr><td rowspan="2">대 표 자</td><td>노</td><td colspan="2"></td><td>설립시</td><td></td><td></td><td></td><td></td><td></td><td></td></tr>
<tr><td>사</td><td colspan="2"></td><td></td><td></td><td></td><td></td><td></td><td></td><td></td></tr>
<tr><td rowspan="2">사
업
장</td><td>대 표 자</td><td></td><td>업종</td><td>( )</td><td></td><td></td><td></td><td></td><td></td><td></td></tr>
<tr><td>근로자수</td><td>명</td><td>노조원수</td><td>명 자본금 억원</td><td></td><td></td><td></td><td></td><td></td><td></td></tr>
<tr><td rowspan="6">복지
기금
(공동
기금)
협의회
위원</td><td colspan="2">근 로 자 측</td><td colspan="2">사 용 자 측</td><td></td><td></td><td></td><td></td><td></td><td></td><td></td></tr>
<tr><td>성 명</td><td>직 책</td><td>성 명</td><td>직 책</td><td></td><td></td><td></td><td></td><td></td><td></td></tr>
<tr><td colspan="4"></td><td colspan="2">3. 기금의 운용</td><td colspan="5" align="right">(단위: 천원)</td></tr>
<tr><td colspan="4"></td><td>구분
(연도별)</td><td>금융회사
예입예탁</td><td>투신수익
증권매입</td><td>유가증권
매 입</td><td>근 로 자
대 부</td><td>기 타</td><td>계</td></tr>
<tr><td colspan="4"></td><td>설립시</td><td></td><td></td><td></td><td></td><td></td><td></td></tr>
<tr><td colspan="4"></td><td></td><td></td><td></td><td></td><td></td><td></td><td></td></tr>
<tr><td rowspan="1">등기</td><td>설립등기일</td><td></td><td>관할등기소</td><td></td><td></td><td></td><td></td><td></td><td></td><td></td></tr>
<tr><td rowspan="2">분
사
무
소</td><td colspan="2">소 재 지 (전화)</td><td>대표자명</td><td>등 기 일</td><td></td><td></td><td></td><td></td><td></td><td></td></tr>
<tr><td colspan="4"></td><td></td><td></td><td></td><td></td><td></td><td></td><td></td></tr>
</table>

※ 기재요령
① 업종난에는 한국표준산업분류표상의 17개 대분류 업종 및 코드 기재(A-Q)
② 기본재산현황난에는 기금(공동기금)법인 설립시 및 연도별난에 기본재산누계액 각각 기재

364mm×257mm
(인쇄용지(특급) 70g/㎡)

4. 기금(공동기금)법인의 운영상황 (단위: 천원)

연도 \ 구분	총 계	복지사업비										기 금 운영비
		합계	보 조								근로자 대 부	
			소계	주택 자금	우리사 주구입	생활안 정자금	장학금	재 난 구호금	복지 시설	기 타 복지비		
금액												
인원												
금액												
인원												
금액												
인원												
금액												
인원												
금액												
인원												
금액												
인원												
금액												
인원												

5. 부동산 현황 (단위 : 천원)

명 칭	금 액	취득일 (처분일)

6. 기금(공동기금)법인의 해산에 관한 사항 (단위: 천원)

해산일자		해산사유		해산당시 재산	
재 산 처 분 내 역					
잔여재산처리내역					

공동근로복지기금 지원사업 운영규정

고용노동부고시 제2023-18호(2023. 5. 10. 시행)

제1장 총 칙

제1조(목적) 이 고시는 「근로복지기본법」 제86조의5 및 같은 법 시행령 제55조의3제4항에서 고용노동부장관에게 위임한 사항과 공동근로복지기금에 대한 지원을 효율적으로 수행하기 위해 필요한 사항을 정함을 목적으로 한다.

제2조(정의) 이 고시에서 사용하는 용어의 뜻은 다음 각 호와 같다.
1. "공동근로복지기금"(이하 "공동기금"이라 한다)이란 「근로복지기본법」(이하 "법"이라 한다) 제86조의2에 따라 조성된 기금을 말한다.
2. "공동근로복지기금법인"(이하 "공동기금법인"이라 한다)이란 법 제86조의11 및 제52조에 따라 설립된 법인을 말한다.
3. "중소기업"이란 「중소기업기본법」 제2조에 따른 중소기업을 말한다.
4. "대기업"이란 「대·중소기업 상생협력 촉진에 관한 법률」 제2조제2호에 따른 대기업을 말한다.
5. "지방자치단체"란 「지방자치법」 제2조에 따른 지방자치단체를 말한다.
6. "공동근로복지기금 지원사업"(이하 "공동기금 지원사업"이라 한다)이란 법 제86조의5 및 같은 법 시행령(이하 "영"이라 한다) 제55조의3제1항·제2항 및 제3항에 따라 공동기금법인이 법 제62조제1항에 따른 사업을 시행하는 경우 설립·운영에 필요한 비용을 지원하는 사업을 말한다.
7. "상생형중견기업"이란 「국가균형발전특별법」 제11조의2에 따른 상생형지역일자리의 참여 주체로서 「중견기업 성장촉진 및 경쟁력 강화에 관한 특별법」 제2조제1호에 따른 중견기업을 말한다.
8. "상생협약"이란 도·수급기업의 상생발전, 이중구조 해소 및 근로자 복지 증진 등을 공동의 목표로 하여 업종 또는 지역 단위에서 고용노동부와 도급기업, 수급기업, 해당 근로자(또는 노동조합), 지방자치단체, 관련분야 전문가 등이 참여하여 합의 또는 의결 등을 기반으로 체결하는 협약으로서 개별 참여자의 역할이 구체적으로 기술된 협약을 말한다.

제3조(다른 법령과의 관계) 공동기금 지원에 대해서는 다른 법령에서 특별히 정하고 있는 것을 제외하고는 이 고시에서 정하는 바에 의한다.

제4조(사업계획 수립 등) ① 「산업재해보상보험법」에 따른 근로복지공단(이하 "공단"이라

한다)은 고용노동부장관의 승인을 얻어 매년 말까지 다음 연도 공동기금 지원사업 계획을
수립하여야 한다.
② 제1항에 따른 사업계획에는 직전년도 사업운영 평가, 지원목표, 신규 지원 공동기금 발굴
계획 등 사업 시행에 필요한 사항을 명시하여야 한다.

제2장 공동기금 지원사업의 운영

제5조(업무의 수행) 공단은 공동기금 지원사업의 효율적 수행을 위하여 다음 각 호의 업무를
수행한다.
 1. 공동기금을 도입하는 데 필요한 컨설팅 수행
 2. 사업대상 발굴 및 제도 홍보
 3. 근로복지기금 지원 심사위원회 운영
 4. 신청서 접수 및 검토·확인, 처리결과 통지 등 지원 절차 진행
 5. 지원금 지급 및 지급취소 결정 등 예산 집행
 6. 부정수급 조사 및 지원금 반환·회수
 7. 그 밖에 이 고시의 시행에 필요한 업무

제6조(근로복지기금 지원 심사위원회) ① 공단은 공동기금 지원사업의 원활한 수행을 위하여
근로복지기금 지원 심사위원회(이하 "위원회"라 한다)를 구성·운영할 수 있다.
② 위원회는 다음 각 호의 사항을 심의·의결 한다.
 1. 지원요건 및 대상, 범위 등 지원여부 결정에 관한 사항
 2. 공동기금법인의 사업계획, 지원금액 등 지원수준 결정에 관한 사항
 3. 그 밖에 공동기금 지원사업의 운영과 관련하여 위원장 또는 재적위원 과반수가 심의를
    요청한 사항
③ 위원회는 위원장을 포함하여 5인 이상 7인 이내로 구성하며, 위원장은 공단의 해당 업무
1급 상당 직원으로 한다.
④ 이 고시에서 정한 사항 외에 위원회의 구성 및 운영방법 등 필요한 사항은 공단 이사장
이 정한다.

제7조(지원요건) ① 공단은 영 제55조의3제1항 각 호에서 정한 공동기금법인의 사업주가 법
제62조제1항에 따른 사업을 시행하기 위하여 기금을 조성할 경우 공동기금법인에 대하여 필
요한 비용을 지원할 수 있다.
② 공단은 영 제55조의3제1항 각 호에서 정한 공동기금법인이 다음 각 호와 같이 출연을 받
는 경우에 필요한 비용을 지원할 수 있다.
 1. 영 제55조의3제1항제1호의 경우: 「대·중소기업 상생협력 촉진에 관한 법률」에 따른 대기
    업이 상생형중견기업에 해당하는 경우로서 지방자치단체로부터 출연받는 경우
 2. 영 제55조의3제1항제2호의 경우: 대기업이나 도급인, 지방자치단체로부터 출연받는 경우
 3. 영 제55조의3제1항제3호의 경우: 지방자치단체로부터 출연받는 경우

③ 제1항 및 제2항에도 불구하고 공동기금법인이 다음 각 호의 어느 하나에 해당하는 경우에는 지원하지 아니한다.
 1. 사업의 일부가 분할된 후 분할된 각 사업주가 포함되어 공동으로 설립한 경우
 2. 공동기금에 참여한 사업주 중 둘 이상의 사업주 간에 「법인세법」 제2조제12호 및 같은 법 시행령 제2조제5항에 따른 특수관계인의 관계가 성립하는 경우
④ 동일한 도급인이 정당한 이유 없이 소수의 수급인이 참여하는 다수의 공동기금을 지원하는 경우에는 위원회의 심의·의결을 거쳐 영 제55조의3제3항에 따른 지원을 제한할 수 있다. 이 경우 업종이나 지역을 달리하거나 공동기금 설립 간에 상당한 시차가 있는 경우, 그 밖의 불가피한 사정이 있는 경우에는 정당한 이유가 있는 것으로 본다.

제8조(지원수준) ① 공단은 공동기금 참여 사업주가 출연한 금액의 100분의 100 범위에서 지원하되, 매년 예산사정 등을 고려하여 지원금액을 결정할 수 있다.
② 제1항에 따른 지원금은 공동기금법인 당 공동기금에 참여한 사업장 수 또는 수혜를 받는 중소기업 및 상생형중견기업(이하 "중소기업등"이라 한다) 근로자 수에 따라 다음 표의 구분에 따른 금액을 한도로 한다.

구분	참여 사업장 수 또는 수혜를 받는 중소기업등 근로자 수			
	5개소 미만 또는 100인 미만	5개소 이상 10개소 미만 또는 100인 이상 500인 미만	10개소 이상 30개소 미만 또는 500인 이상 1,000인 미만	30개소 이상 또는 1,000인 이상
지원한도	2억원	5억원	10억원	20억원

③ 제2항에도 불구하고 지역단위 또는 산업단위 공동기금에 참여한 사업장 수가 50개소 이상이고, 수혜를 받는 중소기업등 근로자 수가 1,500인 이상일 경우에는 30억원을 한도로 지원할 수 있다. 이 경우 지역단위 또는 산업단위의 범위 및 요건 등에 대해서는 공단 이사장이 별도로 정한다.
④ 공단은 영 제55조의3제1항제2호에서 정한 공동기금법인이 대기업 또는 도급인으로부터 출연받은 금액의 100분의 100 범위에서 지원하되, 매년 예산사정 등을 고려하여 지원금액을 결정할 수 있다.
⑤ 제4항에 따른 지원금은 공동기금에 참여한 사업장 수 또는 수혜를 받는 중소기업 근로자 수에 따라 다음 표의 구분에 따른 금액을 한도로 한다.

구분	참여 사업장 수 또는 수혜를 받는 중소기업 근로자 수			
	5개소 미만 또는 100인 미만	5개소 이상 10개소 미만 또는 100인 이상 500인 미만	10개소 이상 30개소 미만 또는 500인 이상 1,000인 미만	30개소 이상 또는 1,000인 이상
지원한도	2억원	3억원	5억원	10억원

⑥ 제5항에도 불구하고 공단은 상생협약을 체결한 대기업 또는 도급인이 상생협약에 따라 영 제55조의3제1항제2호에서 정한 공동기금법인에 출연액을 증액한 경우 제5항에 따른 지원 금액의 100분의 100 범위에서 가산한 금액을 한도로 지원할 수 있다.

⑦ 공단은 영 제55조의3제1항 각 호(제1호의 경우 대기업이 상생형중견기업인 경우만 해당한다)에서 정한 공동기금법인이 지방자치단체로부터 출연받은 금액의 100분의 100 범위에서 지원하되, 매년 예산사정 등을 고려하여 지원금액을 결정할 수 있다.

⑧ 제7항에 따른 지원금은 공동기금에 참여한 사업장 수 또는 수혜를 받는 중소기업등 근로자 수에 따라 다음 표의 구분에 따른 금액을 한도로 한다.

구분	참여 사업장 수 또는 수혜를 받는 중소기업등 근로자 수		
	10개소 미만 또는 500인 미만	10개소 이상 30개소 미만 또는 500인 이상 1,000인 미만	30개소 이상 또는 1,000인 이상
지원한도	2억원	4억원	6억원

제9조(지원기간) ① 제7조제1항에 따른 지원금은 공동기금에 참여한 사업장 수 또는 수혜를 받는 중소기업등 근로자 수에 따라 다음 표의 구분에 따른 기간 내에 누적 지원금이 제8조제2항에 따른 한도에 이를 때까지 지원한다.

구분	참여 사업장 수 또는 수혜를 받는 중소기업등 근로자 수		
	10개소 미만 또는 500인 미만	10개소 이상 30개소 미만 또는 500인 이상 1,000인 미만	30개소 이상 또는 1,000인 이상
지원한도	설립한 날부터 3년	설립한 날부터 4년	설립한 날부터 5년

② 제1항에도 불구하고 지역단위 또는 산업단위 공동기금에 참여한 사업장 수가 50개소 이상이고, 수혜를 받는 중소기업등 근로자 수가 1,500인 이상일 경우 설립한 날부터 7년간 누적 지원금이 제8조제3항에 따른 한도에 이를 때까지 지원할 수 있다. 이 경우 지역단위 또는 산업단위의 범위 및 요건 등에 대해서는 공단 이사장이 별도로 정한다.

③ 제8조제6항에 따른 지원금은 상생협약에 따라 해당 협약의 체결 당사자인 대기업 또는 도급인이 영 제55조의3제1항제2호에서 정한 공동기금법인에의 출연액을 증액한 경우 해당 협약을 체결한 해부터 3년간 지원할 수 있다.

④ 제7조제2항에 따른 지원금은 매년 제8조제5항 및 제8항에 따른 한도에 이를 때까지 지원한다. 다만, 지방자치단체의 출연에 의한 지원은 공동기금법인이 설립한 날부터 3년간 지원한다.

⑤ 제4항 단서에도 불구하고 상생협약에 따라 해당 협약의 체결 당사자인 지방자치단체가 제7조제2항 각 호에 따른 공동기금법인에 출연한 경우 해당 협약을 체결한 해부터 3년간 지원할

수 있다.

제10조(지원절차) ① 제7조제1항에 따라 공동기금 지원을 받으려는 공동기금법인의 대표자는
제9조에 따른 지원기간이 만료되기 전 공단에 별지 제1호서식의 공동기금 지원신청서를 제
출하여야 한다. 다만, 제7조제2항에 따라 지원을 받으려는 경우에는 출연받은 날부터 3년 이
내에 신청서를 제출하여야 한다.
② 공단은 지원신청서를 제출받은 후 위원회가 지원 여부를 심의·의결하도록 하여야 한다.
다만, 신청한 지원금액이 공단 이사장이 정하는 금액 미만일 경우에는 위원회의 심의·의결
을 거치지 아니할 수 있다.
③ 공단은 위원회가 지원 여부를 심의·의결한 경우 그 결과를 지체없이 신청인에게 통지하
여야 한다.
④ 그 밖의 지원절차에 관한 세부적인 사항은 공단 이사장이 정한다.

제10조의2(목적 외 사용방지) ① 공단은 지원금을 받은 공동기금법인이 지원금으로 법 제62
조제1항에 따른 사업을 시행하였는지의 여부를 적절한 방법으로 확인하여야 한다.
② 제1항에 따른 확인의 절차, 방법, 시기 등은 공단 이사장이 별도로 정한다.
③ 공단은 제1항에 따른 확인을 실시하되 필요하다고 인정하는 때에는 관할 지방고용노동관서
의 장에게 기금법인에 대해 운영상황 점검 등을 요청할 수 있다.

제11조(지원의 제한) ① 공동기금법인이 거짓이나 그 밖에 부정한 방법으로 지원금을 받거나
지원금을 목적 외 사용한 경우에 다음 각 호의 구분에 따른 기간 동안 지원을 제한한다.
　1. 지원금 신청을 하였으나 아직 지원금을 지급받기 전에 거짓이나 부정한 방법으로 지원 신
　　청한 것이 발견된 경우: 지원 신청일로부터 3년
　2. 지원금을 이미 지급받은 이후 거짓이나 부정한 방법으로 지원 신청한 것이 발견된 경우:
　　해당 지원금에 대한 반환결정일로부터 3년
　3. 지원금의 목적 외 사용으로 지원금 반환이 결정된 경우: 지원금에 대한 반환결정일로부터 3년
② 공동기금법인, 공동기금법인의 이사 및 공동기금제도를 운영하는 사업의 사용자가 법 제
97조 또는 제98조에 따라 형벌을 받은 경우 형이 확정된 날로부터 3년간 지원을 제한한다.
③ 공동기금법인이 법 제99조에 따라 과태료를 부과받은 경우 과태료 부과일로부터 1년간
지원을 제한한다.
④ 공단은 제1항부터 제3항까지에 따른 지원 제한 기간 이후 조성된 기금부터 지원할 수 있다.

제12조(지원의 보류) ① 공동기금법인이 다음 각 호의 어느 하나에 해당하는 경우 위원회는
심의·의결을 거쳐 지원여부의 결정을 보류할 수 있다.
　1. 공동기금법인이나 공동기금법인의 대표자 또는 이사를 피신고인으로 하여 「근로감독관
　　집무규정」에 따른 신고사건이 접수되고, 해당 신고사건을 처리하는 지방고용노동관서의
　　장이 지원결정의 보류 의견을 제시한 경우
　2. 공동기금법인이 법 제93조에 따른 시정명령 또는 「근로감독관 집무규정」에 따른 시정지
　　시를 받은 경우

② 공단은 제1항에 따라 지원결정을 보류한 경우 차기 위원회의 심의·의결을 거쳐 지원여부를 결정하여야 한다.

제13조(지원금의 관리) 지원금의 신청, 관리·정산, 거짓이나 부정한 방법으로 신청한 지원금에 대한 처리, 지원금 환수 등에 관한 사항 중 이 고시에서 정하지 아니한 사항은 「보조금 관리에 관한 법률」에 따른다.

제3장 보 칙

제14조(업무수행기준) 이 고시에서 정한 사항을 제외하고 공동기금법인의 지원신청, 지원금 지급·회수 반환 등에 관한 절차 등 지원사업 운영에 필요한 세부적인 사항 등은 공단 이사장이 별도로 정하여 시행한다.

제15조(재검토기한) 고용노동부장관은 이 고시에 대하여 2023년 7월 1일 기준으로 매 3년이 되는 시점(매 3년째의 6월 30일까지를 말한다)마다 그 타당성을 검토하여 개선 등의 조치를 하여야 한다.

부 칙

제1조(시행일) 이 고시는 발령한 날부터 시행한다. 다만 제8조제6항, 제9조제3항 및 제5항의 개정 규정은 2023년 1월 1일부터 시행한다.

제2조(경과조치) 제11조제1항제3호는 이 고시 시행 이후 목적 외 사용이 발생한 경우부터 적용한다.

공동근로복지기금 지원신청서

※ 해당되는 사항 □에 √ 표를 합니다.

(앞 쪽)

접수번호		접수일		처리기간	

신청인	기금법인명			대표자	
	소 재 지			전 화	
	인가번호		법인등록번호		
	참여 사업장수		수혜 중소기업 근로자 수		

공동기금 법인 참여 사업장	사업장(1)	사업장명(대표자)		사업자등록번호	
		소재지(전화)			
		상시근로자수		업종(주생산품)	
	사업장(2)	사업장명(대표자)		사업자등록번호	
		소재지(전화)			
		상시근로자수		업종(주생산품)	

※ 기금법인 참여사가 2개소를 초과할 경우에는 별도 용지에 작성하여 첨부합니다.

대기업 또는 도급업체 현황	사업장명		대표자	
	소 재 지		전 화	
	상시근로자수		업종(주생산품)	

지원요건	기금출연	□ 둘 이상의 기업이 공동근로복지기금 조성 □ 대기업이 중소기업 공동근로복지기금에 출연 □ 도급업체가 중소기업 공동근로복지기금에 출연 □ 지방자치단체가 중소기업 공동근로복지기금에 출연

출연(예정) 금액		원	지원신청 금액		원

※ 공동근로복지기금 지원사업 운영규정에 따른 지원을 받은 사실이 있습니까?　　□예　□아니오

공동근로복지기금 지원사업 운영규정 제10조에 따라 위와 같이 지원 신청합니다.

년　　　월　　　일

신청인　　　　　　　　　　　　　　　　　　(서명 또는 인)

근로복지공단 이사장 귀하

구 비 서 류	신청인 제출서류	담당자 확인사항 (행정정보 공동이용에 동의하지 않는 경우 해당서류 제출)
	1. 중소기업확인서 각 1부(참여 사업장이 중소기업인 경우) 2. 공동기금법인의 정관 1부 3. 공동기금법인의 해당 연도 사업계획서 1부 4. 공동기금출연확인서 또는 재산목록 1부 5. 서약서 1부	1. 법인등기부등본, 사업자등록증 사본 각 1부.

※ 신청인은 본 신청서의 처리와 관련하여 필요한 사항을 「전자정부법」 제36조에 따른 행정정보의 공동이용을 통하여 담당자가
　 위의 '담당자 확인사항'을 확인하는 것에 [□ 동의, □ 부동의] 합니다.

210mm×297mm[(백상지(80g/㎡) 또는 중질지(80g/㎡)]

이 신청서는 아래와 같이 처리됩니다.

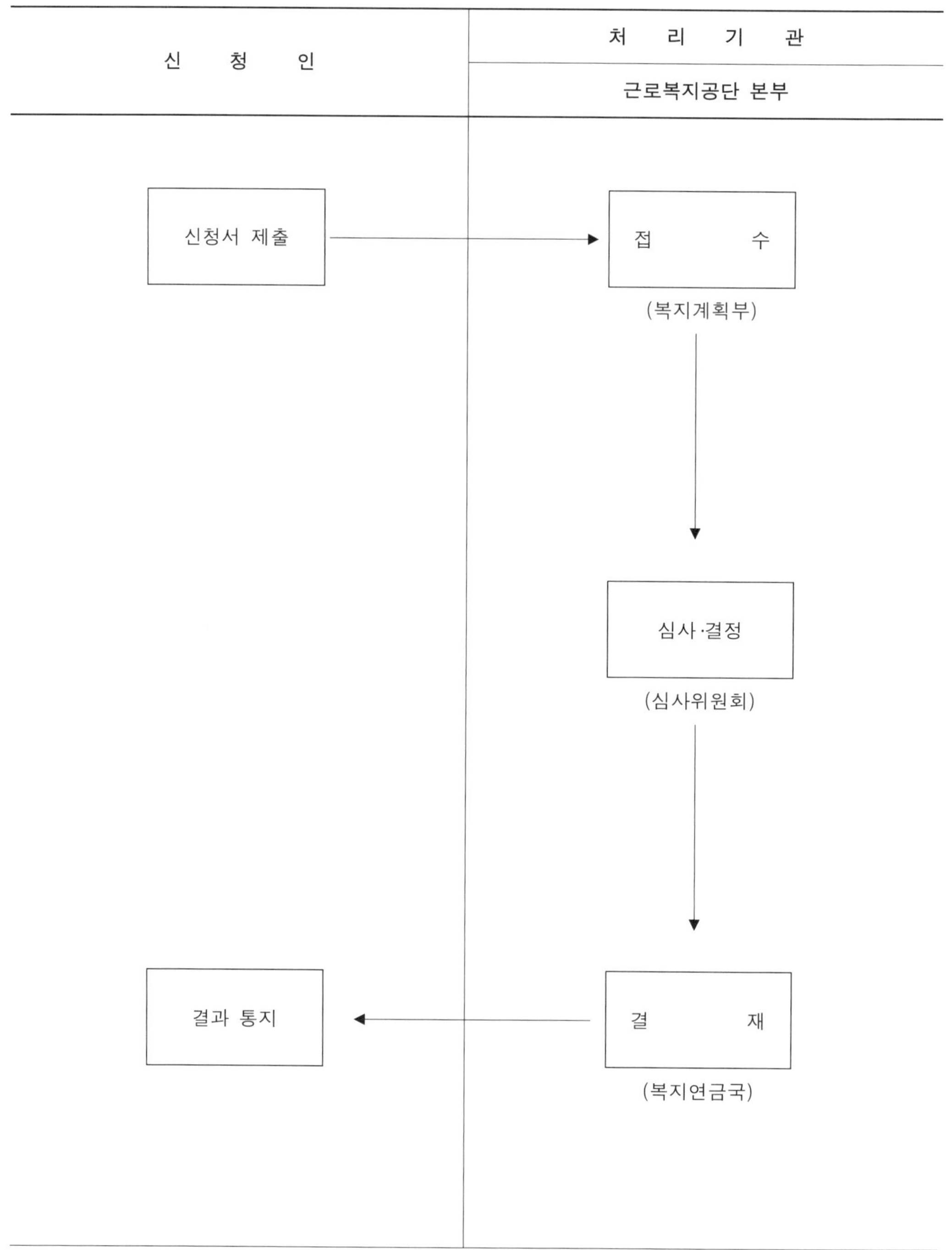

※ 공지사항: 본 신청서 처리결과에 대한 만족도 조사 및 관련 제도 개선을 위해 신청자에게 연락할 수 있습니다.

사내·공동근로복지기금 운용 가이드라인

제정 퇴직연금복지과-1062 (2021. 3. 4.)

제1장 목 적

☐ 사내·공동근로복지기금(이하 "기금")은 그 운용을 통한 수익금으로 근로자의 재산
형성 지원과 생활원조 등을 위한 사업을 시행함이 원칙임

☐ 기금의 운용에 대해서는 운용 방법에 대한 제한만 두고 있고 투자의사결정이나
내부통제에 대한 기준은 미흡한 실정임

○ 기금은 예금 등 예금성 상품뿐만 아니라 수익증권·채권 등 투자성 상품으로도
운용이 가능하여 위험자산에 대한 투자로 손실이 발생할 경우, 복지사업의
중단·축소로 이어져 안정적인 기업복지제도 운영에 지장을 초래할 수 있음

☐ 기금의 각각의 운용 방법에 대해 투자의사결정 절차나 내부통제에 대한 기준을
제시하여 기금의 투명하고 안정적인 운영으로 근로자의 복지증진을 도모하고자 함

제2장 기금 운용의 기본원칙

☐ 기금은 사내·공동근로복지기금법인(이하 "기금법인")의 사업을 지속적으로 시행할 수
있도록 안전성이 높은 방식으로 운용하여야 하며, 생활원조 등 긴급한 자금 지원을
위해 신속히 현금화가 가능하도록 유동성이 높은 자산에 운영되어야 함을 원칙으로 함

☐ 기금은 다음의 방법으로만 운용이 가능하며, 그 외의 방법으로는 운용할 수 없음

○ 금융회사 등에의 예입 및 금전신탁

 * 국내법에 따라 인가를 받아 금융업을 영위하는 외국 금융회사 포함

○ 투자신탁 등의 수익증권 매입

○ 국가, 자방자치단체 또는 금융회사 등이 직접 발행하거나 채무이행을 보증하는
유가증권의 매입

* 국가마다 신인도에 달라 지불보증을 완전히 담보할 할 수 없다는 점에 비추어 '국가'나 '지방자치단체'는 '우리나라'와 '우리나라의 지방자치단체'를 의미

○ 기금이 그 회사의 주식을 출연받아 보유하게 된 경우로서 기본재산의 100분의 20 범위에서 복지기금협의회가 정하는 금액의 한도 내에서 그 보유주식 수에 따라 그 회사의 유상증자에 참여

○ 「자본시장과 금융투자업에 관한 법률」에 따른 투자회사가 발행하는 주식의 매입

○ 「부동산투자회사법」에 따른 부동산투자회사가 발행하는 주식의 매입

제3장 기금의 운용 방법에 따른 의사결정 절차 및 내부통제

□ **(기본방향)** 운용 상품의 위험도에 따라 투자의사결정 절차를 차등화하고 일정 규모 이상을 투자할 경우 외부전문가의 자문을 거치도록 함

□ **(운용 상품별 의사결정 절차)** 운영 방법에 따른 운용 상품을 다음과 같이 세분화 하고 각각의 운용 상품에 대해 다음의 절차를 거쳐야 함

○ **(예금)** 기금법인 이사회(또는 이사)의 결의로 운용 가능

○ **(금전신탁)** 복지기금협의회의 의결을 거쳐 운용 가능

○ **(수익증권)** 복지기금협의회의 의결을 거쳐 운용이 가능하되, 기금 규모의 20% 이상 또는 10억 원 이상 투자 시에는 복지기금협의회의 의결에 앞서 외부전문가의 자문을 받아 이를 심의 시 활용하여야 함

* "외부전문가"라 함은 「자본시장과 금융투자업에 관한 법률」 제8조제5항에 따른 투자자문 업자 또는 투자자문업자에 속한 자(해당 분야의 경력이 3년 이상인 자에 한함)를 말함

○ **(국채·지방채)** 국가 또는 지방자치단체가 직접 발행하거나 채무이행을 보증하는 채권은 기금법인 이사회(또는 이사)의 결의로 운용 가능

○ **(그 외의 채권)** 신용등급이 상대적으로 높은 A+ 이상인 채권은 기금법인 이사회 (또는 이사)의 결의로 운용 가능하고, 신용등급이 상대적으로 낮은 A 이하인 채권은 복지기금협의회의 의결을 거쳐 운용 가능

* "신용등급"이라 함은 「자본시장과 금융투자업에 관한 법률」 제9조제17항제3호의2에 따른 신용평가회사가 같은 조 제26항에 따라 부여한 신용등급 중 가장 낮은 등급을 말함

○ (투자회사 또는 부동산투자회사 발행 주식) 복지기금협의회의 의결을 거쳐 운용이 가능하되, 기금 규모*의 20% 이상 또는 10억 원 이상 투자 시에는 복지기금협의회의 의결에 앞서 외부전문가의 자문을 받아 이를 심의 시 활용하여야 함

    * 자산총액을 기준으로 함

[표] 운용 상품별 의사결정구조

구 분	운용 방법	운용 상품		의사결정기구	외부전문가 자문
예금성 상품	① 금융회사 등에의 예입 및 금전신탁	예 금		기금법인 이사회	
		금전신탁		복지기금협의회	
투자성 상품	② 투자신탁 등의 수익증권 매입	수익증권		복지기금협의회	투자 규모가 기금의 20% 이상이거나 10억원 이상인 경우 외부전문가 자문 필요
	③ 국가, 지방자치단체 또는 금융회사 등이 직접 발행하거나 채무이행을 보증하는 유가증권의 매입	국채, 지방채		기금법인 이사회	
		금융채 등 사채	채권신용 등급 A⁺ 이상	기금법인 이사회	
			채권신용 등급 A 이하	복지기금협의회	
	④ 「자본시장과 금융투자업에 관한 법률」에 따른 투자회사가 발행하는 주식의 매입			복지기금협의회	투자 규모가 기금의 20% 이상이거나 10억원 이상인 경우 외부전문가 자문 필요
	⑤ 「부동산투자회사법」에 따른 부동산투자회사가 발행하는 주식의 매입			복지기금협의회	투자 규모가 기금의 20% 이상이거나 10억원 이상인 경우 외부전문가 자문 필요

 수익증권의 종류

기 준	종 류		내 용
투자지역에 따른 구분	국내		국내자산에 투자하는 펀드
	해외		해외자산에 투자하는 펀드
투자자수에 따른 구분	공모		불특정 다수(50인 이상)를 대상으로 투자자를 모집하여 운용하는 펀드
	사모		50인 미만의 투자자 등을 대상으로 투자자를 모집하여 운용하는 펀드
투자대상에 따른 구분	주식형		자산의 60% 이상을 주식에 투자하는 펀드
	채권형		주식에 투자하지 않고 자산의 60% 이상을 채권에 투자하는 펀드
	혼합형	주식	자산의 50% 이상 60% 미만을 주식에 투자하는 펀드
		채권	자산의 50% 미만을 주식에 투자하는 펀드
	부동산		부동산에 투자하는 펀드, 대부분 환매가 제한되는 장기투자용도
	특별자산		원자재, 지적재산권 등 증권, 부동산 이외의 자산에 투자하는 펀드
	혼합자산		증권, 부동산, 특별자산 등 투자대상을 제한없이 투자하는 펀드
	MMF		기업어음(CP), 양도성예금증서(CD), 콜(call) 등 단기금융상품에 투자하는 펀드

사내근로복지기금법인을 통한 우리사주 주식구입 지원 지침

제정　　　복지 68233-9　(2002. 3. 4.)
개정　　　임금복지과-3049　(2009. 11. 30.)
개정　　　임금복지과-6　(2011. 1. 3.)

Ⅰ. 개 요

○ 신 우리사주제도의 목적 및 취지에 맞게 사내근로복지기금법인이 우리사주 구입자금 지원사업을 원활히 추진할 수 있도록 관련 기준을 정함

○ 「근로복지기본법」 제62조 및 같은 법 시행령 제46조에 따라 근로자의 재산형성, 협력적 노사관계 조성 등 근로복지 증진과 기업발전을 도모하기 위해

  - 사내근로복지기금법인을 통해 우리사주 주식구입 지원·대부 가능

○ 또한 「근로복지기본법」 제36조 및 같은 법 시행령 제21조에 따라 사내근로복지기금의 출연 및 차입을 통한 우리사주조합기금 조성 가능

Ⅱ. 우리사주 주식구입 지원 기준

1. 일반기준

○ 우리사주조합을 통한 근로자의 우리사주 구입비 지원 및 대부 가능

  - 우리사주조합과 관계없이 근로자로 하여금 자사주식을 매입하도록 지원하는 것은 불가능

  ※ 사업에 우리사주조합이 설치된 경우에만 사내근로복지기금법인을 통한 우리사주 관련 지원 가능

○ 우리사주조합 운영비 지원 등은 불가

2. 우리사주 주식구입자금 지원

○ 「근로복지기본법」 제62조제1항제1호에 따른 기금수익금 및 해당연도 출연금의 50%(선택적 복지제도를 운영하는 경우에는 80%)를 통한 우리사주 주식구입자금 지원의 경우에는

- 우리사주조합기금에 출연하는 방식으로 이루어져야 하며 우리사주조합원 개인에 대한 직접 지원은 불가

○ 사내근로복지기금 출연금을 통한 우리사주 구입의 경우 취득 즉시 조합원 계정에 배정하고

- 4년 이상 8년 이내의 기간에서 출연자와 협의하여 정한 기간 동안 수탁기관인 한국증권금융에 예탁하여야 함(「근로복지기본법」 제43조 및 같은 법 시행령 제19조제1항제1호, 제23조제1항제1호)

3. 우리사주 주식구입자금 대부

사내근로복지기금 수익금 및 해당연도 출연금의 50%(선택적 복지제도를 운영하는 경우에는 80%) 또는 기본재산을 우리사주조합 및 우리사주조합원에 대부 가능

가. 우리사주조합에 대부

○ 우리사주조합이 사내근로복지기금법인으로부터 차입한 금액으로 매입한 우리사주는 차입금 상환액의 한도내에서 조합원계정에 배정(「근로복지기본법」 제37조, 같은 법 시행령 제19조제1항제2호)

※ 사내근로복지기금법인이 우리사주조합에 우리사주 구입자금을 대부하는 경우에는 반드시 사업주의 보증 등 대부금에 대한 채권보전조치를 하여야 함

나. 우리사주조합원에 대부

○ 우리사주조합원이 사내근로복지기금법인으로부터 차입한 금액을 출자하여 매입한 우리사주는 매입 즉시 조합원계정에 배정(「근로복지기본법」 제37조, 같은 법 시행령 제19조제1항제1호)

사내근로복지기금법인의 명칭 등 관리요령

제정　노사협력복지팀-1544 (2006. 5. 23.)
개정　　　　임금복지과-6 (2011. 1. 3.)

1. 목 적

○ 「근로복지기본법」에 따라 설립된 사내근로복지기금법인의 명칭 및 법인등록번호
　 형태를 통일함으로써 관련법령 근거에 맞는 사내근로복지기금 운용의 일관성 및
　 통일성 유지 도모

2. 근거법령

○ 「근로복지기본법」　제52조(법인격 및 설립)

○ 「법인 및 재외국민의 부동산등기용등록번호 부여에 관한 규칙(대법원규칙 제2250호)」
　 제2조(법인에 대한 등록번호의 구성)

○ 「상업등기법」　제115조(등기의 직권경정)

3. 사내근로복지기금법인의 명칭 관리

○ 사내근로복지기금법인은 「근로복지기본법」　제52조(법인격 및 설립)에 따라 해당
　 사업과 별도의 기금법인을 설립하고

－ 기금법인명칭은 당해 사업의 법인분류(주식회사, 재단법인 등)와 관계없이 "OO
　 사내근로복지기금"으로 정하였는지 여부를 심사 후 인가

－ 현재 기금법인명칭이 재단법인, 주식회사 등을 사용하고 있는 경우에는 「근로복
　 지기본법 시행령」　제35조, 제38조에 따라 '기금법인 정관변경인가신청' 절차에
　 따라 변경한 후 3주이내 변경 등기함.

근로복지기본법

제52조【법인격 및 설립】 ① 사내근로복지기금은 법인으로 한다.

② 사내근로복지기금법인(이하 "기금법인"이라 한다)을 설립하려는 경우에는 해당 사업 또는 사업장 이하 "사업"이라 한다)의 사업주가 기금법인설립준비위원회(이하 "준비위원회"라 한다)를 구성하여 설립에 관한 사무와 설립 당시의 이사 및 감사의 선임에 관한 사무를 담당하게 하여야 한다.

사내근로복지기금 모의정관

제2조(명칭) 이 기금은 "○○○○ **사내근로복지기금**"이라 칭한다.

※ 2003년 "사내근로복지기금제도 안내" 책자에는 "OO주식회사 사내근로복지기금"으로 예시되어 있으나, 사내근로복지기금은 주식회사뿐만 아니라 기타 법인, 공기업 등에서도 설립이 가능하고 기능명칭에 '주식회사'가 들어갈 경우 영리를 추구하는 사단법인으로 오해하는 경우도 많아 명칭부여방식에서 '주식회사'를 삭제함

4. 사내근로복지기금법인의 등록번호 관리

○ 사내근로복지기금법인은 「근로복지기본법」 제52조(법인격 및 설립)에 따라 해당 사업과 별도로 설립된 법인이므로

- 「법인 및 재외국민의 부동산등기용등록번호 부여에 관한 규칙(대법원규칙)」 제2조에 따른 법인종류(붙임1) 중 기타 특수법인(법인등록번호 000071-000000)으로 등록이 적법함

법인 및 재외국민의 부동산등기용등록번호 부여에 관한 규칙(대법원규칙)

제2조 (법인에 대한 등록번호의 구성) ① 법인에 대한 등록번호는 등기관서별 분류번호 4자리수, 법인종류별 분류번호 2자리수, 일련번호 6자리수 및 오류검색번호 1자리수를 차례로 연결하여 별표 1과 같이 구성한다.

② 등기관서별 분류번호는 별표 2와 같다.

③ 법인종류별 분류번호는 별표 3과 같다.

④ 일련번호는 법인의 등기기록에 기록하는 등기번호에 의하되 그 등기번호가 6자리 수가 아닌 경우에는 6자리수가 될 때까지 앞에 0을 붙인다.

⑤ 오류검색번호는 별표 4의 산출방식에 의하여 산출한다.

○ 그러나, 일부 사내근로복지기금법인은 「근로복지기본법」 제52조(법인격 및 설립)에 따라 법인설립 후 법원등기과정에서 착오로

- 「법인 및 재외국민의 부동산등기용등록번호 부여에 관한 규칙(대법원규칙)」 제2조에 따른 법인종류 중 상법법인, 민법법인, 특수법인 등(법인등록번호 000021-000000 등)으로 등록하는 사례 발생

– 이와 같은 사례로 등록한 경우는 「상업등기법」 제115조에 따른 등기의 직권경
정이나 경정신청 절차에 따라 변경조치

상법등기법

제115조 (등기의 직권경정) ① 등기관은 등기를 한 후 그 등기에 착오가 있거나 빠진 것이 있음을 발견한 때에는 지체 없이 등기를 한 사람에게 그 뜻을 통지하여야 한다. 다만, 그 착오나 빠진 것이 등기관의 잘못으로 인한 것인 때에는 그러하지 아니하다.

② 제1항 단서의 경우에는 등기관은 지체 없이 등기의 경정을 한 후 그 취지를 지방법원장에게 보고하고 등기를 한 사람에게 통지하여야 한다.

가. 법인등록번호가 "000021-0000000"인 경우
- 법인등록 상으로는 민법에 의해 설립된 사단법인을 의미함
- 해당기금 : 재단법인녹○○사내근로복지기금(수원 용인등기소) 등
- 해결방법 : 기금설립인가증을 확인하여 인가근거가「근로복지기본법」인 경우
  에는 해당 등기소에「상업등기법」 제115조에 따라 등기관에게
  직권경정을 요청(이하 사례 같이 적용)
- 직권경정사항 : 기금 명칭, 법인등록번호(이하 사례 같이 적용)

나. 법인등록번호가 "000022-0000000"인 경우
- 법인등록 상으로는 민법에 따라 설립된 재단법인을 의미함
- 해당기금 : 재단법인대구000스사내근로복지기금(대구 중부등기소)
  재단법인동양000사내근로복지기금(서울 영등포등기소) 등

다. 법인등록번호가 "000031-0000000"인 경우
- 법인등록 상으로는 사립학교법에 따라 설립된 학교법인을 의미함
- 해당기금 : 재단법인00공제회사내근로복지기금(서울 영등포등기소)

라. 법인등록번호가 "000032-0000000"인 경우
- 법인등록 상으로는 사회복지사업법에 따라 설립된 사회복지법인을 의미함
- 해당기금 : 재단법인00리스사내근로복지기금(부산 남부산등기소)
  재단법인000주식회사사내근로복지기금(부산 남부산등기소) 등

마. 법인등록번호가 "000071-0000000"가 아닌 모든 경우
- 법인등록 상으로는 사내근로복지기금법인에 해당하는 기타 특수법인이 아닌
  다른 법인종류로 구분된 것을 의미함
- 자동차운수사업법에 따라 "000049-0000000"로 등록된 법인 등

5. 사후 조치사항

○ 정관변경 또는 직권경정 등으로 법인명칭 또는 법인등록번호를 변경한 사내근로
　복지기금법인은

　– 변경등기 완료 후 관할세무서 사업자등록을 변경신청(법인명 변경)하여 법인명칭
　　등을 동일하게 유지할 필요가 있음

법인 및 재외국민의 부동산등기용등록번호부여에 관한 규칙 제2조제3항의 별표3

<법인종류별 분류번호>

법인종류	법률근거	법 인 분 류	분류번호
상법법인	상 법	주식회사	11
		합명회사	12
		합자회사	13
		유한회사	14
민법법인	민 법	사단법인	21
		재단법인	22
특수법인	사립학교법	학교법인	31
	사회복지사업법	사회복지법인	32
	의료법	의료법인	33
	공인회계사법	회계법인	34
	한국은행법등	특별법에 의한 은행	35
	농업협동조합법	단위농업협동조합	36
		특수농업협동조합(양잠협동조합)	
		농업협동조합중앙회	
	축산업협동조합법	지역별축산업협동조합	37
		업종별축산업협동조합	
		축산업협동조합중앙회	
	수산업협동조합법	지역별수산업협동조합	38
		업종별수산업협동조합	
		수산물제조업협동조합	
		수산업협동조합중앙회	
		어업협동조합	
		어촌계	
	산림조합법	산림조합중앙회	39
		산림조합	
		산림계	
	중소기업협동조합법	지역별중소기업협동조합	40

법인종류	법률근거	법 인 분 류	분류번호
		업종별중소기업협동조합	
		중소기업협동조합	
		중소기업협동조합연합회(업종별)	
		중소기업협동조합중앙회	
	신용협동조합법	신용협동조합	41
		신용협동조합연합회	
	농촌근대화촉진법	농지개량조합	42
		농지개량조합연합회	
		농업진흥공사	
	노동조합법	노동조합	43
	새마을금고법	새마을금고(마을금고)	44
		새마을금고연합회	
	의료보험조합법	의료보험조합(직장별, 지역별, 직종별)	45
	변호사법	법무법인	46
	상공회의소법	상공회의소	47
		대한상공회의소	
	상호신용금고법	상호신용금고	48
		상호신용금고연합회	
		상호신용보증기금	
	자동차운수사업법	자동차운송사업조합	49
		자동차운송사업연합회	
	공업협동조합법	단위공업협동조합	50
		특수공업협동조합	
		공업협동조합중앙회	
기 타		(기타 분류할 수 없는 법인)	71
외국법인		주식회사	81
		합명회사	82
		합자회사	83
		유한회사	84
		기타	85

사내근로복지기금법인 잔여재산의 근로복지진흥기금에의 귀속절차

제정　　복지 68233-158　(2001. 7. 9.)
개정　　임금복지과-3055　(2009. 11. 30.)
개정　　　임금복지과-6　(2011. 1. 3.)

1. 법령 근거 및 내용

○ 「근로복지기본법」 제71조(해산한 기금법인의 재산처리)

- 사업의 폐지로 해산한 기금법인의 재산은 사업주가 해당 사업을 경영함에 있어 근로자에게 미지급한 임금, 퇴직금 기타 근로자에게 지급할 의무가 있는 금품을 지급하는데 우선 사용

- 미지급 금품 지급 후 잔여재산이 있는 경우에는 그 50/100을 초과하지 아니하는 범위에서 정관이 정하는 바에 따라 소속 근로자의 생활안정자금으로 지급할 수 있음

- 나머지 잔여재산은 정관으로 지정한 자에게 귀속하되, 정관으로 지정된 자가 없는 경우에는 「근로복지기본법」에 따른 근로복지진흥기금에 귀속함

○ 「근로복지기본법 시행령」 제54조(잔여재산의 귀속)

- 기금법인의 잔여재산이 근로복지진흥기금에 귀속하는 경우 해당 기금의 청산인은 청산종결 후 3주 이내에 고용노동부장관에게 잔여재산의 목록을 제출하고, 지체 없이 그 잔여재산을 인도하여야 함

○ 「근로복지기본법 시행령」 제65조제1항제11호(권한의 위임)

- 시행령 제54조에 따라 제출되는 잔여재산 목록의 접수는 지방고용노동관서의 장에게 위임함

2. 잔여재산의 귀속 절차

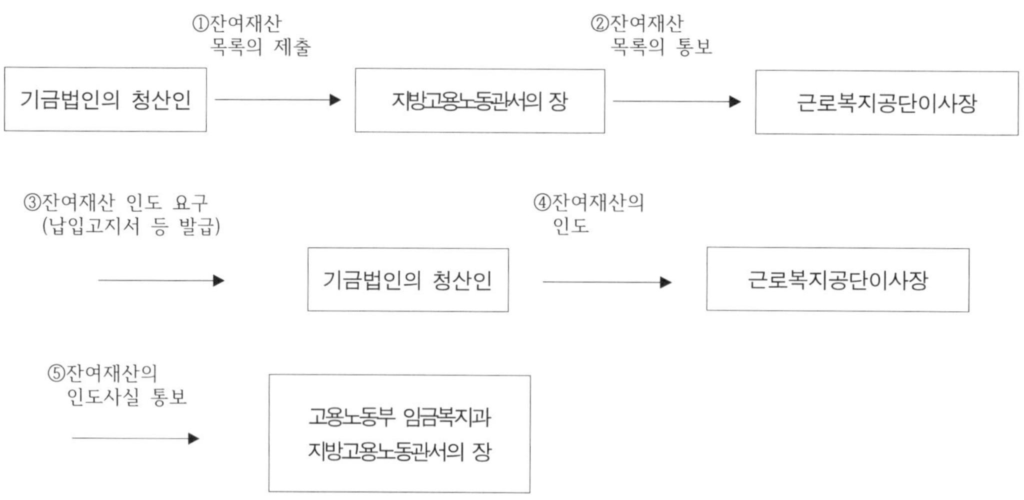

① 기금법인의 청산인은 청산종결 후 3주이내에 기금의 관할 지방고용노동관서의 장
   에게 근로복지진흥기금에 귀속할 잔여재산의 목록을 제출

② 지방고용노동관서의 장은 즉시 근로복지진흥기금의 관리·운영주체인 근로복지공
   단에 잔여재산의 목록을 통보하여 인도받도록 함

③ 근로복지공단은 지체 없이 기금법인의 청산인에게 납입고지서를 발급하는 등 잔여
   재산을 근로복지진흥기금에 인도할 것을 요구

   － 근로복지공단은 관련 규정을 제·개정하여 사내근로복지기금법인 잔여재산의
     근로복지진흥기금에의 귀속에 필요한 사항을 규정

④ 기금법인의 청산인은 납입기한내에 잔여재산을 근로복지진흥기금에 인도

   ※ 근로복지공단은 기금법인의 청산인이 납입기한내에 잔여재산을 인도하지 않을 경우 그
     사실을 지방고용노동관서의 장에게 통보

⑤ 기금법인의 청산인이 잔여재산을 인도하였을 경우 근로복지공단은 고용노동부 임
   금복지과, 해당 지방고용노동관서에 그 인도사실을 통보

이 정관은 실무에 도움을 드리기 위해 고용노동부에서 참고용으로 만든 것입니다.
실제 정관의 작성은 전문가의 도움을 받아 관련 법령을 준수하여 작성하시기 바랍니다.

○○사내근로복지기금 정관

20○○년 ○○월 ○○일 인가

제1장 총칙

제1조 (목적) 이 정관은 근로복지기본법령의 규정에 따라 사내근로복지기금을 효율적으로 관 리·운영함으로써 ○○주식회사에 근로하는 근로자의 삶의 질을 향상시키고 복지증진에 이바지함을 목적으로 한다.

제2조 (명칭) 이 기금은 "○○사내근로복지기금"(이하 "기금"이라 한다)이라 칭한다.

제3조 (사무소의 소재지) ○○사내근로복지기금법인(이하 "기금법인"이라 한다)의 주된 사무소는 ○○시 ○○구 ○○로 ○○번지에 두고, 필요시 분사무소를 둘 수 있다.

제4조 (수혜대상) ① 사내기금의 수혜대상은 ○○주식회사(이하 "회사"라 한다)의 근로자와 그의 배우자 및 직계가족으로 하되, 그 수혜대상은 별도로 정할 수 있다. ② 사내기금의 수혜대상은 복지기금협의회가 의결하는 바에 따라 직접 도급하는 업체 근로자 및 회사에 파견된 파견업체 근로자를 포함할 수 있다.

제5조 (사업) ① 기금법인은 제1조의 목적을 달성하기 위하여 수익금으로 다음 각 호의 사업을 행하되, 기금법인의 사업은 근로자 전체에게 혜택을 줄 수 있도록 하고, 저소득 근로자가 우대될 수 있도록 하여야 한다.
1. 근로자 주택 구입자금의 보조. 이 경우 무주택 근로자로서 국민주택규모 이하를 취득하려는 근로자에게 우선 지원하여야 한다.
2. 우리사주 구입자금의 지원. 다만, 우리사주 구입자금 지원은 매매차익 이용 등 다른 목적으로 사용되어서는 아니 된다.
3. 장학금·재난구호금의 지급, 그 밖에 근로자의 생활원조
4. 체육·문화 활동의 지원, 근로자의 날 행사 지원

5. 모성보호 및 일과 가정생활의 양립을 위하여 필요한 비용 지원

6. 근로자용 기숙사, 사내구판장, 보육시설(사업주의 법정 의무시설 제외), 휴양 콘도미니엄, 여가·체육 및 문화 활동을 위한 복지회관에 대한 출자·출연 또는 동 시설의 구입·설치 및 운영, 「소득세법 시행규칙」 제15조의2제1항에 따른 사택의 운영

7. '회사'로부터 직접 도급받는 업체의 소속 근로자 및 해당 사업에의 파견근로자의 복리후생 증진

8. 기금법인의 운영을 위한 경비 지출

② 기금법인은 근로자의 생활안정 및 재산형성의 지원을 위하여 필요한 경우에는 기본재산 중에서 다음 각 호의 대부사업을 할 수 있다.

1. 근로자 주택 신축·구입 및 임차자금 대부사업

2. 우리사주 구입자금 대부사업

3. 의료비, 혼례비, 장례비, 자녀학자금 등 근로자의 생활안정자금 대부

③ 기금법인의 사업은 기금의 수입지출 등 규모를 감안하여 사내근로복지기금 협의회(이하 "복지기금 협의회"라 한다)에서 의결하여 시행할 수 있으며, 필요할 경우 사업에 대한 시행세칙을 복지 기금협의회에서 별도로 정할 수 있다.

④ 제1항제8호에 해당하는 제경비는 매년 총 사업비의 ○○분의 1의 범위 내에서 행하여야 한다.

⑤ 근로자가 기금법인으로부터 제2항 각호에 해당하는 대부를 받았을 경우, 기금 법인과 근로자간에 체결된 대부상환계약서에 정해진 조건에 따라 대부를 상환 하여야 한다. 다만 근로자가 불법행위 등 근로자의 귀책사유로 인하여 해고되었을 경우에는 퇴직 후 1개월 이내에 상환하여야 한다.

제6조 (사업비 재원) ① 사내기금법인의 사업비는 제24조의 기금운용 사업으로 정한 기본재산의 과실, 사업수입 및 기타의 수입으로 조달한다.

② 당해 연도 출연금의 50%이내에서 복지기금협의회가 결정하는 금액을 기금 법인의 사업에 사용할 수 있다. 다만, 다음 각 호의 경우 80%까지 사용할 수 있다.

1. 선택적 복지제도를 운영하는 경우

2. 당해 연도 출연금의 10%를 초과하는 금액 이상을 해당 사업으로부터 직접 도급받는 업체 소속 근로자 및 해당 사업에의 파견근로자 복리후생증진에 사용하는 경우08

3. 「중소기업기본법」 제2조제1항 및 제3항에 따른 기업(중소기업)에 설립된 기금법인이 사내근로 복지기금 사업을 시행하는 경우

③ 기금법인의 기본재산 총액이 회사자본금의 100분의 50을 초과하는 경우에는 그 초과액의 범위 내에서 복지기금협의회의 의결에 의하여 제1항의 사업비에 충당할 수 있다.

④ 직전 회계연도 기준 기본재산 총액을 본 기금법인이 설립된 사업 소속 근로자 수로 나눈 금액이 300만원 이상인 경우로서, 당해 연도 출연금의 10%를 초과하는 금액 이상을 '회사'로부터 직접 도급받는 업체 소속 근로자 및 해당 사업에의 파견 근로자 복리후생증진에 사용하는 경우에는 직전 회계연도 기준 기본재산 총액의 100분의 20 범위에서 복지기금협의회가 5년마다 정하는 금액을 사용할 수 있다. 이 경우 '회사'로부터 직접 도급받는 업체의 소속 근로자 및 해당 사업에의 파견 근로자 1명당 수혜금액이 본 기금법인이 설립된 회사 소속 근로자의 1명당 수혜 금액의 100분의 25 이상이 되는 금액으로서 복지기금협의회가 정하는 금액이 되어야 한다.

⑤ 기금법인은 법령에 따라 5년마다 기본재산의 20% 범위 내에서 복지기금 협의회의 의결에 따라 사용할 수 있다.

제2장 기금협의회

제7조 (복지기금협의회의 구성) ① 기금법인의 효율적인 운영을 위하여 근로자와 사용자를 대표하는 같은 수의 위원으로 구성하며, 각 ○명으로 한다.

② 근로자를 대표하는 위원(이하 '근로자위원'이라 한다)은 근로자의 직접, 비밀, 무기명 투표로 선출한다. 다만, 근로자의 과반수로 조직된 노동조합이 있는 경우 노동조합의 대표자와 그 노동 조합이 선출하는 사람이 근로자위원이 되고, 사용자를 대표하는 위원(이하 '사용자위원'이라 한다)은 사업의 대표자와 그 대표자가 위촉 하는 사람이 된다. 다만 「근로자참여 및 협력증진에 관한 법률」에 의한 노사 협의회가 구성되어 있는 경우 그 노사협의회의 위원이 협의회의 위원이 될 수 있다.

제8조 (의장 및 간사) ① 복지기금협의회에 의장을 두며, 의장은 위원 중에서 호선한다.

② 의장은 복지기금협의회를 대표하며, 복지기금협의회의 사무를 총괄한다.

③ 사용자위원 측과 근로자위원 측에서는 회의 기록 등 사무를 담당하는 간사 각 1명을 둔다.

제9조 (임기 및 신분) ① 복지기금협의회 위원의 임기는 3년으로 하며, 연임할 수 있다.

② 복지기금협의회 위원은 퇴사, 휴직, 인사발령, 그 밖의 개인 사정에 의해 사임 또는 해임할 수 있으며, 복지기금협의회 위원에 결원이 생겼을 때에는 30일 이내에 보궐위원을 위촉하거나 선출하여야 하고, 근로자의 과반수로 조직된 노동조합이 없는 경우 근로자위원 중 결원이 생겼을 때에는 직전 선출 시의 입후보자의 득표순에 따른 차점자를 근로자위원으로 할 수 있다.

③ 보궐위원의 임기는 전임자 임기의 남은 기간으로 한다.

④ 위원은 임기가 끝난 경우라도 후임자가 선출될 때까지 계속 그 직무를 담당한다.

⑤ 복지기금협의회 위원의 신분은 비상근·무보수로 하고, 기금법인에 관한 직무수행을 이유로 불이익한 처우를 받지 아니한다.

⑥ 복지기금협의회 위원이 기금법인 업무수행을 하는 시간에 대하여는 근로한 것으로 본다.

제10조 (복지기금협의회의 기능) 사내기금협의회는 다음 각 호의 사항을 협의·결정한다.

  1. 기금 조성을 위한 출연 금액의 결정 및 기금 운용에 관한 사항
  2. 이사 및 감사의 선임과 해임
  3. 사업계획서 및 감사 보고서 등의 승인
  4. 정관의 변경 등 기금법인 운영에 필요한 규정 제정 및 개정에 관한 사항
  5. 회사 내 다른 복지 제도와의 통합 운영 여부 결정
  6. 기금법인의 합병 및 분할·분할합병
  7. 기타 기금운영과 관련 중요한 사항

제11조 (회의의 소집) ① 복지기금협의회는 매년 1회 ○월 중에 정기회의 개최를 원칙으로 하며, 복지 기금협의회 위원 과반수 이상의 소집요구가 있는 경우 등 필요시에는 임시회의를 개최한다.

② 복지기금협의회의 회의는 의장이 소집한다.

③ 의장은 근로자위원 측 또는 사용자위원 측에서 회의에 부치는 사항을 문서로 명시하여 회의의 소집을 요구하였을 때에는 지체 없이 회의를 소집하여야 한다.

④ 의장은 회의 개최 7일전까지 회의일시, 장소, 의제 등을 각 위원에게 통지한다.

제12조 (회의의 성립 및 의결) 복지기금협의회의 회의는 근로자위원과 사용자위원 각 과반수 출석으로 개의하고 출석위원 3분의 2이상의 찬성으로 의결한다.

제13조 (회의록 작성 및 보관) 기금법인은 다음 각 호의 사항을 기록한 회의록을 작성하여 출석위원 전원의 서명 또는 날인을 받아야 하며, 작성일부터 10년간 이를 보관하여야 한다. 이 경우 그 회의록을 전자문서로 작성·보관할 수 있다.

  1. 개최일시 및 장소
  2. 출석위원
  3. 협의내용 및 결정사항
  4. 그 밖의 토의사항

제14조 (회의의 공개) 복지기금협의회의 회의는 공개함을 원칙으로 한다. 다만,

복지기금협의회의 의결로 공개하지 않을 수 있다.

제3장 임원

제15조 (임원의 종류와 정수) 기금법인에 근로자와 사용자를 대표하는 같은 수의 각 ○명의 이사와 각 1명의 감사를 둔다.

제16조 (임원의 선임 및 해임) ① 임원은 공동기금협의회에서 선임할 수 있다.
② 복지기금협의회 임원은 퇴사, 휴직, 인사발령, 그 밖에 개인 사정에 의해 사임 또는 해임할 수 있으며, 임원이 다음 각 호에 해당하는 행위를 한 때에는 복지기금협의회의 의결을 거쳐 해임할 수 있다.
 1. 기금법인의 목적에 위배되는 행위
 2. 임원 간의 분쟁, 회계부정 또는 현저한 부당행위
 3. 기금법인의 업무를 방해 또는 업무를 태만히 하는 행위
③ 임원이 궐위된 때에는 조속히 후임 임원을 선임하여 사무를 집행할 수 있도록 하여야 한다.

제17조 (임원의 임기) ① 이사의 임기는 ○년, 감사의 임기는 ○년으로 하며, 연임할 수 있다. 다만 임원이 궐위된 때에는 후임자의 임기는 전임자 임기의 남은 기간으로 한다.
② 임원의 임기가 만료된 경우라도 그 후임자가 선출될 때까지 계속 그 직무를 담당한다.

제18조 (이사의 대표권) ① 이사는 공동으로 기금법인을 대표한다.
② 제1항의 규정에도 불구하고 기금법인의 대표권 행사는 복지기금협의회에서 선임된 이사(이하 "대표권이 있는 이사"라 한다)의 날인 또는 서명으로 할 수 있다.
③ 제2항에 의한 대표권이 있는 이사의 성명과 인장(또는 기금인감)은 별도로 등기를 한다.

제19조 (이사의 직무) ① 이사는 다음 사무를 집행한다.
 1. 기금법인의 관리·운영
 2. 예산의 편성 및 결산
 3. 사업보고서의 작성
 4. 기타 이사가 집행하도록 복지기금협의회가 협의·결정하는 사항
② 기금법인의 사무집행은 이사의 과반수 찬성으로 한다.

제20조 (감사의 직무) 감사는 기금법인의 업무 및 회계에 관한 사항을 감사한다.

제21조 (임원의 신분 등) ① 임원은 비상근·무보수로 하고, 공동기금법인에 관한 직무수행을 이유로 불이익한 처우를 받지 아니한다.
② 임원이 기금법인 업무수행을 하는 시간에 대하여는 근로한 것으로 본다.
③ 이사와 감사는 기금법인 사업과 관련하여 자기 또는 제3자의 계산으로 공동기금법인 재산 등을 운영하는 방법에 해당되는 경영 또는 자기거래를 할 수 없다.

제4장 재산 및 회계

제22조 (재산의 구분) ① 기금법인의 재산은 기본재산과 보통재산으로 구분한다.
② 다음 각 호의 1에 해당하는 재산은 기본재산으로 하고, 기본재산 이외의 재산은 보통재산으로 한다.
1. 사업주가 설립 시 또는 설립 후 기본재산으로 출연한 재산
2. 기부에 의하거나 기타 무상으로 취득한 재산
3. 보통재산 중 협의회에서 기본재산으로 편입할 것을 의결한 재산

제23조 (기금의 조성) ① 사업주는 기금법인의 사업규모를 감안하여 직전 사업년도의 법인세 또는 소득세 차감 전 순이익의 100분의 5를 기준으로 복지기금협의회가 협의·결정하는 금액을 출연할 수 있다.
② 사업주 또는 사업주 외의 자는 제1항의 규정에 의한 출연 외에 관계 법령이 정하는 바에 따라 유가증권, 현금, 기타재산을 출연할 수 있다.

제24조 (기금의 출연시기 및 방법) ① 사업주가 기금에 출연하고자 하는 경우 복지기금협의회의 결정이 있는 날부터 30일 이내에 출연 시기를 정하여 복지기금협의회에 통보하여야 한다. 다만, 복지기금협의회의 협의, 결정에 의하여 시기를 달리하거나 분할하여 출연할 수 있다.
② 제23조제2항에 따라 기금 사업주 또는 사업주 외의 자가 출연할 때에도 출연하기 전에 복지기금 협의회에 통보하여야 한다.

제25조 (기금의 운용) 기금은 관계법령에 의거 다음 각 호의 방법으로 운용한다.
1. 금융회사 등에의 예입 및 금전신탁
2. 투자 신탁 등의 수익증권 매입
3. 국가, 지방자치단체 또는 금융회사가 직접 발행하거나 채무이행을 보증하는 유가증권의 매입
4. 회사 주식을 출연 받아 보유하게 된 경우에는 기본재산의 100분의 20범위에서

복지기금협의회가 정하는 금액 내에서 회사 주식의 유상증자에 참여
5. 「자본시장과 금융투자업에 관한 법률」에 따른 투자회사가 발행하는 주식의
   매입
6. 「부동산투자회사법」에 따른 부동산투자회사가 발행하는 주식의 매입

제26조 (기금의 보호) ① 기금법인의 재산은 회사의 영업재산으로부터 독립하여
운영한다.
   ② 기금법인은 자금차입을 할 수 없다.
   ③ 기금법인의 재산을 회사의 영업재산과 운영자금으로 전용·대출할 수 없고,
기금법인 명의로 회사의 주식을 취득하거나 회사 또는 타 사업체에 출자하지
아니한다.

제27조 (기금법인의 부동산 소유) 기금법인의 업무 수행상 필요한 경우로서 다음
각 호의 경우를 제외하고는 부동산을 소유할 수 없다.
   1. 기금법인의 운영 및 관리에 필요한 사무실과 그 부속시설
   2. 근로자를 위한 기숙사
   3. 보육시설. 다만 「영유아보육법」 제14조제1항에 따라 사업주가 설치·운영할
      의무가 있는 직장 보유시설은 제외한다.
   4. 근로자를 위한 휴양 콘도미니엄
   5. 근로자의 여가·체육 및 문화활동을 위한 복지회관
   6. 「소득세법 시행규칙」 제15조의2제1항에 따른 사택
   7. 기금에 기부되거나 출연된 부동산의 소유. 다만 제1호부터 제7호까지의 목적을
      위하여 기부 되거나 출연된 경우를 제외하고는 기부받거나 출연받은 날부터
      정당한 사유 없이 1년 이내에 기금의 운용방법으로 전환하지 아니하면 부동산을
      소유할 수 없다.

제28조 (회계원칙) ① 기금법인의 회계는 사업의 경영성과와 재산 상태를 정확하게
파악할 수 있도록 기업회계의 원칙에 따라 처리한다.
   ② 매 회계연도의 결산 결과 공동기금의 손실금이 발생한 경우에는 다음 회계
연도로 이월하며, 잉여금이 발생한 경우에는 이월손실금을 보전한 후 공동기금에
전입한다.
   ③ 공동기금의 예산은 예산총칙, 추정대차대조표, 추정손익계산서를 내용으로 하여
작성하고, 그 내용을 명백하게 하기 위하여 필요한 부속명세서를 작성하여야 한다.
   ④ 공동기금의 해당 연도 결산서는 대차대조표, 손익계산서 및 이익잉여금처분
계산서 등을 내용으로 하여 작성하고 그 내용을 명백하게 하기 위하여 필요한
부속명세서를 작성하여야 한다.

제29조 (회계연도) 기금법인의 회계연도는 매년 ○월 ○일부터 ○월 ○일까지로 한다.

제30조 (기금의 회계관리) ① 기금법인의 회계는 기금의 운용·대부사업을 관리하는 기금관리회계와 기금법인의 고유목적사업 수행을 관리하는 목적사업회계로 구분한다.
② 기금법인은 이자소득 등을 고유목적사업에 사용하기 위하여 고유목적사업준비금을 설정하여야 하며, 결손의 보전 및 부득이한 사유에 의한 회계 사고에 충당하기 위하여 특별적립금을 적립할 수 있다.

제31조 (예산) 이사는 사업계획 및 예산계획(예산총칙 및 추정 대차대조표, 추정 손익계산서, 자금운용 계획서 등)을 작성하여 매 회계연도 개시 전까지 작성하여 복지기금협의회 승인을 얻어야 한다.

제32조 (결산) 이사는 매 결산기에 결산 보고서를 작성하여 매 회계 연도 종료일로부터 2개월 이내에 감사의 의견을 첨부하여 복지기금협의회의 승인을 받아야 한다.

제33조 (이익금의 처분) 이 기금의 이익금은 당해 사업연도의 총 이익금에서 총 손실금을 보전한 잔액으로 하며 다음과 같이 처분한다.
1. 이월손실금의 보전
2. 잉여금이 발생한 경우에는 이월손실금을 보전하거나 기본재산에 편입한다.

제34조 (특별적립금 적립) 이 공동기금은 결손의 보전 및 부득이한 사유에 의한 회계사고에 충당하기 위하여 특별적립금을 적립할 수 있다.

제5장 보 칙

제35조 (기금의 관리, 운영사항 공개) 기금법인은 다음 각 호의 서류를 작성하여 작성일로부터 5년간 보관하여야 하며, 항시 근로자가 열람할 수 있도록 사보게재, 사내 게시 등으로 공개한다. 이 경우 전자문서로 작성·보관하는 서류에 대해서는 정보통신망을 이용하는 등 전자적 방법으로 공개하고 열람하게 할 수 있다.
1. 대차대조표
2. 손익계산서
3. 감사보고서
4. 사업보고서

5. 기타 사내기금협의회가 필요하다고 인정하는 서류

제36조 (정관의 변경) 정관을 변경하고자 할 때에는 복지기금협의회의 의결을 거쳐 정관변경 이유서, 개정될 정관(신·구조문대비표 첨부), 정관변경에 관한 복지기금협의회 회의록 사본을 첨부하여 관할 지방고용노동관서의 인가를 받아야 하고, 등기사항은 등기하여야 한다.

제37조 (다른 복지 제도와의 관계) 사용자는 이 기금법인의 설치를 이유로 기금법인 설치 당시에 운영하고 있는 다른 복리 후생 제도 또는 시설의 운영을 중단하거나 감축할 수 없다.

제38조(기금의 해산 및 잔여재산의 처분) ① 기금법인은 다음 각 호에 해당될 경우 해산할 수 있다.
1. 해당 회사 사업의 폐지
2. 제39조에 따른 기금법인의 합병
3. 제40조에 따른 기금법인의 분할·분할합병
② 사업 폐지로 인하여 해산하는 경우, 기금법인의 재산은 근로복지기본법의 규정에 의하여 사업주가 근로자에게 미지급한 금품을 지급하는데 우선 사용하며, 잔여재산이 있는 경우 100분의 50의 범위에서 복지기금협의회의 의결로 근로자의 생활안정자금으로 지원할 수 있다.
③ 위 2항에 의하여 처분되지 아니한 잔여재산은 기금법인의 고유목적사업 및 이와 유사한 사업을 영위할 수 있는 개인 또는 단체에게 귀속한다. 다만, 별도로 정하지 않은 경우에는 근로복지진흥 기금에 귀속한다.

제39조 (기금법인의 합병) ① 기금법인은 사업의 합병·양수 등에 따라 합병할 수 있다.
② 기금법인이 합병을 하는 경우에는 다음 각 호의 사항이 포함된 합병계약서를 작성하여 복지 기금협의회의 의결을 거쳐야 한다.
1. 합병 전 각 기금법인의 재산과 합병 후 기금법인의 재산의 변동
2. 합병 대상인 각 기금법인의 근로자에 대한 합병 후 지원수준
3. 합병의 추진 일정
4. 그 밖에 합병에 관한 중요 사항
③ 제2항제2호에 따른 지원수준은 합병 전 각 기금법인의 근로자별 평균 기금잔액, 합병 후 사업주의 출연예정액 등을 고려하여 합병 후 3년을 초과하지 아니하는 범위에서 합병 전 각 기금법인의 근로자별로 달리 정할 수 있다.

제40조 (기금법인의 분할·분할합병) ① 기금법인은 사업의 분할·분할합병 등에 따라 분할 또는 분할합병(이하 "분할등"이라 한다)을 할 수 있다.

② 기금법인이 분할을 하는 경우에는 다음 각 호의 사항이 포함된 분할계획서를 작성하여 복지기금협의회의 의결을 거쳐야 한다.

1. 기금법인 재산의 배분

2. 분할의 추진일정

3. 그 밖에 분할에 관한 중요 사항

③ 기금법인이 분할합병을 하는 경우에는 다음 각 호의 사항이 포함된 분할합병계약서를 작성하여 복지기금협의회의 의결을 거쳐야 한다.

1. 기금법인 재산의 배분 및 합병에 따른 기금법인 재산의 변동

2. 분할합병 대상인 각 기금법인의 근로자에 대한 합병 후 지원수준

3. 분할합병의 추진 일정

4. 그 밖에 분할합병에 관한 중요 사항

④ 제2항제1호 및 제3항제1호에 따른 재산배분을 할 때에는 원칙적으로 근로자 수를 기준으로 배분하되, 분할 전 사업별 사내근로복지기금 조성의 기여도 등을 고려하여 배분할 수 있다.

⑤ 제3항제2호의 지원수준의 결정에 관하여는 제37조제3항을 준용한다. 이 경우 "합병"은 "분할 합병"으로 본다.

제41조 (비밀유지 등) 복지기금협의회 위원, 이사, 감사는 직무수행과 관련하여 알게 된 비밀을 지켜야 하며, 기금사업과 관련하여 겸직 또는 거래를 할 수 없다.

제42조 (시행세칙) 이 정관의 시행에 관하여 필요한 사항은 복지기금협의회의 의결을 거쳐 세칙으로 정할 수 있다.

제43조 (준용규정) 이 정관에 규정되지 아니한 사항은 근로복지기본법령 및 기타 그 밖에 법령이 정하는 바에 따르며, 기금법인에 관하여 근로복지기본법령에 규정한 것을 제외하고는 민법 중 재단 법인에 관한 규정을 준용한다.

부 칙

제1조 (시행일) 이 정관을 고용노동부장관이 인가한 날로부터 시행한다.

제2조 (경과조치) 기금설립준비위원회는 기금법인이 설립됨과 동시에 최초로 구성된 복지기금협의회로 본다.

제3조 (서명날인) 기금설립 준비위원이 위의 정관을 작성하고 아래에 서명날인
하여야 한다.

20○○년 ○○월 ○○일

준 비 위 원　　○　○　○　(인)

준 비 위 원　　○　○　○　(인)

준 비 위 원　　○　○　○　(인)

준 비 위 원　　○　○　○　(인)

준 비 위 원　　○　○　○　(인)

준 비 위 원　　○　○　○　(인)

이 정관은 실무에 도움을 드리기 위해 고용노동부에서 참고용으로 만든 것입니다.
실제 정관의 작성은 전문가의 도움을 받아 관련 법령을 준수하여 작성하시기 바랍니다.

○○공동근로복지기금 정관

20○○년 ○○월 ○○일 인가

제1장 총칙

제1조 (목적) 이 정관은 근로복지기본법령의 규정에 따라 공동근로복지기금을 효율적으로 관리·운영함으로써 ○○공동근로복지기금 조성에 참여한 회사 소속 근로자의 삶의 질을 향상시키고 복지증진에 이바지함을 목적으로 한다.

제2조 (명칭) 이 기금은 "○○공동근로복지기금"(이하 "기금"이라 한다)이라 칭한다.

제3조 (공동기금법인의 소재지) ○○공동근로복지기금법인(이하 "공동기금법인"이라 한다)의 주된 사무소는 ○○시 ○○구 ○○로 ○○번지에 두고, 필요시 분사무소를 둘 수 있다.

제4조 (수혜대상) ① 공동기금의 수혜대상은 ○○공동기금 조성에 참여한 □□주식회사와 △△주식회사(이하 "참여 회사"라 한다)의 근로자와 그의 배우자 및 직계가족으로 하되, 그 수혜대상은 별도로 정할 수 있다.
② 공동기금의 수혜대상은 공동기금협의회가 의결하는 바에 따라 참여회사에 직접 도급하는 업체 근로자 및 참여회사에 파견된 파견업체 근로자를 포함할 수 있다.

제5조 (사업) ① 공동기금법인은 제1조의 목적을 달성하기 위하여 수익금으로 다음 각 호의 사업을 행하되, 공동기금법인의 사업은 근로자 전체에게 혜택을 줄 수 있도록 하고, 저소득 근로자가 우대될 수 있도록 하여야 한다.
1. 근로자 주택 구입자금의 보조. 이 경우 무주택 근로자로서 국민주택규모 이하를 취득하려는 근로자에게 우선 지원하여야 한다.
2. 우리사주 구입자금의 지원. 다만, 우리사주 구입자금 지원은 매매차익 이용 등 다른 목적으로 사용되어서는 아니 된다.
3. 장학금·재난구호금의 지급, 그 밖에 근로자의 생활원조

4. 체육·문화 활동의 지원, 근로자의 날 행사 지원

5. 모성보호 및 일과 가정생활의 양립을 위하여 필요한 비용 지원

6. 근로자용 기숙사, 사내구판장, 보육시설(사업주의 법정 의무시설 제외), 휴양 콘도미니엄, 여가·체육 및 문화 활동을 위한 복지회관에 대한 출자·출연 또는 동 시설의 구입·설치 및 운영, 「소득세법 시행규칙」 제15조의2제1항에 따른 사택의 운영

7. 해당 공동기금 조성에 참여한 회사로부터 직접 도급받는 업체의 소속 근로자 및 해당 사업에의 파견근로자의 복리후생 증진

8. 공동기금법인의 운영을 위한 경비 지출

② 공동기금법인은 근로자의 생활안정 및 재산형성의 지원을 위하여 필요한 경우에는 기본재산 중에서 다음 각 호의 대부사업을 할 수 있다.

1. 근로자 주택 신축·구입 및 임차자금 대부사업

2. 우리사주 구입자금 대부사업

3. 의료비, 혼례비, 장례비, 자녀학자금 등 근로자의 생활안정자금 대부

③ 공동기금법인의 사업은 기금의 수입지출 등 규모를 감안하여 공동근로복지기금협의회(이하 "공동기금협의회"라 한다)에서 의결하여 시행할 수 있으며, 필요할 경우 사업에 대한 시행세칙을 공동기금협의회에서 별도로 정할 수 있다.

④ 제1항제8호에 해당하는 제 경비는 매년 총 사업비의 00분의 1의 범위 내에서 행하여야 한다.

⑤ 근로자가 공동기금법인으로부터 제2항 각호에 해당하는 대부를 받았을 경우, 기금법인과 근로자간에 체결된 대부상환계약서에 정해진 조건에 따라 대부를 상환하여야 한다. 다만 근로자가 불법행위 등 근로자의 귀책사유로 인하여 해고되었을 경우에는 퇴직 후 1개월 이내에 상환하여야 한다.

제6조 (사업비 재원) ① 공동기금법인의 사업비는 제25조의 기금운용 사업으로 정한 기본재산의 과실, 사업수입 및 기타의 수입으로 조달한다.

② 공동기금법인은 당해 연도 출연금의 50%이내에서 공동기금협의회가 결정하는 금액을 공동기금법인 사업에 사용할 수 있다. 다만, 다음 각 호의 경우 80%까지 사용할 수 있다.

1. 선택적 복지제도를 운영하는 경우

2. 당해 연도 출연금의 10%를 초과하는 금액 이상을 해당 사업으로부터 직접 도급받는 업체 소속 근로자 및 해당 사업에의 파견근로자 복리후생증진에 사용하는 경우

3. 중소기업만으로 구성된 공동기금의 경우

③ 공동기금법인의 기본재산 총액이 공동기금에 참여한 회사 자본금 합계의 100분의 50을 초과하는 경우 그 초과액의 범위 내에서 공동기금협의회 의결에 의하여 제1항의 사업비에 충당할 수 있다.

④ 직전 회계연도 기준 기본재산 총액을 해당 공동기금법인이 설립된 사업 소속 근로자 수로 나눈 금액이 300만원 이상인 경우로서, 당해 연도 출연금의 10%를 초과하는 금액 이상을 해당 '참여 회사'로부터 직접 도급받는 업체 소속 근로자 및 해당 사업에의 파견근로자 복리후생증진에 사용하는 경우에는 직전 회계연도 기준 기본재산 총액의 100분의 20 범위에서 공동기금협의회가 5년마다 정하는 금액을 사용할 수 있다. 이 경우 해당 사업으로부터 직접 도급받는 업체의 소속 근로자 및 해당 사업에의 파견근로자 1명당 수혜금액이 해당 기금법인이 설립된 사업 소속 근로자의 1명당 수혜금액의 100분의 25 이상이 되는 금액으로서 공동 기금협의회가 정하는 금액이 되어야 한다.
⑤ 기금법인은 법령에 따라 5년마다 기본재산의 20% 범위 내에서 복지기금 협의회의 의결에 따라 사용할 수 있다.

제2장 공동기금협의회

제7조 (공동기금협의회의 구성) ① 공동기금협의회의 각 기업별 근로자와 사용자를 대표하는 각 1인의 위원으로 구성한다.
② 근로자를 대표하는 위원(이하 "근로자위원"이라 한다)은 근로자의 직접, 비밀, 무기명 투표로 선출한다. 다만, 근로자의 과반수로 조직된 노동조합이 있는 경우 노동조합의 대표자 또는 그 노동조합이 선출하는 사람이 근로자위원이 되고, 사용자를 대표하는 위원(이하 "사용자위원"이라 한다)은 해당 사업의 대표자 또는 그 대표자가 위촉하는 사람이 사용자위원이 된다.

제8조 (의장 및 간사) ① 공동기금협의회에 의장을 두며, 의장은 위원 중에서 호선한다.
② 의장은 공동기금협의회를 대표하며, 공동기금협의회의 사무를 총괄한다.
③ 사용자위원 측과 근로자위원 측에서는 회의 기록 등 사무를 담당하는 간사 각 1명을 둔다.

제9조 (임기 및 신분) ① 공동기금협의회 위원의 임기는 3년으로 하며, 연임할 수 있다.
② 공동기금협의회 위원은 퇴사, 휴직, 인사발령, 그 밖의 개인 사정에 의해 사임 또는 해임할 수 있으며, 공동기금협의회 위원에 결원이 생겼을 때에는 30일 이내에 보궐위원을 위촉하거나 선출하여야 하고, 근로자의 과반수로 조직된 노동조합이 없는 사업인 경우 근로자위원 중 결원이 생겼을 때에는 직전 선출시의 입후보자의 득표순에 따른 차점자를 근로자위원으로 할 수 있다.
③ 보궐위원의 임기는 전임자 임기의 남은기간으로 한다.

④ 공동기금협의회 위원은 그 임기가 만료된 경우라도 그 후임자가 선출될 때까지 계속 그 직무를 담당한다.

⑤ 공동기금협의회 위원의 신분은 비상근·무보수로 하고, 공동기금법인에 관한 직무수행을 이유로 불이익한 처우를 받지 아니한다.

⑥ 공동기금협의회 위원이 기금법인 업무수행을 하는 시간에 대하여는 근로한 것으로 본다.

제10조 (공동기금협의회의 기능) 공동기금협의회는 다음 각 호의 사항을 협의·결정한다.

1. 공동기금 조성을 위한 출연 금액의 결정 및 공동기금 운용에 관한 사항
2. 이사 및 감사의 선임과 해임
3. 사업계획서 및 감사 보고서 등의 승인
4. 정관의 변경 등 공동기금법인 운영에 필요한 규정 제정 및 개정에 관한 사항
5. 공동기금법인의 합병 및 분할·분할합병
6. 공동기금의 잔여재산 배분 등 공동기금운영 관련 중요 사항

제11조 (회의의 소집) ① 공동기금협의회는 매년 1회 ○월 중에 정기회의 개최를 원칙으로 하며, 공동기금협의회 위원 과반수 이상의 소집요구가 있는 경우 등 필요시에는 임시회의를 개최한다.

② 공동기금협의회의 회의는 의장이 소집한다.

③ 의장은 근로자위원 측 또는 사용자위원 측에서 회의에 부치는 사항을 문서로 명시하여 회의의 소집을 요구하였을 때에는 지체 없이 회의를 소집하여야 한다.

④ 의장은 회의 개최 7일전까지 회의일시, 장소, 의제 등을 각 위원에게 통지한다.

제12조 (회의의 성립 및 의결) 공동기금협의회의 회의는 근로자위원과 사용자위원 각 과반수 출석으로 개의하고 출석위원 3분의 2이상의 찬성으로 의결한다.

제13조 (회의록 작성 및 보관) 공동기금법인은 다음 각 호의 사항을 기록한 회의록을 작성하여 출석위원 전원의 서명 또는 날인을 받아야 하며, 작성일부터 10년간 이를 보관하여야 한다. 이 경우 그 회의록을 전자문서로 작성·보관할 수 있다.

1. 개최일시 및 장소
2. 출석위원
3. 협의내용 및 결정사항
4. 그 밖의 토의사항

제14조 (회의의 공개) 공동기금협의회의 회의는 공개함을 원칙으로 한다. 다만, 공동기금협의회의 의결로 공개하지 않을 수 있다.

제3장 임원

제15조 (임원의 종류와 정수) 공동기금법인에 근로자와 사용자를 대표하는 같은 수의 각 ○명의 이사와 각 1명의 감사를 둔다.

제16조 (임원의 선임 및 해임) ① 임원은 공동기금협의회에서 선임할 수 있다.
② 공동기금협의회 임원은 퇴사, 휴직, 인사발령, 그 밖에 개인 사정에 의해 사임 또는 해임할 수 있으며, 임원이 다음 각 호에 해당하는 행위를 한 때에는 공동기금협의회의 의결을 거쳐 해임할 수 있다.
1. 공동기금법인의 목적에 위배되는 행위
2. 임원 간의 분쟁, 회계부정 또는 현저한 부당행위
3. 기금법인의 업무를 방해 또는 업무를 태만하는 행위
③ 임원이 궐위된 때에는 조속히 후임 임원을 선임하여 사무를 집행할 수 있도록 하여야 한다.

제17조 (임원의 임기) ① 이사의 임기는 ○년, 감사의 임기는 ○년으로 하며, 연임할 수 있다. 다만 임원이 궐위된 때에는 후임자의 임기는 전임자 임기의 남은기간으로 한다.
② 임원의 임기가 만료된 경우라도 그 후임자가 선출될 때까지 계속 그 직무를 담당한다.

제18조 (이사의 대표권) ① 이사는 공동으로 공동기금법인을 대표한다.
② 제1항의 규정에도 불구하고 기금법인의 대표권 행사는 공동기금협의회에서 선임된 이사(이하 "대표권이 있는 이사"라 한다)의 날인 또는 서명으로 할 수 있다.
③ 제2항에 의한 대표권이 있는 이사의 성명과 인장(또는 기금인감)은 별도로 등기를 한다.

제19조 (이사의 직무) ① 이사는 다음 사무를 집행한다.
1. 공동기금법인의 관리·운영에 대한 사항
2. 예산의 편성 및 결산에 대한 사항
3. 사업보고서의 작성에 대한 사항
4. 그 밖에 이사가 집행하도록 공동기금협의회가 협의·결정하는 사항
② 공동기금의 사무집행은 이사의 과반수 찬성으로 한다.

제20조 (감사의 직무) 감사는 공동기금법인의 업무 및 회계에 관한 사항을 감사한다.

제21조 (임원의 신분 등) ① 임원은 비상근·무보수로 하고, 공동기금법인에 관한 직무수행을 이유로 불이익한 처우를 받지 아니한다.
② 임원이 공동기금법인 업무수행을 하는 시간에 대하여는 근로한 것으로 본다.
③ 이사와 감사는 공동기금법인 사업과 관련하여 자기 또는 제3자의 계산으로 공동기금법인 재산 등을 운영하는 방법에 해당되는 경영 또는 자기거래를 할 수 없다.

제4장 재산 및 회계

제22조 (재산의 구분) ① 공동기금법인의 재산은 기본재산과 보통재산으로 구분한다.
② 다음 각 호의 1에 해당하는 재산은 기본재산으로 하고, 기본재산 이외의 재산은 보통재산으로 한다.
1. 참여회사의 사업주가 설립 시 또는 설립 후 기본재산으로 출연한 재산
2. 기부에 의하거나 기타 무상으로 취득한 재산
3. 보통재산 중 공동기금협의회에서 기본재산으로 편입할 것을 의결한 재산

제23조 (공동기금의 조성) ① 둘 이상의 공동기금법인 사업주는 제5조의 사업을 위하여 공동으로 이익금의 일부를 공동기금협의회가 협의·결정하는 금액에 따라 출연할 수 있다.
② 공동기금 사업주 또는 사업주 외의 자는 제1항의 규정에 의한 출연 외에 관계법령이 정하는 바에 따라 유가증권, 현금, 기타재산을 출연할 수 있다.

제24조 (공동기금의 출연시기 및 방법) ① 공동기금 사업주가 공동기금에 출연하고자 하는 경우 공동기금협의회의 결정이 있는 날부터 30일 이내에 출연 시기를 정하여 공동기금협의회에 통보하여야 한다. 다만, 공동기금협의회의 협의, 결정에 의하여 시기를 달리하거나 분할하여 출연할 수 있다.
② 제23조제2항에 따라 공동기금 사업주 또는 사업주 외의 자가 출연할 때에도 출연하기 전에 공동기금협의회에 통보하여야 한다.

제25조 (공동기금의 운용) 공동기금은 관계법령에 의거 다음 각 호의 방법으로 운용한다.
1. 금융회사 등에의 예입 및 금전신탁
2. 투자 신탁 등의 수익증권 매입
3. 국가, 지방자치단체 또는 금융회사 등이 직접 발행하거나 채무이행을 보증하는 유가증권의 매입
4. 참여회사 주식을 출연받아 보유하게 된 경우에는 기본재산의 100분의 20범위

에서 공동기금협의회가 정하는 금액 내에서 참여회사 주식의 유상증자에 참여

5. 「자본시장과 금융투자업에 관한 법률」에 따른 투자회사가 발행하는 주식의
   매입
6. 「부동산투자회사법」에 따른 부동산투자회사가 발행하는 주식의 매입

제26조 (공동기금의 보호) ① 공동기금법인의 재산은 참여회사의 영업재산으로부터
독립하여 운영한다.

② 공동기금법인은 자금차입을 할 수 없다.

③ 공동기금법인의 재산을 참여회사의 영업재산과 운영자금으로 전용·대출할
수 없고, 공동기금법인 명의로 참여회사의 주식을 취득하거나 참여회사 또는 타
사업체에 출자하지 아니한다.

제27조 (공동기금법인의 부동산 소유) 공동기금법인의 업무 수행상 필요한 경우
로서 다음 각 호의 경우를 제외하고는 부동산을 소유할 수 없다.

1. 공동기금법인의 운영 및 관리에 필요한 사무실과 그 부속시설
2. 근로자를 위한 기숙사
3. 보육시설. 다만 「영유아보육법」 제14조제1항에 따라 사업주가 설치·운영할
   의무가 있는 직장보유시설은 제외한다.
4. 근로자를 위한 휴양 콘도미니엄
5. 근로자의 여가·체육 및 문화활동을 위한 복지회관
6. 「소득세법 시행규칙」 제15조의2제1항에 따른 사택
7. 공동기금법인이 근로자의 주거안정을 위하여 근로자에게 무상 또는 저가로
   제공하는 주택
8. 공동기금에 기부되거나 출연된 부동산의 소유. 다만 제1호부터 제8호까지의
   목적을 위하여 기부되거나 출연된 경우를 제외하고는 기부받거나 출연받은 날
   부터 정당한 사유 없이 1년 이내에 공동기금의 운용방법으로 전환하지 아니하면
   부동산을 소유할 수 없다.

제28조 (회계원칙) ① 공동기금법인의 회계는 사업의 경영성과와 재산 상태를
정확하게 파악할 수 있도록 기업회계의 원칙에 따라 처리한다.

② 매 회계연도의 결산 결과 공동기금의 손실금이 발생한 경우에는 다음 회계
연도로 이월하며, 잉여금이 발생한 경우에는 이월손실금을 보전한 후 공동기금에
전입한다.

③ 공동기금의 예산은 예산총칙, 추정대차대조표, 추정손익계산서를 내용으로 하여
작성하고, 그 내용을 명백하게 하기 위하여 필요한 부속명세서를 작성하여야 한다.

④ 공동기금의 해당 연도 결산서는 대차대조표, 손익계산서 및 이익잉여금처분

계산서 등을 내용으로 하여 작성하고 그 내용을 명백하게 하기 위하여 필요한 부속명세서를 작성하여야 한다.

제29조 (회계연도) 공동기금법인의 회계연도는 매년 ○월 ○일부터 ○월 ○일까지로 한다.

제30조 (공동기금의 회계관리) ① 공동기금법인의 회계는 기금의 운용·대부사업을 관리하는 기금관리회계와 공동기금법인의 고유목적사업 수행을 관리하는 목적사업 회계로 구분한다.
② 공동기금법인은 이자소득 등을 고유목적사업에 사용하기 위하여 고유목적 사업준비금을 설정하여야 하며, 결손의 보전 및 부득이한 사유에 의한 회계 사고에 충당하기 위하여 특별적립금을 적립할 수 있다.

제31조 (예산) 이사는 사업계획 및 예산계획(예산총칙 및 추정 대차대조표, 추정 손익계산서, 자금운용 계획서 등)을 작성하여 매 회계연도 개시 전까지 작성하여 공동기금협의회 승인을 얻어야 한다.

제32조 (결산) 이사는 매 결산기에 결산 보고서를 작성하여 매 회계 연도 종료일 로부터 2개월 이내에 감사의 의견을 첨부하여 공동기금협의회의 승인을 받아야 한다.

제33조 (이익금의 처분) 이 공동기금의 이익금은 당해 사업연도의 총 이익금에서 총 손실금을 보전한 잔액으로 하며 다음과 같이 처분한다.
1. 이월손실금의 보전
2. 잉여금이 발생한 경우에는 이월손실금을 보전하거나 기본재산에 전입한다.

제34조 (특별적립금 적립) 이 공동기금은 결손의 보전 및 부득이한 사유에 의한 회계사고에 충당하기 위하여 특별적립금을 적립할 수 있다.

제5장 보칙

제35조 (공동기금의 관리, 운영사항 공개) 공동기금법인은 다음 각 호의 서류를 작성하여 작성일로부터 5년간 보관하여야 하며, 참여회사 소속근로자가 열람할 수 있도록 각 참여회사의 사보게재, 사내 게시 등으로 공개한다. 이 경우 전자문서로 작성·보관하는 서류에 대해서는 정보통신망을 이용하는 등 전자적 방법으로 공개하고 열람하게 할 수 있다.

1. 대차대조표
2. 손익계산서
3. 감사보고서
4. 사업보고서
5. 기타 공동기금협의회가 필요하다고 인정하는 서류

제36조 (정관의 변경) 정관을 변경하고자 할 때에는 공동기금협의회의 의결을 거쳐 정관변경 이유서, 개정될 정관(신·구조문대비표 첨부), 정관변경에 관한 공동기금협의회 회의록 사본을 첨부하여 관할 지방고용노동관서의 인가를 받아야 하고, 등기사항은 등기하여야 한다.

제37조 (다른 복지 제도와의 관계) 참여회사는 공동기금법인의 설치를 이유로 공동기금법인 설치 당시에 운영하고 있는 참여회사의 다른 복리 후생 제도 또는 시설의 운영을 중단하거나 감축할 수 없다.

제38조 (공동기금법인의 분쟁조정) 공동기금법인의 관리·운영방식, 수혜대상, 사용용도, 출연금규모, 공동기금법인 해산 및 잔여재산 처분 등에 있어 분쟁이 발생하는 경우 소재지 관할 법원의 결정에 따른다.

제39조 (공동기금법인의 해산사유) 공동기금법인은 다음 각 호의 사유로 해산한다.
1. 공동기금법인 참여 회사 중 과반수 회사의 사업의 폐지
2. 제41조에 따른 공동기금법인의 합병
3. 제42조에 따른 공동기금법인의 분할·분할합병

제40조 (해산한 공동기금법인의 재산처리) ① 공동기금법인이 해산하는 경우 공동기금법인의 재산은 공동기금법인에 출연한 비율에 따라 참여회사에 배분하여야 하며, 잔여재산이 있는 경우 공동기금협의회의 의결을 거쳐 공동기금법인의 고유목적사업 및 이와 유사한 사업을 영위할 수 있는 개인 또는 단체에 귀속한다. 다만, 별도로 정하지 않은 경우 근로복지진흥기금에 귀속한다.
② 위 제1항에 따른 공동기금법인의 재산배분은 공동기금협의회의 의결을 거쳐 공동기금법인의 이사가 행한다.

제41조 (공동기금법인의 합병) ① 공동기금법인은 참여회사 과반수 회사의 사업의 합병·양수 등에 따라 합병할 수 있다.
② 공동기금법인이 합병을 하는 경우에는 다음 각 호의 사항이 포함된 합병계약서를 작성하여 공동기금협의회의 의결을 거쳐야 한다.

1. 합병 전 각 공동기금법인의 재산과 합병 후 기금법인의 재산의 변동
2. 합병 대상인 각 공동기금법인의 근로자에 대한 합병 후 지원수준
3. 합병의 추진 일정
4. 그 밖에 합병에 관한 중요 사항
③ 제2항제2호에 따른 지원수준은 합병 전 각 공동기금법인의 근로자별 평균 기금잔액, 합병 후 각 참여회사 사업주의 출연예정액 등을 고려하여 합병 후 3년을 초과하지 아니하는 범위에서 합병 전 각 공동기금법인의 근로자별로 달리 정할 수 있다.

제42조 (공동기금법인의 분할·분할합병) ① 공동기금법인은 참여회사 과반수 회사의 사업의 분할·분할합병 등에 따라 분할 또는 분할합병을 할 수 있다.
② 공동기금법인이 분할을 하는 경우에는 다음 각 호의 사항이 포함된 분할계획서를 작성하여 공동기금협의회의 의결을 거쳐야 한다.
1. 기금법인 재산의 배분
2. 분할의 추진일정
3. 그 밖에 분할에 관한 중요 사항
③ 공동기금법인이 분할합병을 하는 경우에는 다음 각 호의 사항이 포함된 분할합병 계약서를 작성하여 공동기금협의회의 의결을 거쳐야 한다.
1. 공동기금법인 재산의 배분 및 합병에 따른 공동기금법인 재산의 변동
2. 분할합병 대상인 각 공동기금법인의 근로자에 대한 합병 후 지원수준
3. 분할합병의 추진 일정
4. 그 밖에 분할합병에 관한 중요 사항
④ 제2항제1호 및 제3항제1호에 따른 재산배분을 할 때에는 원칙적으로 근로자 수를 기준으로 배분하되, 분할 전 각 참여회사별 공동기금 조성의 기여도 등을 고려하여 배분할 수 있다.
⑤ 제3항제2호의 지원수준의 결정에 관하여는 제40조제3항을 준용한다. 이 경우 "합병"은 "분할합병"으로 본다.

제43조 (비밀유지 등) 공동기금법인의 협의회 위원, 이사, 감사는 그 직무수행과 관련하여 알게 된 비밀을 지켜야 하며, 공동기금법인 사업과 관련하여 겸직 또는 거래를 할 수 없다.

제44조 (정보공개청구권) 제3자가 공동기금에 재원 등을 출연하는 경우, 출연한 기금의 운영 등이 투명한 지 확인할 수 있도록 제3자에게 정보공개청구권을 줄 수 있다.

제45조 (시행세칙) 정관의 시행에 관하여 필요한 사항은 공동기금협의회의 의결을 거쳐 세칙으로 정할 수 있다.

제46조 (준용규정) 이 정관에 규정되지 아니한 사항은 근로복지기본법령 및 기타 그 밖에 법령이 정하는 바에 따르며, 기금법인에 관하여 근로복지기본법령에 규정한 것을 제외하고는 민법 중 재단법인에 관한 규정을 준용한다.

부 칙

제1조(시행일) 이 정관은 고용노동부장관이 인가한 날로부터 시행한다.

제2조 (경과조치) 사업주로만 구성된 공동기금설립준비위원회는 기금법인이 설립됨과 동시에 근로자위원을 선임하여야 하며, 노사가 함께 구성한 공동기금설립준비위원회는 기금설립과 동시에 최초의 공동근로복지기금협의회로 본다.

제3조 (서명날인) 공동기금설립 준비위원이 위의 정관을 작성하고 아래에 서명날인 하여야 한다.

20○○년 ○○월 ○○일

준 비 위 원   ○ ○ ○ (인)

준 비 위 원   ○ ○ ○ (인)

준 비 위 원   ○ ○ ○ (인)

준 비 위 원   ○ ○ ○ (인)

준 비 위 원   ○ ○ ○ (인)

준 비 위 원   ○ ○ ○ (인)

이 사업계획서 및 예산서는 실무에 도움을 드리기 위해 고용노동부에서 참고용으로 만든 것입니다.
실제 자료의 작성은 전문가의 도움을 받아 각 기금의 상황에 맞게 작성하시기 바랍니다.

20○○년도 사업계획 및 예산서

20○○년 ○월

○○사내근로복지기금

목　차

Ⅰ. 20○○년 사업계획 개요

1. 기본방향

20○○년도 사내근로복지기금 운영은 설립 및 운영기반 조성, 기금조성 방안에 중점을 두고 조성된 기금의 범위 안에서 실현 가능한 사업계획을 수립하여 운영토록 하여 근로자 후생복지 증진에 기여

2. 추진방향

○ 기금조성
  - 20○○년도 신규 출연기금 : 1,000,000,000원
  - 장기적 기금조성계획 수립

○ 운영기반 조성
  - 별도 법인설립에 따른 업무추진계획 수립
  - 복리후생 증진의 기반 확립

3. 부문별 사업계획

사 업 명	세부 사업내용	시 행 기 간				비 고
		1/4	2/4	3/4	4/4	
1. 기금 조성	*20○○년도 기금출연*		─			
2. 기금 운영	*협의회 운영* *이사회 운영*	─	─			
3. 운영부서 결정	*업무전담자 지정*	─				
4. 사무기기 확보	*사무기기 확보*	─				
5. 기 타	*각종자료 및 사업계획 수립*		─			

Ⅱ. 예산 총칙

<제1조> 20○○년도 추정손익계산서, 추정대차대조표 및 자본예산은 다음과 같다.

1. 추정대차대조표

(단위 : 천원)

차 변		대 변	
자 산	순 손 실	부 채	자 본
1,005,367	0	5,367	1,000,000

2. 추정손익계산서

(단위 : 천원)

차 변		대 변	
비 용	순이익	수 익	순손실
20,000	6,400	26,400	0

3. 자본예산

(단위 : 천원)

비유동자산(투자자산)	계
200,000	200,000

<제2조> 공동대표는 예산 집행상 불가피하다고 인정하는 경우에는 손익예산 및 자본
예산의 항간 한도액 범위 내에서 예산을 전용할 수 있다. 단, 항간 한도액을 초과
하여 집행하고자 할 때에는 이사회의 승인을 얻어야 한다.

<제3조> 공동대표는 다음의 비목에 대하여 예산에 불구하고 이를 초과집행 할 수 있다.
1. 퇴직급여(자체직원이 있는 경우)
2. 제상각비
3. 세금과공과 및 등기소송비
4. 사업외비용 및 법인세비용

<제4조> 공동대표는 기금출연 혹은 금리변동으로 인하여 필요한 경우, 추정손익
계산서, 추정대차대조표 및 자금운영계획의 규모를 변경시킬 수 있다.

<제5조> 손익예산은 기금원금을 잠식하여 집행할 수 없다. 손익예산 집행을 위한
수익금 부족이 예상될 경우 공동대표는 법적 강제성 등을 감안하여 기금원금을
잠식하지 않는 범위 내에서 우선순위를 정하여 손익예산 및 자본예산을 집행한다.

<제6조> 예비비 사용
공동대표는 천재지변 기타 사전에 예측할 수 없는 상황이 발생하였을 경우 복지기
금협의회의 승인을 얻어 예비비를 사용할 수 있다.

<제7조> 손익예산은 익년도에 이월하여 집행할 수 없다.
다만, 자본예산의 사업예산 중 지출원인 행위를 한 공사비와 지출 원인행위를 하
지 아니한 그 부대경비를 복지기금협의회의 승인을 얻어 이월 사용할 수 있다.

Ⅲ. 추정손익계산서

과 목	20○○년 예산			비고
	목적사업회계	기금관리회계	계	
1. 사업수익	0	26,400	26,400	
가.이자수입	0	21,120	21,120	
나. 대부이자수입		5,280	5,280	
2. 고유목적사업비용	18,000	0	18,000	
가. 암치료비지원	4,000	0	4,000	
나. 유치원교육비지원	12,000	0	12,000	
다. 동호인회지원	2,000	0	2,000	
3. 사업총이익	△18,000	26,400	8,400	
4. 일반관리비	2,000	0	2,000	
가. 등기소송비	800	0	800	
나. 세금과공과	200	0	200	
다. 회의진행비	1,000	0	1,000	
5. 사업이익	△24,000	29,250	5,250	
6. 사업외수익	25,000	0	25,000	
7. 사업외비용	1,000	29,250	30,250	
가.고유목적사업준비금전입액	0	29,250	29,250	
나.예비비	1,000	0	1,000	
8. 법인세차감전순이익	0	0	0	
9. 법인세비용	0	0	0	
10. 당기순이익	0	0	0	

Ⅳ. 추정재무상태표

(단위: 천원)

과 목	20○○년 예산			비 고
	목적사업회계	기금관리회계	계	
Ⅰ. 유 동 자 산	0	805,367	805,367	
1. 당좌자산	0	805,367	805,367	
1) 현금및현금성자산	0	3,367	3,367	
2) 단기금융상품	0	800,000	800,000	
3) 선급법인세	0	2,000	2,000	
Ⅱ. 비 유 동 자 산	0	200,000	200,000	
1. 투자자산	0	200,000	200,000	
1) 생활안정대부금	0	200,000	200,000	
자 산 총 계	0	1,005,367	1,005,367	
Ⅰ. 유 동 부 채	0	0	0	
Ⅱ. 비 유 동 부 채	0	5,367	5,367	
1. 고유목적사업준비금1[주1]	0	5,367	5,367	
2. 고유목적사업준비금2[주2]	0	0	0	
부 채 총 계	0	5,367	5,367	
Ⅰ. 자 본 금	0	1,000,000	1,000,000	
1. 기본재산	0	1,000,000	1,000,000	
Ⅱ. 이익 잉여금	0	0	0	
1. 차기이월잉여금	0	0	0	
자 본 총 계	0	1,000,000	1,000,000	
부채와 자본총계	0	1,005,367	1,005,367	

* 주1) 법인세법 제29조에 따른 준비금
　　2) 근로복지기본법 제62조 제2항에 따른 준비금

Ⅴ. 부문별 세부예산

1. 수입예산
(단위: 천원)

관	항	목	금 액	산 출 근 거
사업수익			26,400	
	이자수입		21,120	
		예금이자	21,120	800,000 × 4% × 8/12 = 21,120
	대부이자수입		5,280	
		대부이자	5,280	200,000 × 4% × 8/12 = 5,280
사업외수익			0	
	사업외수익		0	
		고유목적사업준비금 전입수입	0	
누 계			29,250	

2. 비용예산
(단위: 천원)

관	항	목	금 액	산 출 근 거
사업비			18,000	
	고유목적사업비		18,000	
		암치료비	4,000	직원 4명 × 1,000 = 4,000
		유치원교육비	12,000	직원 20명 × 12월 × 월 50 = 12,000
		동호인지원	2,000	4개 × 500 = 2,000
관리비			2,000	
	관리비		2,000	
		등기소송비	800	기금설립/임원변경등기 4회 × 200 = 800
		세금과공과금	200	주민세 외 2회 × 100 = 200
		회의진행비	1,000	이사회 2회 × 500 = 1,000
예비비			2,000	
	예비비		2,000	
		예비비	2,000	예비비 2,000
누 계			22,000	

3. 수지차액

수입 - 비용 = 26,400천원 - 22,000천원 = 4,400천원

4. 자본예산

(단위: 천원)

관	항	목	금 액	산 출 근 거
비유동자산			200,000	
	투자자산		200,000	
		생활안정대부	200,000	20명 × 10,000 = 200,000
누 계			200,000	

Ⅵ. 목적사업계획서

사업명	목 적	대 상 인 원	총금액	지 원 방 법
암치료비 지원	근로자가 암으로 입원시 치료비 지원을 통해 근로자 복지증진과 생활안정을 도모	4명 × 1,000	4,000	출연기금에서 발생한 수익금을 재원으로 지원 사유가 발생한 근로자가 증빙을 첨부하여 신청 시 심사를 통하여 지원
유치원 교육비 지원	회사 근로자의 자녀 유치원 교육비 지원을 통해 근로의욕을 고취시키고, 생활안정과 근로복지증진에 기여	월 50 × 12월 × 20명	12,000	출연기금에서 발생한 수익금을 재원으로 지원 사유가 발생한 근로자가 증빙을 첨부하여 신청 시 심사를 통하여 지원
동호인회 지원	회사 내 비공식 조직인 동호인회 활동을 지원함으로써 회사내 부서 간, 직종 간, 지역 간 교류 확대를 통해 상호이해를 증진시켜 정서안정과 명량한 분위기를 조성하고 이를 통해 회사 조직 활성화와 기업문화 창달에 기여	4개 × 500	2,000	출연기금에서 발생한 수익금을 재원으로 활동 중인 동호인회가 전년도 활동실적 및 당해연도 활동계획을 첨부하여 지원금을 신청 시 심사를 통하여 지원
누 계			18,000	

Ⅶ. 기금운용계획서

(단위 : 천원)

구 분	내 역		금 액	비 고
조 달	1. 20○○년도 수입		26,400	
		이자수입	21,120	
		대부이자수입	5,280	
	2. 고유목적사업준비금 환입		0	
	합 계		26,400	
지 출	1. 고유목적사업비		18,000	
	2. 일반관리비		2,000	
	3. 예 비 비		2,000	
	합 계		22,000	
과부족			4,400	

新사내(공동)
근로복지기금 해설

초판 1쇄 발행 2026년 4월 14일

지은이   정대섭·유정훈
펴낸이   이기봉
편집   좋은땅 편집팀
펴낸곳   도서출판 좋은땅
주소   서울특별시 마포구 양화로12길 26 지월드빌딩 (서교동 395-7)
전화   02)374-8616~7
팩스   02)374-8614
이메일   gworldbook@naver.com
홈페이지 www.g-world.co.kr

ISBN   979-11-388-5670-6 (93320)